Friedrich der Große und sein Friedenswerk

von Joachim Engelmann
mit Gemälden von Günter Dorn
und Adolph Menzel

Während der Arbeiten an diesem Buch verstarb der von uns allen sehr verehrte und geschätzte Herr Günter Dorn. Die Freude, mit der er an der Leinwand arbeitete, lebt in seinen prachtvollen Gemälden fort.

Der Verlag

Titelbild Schutzumschlag vorne
»König der kleinen Leute« — Gemälde von Günter Dorn

Genehmigte Lizenzausgabe für „Edition DÖRFLER" im NEBEL VERLAG GmbH, Utting

ISBN 3-89555-003-5

1 2 3 4 5   4 3 2 1 0

Joachim Engelmann

Friedrich der Große und sein Friedenswerk

mit Gemälden von
Adolph Menzel und Günter Dorn

DÖRFLER

INHALT

VORWORT		7
GEISTIGES ERBE		10
ERZIEHUNG UND AUSBILDUNG		19
STUDIENZEIT		27
VERWALTUNGS- UND LANDESAUFBAU 1740 bis 1756		37
IN KRIEGSNOT		78
WIEDERAUFBAU	Domänen- und Agrarreform	98
	Innere Kolonisation	107
	Behörden- und Beamtenreform	119
	Industrie und Handel	127
	Ausbau der Residenzen	140
	Eingliederung Westpreußens	145
STAATSREFORM	Schule und Bildung	153
	Rechtswesen	159
	Kirchen und Konfessionen	164
	Kabinettsregierung	167
RÜCKBLICK		172

»Friedrich II. 1753«, Gemälde von Adolph Menzel.
Im Aufschwung des Retablissements nach den beiden ersten Schlesischen Kriegen bricht der von Schaffensdrang getriebene König von seinem mit Plänen und Arbeitsentwürfen überhäuften Tisch zur Besichtigungsreise auf, von Selbstbewußtsein und Unternehmungsgeist bestimmt.
Berlin-Museum, Photo: H. J. Bartsch, Berlin

Vorwort

Mit Friedrich II. und seinem aufgeklärten, vernünftigen Absolutismus kam eine ganz neue Richtung in die gesamte europäische Politik, die dem alten diktatorischen Absolutismus der anderen Monarchien die Glaubwürdigkeit nahm. Die Verlagerung des Absolutismus von der Einzelperson des Königs mit Schwergewicht auf das Staats-Ganze löste Machtbehauptung und Machterweiterung aus jedem königlichen Egoismus, überhöhte sie jetzt ethisch und moralisch und band sie an die Wohlfahrt der Menschen statt an königlichen Prunk. Belächelt, gehaßt, bewundert als Gegen- und Vorbild, gab er der Monarchie neuen Wert, machte sie zum populären Maßstab königlicher Leistung, verschärfte aber zugleich auch die Erwartungen und Ansprüche an das Königtum erheblich, was seine Nachfolger zu fühlen bekamen. Nicht unbegründet wurde er 1745 von Nichtpreußen »der Große« genannt, weil man spürte, mit ihm käme ein neues Zeitalter herauf, das er deutlich verkörperte. Kein König hat höhere Anforderungen an die Monarchie gestellt als er. Je nachdem, wie sie geführt wird, sei sie die schlechteste oder beste aller Regierungsformen. Charakter und Leistung des Königs selbst wurden maßstäblich für die Wirkung seiner Regierung, obwohl sich selten so viele Begabungen in einer Person vereinigten.

Mit seinem frühen Wahlspruch, der Fürst sei nicht Herr seiner Untertanen, sondern ihr Diener, kein Mensch habe das Recht, sich unbeschränkte Herrschaft über andere anzumaßen, und es sei besser, von Gesetzen abzuhängen als von der Laune eines Einzigen, dem er unverzüglich Taten folgen ließ, brach er mit dem politischen Herkommen, den geltenden europäischen Verhältnissen und schuf ein neues Bewußtsein. Diese Haltung war im Grunde fast revolutionär und öffnete den Weg zur schrittweisen Modernisierung des Staates, seinem wirtschaftlichen Ausbau und zur europäischen Führungsmacht. Die so gerühmte »Große französische Revolution« blieb in Preußen überflüssig, von der zeitgemäß evolutionierenden Antwort der »Preußischen Reform« zur Wiederauferstehung Preußens abgesehen. Das Gedeihen des Staates und das Gemeinwohl standen höher als die Person des Königs, der das täglich in Krieg und Frieden in äußerstem Beispiel öffentlich vorlebte, für jedermann sichtbar. Die Reste des Mittelalters wurden beseitigt. Rechtlose Despotie, fürstliche Willkür und Selbstsucht schwanden. Vereinfachung, Klarheit, Rechtlichkeit, Duldung der religiösen Überzeugungen, Ordnungen und Berechenbarkeit griffen Platz. Fleiß, Einfachheit, Tüchtigkeit und Unternehmensgeist lohnten wieder, Gesittung und Verfeinerung nahmen zu. Da alle an einem Strang zogen und sparsam blieben, hatte bald die wachsende Mehrzahl ihr Auskommen und sah, daß es trotz aller Kriege und Zwischenfälle schrittweise vorwärtsging.

Der König wurde der »König der kleinen Leute« und wollte es aus Überzeugung auch sein, bis in gelegentliches eigenes Unrecht hinein. Im Zweifelsfalle bekamen oft genug die Schwächeren ihr Recht, auch wenn es gegen eigene Prinzipien verstoßen sollte. Konnten die Bürger als Person auf Rechtssicherheit und Unabhängigkeit der Überzeugung zählen, so waren sie im Staat auf Unterordnung und Gehorsam gewiesen. Da das in gleicher Weise für den Adel und die »großen Herren« galt, waren etwaige Übergriffe sehr erschwert, zumal ihnen die Rechtsausübung nach und nach systematisch entzogen wurde und behördliche Planung und Kontrollen ihren Spielraum einengten. Dazu kamen die ständigen Besichtigungsreisen des Königs, der überall auftauchte oder gegenwärtig schien. Zwischen Anordnung und Ausführung gab es keine Lücken der Verschiebung oder Unterlassung. Stetigkeit und Zuverlässigkeit halfen den sozial schwachen Gruppen. Seine gelegentliche Menschenverachtung, bekannt durch seine bissig überzeichnende Bemerkung: »Seit ich die Menschen kenne, liebe ich die Hunde!«, traf ja gerade Männer der führenden Stände. So waren es vor allem die kleinen Leute, die mit Treue an ihm hingen und sein Bild in der Stube oder über der Haustür aufhängten: »Jedem das Seine!«

Wenn man sich fragt, weshalb sein mehr als sechsunddreißigjähriges Friedenswerk von seinen kriegerischen Erfolgen und seiner Feldherrnkunst so überschattet wird, erkennt man, wie sehr äußere Dramatik, Risiko, Zuspitzung schwerer Entscheidungen auf wenige Stunden, Farbenpracht faszinieren und das wirkliche Bild grob verstellen. Auch der Machtzuwachs war nicht das Wesentliche, sondern Entfaltung und Leistung der Kräfte im Inneren, die unspektakulär, unblutig und nur zivil, verwaltungsmäßig und über längere Zeiträume fast wie von selbst nur von innerer Dramatik lebten. Langfristigkeit gilt als beinahe langweilig, obwohl an der Entwicklung das ganze Volk, nicht nur die Armee, mitwirkte und in jeder Weise profitierte. Es ging um Ausbau statt Zerstörung, Ausdauer statt Kühnheit, Unverdrossenheit statt Mut, Planung statt Wagnis, wobei die militärische Klammer des verstreuten Staatsgebietes und die musterhafte Verwaltung sich in der Stabilisierung und Konsolidierung ergänzten. Der wirtschaftliche und kulturelle Aufbau Preußens durch den König, vor allem nach 1763, mit seinen grundlegenden Veränderungen und lange nachwirkenden, über zwei Jahrhunderte bleibenden Ergebnissen überragt als zivile Leistung ohne Zweifel seine militärischen und politischen.

Wie die Unruhe eines Uhrwerkes hielt der König seinen Staat ständig in Bewegung. Er sah ihn aber als lebendigen Organismus. Deshalb trieb er immer neue Unternehmungen vorwärts, um die Wirtschaft allen Veränderungen anzupassen und daraus Gewinn zu ziehen. »Der Fürst«, sagte er, »ist für die Gesellschaft, was der Kopf für den Körper ist: er muß sehen, denken, handeln für die ganze Gemeinschaft, um ihr alle Vorteile, deren sie fähig ist, zu verschaffen. Will man, daß die Monarchie den Sieg behalte über die Republik, so muß der Monarch tätig sein und alle seine Kräfte zusammennehmen, um seinen Pflichten zu genügen.« Macht darf ja nicht stehenbleiben; dann zerfällt sie. Inneres und äußeres Wachstum ist ihr Gesetz. Ihre einzige Begrenzung sind die Gegenmächte, mit denen sich Lebenskraft, Organisation und Machtmittel konkurrierend messen. Dem König waren diese Gegebenheiten so bewußt, daß er ungeduldig mit Zeit geizte und alles unternahm, um Preußen zur Selbstbehauptung zu befähigen und ihm einen festen Platz unter den Führungsmächten Europas zu sichern, was Goethe zu der Anerkennung veranlaßte: »Der erste und wahre höhere eigentliche Lebensgehalt kam durch Friedrich den Großen und die Taten des Siebenjährigen Krieges!« Und 1770 bezeichnete er ihn als »den Polarstern, um den sich alles dreht«.

Beim unmittelbaren Wiederaufbau und späteren Ausbau Preußens stand die Armee mit ihrer selbstverständlichen Sicherung des Landes nicht abseits, sondern leistete in fachlicher Anleitung, Organisation und Durchführung sowie materiell-technischer Unterstützung unschätzbare, unmittelbar praktische Hilfe. Der enge Verbund von Verwaltung und Armee und das Nützlichkeits-Denken des Königs ließen gar nichts anderes zu. Die königliche Massen-Organisation besaß verfügbare Einsatzkräfte, straffe Ordnung, bewährte Führer, Fachleute auf der Höhe der Technik, vor allem Ingenieure, Kartografen, Tiefbauer und den nötigen Fuhrpark. Die Versorgung der Armee als ständiger Absatzmarkt und ihre regulierende Vorratswirtschaft machten sie ohnehin zu einem tragenden Wirtschaftsfaktor. Außerdem entsprachen die militärischen Denk- und Wirtschafts-Methoden fast völlig denen der Beamtenschaft und Wirtschaft in Stadt und Land, zumal der Adel in einer militärisch-zivilen Doppelrolle lebte. Zudem arbeiteten ja unzählige beurlaubte Soldaten, vor allem Ausländer, nach Ausbildung und vierteljährlicher Exerzierzeit in ihren Berufen. Regimenter und Kammern arbeiteten ständig zusammen. Die Wiederbesiedlung erfolgte weitgehend mit ausrangierten Soldaten und 300. bis 400.000 eingeheirateten »ausländischen« Berufssoldaten. Andererseits kam der Wiederaufbau auch der Armee zugute. Daß das Militär, wie Otto Büsch feststellt, »als Instrument der sozialen und wirtschaftlichen Entwicklung die erste Stelle einnahm,« war seine große Friedensleistung.

Man muß sich schon sehr bemühen, um die damalige Lage Preußens einigermaßen nachzuvollziehen: Es war ein Sammelbesitz in weit gestreuter Lage vom Rhein über Elbe, Oder, Weichsel bis zur Memel, an Ost- und Nordsee mit mehr als zehn größeren, getrennten Landesteilen in 1.000 Kilometern Distanz über Kreuz, d.s. dreißig Tagesreisen, davon sieben westlich der Elbe, im Zugang durch zahlreiche fremde Gebiete unterbrochen. Außer den Durchgangs-Problemen litt Preußen unter ständigem Arrondierungszwang und der Unhaltbarkeit der Randgebiete im Kriegsfalle. Der Gebietszuwachs hatte erst vor 130 Jahren eingesetzt und dauerte mit Schlesien, Ostfriesland und Westpreußen in des Königs Regierungszeit fort. Daher war der Staat historisch völlig uneinheitlich, stammesmäßig sehr unterschiedlich, in seinen Konfessionen äußerst gegensätzlich und voller Standes- und vor allem gravierender Rechtsunterschiede. Die Einheit, die schrittweise errungen werden mußte, brachten Souveränität und Person des Königs, die Armee als Organ und der Dienst in ihr, besonders aber die Verwaltung, Gesetze und Rechtsprechung, die behutsam, aber nachdrücklich über Jahrzehnte den Rechtsstaat schufen. Schon diese Leistung allein, die bis zum Ende seiner Regierung als geistige Homogenität, zugleich auch als Identifizierung ein Staatsbewußtsein entstehen ließ, wäre bewundernswert gewesen.

Darüber hinaus lag in seinem Friedenswerk etwas Stilbildendes, wie er große Ziele in persönlicher Bescheidenheit anging, in schlichter anspruchsloser Erscheinung, unermüdlich, tätig und immer wachsam — »toujours en vedette!« — mit kritisch scharfem Auge, kühler Nüchternheit, Erkennen der Realität und des Machbaren, Verachtung von Glanz, Schein und Schmeichelei, Gerechtigkeitsdrang und Erziehung zur Redlichkeit ohne Geltungsbedürfnis. Immanuel Kant hat in den achtziger Jahren des 18. Jhdt. dieses Lebensgefühl in seiner Ethik um den Pflicht-Begriff erläutert, der in der Vernunft des moralischen Gesetzes wurzelt und vom Kategorischen Imperativ ausgelöst wird: »Handle so, daß die Maxime deines Willens jederzeit zugleich als Prinzip allgemeiner Gesetzgebung gelten könne!« Dieser kühle Vernunft-Stil, getragen von guter Gesinnung und regem Verantwortungsgefühl, hat die friderizianische Friedens-Epoche beherrscht. Andererseits entfaltete sich nach langer Zeit nationalen Unglücks und Demütigung eine Kühnheit und ein Selbstgefühl vor ganz Deutschland, daß sich das Volk »mit Genugtuung an dieser Größe erheben und aus jener demütigen Stellung der letzten Zeiten aufrichten konnte«, wie ein Zeitgenosse schrieb. Selten ist ein König so tief in alle Kreise des Volkslebens eingedrungen und von allen Schichten zu eigen genommen worden.

Nach knapp zehn Jahren Krieg und sechsunddreißig Jahren intensiver Friedensarbeit hatte sich Preußens Fläche um 2/3 vergrößert, seine Bevölkerung beinahe verdreifacht, seine Staatseinnahmen mehr als verdreifacht und den Staatsschatz um das Fünffache erhöht. Seine ungewöhnliche Verbindung von diszipliniertem Fleiß und aufklärerischer Reformpolitik strahlte auf ganz Europa aus. Seinen Zeitgenossen gab er als »die andere Partei« gegenüber Österreich das »progressive Prinzip«. Es war deutsche Fürsten-Vormacht und auf dem Wege zur europäischen Großmacht. Das Reformwerk gab der kriegerischen Erwerbung Schlesiens und dem unblutigen Gewinn Ostfrieslands und Westpreußens die nachträgliche Rechtfertigung. Wie er dachte, zeigt sein Wort: »Der Krieg ist ein solcher Abgrund des Jammers, sein Ausgang so wenig sicher und seine Folgen so verheerend, daß es sich die Landesherren nicht genug überlegen können, ehe sie ihn auf sich nehmen. Ich rede nicht von all den Gewalttaten an ihren Nachbarn, ich beschränke mich nur auf das Unheil über ihre eigenen Untertanen.« Und das vor zweihundert Jahren!

Oldenburg, im Sommer 1991 Joachim Engelmann

Geistiges Erbe

König Friedrich II. trug ein doppeltes Erbe: den Kalvinismus seiner Familie, verstärkt von den Pfälzern und seiner Urgroßmutter, Luise Henriette von Oranien, her und den Pietismus seines Vaters, der ihn die ersten achtundzwanzig Jahre seines Lebens begleitete. Friedrich Wilhelm I. bekannte nicht umsonst: »Ich habe ein holländisches Herz von Jugend auf und Holland immer bewundert!« Niederländische Baukultur im Anfang Preußens war der äußere Beweis. Der von drängender Gottesfurcht bestimmte Glaube des Vaters rang ständig voll Selbstzweifel um die richtige Antwort darauf im täglichen praktischen Handeln. Sein unruhiges Gewissen, der Gnaden-Moment Gottes könne ein für allemal versäumt werden, und die nur durch erfolgreiche Arbeit gewonnene Selbstgewißheit prägten die Atmosphäre seiner frühen Entwicklungsjahre, bis er in schwersten existentiellen Kämpfen nach zwei Jahrzehnten nach und nach seinen eigenen Standort gefunden hatte, ohne sein Erbe jemals völlig abschütteln oder verleugnen zu können. Dazu hatten seine Erziehung durch Hugenotten, sein Freundeskreis von Réfugiés und reformiertes Denken in Verwaltung, Staat und Armee nachhaltig genug beigetragen. Zahlreiche Äußerungen des Königs beweisen, daß er nach heutigen Vorstellungen ein durchaus gläubiger Mensch war, dessen einmalige Mäßigung seiner absoluten Herrschaft mindestens ebensosehr auf religiösen Bindungen beruhte wie auf französischer Aufklärung und stoischer Philosophie. Der Souverän war nicht letzte Instanz, sondern allein »von Gottes Gnaden« in ständiger Rechtfertigungsnot »Amtmann und Diener Gottes auf Erden« und »Haushalter«, mehr nicht.

Nachdem die brandenburgischen Hohenzollern unter Kurfürst Joachim II. 1563 zur lutherischen Konfession übergetreten waren, vollzog fünfzig Jahre danach Kurfürst Johann Sigismund zu Weihnachten 1613 unter dem Einfluß von Abraham von Dohna den Anschluß an das reformierte Bekenntnis, in Annäherung an das Haus Oranien und die Niederlande. Mit lutherischen, katholischen, reformierten und auch zunehmend jüdischen Untertanen konnte das Herrscherhaus keinen religiösen Einheitsstaat wie sonst üblich formieren. Es war um seines Bestandes willen zur Tolerierung der anderen Bekenntnisse gezwungen, nicht nur aus innerer Überzeugung. So zog es Glaubensflüchtlinge und Zuwanderer aus allen Teilen Europas an. Daraus mußte sich eine moderne, konfessions-neutrale Form des Staates entwicklen, in dem nur die Loyalität, Pflichterfüllung und Leistung des Bürgers zählten und nicht mehr sein religiöses Bekenntnis wie in der Gegenreformation. Das brachte eine erste, aber damals sehr wesentliche Freiheit! Notwendigerweise hielten die Hohenzollern am Kalvinismus fest und nahmen ihre Glaubensüberzeugung sehr ernst. So gelang es ihnen auf eigenartige Weise, bewährte reformierte Tugenden säkularisiert als staatsbürgerliche Eigenschaften der preußischen Untertanen in einem alle verbindenden Staats-Ethos maßstäblich werden zu lassen, das heute noch vielfach fortwirkt.

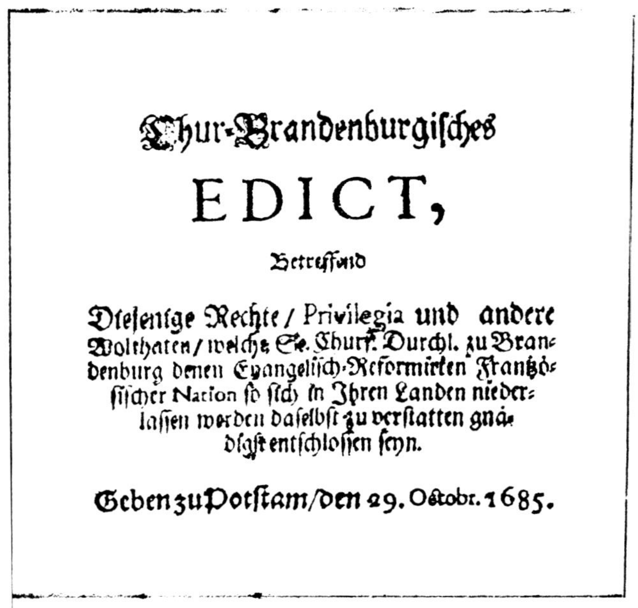

Chur-Brandenburgisches
EDICT,
Betreffend
Diejenige Rechte / Privilegia und andere Wolthaten / welche Se. Churf. Durchl. zu Brandenburg denen Evangelisch-Reformirten Frantzösischer Nation so sich in Ihren Landen niederlassen werden daselbst zu verstatten gnädigst entschlossen seyn.
Geben zu Potstam / den 29. Octobr. 1685.

Erlaß des Kurfürsten Friedrich Wilhelm von Brandenburg zur Aufnahme der Hugenotten in seinen Landen.

Die Einwanderungswelle der Hugenotten nach dem Edikt von Potsdam vom 29.10.1685 mit 15- bis 20.000 französischen Einwanderern verstärkte diese Entwicklung, bis dahin ohne Beispiel für Brandenburg, nur wenig mehr als ein Prozent, dennoch von tiefgreifendem Einfluß. Fast alle Einwanderer gingen über Berlin, wo mehr als ein Drittel blieb. Sie kamen aus allen Berufen, dabei 400 Textilspezialisten, 60 Ärzte, allerdings kaum Bauern, die vor allem das Bürgertum bereicherten, stärker als nach der Zahl zu erwarten und voll Erneuerungskraft. Noch größer war ihr Impuls in der Kultur bis zur Gründung der Berliner 'Societät der Wissenschaft'. Bald fanden sie Eingang in die Adelsfamilien. Bis 1713 wurden fünf- bis sechshundert Offiziere, an der Spitze Marschall Armand von Schomberg, 1.400 Unteroffiziere und hundert Mannschaften in die Armee übernommen, ein Schub an Führungskräften, der Geist, Ausbildung, Organisation, Leistung, Nachwuchs prägte und die Artillerie,

Kurtze Erzehlung /
Welchergestalt
Von Sr. Kön. Maj. in Preußen
Friederich dem I.
in Dero Hauptsitz Berlin
die Societæt der Wissenschafften
Oder
Zu mehrer Aufnahme des gelehrten Wesens
abzielende Gesellschafft gestifftet worden
Und wie dieselbe zu ihrer völligen Niedersetzung gediehen.
Mit beifügung des Stifftungs=Briefs / der Einrichtungs=
Gesetze / derer bey der Niedersetzung gehaltenen Reden /
und des Catalogi Membrorum Societatis.

BERLIN /
Verlegts Johann Christoph Papen / Königl. privilegirter wie auch der Societät
Buchhändler und Factor.
Gedruckt von Gotthard Schlechtigern / Königl. privilegirten auch der Societæt bestellten Buchdr.

Titelblatt des Gründungsberichtes des Vorläufers der »Preußischen Akademie« von 1700 (Foto: Ullstein)

Pioniere, Ingenieurkorps und Generalstab neu schuf. Die Verzahnung von Militär und Ökonomie, Militärdienst und innerer Kolonisation, die Belebung der Städte und die Begrenzung der Vorherrschaft des Adels waren schon vorher Kennzeichen kalvinistischer Staaten. Schließlich machten sie als Unternehmen und Fabrikanten Brandenburg fähig zur Selbstversorgung und später zur Konkurrenz mit seinen Nachbarländern. Kein Wunder, daß der König Hugenotten förderte, wo es nur möglich war.

Calvins Forderungen wurden zu bedeutenden Staats-Theorien, die seine Anhänger in der Praxis zu Staatenbildungen befähigten und ermutigten. Vor allem bewertete er in neuer Weise das Amt der Staatsführung hochwertig, weil es mit einzigartigen Vor-Pflichten zur Vollendung des Staatswesens beladen sei, ja, »ein Werkzeug Gottes«. Sein hoher Rang, Rechte und Gaben forderten mehr Leistung als von anderen und dienten letztlich dem Ziel, das »Reich Gottes auf Erden« wiederherzustellen, aufrechtzuerhalten und zu schützen. Der Staat habe wenigstens das vermenschlichte konkrete Abbild des »Gottesreiches« zu sein. Die Hoheit des Amtes verlange das Vorbild und mehr Demut als von anderen Menschen. Ungerechte Regierung sei Räuberei! Sodann rief er gebieterisch zur Tat auf. Das Amt sei nur eine Probe Gottes, um Eignung und Größe des Eifers zu prüfen. Deshalb müßten alle Erkenntnisse in Handlungen umgesetzt und durch die Tat bewährt werden. Grundsätze seien, je der konkreten Situation angepaßt, bis ins Kleinste anzuwenden, um so dynamisch die Zustände des Landes fortschrittlich umzugestalten. Unsitten und Lastern sei zu steuern durch strenge Sittenzucht und Schulen als »Schatzkammern himmlicher Lehre«, pragmatisch ohne Moralpredigten. Die Glaubensverpflichtung werde zur Lebenshaltung (facon). Über allem stand der Satz: »Aller Haß meiner Gegner wird nicht bewirken, daß ich nicht meine Pflicht tue«. Wachsende Bürgerfreiheit und staatliche Eingriffe zu ihrer 'Wohlfahrt' ergänzten einander.

Daniel Nikolaus Chodowiecki (selbst Hugenotten-Abkömmling): Französische Flüchtlinge siedeln Textil- und Gobelin-Werkstätten in Brandenburg an.

Diese Forderungen lösten eine ganz besondere Lebenseinstellung der Kalvinisten aus. Infolge der absoluten Gnadenerwählung durch Gott verdankt man alle Erfolge ihm, nicht sich selbst. Alles Geschehen dient nur seiner Verherrlichung. Man darf sich auf keinen anderen Menschen verlassen. Unter Abwendung von aller Sinnenkultur kann der 'Gnadenstand' nur bewahrt werden durch Gestaltung der Welt. Denn Gott will die Arbeit in Beruf, Kirche, Politik und Staat zu seiner Verherrlichung. Aus dem 'Gottesruhm' wird die 'Berufspflicht', der König zu 'Gottes Verwalter'. Das Jenseits muß im Diesseits vorbereitend geschaffen werden; Bewährung und Erfolge beweisen die Echtheit des Glaubens. Die Arbeit ist durch Gott legitimiert; voll Rastlosigkeit bringt sie die Gewißheit der 'Erwählung', verdrängt religiöse Zweifel und sichert den 'Gnadenstand' als 'Rüst- und Werkzeug Gottes'. Der Beruf ist nicht nur Berufung, sondern auch Aufgabe. Der Mensch hat Nutzen zu bringen und die Menschheit zu fördern. Deshalb soll man im Beruf ausharren bis ans Ende. Fleiß, spartanische Sparsamkeit und Bescheidenheit, schöpferisches Erzeugen und Vermehren führen durch Gottes Segen zu einem Anfangsgewinn, der als Leihgabe nicht entnommen werden darf, sondern wieder der anvertrauten Aufgabe zugeführt wird. So entsteht ein wachsender Kreislauf von 'haushälterischer Wirtschaftlichkeit' und ein Streben nach Rentabilität und Gewinn, wobei das Kapital, zu dem bald planmäßige Kalkulation und Bilanz treten, immer nur Mittel, niemals private Bereicherung sein darf. Man hat den Kalvinismus als 'rationale Pflanzschule der Kapitalwirtschaft' bezeichnet (Max Weber). Dabei scheint typisch, daß die Reformierten meist eine abgesonderte Minderheit und in der Diaspora waren.

Der Kalvinist weiß, daß Gott in ihm und durch ihn in die Menschenwelt hineinwirkt, um sie gestaltend zu verändern und zu bessern. Er hilft dem, der sich selbst hilft, und nimmt ihm dadurch die Angst um seine 'Seligkeit'. Nur durch Handeln lernt man sich selbst kennen; Pflichterfüllung führt zu einem selbst. 'Gute Werke' erwerben keine 'Seligkeit', sondern bestätigen nur die 'Erwählung'. So wird die Bewährung in der drängenden Pflicht zur unabweisbaren täglichen Forderung. Unter vielfacher Einbeziehung alttestamentarischer Normen lebt er in einer rationalen Lebensordnung: Gottes Ruhm auf Erden mehren und selbst aus dem Natur-Zustand in den 'Heils-Zustand' zu wachsen. Das bringt eine straff geordnete Lebensführung und eine harte Selbsterziehung bis zur Askese hervor, weil Luxus Selbstvergötzung und Genuß sündhaft irrationale Verwendung von Gütern ist: Das Große beginnt im Kleinen! Sauberkeit, Sorgfalt, Genauigkeit, Pünktlichkeit, Ordnungsliebe, Gewissenhaftigkeit, Zuverlässigkeit werden elementare Grund-Tugenden, die man heute dem deutschen Volke zuspricht. Ihre Kontrolle ist nicht persönliche Willkür, sondern dient der Sache und dem Auftrag. Sinn- und maßlose Gefühle bleiben unter Selbstkontrolle. Das Machbare muß verwirklicht werden. So kommt eine Rechenhaftigkeit in das Leben, deren Verzichte Gott in allem vergelten wird. Wer im Sinne dieser methodischen Ethik im Alltag fast wie ein Mönch zu leben weiß, kann Anmaßungen von Adligen selbstbewußt gegenübertreten und sich auch militärischer Disziplin leicht einordnen. Anpassung an den Zeitgeist war den Kalvinisten ein Greuel.

Die erheblichen Einflüsse des säkularisierten Kalvinismus brachten im innerstaatlichen Leben die Aktivierung der gesellschaftlichen Kräfte, die Zellen relativer Selbständigkeit und Beweglichkeit bildeten und damit die herkömmliche fürstliche Allmacht einzugrenzen begannen. Unter den Ständen erhielten vor allem die Bürger und Bauern Auftrieb. Der König wurde zum »ersten Bürger des Staates« statt des mächtigsten Adligen und hob sich betont durch Einfachheit bis hin zum Soldatenrock, sittenstrenges Familienleben und im Vorbild gleicher Pflichten hervor. Gottlose Fürsten verdienten keinen Gehorsam mehr, sondern Wachsamkeit, Kritik oder gar Widerstand. Ein solcher Staat kam Calvins Gottesreich schon näher. Der universale Anspruch, nur so könne ein ethisch begründeter Staat aussehen und bestehen, förderten das Selbstbewußtsein eines gottgegebenen »Amtes« und der Berufung, angesichts der Größe der Aufgaben nicht nur als »Werkzeug Gottes«, sondern auch als »Werkzeug der Geschichte« gesandt zu sein. So dynamisierten Eifer und neue völkerrechtliche Grundsätze die auswärtige Politik. Unermüdlicher Kampf wurde zur Bewährung im Leben, und der Erfolg für den »besseren« Staat rechtfertigte bei einem freien, subjektiven Gewissen leicht die Mittel, selbst eine Eroberung. Das tiefe Vertrauen auf den Sieg war durch Fehlschläge nicht zu erschüttern; je größer die Bedrängnis, desto verbissener die Hoffnung. Die Schutzpflicht für die Untertanen und ihre »Wohlfahrt« boten jede Rechtfertigung. Wenn man alles von Gottes Hilfe erwartete, mußten die praktischen Höchstforderungen an sie mit Appellen und persönlichen Imperativen verbunden sein, weder Bequemlichkeit, Besitz noch Leben zu schonen und Härte gegen sich selbst, Mut und Ausdauer zu beweisen, in einmaliger Verbindung von Gehorsam und innerer Freiheit. Friedrich Wilhelm I. und sein Sohn führten Preußen — nach dem Vorbild »Gottvater« — als Landes-»Väter« zum ethisch begründeten Staat, anders als die meisten Nachbarstaaten, der die Gegensätze der Stände, Konfessionen, Nationalitäten überbrückte. Das faszinierte viele Nicht-Preußen. Denn wo gab es sonst einen Staat, der nur aus dem Verhalten, der Haltung und Gesinnung seiner Bürger lebte?

Hatten die Hohenzollern ihren Staat nach kalvanistischen Grundsätzen formiert, so trat mit Friedrich Wilhelm I. eine weitere Qualität hinzu, indem er zwischen kirchlicher Orthodoxie und zweiflerischer Aufklärung den Pietismus zum Zuge brachte, der aus dem Kalvinismus in das Luthertum hinübergewachsen war. Beiden ging es um »Gnadenwahl«, Erweckung und Seligkeit, sittliche Lebensführung im Angesicht des Jenseits, Bewährung, Askese als Mittel der Versöhnung mit Gott, Buß-Kampf als Weg der inneren Wiedergeburt, Bibel-Bindung und Heilsicherheit. Der Pietismus war aber mißtrauisch gegen die Theologen-Kirche und gegen die klassische Philosophie und suchte mit der Aufklärung Glauben und Religion von mittelalterlichem Beiwerk zu befreien, Naturphilosophie, Naturrecht und Toleranz oberhalb jeden Konfessions-Hasses als neue Lebens- und Weltanschauung mit persönlicher Frömmigkeit und einem vernünftigen Glauben zu verbinden. Friedrich Wilhelm I. verabscheute die »verdammten prädestinatischen Sentiments«, die nur zu Hochmut, Faulheit und Fatalismus führten. Die Verlebendigung der Gemeinden sollten aus Gottes Wort, persönlicher Betroffenheit, geistlichem Priestertum aller Gläubigen und Christentum der Tat erwachsen. Dadurch gewannen die Laien gegenüber der ordinierten Geistlichkeit eine stärkere Position, die sich in Charisma und Brudergeist ausdrückte. Pfarrer Philipp Jacob Spener in Frankfurt/Main (1635-1705) hatte 1670 mit dieser Bewegung begonnen und sie ab 1688 in Berlin als Propst von St. Nikolai, der Kirche Paul Gerhardts, verbreitet. Diese Frömmigkeit wollte keine eigene Kirche, sondern die evangelischen Gemeinden aus orthodoxer Erstarrung lösen, sie lebendig machen und ihren Glaubensgehalt seelisch vertiefen.

Philipp Jacob Spener, Begründer des Pietismus, wirkte ab 1688 an der Berliner Nikolai-Kirche. (Stich von Joseph à Montalegre)

Ein weiterer Mittelpunkt pietistisch-aufklärerischen Geistes entstand in Halle an der 1694 gegründeten Universität, an die König Friedrich I. als Juristen sofort den Leibniz-Schüler Christian Thomasius (1635-1728) berief, dessen in Deutsch gehaltenen Vorlesungen ungeheuren Zulauf fanden. Er löste das Naturrecht aus der Vormundschaft der Theologie und gilt als Vater des Journalismus. 1707 trat der Mathematiker und Philosoph Christian Wolff dazu, der ein rationalistisches System propagierte. 1723 von König Friedrich Wilhelm I. ausgewiesen, wurde er 1740 von Friedrich II. zurückberufen.

August Hermann Francke, Schöpfer der Hallenser Anstalten als Mittelpunkt des Pietismus in Preußen. (Stich nach einem Gemälde von Antoine Pesne)

Als entscheidender Mann aber kam August Hermann Francke (1663-1727), Professor der orientalischen Sprachen und Prediger in der Vorstadt Glaucha, 1692 dazu, früh unter dem Einfluß Speners und seit seinem Bekehrungserlebnis vom Oktober 1687 in Lüneburg eifriger Pietist. Das so erneuerte Luthertum gewann wieder an Einfluß. Francke entfaltete eine intensive und umfassende pädagogische Tätigkeit, sprach in Lehre und Predigt die Menschen besonders an und entwickelte ein anziehendes Verhältnis zur Jugend. In seiner Hallenser Gemeinde ging er energisch die soziale und geistliche Armut an und kümmerte sich besonders um verwahrloste Kinder. Geborener Menschenkenner und Philanthrop, richtete sich sein Bildungsziel im Sinne von Johann Amos Comenius (1592-1670) auf Tüchtigkeit, Gemeinnützigkeit, Lebens-und Weltklugheit: Erziehung bereite den Menschen auf die Wiedergeburt Christi vor.

Wie später Bodelschwingh mehr geführt als geplant, begann er 1695 mit der Gründung seiner berühmten Anstalten als Stiftungen aus freiwilligen Spenden mit Armen-, Real- und Bürgerschulen, Pädagogium, Waisenhaus, Witwenhäusern, Fremdsprachen-Seminaren, Obdachlosenheim, Werkstätten, Buchverlag, Bibelanstalt, Druckerei, Apotheke, Kirchenzeitung, Großhandel, kurz, eine Schulstadt auf eigener wirtschaftlicher Grundlage, die bei seinem Ende 2200 Schüler mit 180 hervorragenden Lehrkräften umfaßte. Neben rastloser caritativer Hilfe weitete er die Berufserziehung aus und öffnete begabten Schülern, gleich welchen Standes, den sozialen Aufstieg über Ausbildung und Bildung, gerade auch Elternlosen. Besonders aber wollte er den Lehrerstand verbessern, von dessen »Verderbtheit« alles Übel in der Welt herkäme. Sich selbst sah er nur als Werkzeug des »Handelns Gottes zu Halle«, von dem er eine weltweite Wirkung ersehnte, getragen von den bei ihm ausgebildeten Missionaren und Predigern, Beamten und Lehrern. Wie seine Schriften von 1701 und 1704, dazu seine unglaubliche Aufbauleistung beweisen, war von weltfremder Schwärmerei nichts zu spüren, vielmehr instinktsicherer realistischer Ausgriff in neue Arbeitsfelder, gegründet auf solide kaufmännische Organisation. Universität und Franckesche Stiftungen machten Halle zwischen dem reformierten Duisburg und dem lutherischen Frankfurt/Oder als Hochschule der Frühaufklärung wie Zentrum des Pietismus zu einem geistigen Mittelpunkt des neuen Königreiches, mit dem pietistischen Gegenpol Königsberg, dem Kant später philosophisch Ausdruck gab.

König Friedrich Wilhelm I., der dreimal je Woche mit Familie, Hof und Bedienten vor- und nachmittags in die Kirche ging, sollte auf Drängen Franckes als Kronprinz 1708 die Hallenser Anstalten besichtigen, aber es wurde nichts daraus. Er kam erst im August 1711 auf Drängen seiner mecklenburgischen Stiefmutter. Anerkennend erlebte er Vielfalt und Gediegenheit der Franckeschen Werke, aber zu einer inneren Beziehung der beiden so verschiedenen Männern kam es noch nicht. Schon sechs Wochen nach seinem Regierungsantritt erschien Friedrich Wilhelm I. erneut in Halle zu einem ausgedehnten Besuch, an dessen Ende der König jede Unterstützung versprach, er wolle »sein Prokurator« sein. Francke schrieb dem König: »Gott, der Allerhöchste, wird Ew. Majestät die große Treue an Seinem Werk in alle Erwigkeit belohnen. Ich aber will mich als Ew. Majestät treuer Knecht bis in den Tod beweisen!« Und dieses enge Bündnis mit dem fünfundzwanzig Jahre älteren, erfahrenen Francke hielt ein Leben lang, der starken menschlich-religiösen Einfluß auf ihn gewann und schließlich die Rolle seines Seelsorgers einnahm. 1717 veranlaßte er den König, auf der Grundlage seiner Pädagogik durch Generaledikt die Allgemeine Schulpflicht in Preußen anzuordnen, für deren Verwirklichung Francke die Lehrer stellte und der König 1736 weitere »Principia regulativa« erließ. Häufig lud ihn der König nach Wusterhausen ein. 1717 konzentrierte er das Inf.Rgt. Anhalt (Nr. 3) um Halle und legte es ab 1722 ganz in die Stadt, so daß seine Offiziere und Soldaten, Studenten und Pfarrer näher zusammenrückten. Als Fürst Leopold von Anhalt-Dessau 1718 trotz ursprünglicher Skepsis für sein Regiment einen »exemplarischen Prediger« forderte, kam es zu einer folgenreichen Verknüpfung von Pietismus und preußischer Armee, bis hin zur Hebung der Moral, Fürsorge für die Soldaten-Familien, Unterricht der Soldaten-Kinder und Pflege der Militär-Waisen.

Führende Generale wie Dubislav Gneomar v. Natzmer, v. Gersdorff, Finck v. Finckenstein, v. Kröcher, v. Sydow traten offen für den Pietismus ein; einflußreiche Adelshäuser öffneten sich ihm; jüngere Generale gingen aus Franckes Anstalten hervor. Max Weber urteilte: »In harter Lebensschule aufgewachsen, wägend und wagend zugleich, vor allem nüchtern und stetig, scharf und völlig der Sache hingegebene Männer mit streng bürgerlichen Anschauungen und Grundsätzen«, eine Elite-Erziehung für verantwortungsvolle Aufgaben. Bald durchsetzten in Halle gut ausgebildete Beamte aus dem 1727 eingerichteten Lehrstuhl für Kameralwissenschaft, Wissenschaftler und Lehrer das ganze Land. Die Verknüpfung von Glaubenswerten mit täglicher Praxis ließ ihre »Arbeit« zum persönlichen Reifeprozeß in sittlicher Selbstbestätigung und Gott wohlgefälligem Handeln, im Tun für andere zu echter Nächstenliebe und zur rationalen Lebensverbesserung der Bevölkerung werden. Das Bewußtsein, durch »Befehl Gottes« in eine besondere Aufgabe gewiesen zu sein, kann nur durch innerweltliche Pflichterfüllung bewährt werden: Gott wirkt in den »Vervollkommneten« und segnet den Erfolg ihrer Arbeit. Askese wird zur bürgerlichen Tugend. Fleißige Arbeit, Pflicht zur Leistung unter persönlichem Verzicht und Auslese der Erfolgreichen sind religiös motiviert und ethischer Selbstzweck. Diese religiöse Berufs-Ethik des Bürgertums war ein Ergebnis der Reformation. Die Auffassung vom Königtum als »Beruf« in Schickung Gottes statt überlieferter Machtherrschaft ist ohne Kalvinismus und Pietismus undenkbar und einzigartig. Friedrich Wilhelm I. und Friedrich II. reihten sich ganz bewußt in diese bürgerliche Berufsauffassung ein. Ein derart geprägter Staat mußte früher oder später mit der katholischen Vormacht Österreich aus innerem Zwang zusammenstoßen.

Als Friedrich Wilhelm I. am 21.4.1716 die Militär-Seelsorge neu regelte, ergriff der Pietismus die Armee als wichtigstes Instrument des Staates. Der König entzog die Feldprediger der Unterstellung der Landeskirchen und setzte entgegen anderen Vorschlägen Lampertus Gedike, Francke-Schüler, Lehrer an seinem Pädagogium und Garnison-Prediger in Berlin als Feldpropst der Armee ein. Er hatte die Aufsicht über alle Regiments- und Garnison-Prediger, die er vor ihrer Anstellung prüfte und ordinierte. Ihre Berufung erfolgte durch den Regiments-Chef. Es waren junge, aktive Männer, meist aus Halle. Bis Dezember 1742 trugen sie Zivil. Jeden Morgen und Abend hielten sie eine Viertelstunde Andacht, jeden Sonntag Predigt, zweimal im Monat Abendmahl. Ihr Dienst erfolgte ökumenisch anhand des lutherischen Katechismus und vereinte alle Dienstgrade bis zum General, ein ergreifendes Bild, wenn alle Soldaten gemeinsam sangen und mit gesenktem Haupte beteten. Im Kriege rückten die Feldprediger mit ins Feld. Wo es erforderlich war — bei einem Viertel des Heeres — richtete Friedrich Wilhelm I. auch katholische Seelsorge ein, obwohl Preußen ein evangelisches Land war. Der Feldpropst hatte dem König jährlich eine Liste der ältesten Feldprediger vorzulegen, die deren Eignung für Landpfarr-Stellen aussprach, um Vakanzen durch rückkehrende Feldprediger zu besetzen. Damit wurde deren Amt aufgewertet, für sie gesorgt und die Erfahrung der Landpfarrer verbessert. 1742 und 1750 entwickelte Friedrich II. diese Einrichtung fort. Für die Verfassung der Landeskirchen war das ein wirklicher Gewinn. Der König rief aus Halle immer neue Absolventen ab, einmal sogar hundert auf einmal. Zugleich ließ er im Lande eigene Garnison-Kirchen errichten, wo die Feldprediger Trauungen, Taufen und Konfirmationen hielten wie auch in den Garnison-Schulen Soldatenkinder unterrichteten. So war der pietistische Einfluß bald in der ganzen Armee vorherrschend. Friedrich II. wußte, woher es kam, wenn seine Soldaten morgens und abends, aber auch vor und nach der Schlacht Choräle sangen.

Schon am 1.9.1717 faßte Friedrich Wilhelm I. die Kadetten-Akademien Kolberg, Magdeburg und Berlin in nächster Nähe seines Schlosses zum »Kgl.Prß. Kadetten-Korps« zusammen, nannte sich dessen »Oberst« und machte seinen fünfjährigen Sohn nominell zu seinem Chef. Zunächst waren es 110 Kadetten im Alter von zwölf bis achtzehn Jahren, neben militärischen Ausbildern ein Ingenieur-Kapitän, ein Prediger und einige Elementar-Lehrer für die wissenschaftliche Ausbildung, dazu ein Feldscher und Tanzmeister sowie ein Profos. Es war ein völliges Abbild des Franckeschen Pädagogiums in Halle für den Offizier-Nachwuchs aus den Söhnen des verarmten Landadels, mit zweimaliger Bet-Stunde am Tage. Im März 1721 waren es bereits 236 Kadetten; dabei blieb es bis 1790. Bis 1740 wurden jährlich 50 bis 60 der Truppen überwiesen, insgesamt rund 1400 von 1612 eingetretenen.

Dem König ging es neben »Wissenschaften und Exerzitien« ausdrücklich um »Anweisung im Christentum«, wie er den Eltern schrieb, Qualifizierung der künftigen Offiziere im Dienste von unten auf und gesellschaftliche Gleichheit, unbeschadet der Rangordnung. Neben dem großen Berliner Waisenhaus am Stralauer Tor, begonnen 1702 und erst 1727 vollendet, richtete der König nach Hallenser Vorbild in Potsdam ab 1722 unter aktiver Mitwirkung Franckes und Generalreglement nach dessen Betrieb das Militär-Waisenhaus ein, das am 1.11.1724 eingeweiht wurde. Schon vorher hatte er sich ab 17.3.1713 durch Einrichtung des Invaliden-Direktoriums der Versorgung invalider Unteroffiziere und Soldaten angenommen und sie ab 1717 zum Teil bei den Garnison-Bataillonen wieder eingestellt, dienstunfähige ab 1729 bei Brandenburg, seit 1738 in Werder bei Potsdam mit Quartier und Traktament versehen. Vorsteher des Waisenhauses wurden der Geheime Rat v. Marschall und vier Stabsoffiziere des Leibregiments. Später bekamen verdiente Generale diese Aufgabe wie z.B. seit 20.6.1779 Generalmajor Friedrich Wilhelm v. Rohdich. Der König überwies dem Waisenhaus zahlreiche Einkünfte wie z.B. der Tuchfabrik der Armee, der Gold- und Silber-Manufaktur, Judenschutzgelder und Tabaksteuer »als ewigen unwiderruflichen Fonds«. 1740 hatte die Anstalt 1400 Knaben und 150 Mädchen. Feldprediger-Amt, Kadettenanstalt und Waisenhaus haben dem pietistischen Denken nachhaltigen Zugang in die Armee geöffnet. Preußen wurde ein christlicher, toleranter Staat, im Gegensatz zu seinen Nachbarn.

Erneuertes EDICT
Wegen
Aufhebung
Der
Abgedanckten und Invalide-
Soldaten / Bettler / und anders
unnütze Gesindels /
Und wie es
Mit ihrer Wegbringung
nach denen Vestungen /
Verpflegung mit 1. Gr. täglich
aus der Städte / Flecken und Dörffer
Armen-Casse
Wo sie ertappet / biß zu ihrer Außlieferung zur nächsten Vestung / gehalten
werden soll.
De dato Berlin / den 28. Februarii 1719.

PATENT,
Daß die
Soldaten
Kein
Handwerck
treiben sollen,
Wann sie kein eigen
Bürgerlich Hauß haben;
Doch daß sie bey
Meistern als Gesellen
arbeiten mögen.
Sub dato Berlin, den 17ten Decembr. 1727.
BERLIN,

Erlasse Friedrich Wilhelm I. vom 28.2.1719 und 17.12.1727 zur Versorgung invalider Soldaten und nützlichen Weiterverwendung.

Das bettelnde Soldatenweib
Dieser Kupferstich von Daniel Chodowiecki 1764 zeigt das Elend der Soldaten-Kinder.

Diese Entwicklung bekam einen weiteren Schub durch die Aufnahme der 20.000 Salzburger auf das »Toleranz-Patent« v. 2.2.1732 und die Zuflucht der 2000 böhmisch-mährischen Exulanten 1732/1737 neben sonstigen Kolonisten-Gruppen, Ergebnis praktizierten Pietismus und aufklärerischen Religions-Begriffes oberhalb der Konfessionen. Aber hinter intensiver Frömmigkeit lebte auch wieder noch ganz arglos kalvinistisch-pietistischer Geschäftssinn, Rechnen auf Menschen-Gewinn und Zuwachs an Erwerbskraft und Gewerbefleiß, die nicht nur Lebenszweck, sondern sogar Pflicht gegen Gott waren. Wie für den Einzelnen der Besitz, so ist für den König das Land ein »Pfand Gottes«, mit dem es zu wuchern gilt. Zeitvergeudung bleibt Sünde, Ausruhen und Genießen sind untersagt. Vermehrung und Verbesserung des anvertrauten Gutes ist unabweisbare ethische Verpflichtung und Beweis der Tüchtigkeit. Erfolg ist nicht vordergründiges Ziel, sondern zwangsläufiges Ergebnis der Motive, wie Friedrich Wilhelm I. urteilte: »Wenn Wirte ein Gut im Werte von 40.000 Talern dreißig bis vierzig Jahre besitzen und nicht zwei gleichwertige Güter dazu verdienen, so sind sie schlechte Wirte gewesen,« die schärfste Abqualifizierung. Nicht umsonst nannten sich »gute Wirte« auch »Plusmacher«. Das galt auch für König und Staat, der mit dem Gottesreich-Abbild Staatsräson und Merkantilismus zu verbinden verstand.

Nun erhebt sich die Frage, ob dieses Erbe mit seinem christlichen Staat auf Friedrich II. wesentlich eingewirkt hat, entgegen allen üblichen Urteilen. Wenn man bedenkt, daß er seine ersten fünfundzwanzig Jahre uneingeschränkt dieser Gewöhnung und Erziehung unterlag, muß doch einiges geblieben sein. Hierfür sind seine zahlreichen persönlichen Aussagen wichtiger als überspitzte Randbemerkungen im Alltag, die seiner heftigen Kritik oder absolutistischen Spottlust entsprangen und dann für das Ganze genommen wurden. Die oft sehr berechtigte Kritik kam in konkreten Situationen aus dem Verstand, während es unterschwellig wesensmäßig eindeutige Bindungen gab, von der praktizierten Toleranz als einer der bloßen Indifferenz weit überlegenen christlichen Tugend zu schweigen. Zudem geriet sein eigenes sinnenfrohes Sprach- und französisches Kulturbewußtsein rasch mit der engen kirchlichen Orthodoxie in Widerspruch, vor allem, da er seiner Zeit voraus war. Heute wäre er mindestens ein normaler Christ, wenn nicht mehr. Philosophie war für die Bigotterie nie ganz erreichbar, und die Konfessionen hatten es im Gegensatz zum König mit Menschen nur einer Überzeugung zu tun. Einer Religionslosigkeit hat er nicht das Wort geredet, er war kein Atheist und hinterließ nach schrecklichen Jahren der Verfolgung ein blühendes kirchliches Leben. Echte religiöse Überzeugung hat er sowohl als Person wie in Armee und Staat stets respektiert, dem Glauben nie die Achtung versagt. Zu deutlich hat er immer wieder erleben müssen, wie in der Geschichte in lebhaftem Wechsel neben den Prinzipien der Notwendigkeit und Freiheit noch das Prinzip wandlungskräftiger Gnade bestimmend ist.

Friedrich II. war von früher Jugend bis zum Tode ein ausgesprochen gottesgläubiger Mann, allerdings mit einem geringeren Gewicht auf die Gestalt Jesu. Die Evangelien sah er als Erzählungen, die Wunder lehnte er als vernunftwidrig ab; die Apostel erschienen ihm als Eiferer. Ethik, Moral und Erziehung des Christentums hielt er für unübertrefflich und gänzlich unentbehrlich. Ein Anhänger Calvins oder Luthers war er nicht mehr, aber die Verteidigung der Reformation in Deutschland lag ihm stets am Herzen. Seine schlimmsten verbalen Angriffe gegen das landläufige Christentum legte er einem Juden in den Mund, der zum Scheine konvertiert war. Den Katholiken gegenüber übte er volle Gerechtigkeit, ja, hegte sogar eine gewisse Vorliebe für sie, wie sich öfter zeigte. Aufschlußreich war seine innere Erschütterung durch die Hinrichtung Kattes am 6.11.1730, die ihn früh an die Grenze seiner Existenz führte. 1737 schrieb er in Rheinsberg im haßerfüllten Widerspruch zur Lehre Calvins, den er einen »vom Irrtum verführten Unsinnigen« nannte, die Gebets-Ode »Apologie der Güte Gottes«, in der es u.a. heißt: »Gestatte, daß voll reinstem Eifer ich allerorten verkünde die Güte und deine Milde, und daß sich in Erkenntlichkeit meine Stimme bis zu den Himmeln erhebe. Du bist es, deine unendliche Güte, die mich gnädigst in das Leben rief, du allein bist es, durch den sich mein Auge dem Lichtstrahl erschloß. Ohne dich hätte ich nicht das Dasein erhalten und die Liebe mich nicht gezeugt. — Ich sehe einen Gott voller Güte, der in seiner nutzbringenden Gnade meine gebrechliche Seele seiner göttlichen Ewigkeit vereint.« Aus dem strafenden Gott Calvins war ein liebender Vater geworden, den er so entbehrte.

Kurz nach der Thronbesteigung 1740 verkündete er öffentlich: »Geistlicher Despotismus und Unduldsamkeit hindern die Entwicklung. Freiheit zu denken hebt Geist und Gemüt: Religion soll herrschen! Gleiche Freiheit allen Dogmen, keine allgemeine (Staats-)Religion! Jeder Geistliche wäre sonst ein Tyrann.« Die Toleranz bleibt eine christliche Tugend, erworben im Dreißigjährigen Kriege; die 'Brüderlichkeit' der Französischen Revolution dagegen war aggressiv intolerant. Ihre Bestätigung an das Generaldirektorium und sein Geistliches Department folgte am 22.6. ds.Js. Am 29.10.1741 stellte er in seinem Brief an Kardinal v. Sinzendorf, Breslau, fest: »Humanität muß die erste Tugend jedes Christen und ehrenwerten Menschen sein. Sie will, daß wir uns alle lieben und wechselseitig unser Wohl fördern. Das ist meine Religion. Niemals werde ich von meinem Entschluß abgehen, jede Religion in ihren Rechten und Freiheiten zu erhalten.« Am 6.2.1744 schrieb er, er sei das Oberhaupt der bürgerlichen Religion im Lande, die in Rechtschaffenheit und allen sittlichen Tugenden besteht und besonders die Menschlichkeit fördere. Der Kaiserin Maria Theresia teilte er am 18.6.1746 mit: »Spekulative Meinungen in Religions-Sachen zu beurteilen, überlasse ich demjenigen, welcher über die Gewissen allein zu gebieten hat und von dem ich mir so verkleinerliche Vorstellungen nicht machen kann, daß er zu seiner Sache menschliche Assistenz vonnöten hätte.« Ab 1750 benutzte er in Handschreiben zunehmend die Schlußformel: »Damit bitte ich Gott, daß er Sie in Seinen heiligen Schutz nehme!«, so z.B. am 22.4.1768 und 20.3.1780. Über die Erziehung seines Neffen zum Thronfolger bestimmte er am 24.9.1751 an Major Graf Borcke: »Man lasse ihn erkennen, wie alle Gott anbeten, nur auf unterschiedliche Weise« und in seinem Testament 1752: »Er muß sich zur reformierten Konfession bekennen, die der Glaube der Väter ist!« In den schweren Kriegsjahren seit 1756 brach immer wieder unbeirrt sein Gottesglaube durch.

Seiner Schwester Wilhelmine schrieb er am 1. und 13.7. nach Bayreuth: »Deutschland steht jetzt in einer furchtbaren Krise. Es ist meine Pflicht, ganz allein seine Freiheiten, seine Privilegien und seine Religion zu verteidigen. Die Sache des Protestantismus, für die so viel Blut vergossen ist, steht auf dem Spiele.« Nach der Niederlage von Hochkirch und dem Tode Wilhelmines verfaßte er 1758 eine »Predigt über das Jüngste Gericht«, die mehr ein Gebetsringen ist:

> »O mein Gott! Wenn ich oft meine demütigen Bitten zu Füßen Deines Thrones gebracht habe, wenn ich so oft Deine Barmherzigkeit für die Herde, die Du mir anvertraut hast, angefleht habe, wenn ich so oft für sie auf den heiligen Altären das Opfer des Lammes dargebracht habe, das sein Blut für unsere Sünden vergossen hat, so lasse Dich herab, mich zu erhören, gewähre mir gnädigst das Heil! Wenn Du einst Moses einen Stab gabst, der die lebendigen Wasser hervorquellen ließ, gib das wirksame Manna meinen Worten, daß sie diese Herzen von Stein treffen, die verhärteten Sünder, daß aus ihren Augen Tränen der Reue hervorquellen, daß die Lauen sich wieder erwärmen, daß die Schwachen Kraft gewinnen, daß die Guten sich befestigen in der Ausübung Deiner Gebote, daß Deine Liebe aller Herzen erfülle, daß sie lebendig sei durch gute Werke, daß ich zu meinem Erlöser sagen kann: Wenn ich so oft das Opfer Deines Leibes und Blutes dargebracht habe, o Herr, hier sind die, die ich durch diesen kostbaren Preis erkauft habe, daß ich sagen könnte: O mein Gott, hier bin ich mit allen, die Du mir anvertraut hast. Meine teuren Zuhörer! Vereinigt eure Bitten mit meinen und erweichen wir einen Gott, der seine Geschöpfe liebt, der nicht den Tod des Sünders will, sondern daß er bereut, und der niemals sein Ohr versagt, sobald voll Reue und wirklichem Reueschmerz über unsere Verbrechen wir ihn anflehen aus dem Grunde unseres Herzens. O mein Gott! Heilige unser Leben, damit wird des unaussprechlichen Glückes genießen, das Deinen Heiligen bestimmt ist. Dem Vater und dem Sohn und dem Heiligen Geist sei Ruhm und Ehre bis zum Ende der Jahrhunderte! So sei es!« Ein erschütternder Einblick.

Sein Vorleser de Catt, reformierter Schweizer, berichtete über lebhafte Gespräche über Glaubensfragen vom 3. bis 18.12.1759 bei Wilsdruff, in denen der König äußerte: »Ich bin strenggläubiger oder religiöser als Sie. Sie müssen wissen, daß ich in Freiberg eine Predigt von Saurin gelesen habe, die hervorragend gut ist.« »Majestät werden eines Tages doch sehr gläubig werden«. »Statt von Moral reden die Prediger von Geheimnissen, die man nicht begreifen kann, und behalten die göttliche Moral für sich, die man nicht oft genug wiederholen könnte. — Wissen Sie, warum wir armselige Prediger haben? Weil man sich nicht in die heiligen Schriften vertieft, weil man diese Lektüre nicht zu seiner Hauptaufgabe macht, weil diese Leute die gute Welt nicht sehen und in die Menschen und die Leidenschaften, die sie bewegen, nicht genug eindringen. Man muß die Welt sehen, wie sie ist.« Am 18.12. zeigte er mir seine Abhandlung« Plan für die Unterweisung derer, die man für den geistlichen Stand bestimmt«. Darin lobt er zunächst die Unterweisung der Jesuiten. Dann hieß es: »Sie müssen ermahnt werden, sich in den Inhalt der Bibel zu vertiefen als ihre Lieblingslektüre, auf die sie unaufhörlich zurückkommen müssen, um deren Schönheit und Geist zu begreifen und zu lernen, die Schrift selbst auszulegen und zu vermitteln. Ihre Gegenstände sollten mehr der Moral als der Glaubenslehre entnommen werden. Die Moral ist das Höchste der Menschen: Gott und den Nächsten von ganzem Herzen zu lieben, ist die Summe des ganzen Gesetzes. Man muß das Buch der Welt hinzunehmen und Anleitung geben, sie richtig zu beobachten, ein wenig gesunden Menschenverstand, viel sehen und hören und wenig sprechen. Gewöhnlich sind es Leute, die nichts kennen als ihr Arbeitszimmer«, und dann: »Ich kenne Gott nicht, aber ich bete ihn immer auf das Geratewohl an«.

Am 18.6.1760 meinte er über Voltaire: »Er glaubt nichts und hat Furcht vor allem. Ich hingegen glaube aufrichtig. Das Beste ist, was man tun kann, daß man ein ehrlicher Mensch ist.« Angesichts des Widerspruches von Gottes Güte und der verderbten Welt schrieb er am 7.11.1792 aus Torgau seiner Schwester Amalie, Äbtissin in Quedlinburg: »Ich, der ich eine sehr große Hochachtung vor dem göttlichen Wesen habe, hüte mich sehr, ihm ungerechtes Verhalten zuzuschreiben. Ich will nicht glauben, daß sich das allmächtige Wesen in die winzigen menschlichen Dinge mischt. Alles, was geschieht, schreibe ich den geschaffenen Wesen, den notwendigen Nebenursachen zu und demütige mich schweigend vor diesem anbetungswürdigen Wesen, indem ich meine Unwissenheit über seine Wege bekenne, die mir zu enthüllen Seiner Weisheit nicht gefallen hat.« Nach den überstandenen Krisen setzte sich in den Friedensjahren nach 1763 seine christliche Grundanschauung stärker durch. 1770 stellte er in »Systematik der Natur« fest: »Was kann man an der Moral im Dekalog aussetzen? Fände man im Evangelium nichts als diese einzige Vorschrift: »Tut den anderen nicht, was ihr nicht wollt, daß man euch tue«, so wäre man verpflichtet zu gestehen, daß diese Worte die Quintessenz aller Moral enthalten. Und hat nicht Jesus in seiner herrlichen Bergpredigt die Verzeihung der Beleidigungen, die Barmherzigkeit, die Menschlichkeit verkündet?«

Der Kurfürstin Maria Antonia von Sachsen, die katholisch war, sagte er am 7.11.1773 in einem Brief: »Ich stelle mir die Beichte E.K.H. folgendermaßen vor: Ich habe die Unglücklichen getröstet; ich habe meine Einkünfte in Wohltaten ausgegeben; ich habe die Sache der Unterdrückten geführt; mein Herz ist ohne Haß und Neid; ich habe meine Kinder wohlerzogen; ich liebe Gott und meinesgleichen; statt Stolz und Eitelkeit fühle ich einen unwiderstehlichen Hang zum Wohltun; ich bin mild gegen die, welche mir dienen und ohne Stolz trotz meiner hohen Abkunft; mein Zeitvertreib ist Geist und mein Vergnügen unschuldig; ich habe den Tod gesehen, ohne ihn zu fürchten, und in allem gehorsam dem Allerhöchsten, verlaß ich mich völlig Seiner Leitung«, wie ein Christ leben sollte, aber Abbild seiner selbst. Aufschlußreich ist aus seinen letzten Lebensjahren das Gedicht über das Dasein Gottes: »Woher — wo — wohin?«

»Woher, wo, wohin? Woher komme ich, wo bin ich? Wohin gehe ich? Darüber weiß ich nichts. Aber nach allem, aus welchem Ort wüßte ich es, ich, der von gestern ins Weltall geworfen, nichts weniger bin als ein notwendiges Wesen.
Nun, ich, gebrechliches und sehr begrenztes Wesen, das über alles in Erstaunen und vom Nichtwissen überzeugt, ich fühle trotz alledem, ich will, ich denke, ich stecke mir ein Ziel bei meinem Handeln. Würden Sie wollen, daß das allmächtige Wesen, der Urheber von allem und von meinem Dasein, keinerlei Zweck und keinerlei Willen gehabt hat, während er mir die Vernunft gegeben hat, daß er selbst davon gar nichts habe, er, der mich damit begabte?
Aber, sagt ihr, und die Pest und Krieg, die verschiedenen Übel, physische und moralische, der Hunger, der Durst, die Gicht und der Stein sind oft die Henker des menschlichen Geschlechts. Sind das die Geschenke eines Vaters an seine Kinder? Weit davon, die göttliche Weisheit anzuklagen, erkenne ich Schwäche deines Geistes, stolzer Mensch, aufrührerisches Atom.
Der Allmächtige setzte diese Schranke, um deine Neugier im Zaum zu halten. Vielleicht will er durch diese Dunkelheit diese Vernunft erniedrigen, allzu stolz irgendeinem Lichtstrahl gefolgt zu sein, der ihm mitunter die Wahrheit zeigte. Aber es fehlte deiner Seligkeit, daß er deinem schwachen Augenlide enthüllte die gesamte Theorie des Weltalls; und um dich seine Anordnungen billigen zu machen, hätte dir Gott seine Geheimnisse enthüllen müssen.
Woher kommt das Übel? Nun! Je mehr ich es untersuche, desto weniger sehe ich, welches sein Ursprung ist. Was folgt daraus? Doch daß mein Geist in seinem Umfang eng und beschränkt. Aber vorauszusetzen, daß eine blinde Materie von aller Wirkung die erste Ursache ist, widerstrebt und widerspricht meiner Vernunft. Hier das Vernunftwidrige und dort das Unerklärliche, durch zwei Klippen sehe mich aufgehalten. Man muß wählen: Das Vernunftwidrige ist unglaublich; Ich lasse es daher mit der Schwierigkeit bewenden, indem ich Euch die Vernunftwidrigkeit für Euch überlasse!«

Schärfer konnte seine Abfuhr für die Materialisten und Atheisten nicht ausfallen. Man meint, eine gewisse Rückwendung zur Calvin'schen Vorherbestimmung darin zu spüren. Die Zahl der Zeugnisse aus Briefen, Erlassen und Werken könnte leicht erweitert werden. Auf jeden Fall ist die verbreitete Behauptung, Friedrich II. sei glaubenslos und religionsfeindlich gewesen, ausgegangen von dem Urteil der damaligen Orthodoxie, vor der Geschichte und heute ein krasses Fehlurteil.

Erziehung und Ausbildung

Wenn Erziehung die Entfaltung aller Fähigkeiten für eine bestimmte Lebensweise und ein In-Zucht-nehmen für vorgesehene Aufgaben sein soll, kann man trotz aller Fehler Friedrich Wilhelm I., aller Krisen und auch Katastrophen ihm einen konsequenten Weg zu seinem Ziel nicht absprechen, zumal es weniger seine Willkür als unvermeidbare Notwendigkeit für den ungesicherten Staat war. Er hat weder die überlegene Geduld noch die Fähigkeit besessen, die geforderten Eigenschaften und Verhaltensweisen durch Einsicht und Herausforderung aus seinem Sohn zu entwicklen, sondern die sich abzeichnende »Fehlentwicklung« durch Konflikt-Pädagogik mit Macht und Gewalt — auch unverzeihlichen Kränkungen — zur Umformung zu einer Art Zweit-Persönlichkeit aus weiteren, auch vorhandenen Anlagen genutzt. Seine Motive hierfür waren Angst-Vorgaben: die immer noch gefährdete Streulage Preußens quer durch Norddeutschland, die befürchtete d'Olbreuse-Erbschaft über seine Frau, seine enge Vewandten-Ehe und die ziemlich hohe Sterblichkeit seiner Kinder, die unablässige Sorge um seinen Thronfolger, seine Erwartung eines relativ frühen Todes. Er hatte seine beiden ersten Söhne klein verloren und war jedesmal davon ins Innerste getroffen. Der als viertes Kind geborene Friedrich II. war bei der Geburt winzig und zart, aber voller Lebenswille, empfindsam und vielseitig begabter als der Vater. Bis zur Geburt von August Wilhelm vergingen zehn Jahre mit zwei weiteren Kinds-Toten und vier Schwestern. Jahrelang hat der König um seinen Ältesten gebangt. Als die Konflikte kamen, konnte er den elastischen Widerstand des Sohnes nicht begreifen, wo er es doch nur gut meinte. Als Kronprinz sollte er aber nicht besser behandelt werden als andere. Die erste menschliche Leistung Friedrich II. bestand darin, daß er nicht in der Opposition zum Vater verharrte, sondern sich beugte, um ihn an Wissen, Können, Leistung zu übertreffen und damit nachträglich doch noch zu besiegen, worauf es im Vater-Sohn-Konflikt ankommt, ja, sogar später Verständnis für ihn aufzubringen.

Die ersten sieben Jahre unterstand er der Pflege und Obhut der Madame Marthe de Rocoulles, geborenen du Val, verwitweten de Montbail, geboren um 1665 in der Normandie, die zweimal adlige Refugiés als Offiziere der Armee geheiratet hatte und seit 1685 in Berlin lebte, reformierte Französin, klug und taktvoll, mütterlich couragiert. Königin Sophie Charlotte hatte sie schon für die Aufsicht über Friedrich Wilhelm I. Erziehung ausgesucht und, da sie ihre Besonnenheit und Verständigkeit liebte, ihren Enkel anvertraut. Sie

Madame Marthe de Rocoulles, die erste Erzieherin von Friedrich Wilhelm I. und später von Friedrich II.
(Antoine Pesne um 1735)

unterstand Frau v. Kameke als Ober-Gouvernantin und Gräfin Sophie Karoline de Camas als Hofmeisterin. Sie sprach kein Wort deutsch; Koseworte, Umgangssprache und Gebete klangen französisch. Friedrich II. verehrte sie bis zu ihrem Tode als »la chére bonne maman«. Seine leibliche Mutter Sophie Dorothea war keine menschlich-geistige Erzieherin, sondern meist schwanger und seit 1714 voller englischer Ambitionen, zudem nicht reformiert, sondern lutherisch. In ihrem Ältesten sah sie eine geeignete Figur monarchischer Heirats- und Hausmacht-Politik. Daher durchkreuzte sie die Erziehungsvorstellungen ihres Mannes, der einen höfisch verweichlichten Nachfolger panisch fürchtete. So kam es fünfzehn Jahre lang zu einem im Alltag so prägenden Einfluß von Gouvernante und Erzieher, die reformierte Franzosen sein mußten, zumal die Prinzenerziehung dem französischen Vorbild entlehnt war. Außerdem hatte sein Vater in Burggraf Alexander zu Dohna einen Halb-Franzosen und dazu Jean Philippe Rebeur, beide reformiert, als Erzieher gehabt neben Mme. de Montbail. Und Friedrich II. hatte von allen Hohenzollern-Königen den größten französischen Blutanteil. Sie hatte ihn in liebevoller Fürsorge als zweite Muttersprache französisch denken, beten und fromm sein gelehrt; Friedrich II. hing sein Leben lang voller Verehrung an ihr und besuchte sie in seiner Jugend allwöchentlich in Berlin, um ihr seine Dankbarkeit zu beweisen. Am 23.11.1737 schrieb er ihr: »Ich nenne Sie Mutter und hoffe, daß Sie mir diesen Namen erlauben. Er gehört Ihnen in Anbetracht der Sorge und Mühe, welche Sie auf meine jungen Jahre verwendet haben. Ich versichere, daß ich es nicht vergessen werde; Sie sind nächst meinen Eltern die Person, gegen welche ich die meiste Verpflichtung fühle...« Sein ganzes Leben trug er tiefe Spuren dieses Einflusses an sich.

Als Friedrich vier Jahre alt war, trat als »précepteur« ein weiterer Hugenotte in seine Erziehung ein: Jacques Egide Duhan de Jandun, ein junger Adliger, ebenfalls 1685 zu Jandun/Champagne als Sohn des Staatsrates und Sekretär des Marschalls Turenne, ab 1687 des Großen Kurfürsten, geboren. Humanistisch gebildeter Freund von Wissenschaft und Künsten, hatte er sich 1715 durch seine Kühnheit bei der Belagerung von Stralsund die Gunst Friedrich Wilhelm I. erworben, der ihn auf der Stelle engagierte. Zuvor war er »Hofmeister« der Söhne Alexander von Dohnas gewesen, der ihn mit in den Feldzug genommen hatte. Elf Jahre lang war Duhan für Erziehung und Unterricht des Kronprinzen verantwortlich in ungetrübter Harmonie zwischen beiden, so daß Friedrich II. ihm bis ans Ende eng verbunden blieb, da er den verständnisvollen, schöngeistigen Lehrer als seinen geistigen Vater fast abgöttisch verehrte. Er verstand es, nicht nur das vom König im Sommer 1717 diktierte und aus seiner eigenen Jugend übernommene Reglement, mit verschärfenden Einschüben, durch lebendigen und interessanten Unterricht in Geschichte, Philosophie und französischer Literatur sowie im untersagten Latein und alter Geschichte aufzulockern, sondern das Gemüt des Kronprinzen zu öffnen und seinen Bildungshunger durch eine zusammengekaufte Bibliothek von viertausend Bänden zu befriedigen. Die beiden gutmütigen militärischen Erzieher Graf von Finckenstein und v. Kalckstein, seit 1719 zusätzlich im Amte anstelle von Mme. de Rocoulles, kümmerten sich nicht darum, zumal für sie Duhan ein »Ehrenmann« war. Obwohl der König wieder und wieder mit immer strengeren Reglements eingriff, ließ sich Duhan nicht beirren. Als er aber Abweichungen und die Bibliothek entdeckte, jagte er Duhan aus dem Zimmer und verkaufte die Bibliothek.

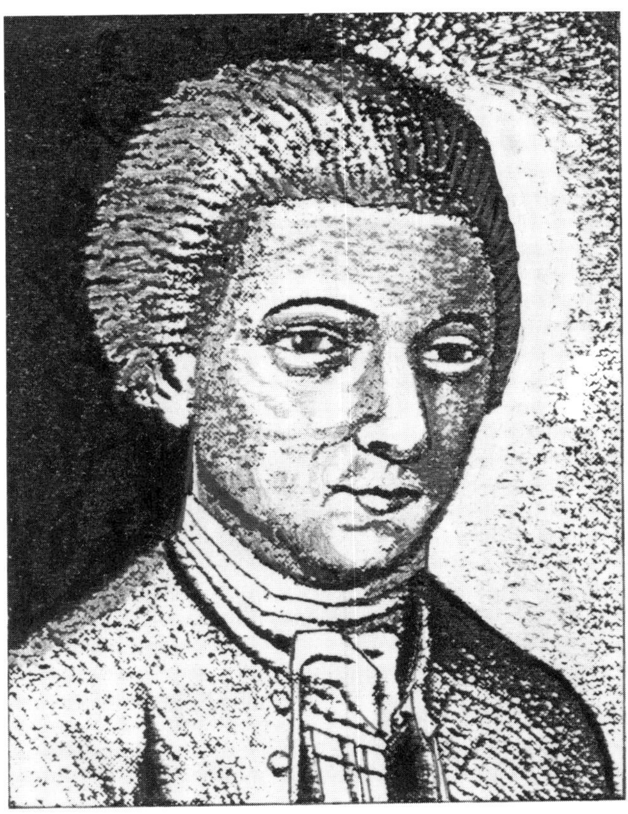

Jacques Egide Duhan de Jandun, elf Jahre Lehrer und Erzieher von Friedrich II. (Zeitgenössische Zeichnung)

1719 forderte der König für seinen Sohn »rechte Liebe und Furcht vor Gott als Grundlage unserer Wohlfahrt«, »äußerste Meidung aller Sekten als Gift« und »Mißtrauen gegen die katholische Religion«: »Wir sind protestantisch bis auf die Knochen hierzulande. Die Hauptsache wird sein, ihn zur wahren christlichen Religion, welche darin besteht, daß Christus für alle Menschen gestorben und daß Gottes Gerechtigkeit ewig und allgegenwärtig ist, zu leiten. Denn dieses ist das einzige Mittel, eine von menschlichen Gesetzen und Strafen befreite souveräne Macht in den Schranken zu halten!« Das war recht verstandenes »Gottesgnadentum«. Obwohl Duhan ein sehr frommer Mann war, beauftragte der König den Hofprediger Andreä mit seiner reliösen Erziehung, die mit sturem Einpauken dogmatischer Lehrsätze, endlosem Auswendiglernen von Liedern, Psalmen und Bibelsprüchen bei dem geistreichen, interessierten, aber kritischen Kronprinz zur Abwehr und Überdruß führte, zumal dessen Nachfolger Noltenius in derselben Weise Widerstand erzeugte. Von hier kam seine Abwehrhaltung gegen die Kirche, später auch aus dem Berliner Schloß übernommene Spötteleien, wie sie in den französischen Romanen standen. Ab 1725 steigerte sich dann der Gegensatz zwischen Vater und Sohn bis zum existentiellen Ausbruch. Der König erließ einen genauen an die Uhrzeiten gebundenen Tagesplan: Nach Wecken um sechs Uhr niederknien und folgendes Gebet: »Herr Gott, heiliger Vater! Ich danke Dir von Herzen, daß Du mich diese Nacht so gnädlich bewahret hast. Mache mich geschickt zu Deinem heiligen Willen und daß ich nichts möge heute, auch alle mein Lebetage tun, was mich von Dir scheiden kann, um unseres Herrn Jesu, meines Seligmachers, willen! Amen.« Eine halbe Stunde später folgte mit Lehrern und Bedienten Bibel-Lektüre, großes Gebet und Kirchenlied, abends wieder. Sieben Stunden Unterricht pro Tag bei fünf Stunden Freizeit ab fünf Uhr nachmittags, Tag für Tag, samstags Generalrevision, Sonntagvormittag Gottesdienst, Abhören des Katechismus,

Lektüre und Auslegung des Evangeliums. Es konnte zu viel werden; Glauben kann man nicht einexerzieren.

Nach seiner Konfirmation am 11.4.1727 im Berliner Dom, die bei den Reformierten ein öffentliches Bekenntnis darstellt, erschienen im September die Theologen Johann Anastasius Freylinghausen, Schwiegersohn Franckes, und im Oktober dessen Sohn Gotthilf August Francke in Wusterhausen, um den Kronprinzen noch einmal öffentlich über die Heilige Schrift zu examinieren, eine unmögliche Zumutung. Einem ließ Friedrich sagen, er sei den ganzen Tag besetzt, der andere erfuhr am fünften Tag acht unfreundliche Worte. Im übrigen sei Francke ein Pharisäer. Finckenstein, Kalckstein und Duhan wurden in Ehren mit Abfindungen entbunden, Duhan bekam eine Stelle als Gerichtsrat in Berlin. Der äußere Zwang des Vaters hat den selbstverständlichen Glaubens-Einfluß nicht abtöten können. Kinder hungern nach Antworten auf die Sinnfrage; sie nehmen Situationen nicht hin, sondern reagieren mit Erlebnissen auf sie und werden von ihnen geprägt, ohne sie mit Erfahrung und Sachkenntnis zu bewältigen. Gewohnheit, Vorbild der Eltern und ein unberührt lebhaftes Gewissen sorgen dafür. Der wahre Konfliktgrund war, daß das »Sollen« keine Freiheit des Handelns, sondern nur der Einsicht zuläßt. Aber das Verhältnis zu den Eltern und enttäuschte oder erfüllte Erwartungen bestimmen die Haltung für das Leben. So kam es zum Rückzug in sich selbst (»Verstockung«) und Trotz als schroffe Introversion, Verbitterung, innere Einsamkeit und einseitigen Vorwürfen, zugleich aber auch Handlungsaktivität, Verantwortungsübersteigerung und Zwang zu realer Leistungssteigerung. Zudem brachte die Reifezeit gegen die erstarrte Orthodoxie ohnehin religiöse Probleme, die aus der Ablehnung dogmatischer Theorien und jeden Theologenstreites kamen. Auffällig war seine Vorliebe für die Brüdergemeine, an der er bescheidene Sittsamkeit, Ordnung und Fleiß schätzte, während er freigeistigen Spott nur privat, niemals öffentlich äußerte, der oft auch gegen zeitgenössische Monarchen als »Heuchler« gerichtet war. Im Staat wollte er weder konfessionelle Intoleranz und Anmaßungen der Geistlichkeit noch religiöse Einschränkungen, Verfolgungen, billige Proselyten-Macherei, falsche Frömmelei, Bevorzugung wegen bestimmter Konfessions-Zugehörigkeit, dafür aber religiös-sittliche Lebenshaltung, religiöse Aufklärung, vernünftigen christlichen Religions-Unterricht, vernünftige Geistliche mit qualifiziertem Gottesdienst und Vermehrung der Tugenden.

Als im Herbst 1730 durch den dilettantischen Fluchtversuch des Kronprinzen der Vater-Sohn-Konflikt ausbrach, wurden durch den Schock der stellvertretenden Hinrichtung Kattes sein Selbstvertrauen und seine Wirklichkeit schwer erschüttert. Unter engagiertem Beistand des dreißigjährigen Feldpredigers Johann Ernst Müller, seit 1728 beim Regiment Gens d'Armes, rang er sich zu dem Unterwerfungs-Eid vom 18.11.1730 durch. Lange widerstrebte er, den kalvinistischen Lehrsatz von der göttlichen Gnadenwahl aufzugeben, bis ihm der Küstriner Kammerdirektor Hille mit der Bemerkung, es sei doch nur ein Spiel um Worte, zum Widerruf half. Bei der Versöhnung mit dem Vater am 15.8.1731 stimmte er »nunmehr ganz S.M. christlichen Meinung bei.« Anfang Oktober ds.Js. versicherte er General Graf Schulenburg zweimal, er werde niemals eine andere Religion annehmen. Bevor er am 26.2.1732 Küstrin verlassen konnte, schrieb er am 11.2. an General v. Grumbkow: »Es hat mich bekümmert, daß der König über mich im Zweifel ist, obgleich ich ihm bei einer Sache meinen Gehorsam gezeigt habe, welche meinen Anschauungen diametral widerspricht.« Der Zorn des Königs hatte sich aber bereits vor dem Fluchtversuch schon gegen Duhan gerichtet, dessen drei Jahre zuvor beendete Erziehung ihm eine der Ursachen des Zwiespaltes schien. Bereits im September 1730 wurde er seiner Stellung enthoben und ohne Unterhalt nach Memel verbannt, wo es ihm kümmerlich ging. Sogar sein betagter Vater Philippe wurde entlassen und verlor sein Gehalt als Legationsrat.

Im April 1733 gelang es dem Kronprinzen, die Aufhebung seiner Verbannung zu erreichen und ihm eine Jahrespension von vierhundert Talern sowie die Bibliothekar-Stelle in Blankenburg zu verschaffen: »Ich werde, solange ich lebe, mit meiner ganzen Macht mich ins Mittel legen, um Sie glücklich zu machen. Denn ich bleibe sein Freund nicht weniger in Taten als in Worten.« Am 13.3.1737 lud er ihn nach Rheinsberg ein: »Ich würde vollkommen glücklich sein, wenn Sie sich mit uns vereinigen könnten.« Am 3.6.1740 rief er ihn zurück nach Berlin als Geheimrat im Departement für Auswärtige Angelegenheiten und Mitglied der Akademie: »Mein Schicksal hat sich verändert. Ich erwarte Sie mit Ungeduld. Lassen Sie mich nicht schmachten!« Dann begleitete er ihn in den ersten Krieg. Am 27.5.1742 schrieb er ihm aus Böhmen: »Jetzt können Sie sehen, welcher Werkzeuge sich die Vorsehung bedient. Ich schwacher Mensch bin das Werkzeug, das Sie ja so gut kennen, da Sie es zurecht geschmiedet haben. — Ihr Andenken ist mir immer teuer. Seien Sie verschwenderischer mit Ihren Briefen, wenn ich abwesend, und mit Ihrer Gesellschaft, wenn ich zu Hause bin.« Mit dem 1.3.1744 machte er ihn zum Direktor der Liegnitzer Ritterakademie. Nach Hohenfriedeberg schrieb er ihm am 14.6.1745: »Sie wünschen mir Glück zur gewonnenen Schlacht? Daran erkenne ich Sie gar nicht. Viele haben größere Siege errungen. Flüchtiges Glück darf einen nicht stolz machen.« Bei seiner Rückkehr aus dem Kriege am 28.12.1745 verließ er den umjubelten Einzug in Berlin und trat in der Adlerstraße 7 an das Sterbebett des Freundes, der eine Woche später starb. Sein Nachruf endete mit den Worten: »Des Königs tiefe Trauer ist Duhans höchstes Lob!« Auch seinen Nachfolgern Friedrich Wilhelm II. verordnete er in Beguelin und Friedrich Wilhelm III. mit Guillaume Moulines Hugenotten als Juristen oder Theologen als Erzieher.

In seinem Unterwerfungs-Eid vom 18.11.1730 hatte der Kronprinz geschworen, »dem Willen des Königs strikte und gehorsamlich nachzuleben und in allen Stücken zu tun, was einem getreuen Diener, Untertan und Sohn gebühret. Wofern er aber wieder auf die alten Sprünge kommen würde, sollte er der Kron und Kur bei der Succession verlustig gehen.« Darauf durfte er die Festung Küstrin verlassen, am Gottesdienst teilnehmen, eine Stadtwohnung mit einem kleinen Hofstaat beziehen und zwei Tage später seine Ausbildung als Referendar beim Kollegium der Neumärkschen Kriegs- und Domänenkammer in Küstrin für fünfzehn Monate aufnehmen. Sein Vater hatte eine ähnliche Ausbildung in Wusterhausen absolviert. Er wollte nicht nur einen »Christen«, sondern auch einen »sparsamen Haushalter« aus ihm machen: »Er solle sich überzeugen, daß kein Staat bestehen könne sonder Wirtschaft und gute Verfassung, und daß ohnstreitig das Wohl des Landes davon abhänge, daß der Landesherr alles selbst verstehet und ein guter Wirt ist: sonsten, wenn dieses nicht geschiehet, das Land den Günstlingen und Premierministern zur Verfügung bleibet, welche den Vorteil davon haben und alles in Konfusion setzen.« Die Lehre regelte er so: »Fritz soll nicht bloß unterschreiben, er soll selbst arbeiten!« Seine Vorgesetzten waren hervorragende Männer: Präsident Christian Ernst v. Münchow und der sachkundige, feinsinnige Kammerdirektor Hille. Seine Stellung war ein Mittelding zwischen Beamtenanwärter und Interniertem, da ihm Außenkontakte, Vergünstigungen, Einladungen untersagt waren und seine streng geregelte Zeit ausschließlich auf die Ausbildung konzentriert blieb. Die Küstriner Kammer war gut ausgewählt, da die Festung nahe war, an der nahe gelegenen Universität Frankfurt/Oder seit drei Jahren ein »Lehrstuhl für Kameral-Wissenschaft« bestand und sie inmitten landwirtschaftlicher Meliorations-Gebiete an Oder und Warthe mit einem Entwicklungsauftrag lag. Außerdem war hier ein Viertel des Bodens Staatsdomänen. Als Garnison und Stadt von Beamten und armen Fischern blieb Küstrin eine Art von Verbannung.

Seine täglichen Dienststunden dauerten von sieben Uhr bis halb zwölf, dann von fünfzehn bis siebzehn Uhr, also sechseinhalb Stunden. Zunächst hatte er zuzuhören, an einem kleinen Extra-Tisch an der Wand, später am unteren Ende der Sitzungs-Tafel. Nachmittags studierte er Akten oder war mit Abschreibe-Arbeiten beschäftigt. Wie bei dem übrigen Beamtenstand ging es dem König darum, neben die Kenntnis juristischer Vorgänge die praxisnahe Einweisung in die staatswirtschaftliche Betriebsführung zu setzen. Dazu traten nachmittags Unterrichtsstunden durch Kammerdirektor Hille und Kriegsrat Hünecke im Finanz- und Polizei-Wesen, Berichtswesen, Statistik, kurz, bescheidene, aber nützliche Übungen. Anregungen gingen auch von dem Frankfurter Lehrstuhl-Inhaber J. Chr. Dithmar (1677-1737) aus, der mit seinem Kompendium von 1731 in sechs Auflagen die Verwaltungswissenschaft fundierte. Wollte die Obrigkeit als Ordnungs- und Leitungs-Instanz wirken, brauchte sie wirklichkeitsnahe Unterlagen. Daher nahm die Bedeutung der wirtschaftlichen und kartenmäßigen Landesaufnahme steigend zu, und immer mehr Tabellen, Übersichten, Zusammenstellungen bekamen Gewicht, ja, technologische Wörterbücher und ökonomische Lexika, für den Kronprinzen eine neue Welt, in der er sich sachkundig machen mußte. Daneben liefen die weniger schwierigen Amtsgeschäfte des Regierungsbezirkes. Jede andere Lektüre war untersagt, selbst die Themen in den Arbeitspausen vorgeschrieben: »...von göttlichem Wort, der Landesverfassung, Manufakturen, Polizeisachen, Landbestellung, Rechnungsabnahme, Pachtklagen, Prozeßordnungen...« Jetzt erkannte er die täglichen Aufgaben der Kammer in Wirtschaftsleben, Steuer, Kostenvoranschlägen, Bauerndiensten, Vertragswesen, Personalien und Instanzenzug der Verwaltung. Dabei übte er in wechselnden Situationen Verhandlungskunst, vor allem Sachlichkeit, höfliche Leutseligkeit, unbeteiligte Gelassenheit, Undurchdringlichkeit, oft vermischt mit heiterer Geselligkeit, und den üblichen Schriftverkehr.

Nur einmal im Monat durfte er an seinen Vater und seine Mutter schreiben, an andere zunächst nicht, wie der König am 25.5.1731 an Friedrichs Hofmarschall Geheimrat v. Wolden es audrückte: »Der Kronprinz, Euer Untergebener, soll sich gewöhnen, ein stilles Leben zu führen und nichts als preußisch sein und ein deutsches Herz haben!« Die pietistischen Morgen-und Abend-Andachten trugen dazu bei mit Singen und Beten, Schriftlesung in »gebührender Andacht und Devotion.« Seine Briefe glichen sich den Wünschen des Königs an und zeigten zunehmende Vertrautheit mit den Arbeiten auf der Kammer. Sein Ehrgeiz und seine Intelligenz verringerten seinen inneren Widerstand von Tag zu Tag. Mehr und mehr bewies er, wie er sich sowohl in den Zusammenhängen wie in den Details auskannte, und verriet schließlich in nunmehr erlaubten Privatbriefen ein neu erwachtes Interesse für die Aufgaben und Probleme des Staates, die auch seinen philosophischen Neigungen entgegenkamen und weit über den Rahmen der Neumärkischen Kammer hinausführten, nachdem er den Sinn bewußter Pflege der menschlichen und ökonomischen Kräfte begriffen hatte. Seine Beurteilung lautete: »eindringender Verstand, zu allem fähig, muß noch reifen.« Diese gewaltsam erzwungene Reifezeit brachte ihm trotz seines Hanges zur Selbstironie und Satire nach außen vor allem Selbstbeherrschung, praktischen Blick, gesunden Menschenverstand und Geschick ein. Da konnte er über Alltägliches wie z.B. Beschwerden von Dorfschulzen aus dem Oderbruch, Trockenlegung eines Sumpfes in Wolfsberg, die Pachterhöhung in Carzig nach Errichtung der Brauerei, Vermessungsfehler in Marienwalde, die nur widerwillig erlegte Jagdstrecke in Neumühl, bei der er sein Gewehr selbst laden und putzen mußte, u.a.m. jetzt umso leichter hinwegsehen. Wie weit die Gedanken des Neunzehnjährigen gingen und wie sachgerecht er sich ausdrücken konnte, zeigte seine beachtliche Ausarbeitung »Gegenwart und Zukunft des preußischen Staates«, in der sein politischer Weg vorgezeichnet war: Frieden mit den Nachbarn und Vermeidung von Mehrfronten-Kriegen, Zwang zum Vorwärtsgehen und Abrundung der Streulage der Landesteile, vor allem durch Pommern und Westpreußen, Jülich-Berg und u.U. Mecklenburg, wachsende politische Rolle in Europa. Als sie Prinz Eugen zugespielt wurde, bemerkte er: »Daraus geht hervor, was für weitgespannte Ideen dieser junge Herr hat. Mit der Zeit dürfte er seinen Nachbarn gefährlich werden!«

Nach neuneinhalb Monaten, mehr als die Hälfte der Ausbildungszeit, erschien am 15.8.1731 der König in Küstrin zur Überprüfung seines Sohnes mit inquisitorischen Fragen, dreimaligem, dabei öffentlichem, Fußfall des Kronprinzen und feierlicher Vergebung des Vaters. Danach bemerkte Friedrich zu Hille: »Ich hätte nicht gelaubt, daß der König die geringste Regung von Liebe für mich empfindet. Zu dieser Stunde bin ich davon überzeugt.« Dann schrieb er an General v. Grumbkow, der mit zugegen war, die naiven und aufschlußreichen Verse: »*Rat an mich selbst.*

> Ist das Leben voller Plagen, mußt Du's in Geduld ertragen. Was es auch zusammenfügt, denk dein Teil dir; das genügt. Tue einfach deine Pflicht, denk dein Teil dir und mehr nicht. Dankbar sei für alle Zeit des Ministers Freundlichkeit. Dafür lieb ihn immer sehr. Danke und dann tue noch mehr.«

Von jetzt ab wurde er wirklicher Kammerrat bei der Domänenkammer und Stellvertreter des Präsidenten v. Münchow, neben dem er bei Sitzungen präsidierte und alle Entscheidungen und Berichte mit unterzeichnen durfte. Seine Anwesenheits-Pflicht wurde auf dreimal wöchentlich reduziert; drei Tage und die Nachmittage waren frei für Bereisungen der sieben Domänen-Ämter Quartschen, Himmelstädt, Carzig, Mossin, Lebus, Gollow und Wollup, allerdings mit jeweiliger vorheriger Erlaubnis des Königs und erfahrener Begleitung zwecks Erklärung und Unterrichtung, bis zu zwanzig Kilometer rund um Küstrin beiderseits der Oder und an Warthe und Mietzel. Aus der Zwangseinweisung war Zusammenarbeit mit dem Vater geworden, der die nächste Stufe seiner Ausbildung ebenfalls genau überlegt und zielbewußt geregelt hatte.

So bestimmte der König am 21.8.1731 an Friedrichs Hofmarschall v. Wolden im einzelnen: »Da er jetzo die Theorie nur gelernt, so soll der Kronprinz nunmehro sich bemühen, die Wirtschaft praktisch zu erlernen, zu dem Ende alles gesagt werden muß, wie die Wirtschaft geführt wird, wie gepflügt, gemistet, gesäet und der Acker zubereitet und bestellt werden muß, dabei zugleich der Unterschied von guter und schlechter Wirtschaft und Bestellung gezeigt, und daß er solches selbst kennen und beurteilen lerne. Wie ihm auch von der Viehzucht und Brauwesen aller Unterricht zu geben und zu zeigen, wie das Brauwesen muß tractiret, gemaischet, das Bier gestellet, gefaßt und überall dabei verfahren, auch das zubereitet und beschaffen sein muß, wenn es gut ist. Es soll auch auf solche Weise bei Bereisung der Ämter fleißig mit ihm von allem räsonnieret und gezeigt werden, warum dieses oder jenes geschehen, auch, ob es nicht könne anders und besser gemacht werden. Ferner sei dem Kronprinzen erlaubt, Wild zu schießen und eine kleine Jagd durchzuführen sowie sich »nachmittags ein plaisir zu machen, auf dem Wasser zu fahren, Enten zu schießen. Wolden oder ein Kammerjunker solle ihn allezeit begleiten und verantwortlich sein.« Erst am 28.8.1731 schrieb er dem Kronprinzen: »Ich habe mit Freuden ersehen, daß Du Dich jetzt zur Praxis der Haushaltung applicieren wollest, nachdem Du die Theorie ziemlich sollst gelernt haben; daher es jetzt freilich auf die Übung und Praxis in der Ökonomie ankommt. — Also werde Ich zusehen, ob Du ein guter Wirt werden willst, denn ein Soldat, der kein Wirt ist, ist ein recht unnützer Soldat. — Wenn ich sehen werde, daß Du ein guter Wirt wirst und dabei eine gute Conduite und Gehorsam gegen mich haben wirst, Ich auch eine ernstliche Neigung zum Soldatenwesen verspüre, werde ich Dich wieder zum Soldaten machen.«

Kronprinz Friedrich bei Feldarbeiten im Herbst 1731

Zwei Wochen später sandte Friedrich dem König genaue Vorschläge zur Neuanlage eines Vorwerkes bei Carzig unweit Seelow. Sofort antwortete der König am 11.9.1731: »Es ist Mir sehr lieb, daß er auf dergleichen Vorschläge komme und Verbesserungen zu machen suche. Nur mache ihn aufmerksam darauf zu examinieren, ob Wiesewachs vorhanden sei und wieviel Acker angelegt werden kann. Ihr müßt einen Landmesser mitnehmen und alles überschlagen lassen, Euch auch genau erkundigen, wie das Land beschaffen, ob es nur Roggen- oder auch Gersten-Land ist, und müßt alles aus Eurem Kopfe tun und es selbst überlegen. Jedoch könnet Ihr wohl mit andern Leuten davon raisonnieren.« Der Kronprinz antwortete am 22.9.: »Bin diese Woche in Lebus gewesen, wo so schön Land herum ist. Ich versehe mich von meines allergnädigsten Vaters Gnade, er werde es mit mir gut machen. Ich verlange kein Glück in der Welt, als was von Ihnen kommt, und hoffe, Sie werden sich meiner erinnern und mir wieder den blauen Rock anziehen!« Carzig wurde sofort in Angriff genommen, mit Roden und Räumen vor Monatsende begonnen, Holz beizeiten herangeschafft, und anschließend dasselbe in Himmelstädt, Krs. Landsberg, noch einmal. Er erlernte die Domänen- und Kameral-Wissenschaft, voller Eifer, sich vor seinem Vater als tüchtiger Sohn zu erweisen, besichtigte Höfe, Äcker, Wiesen, Moraste und ging in Pferde-, Kuh- und Schweineställe hinein. Mit seinen zahlreichen Beobachtungen und Verbesserungsvorschlägen für Ställe, Gebäude, Gewässer, Wiesen, zur Wirtschaftsführung der Ämter Wollup und Carzig, zur Revision des Pachtvertrages mit Marienwalde, Krs. Arnswalde, bewies er, wie er in die kleinen Einzelheiten eingedrungen und in der ganzen Materie inzwischen zu Hause war. In Marienwalde erweiterte er die Glashütte, die bis 1825 als Gewerbe bestand. Anläßlich der Hochzeit seiner Lieblings-Schwester Wilhelmine mit dem Erbprinzen von Bayreuth durfte er am 20.11. 1731 zum ersten Male wieder nach Berlin, wenn auch nur in Zivil.

Die Lehrjahre in Küstrin und die Inspektionsreisen in der Neumark zeigten Friedrich, wie die Vitalität seines Vaters der Impuls des Staates war, wie eng Wirtschaft und Staat ineinandergriffen und welche immense Aufbauleistung und Organisation sein Vater geschaffen und ständig weiter entwickelt hatte. Auf Bitten seiner Schwester Wilhelmine und sämtlicher höherer Offiziere Berlins unter Führung des Fürsten Leopold von Anhalt-Dessau wurde er am 30.11.1731 wieder in die Armee aufgenommen mit der Maßgabe, im Frühjahr 1732 das Infanterie-Regiment v.d. Goltz als Chef zu erhalten. Am 22.12.1731 schrieb er seinem Vater: »Mittwoch bin ich Soldin gewesen und habe beim Markgrafen Carl gespeist, von da nach Carzig, wo das Vorwerk künftig Frühjahr fertig wird, von da nach Marienwalde gereiset, wo der neue Pachtanschlag gemacht wird. Es wird ein Plus von sechshundertvierzig Talern und mehr herauskommen. Außerdem wird unnützes Holz gerodet, wovon der Ackerbau gewiß zweihundert Taler einbringen wird. Der Landmesser hatte sich versehen im Brachland und habe es sofort nochmals vermessen lassen. Auch habe ich gefunden, daß die Bauern alle Tage mit einem Pferde Hofedienst tun müssen, welches ihr Ruin ist, und habe dem Departements-Rat gesaget, ob es nicht ginge, daß sie die Woche dreimal mit zwei Pferden die Dienste täten. Er findet solches auch, der Amtmann ist sehr damit zufrieden. Er will auch vierzig Ochsen anschaffen und ist Weide genug. Die Bauern sind nicht ganz zufrieden, es ist aber ihr Vorteil. Die Wirtschaft ist in recht gutem Stande, der Amtmann ein tüchtiger Mensch. Von da bin ich eine Nacht zu Carnzin gewesen. Gestern wieder zurückgekommen, werde ich heute und morgen meine Andacht haben. Mittwoch werde ich nach Crossen reisen.« Ein minutiöser Arbeits-Bericht, wie er zu einem »allgegenwärtigen König« gehörte.

Kronprinz Friedrich als Regiments-Kommandeur in Neuruppin (von Adolph Menzel)

Schon am nächsten Tage antwortete der König: »Ich bin mit dem, was Ihr berichtet habt, sehr zufrieden. Wenn Ihr dasjenige, was Ihr wegen der Bauern angeführet, für Euch allein ausfindig gemacht habt, seid Ihr schon weit in der Wirtschaft gekommen. Denn das ist ein sehr nötiger Punkt, daß die Dienste auf einen solchen Fuß, wie Ihr vorgeschlagen, geführet werden. Daher approbiere Ich denselben vollkommen. Wenn Ihr dergleichen in andern Ämtern mehr beobachtet, wird Mir lieb sein, wenn Ihr eine bessere Einrichtung zu machen suchet«. Anfang 1732 übersandte er dem Vater eine Arbeit »Plan wegen des Commerzii nach Schlesien«. Zuvor schrieb er: »Ich sitze bis über die Ohren in meinem schlesischen Handel. Er macht mich so zerstreut, daß, wenn man mich fragt, ob ich zum Rindfleisch Senf haben will, im Stande bin zu antworten: »Sehen Sie in der neuen Zollrolle nach!« Ja, das hat etwas auf sich. Ich kann mich einer Sache nicht halb ergeben, ich muß immer kopfüber hinein.« Kammerdirektor Hille urteilte, erlöst von seiner schwierigen Aufgabe, abschließend: »Er tut sich auf eine überaus peinliche Höflichkeit zu Gute, selbst Leuten gegenüber, die tief unter ihm stehen. Im allgemeinen ist seine Gesinnung edel und hilfsbereit; viel eher wird ihn unangebrachtes Mitleid abirren lassen als der entgegengesetzte Fehler... Ich wünsche sehnlich, daß dieser Prinz alle anderen übertreffen möge zum Wohle des kommenden Geschlechts. Und dazu bedarf es nur noch eines Geringen!« Am 26.2.1732 endete seine

Lehrzeit in Küstrin nach weiteren fünfeinhalb Monaten.

Der Kronprinz reiste zur befohlenen Verlobung nach Berlin, Vorbedingung seines Abschiedes von Küstrin. Frau v. Wreech, die er verehrte, schilderte er im Scherz seinen Einzug in Berlin: »Mir voraus wird eine Schweineherde gehen, die Befehl hat, aus Leibeskräften zu grunzen. Hernach wird eine Schaf- und Hammelherde folgen, diesen eine Herde podolischer Rinder. Gleich dahinter komme ich selbst... auf einem großen Esel mit so schlechtem Zaumzeug wie möglich. Anstelle der Pistolen werden ich zwei Säcke mit verschiedenen Sämereien haben... anstelle des Sattels einen Sack Mehl, auf dem meine edle Gestalt thronen wird. Anstelle einer Peitsche werde ich einen Knüppel schwingen und anstelle eines Helms einen Strohhut auf dem Kopfe tragen...«, typisch selbstironische Bewertung seiner Ausbildung, im Kern aber ein tiefes Eingeständnis. Als er sich von Präsident v. Münchow verabschiedete und dieser ihn vertraulich fragte, was die zu erwarten hätten, die sich im Konflikt mit seinem Vater gegen ihn gestellt hätten, antwortete er: »Ich werden glühende Kohlen auf ihr Haupt sammeln«, obwohl für Rache Gründe genug gegeben gewesen wären. Am 11.3.1732, einen Tag nach seiner Verlobung, machte ihn sein Vater zum Oberst. Nach seinem faktischen Dienstantritt in Neuruppin am 5.4.1732 hatte er neben seinem Regiment, für das er in allem voll verantwortlich war, noch das Amt Neuruppin im Auftrage des Königs zu verwalten, eine zweite selbständige Aufgabe neben dem Regiment. Sein neuer, fast hundert Kilometer vom Vater entfernter Dienstort und Wohnsitz verringerte die Spannungen zwischen beiden beträchtlich. Sein noch begrenzter Spielraum führte ihn zum Nachdenken über die Aufgaben eines Regenten.

Erstmalig trug er jetzt konkrete militärische Verantwortung, die ihn unter Assistenz von Oberst v. Camas, Oberstleutnant v. Bredow und Ingenieur-Major Senning voll forderte. Daneben hatte er mit der Grafschaft Ruppin an der Grenze zu Mecklenburg immer einiges zu tun wie Besichtigungen und Verbesserungen der Spiegel-Manufaktur in Neustadt/Dosse »auf dem Spiegelberge« mit ihrer Poliermühle in Hohenofen und später der in Zechlin neu eingerichteten Glashütte, der »Weißen Hütte«, der Abfassung revidierter Pacht-Abschläge für das Amt Neuruppin wie der Kontrolle der Ansiedlung schweizer Kolonisten, die in dem traditionsbewußten Gebiet manche Schwierigkeiten brachte. Schon am 7.5.1732 äußerte er zu Grumbkow: »Sie sehen, daß ich Mars mit der Wirtschaft verbinde«, am 23.10. ds.Js.: »Ich bin eifrig mit dem Regiment beschäftigt; dann beanspruchen mich die wirtschaftlichen Aufträge, die mir der König gegeben hat.« Neben mancherlei Streichen mit seinen Offizieren las er in einer Art Selbststudium aus der Geschichte von Caesar bis zu Ludwig XIV. und Karl XII., was er erreichen konnte, dazu die modernen französischen Moral-Philosophen wie Fontenelle, Rollin und Voltaire. Militärische Fragen erörterte er mit dem Dessauer, der im nicht allzufernen Magdeburg saß. Am 11.9.1732 bekannte er brieflich Grumbkow: »Welches Unrecht tut man, sich nicht mit der richtigen Mitte zu begnügen. Zu viel Größe ist lästig und ermüdet ohne Ende. Meine stumme Unterhaltung ist mir lieber als alle die, welche ich mit Lebenden haben kann. Ich finde, daß ich mehr habe, als ich verdiene, und ich setze mein höchstes Glück darein, zu wissen, daß es so ist.« Und kaum sechs Wochen danach: »Ich erfahre, daß man mich dem König als einen Atheisten geschildert hat. Ich bin in Verzweiflung das zu hören, da es nichts Irrigeres auf der Welt gibt. Denn ich glaube, daß man an keinem Orte weniger über religiöse Dinge redet als bei mir!«

Tief beeindruckte ihn der riesige Zustrom der Glaubensflüchtlinge aus dem Salzkammergut, denen sein Vater vor aller Welt in hochwürdigster Weise mit seinem Patent vom 2.2.1732 Zuflucht, Hilfe und Heimat anbot, wie einst sein Urgroßvater den Hugenotten, mit der Anweisung: »alle annehmen, sie sind ein Geschenk Gottes« als neuer Schutzherr der Evangelischen vor Kaiser und Reich. Lange Züge, versehen mit Verpflegung und Reisegeld, geleitet von Marschkommissaren, kamen über Halle, wo Francke den ersten am 21.4. ds.Js. empfing, nach Berlin, wo Friedrich Wilhelm I. die ersten Salzburger am 30.4. feierlich begrüßte und bewirtete, von der Bevölkerung überall aufgenommen mit großer Hilfsbereitschaft, wie »das Volk Israel nach Kanaan.«

Es war nicht nur die Zahl von 20.000 lutherischen Familien, die bis zum Frühjahr 1733 eintrafen, sondern ein praktischer Glaubensakt, der Aufsehen in ganz

Böhmische Bethlehems-Kirche in der Mauerstraße Berlin 1736/37 von Dieterichs erbaut

Europa erregte, zumal ihm wenige Jahre später 2000 böhmische Glaubensflüchtlinge folgten. Nicht umsonst bedichtete Goethe in »Hermann und Dorothea« diesen Vorgang. Nach dem Wort des Königs: »Handwerker in die Neumark, Ackersleute nach Preußen« zog ein Großteil über Stettin nach Ostpreußen, wo sechs Städte angelegt, 332 Dörfer und neun Domänen auf 45.000 Hektar kultiviertem Land unter Aufwand von sechs Millionen Talern angesiedelt wurden. Als zwischen April und September ds.Js. ihre Wagentrecks das Land durchzogen, schrieb der Kronprinz an Grumbkow: »Mein Herz treibt mich, das traurige Los der Ausgewanderten kennenzulernen. Die Standhaftigkeit, welche diese braven Leute bezeugt, und die Unerschrockenheit, mit welcher sie alle Leiden ertragen, um nur nicht der einzigen Religion zu entsagen, die uns die wahre Lehre unseres Erlösers kennen lehrt, kann man nicht genug vergelten. Ich würde mich gern meines Hemdes berauben, um es mit diesen Unglücklichen zu teilen. Von ganzem Herzen will ich von dem geringen Vermögen, das ich besitze, alles hergeben, was ich ersparen kann.« — In einem nächsten Brief: »Ich versichere Sie, je mehr ich an die Ausgewanderten denke, desto mehr zerreißt es mir das Herz!« Bestimmt keine leeren Worte!

Nach seiner Trauung am 12.6.1733 kaufte der König die Herrschaft Rheinsberg mit dem 1566 ausgebrannten Renaissance-Schloß, das Knobelsdorff ab 1734 fünf Jahre lang um- und ausbaute. Hier setzte er ab Herbst 1736 sein Selbststudium im Kreise gleichgesinnter Freunde fort, wie er schom am 13.12.1735 dem Oberst v. Camas erklärte: »Meine Beschäftigungen sind einzig und allein auf den Dienst, die Lektüre und die Musik gerichtet.« Von Juli bis August 1734 erlebte er bei dem Kaiserlichen Heer unter Prinz Eugen am Oberrhein zum ersten Mal Truppen im Felde, da sich Preußen mit einem Hilfskorps von 10.000 Mann am Polnischen Erbfolgekrieg beteiligen mußte. Friedrich gefiel Prinz Eugen, der ihn ebenfalls sehr hoch einschätzte und zu allen Beratungen zuzog, denn »alles an Ihnen verrät mir, daß Sie sich einst als ein tapferer Feldherr zeigen werden.« Friedrich erwies sich als unerschrocken und an allen Einzelheiten des Dienstes interessiert, teilte alle Beschwernisse des Feldlagers mit den Soldaten und unterrichtete sich genau über ihre Behandlung im Felde. Seine Beobachtungen der österreichischen Truppen führten zu einem scharfen Urteil über ihre Qualität. Während der Erkrankung seines Vaters vom Herbst ds.Js. bis zum Frühjahr 1735 bekam er die Unterschriftsbefugnis für den König, nachdem ihm am Rhein klar gewordenn war, welche Bedeutung eine marschbereite, schlagfertige Armee für ein Land mit offenen Grenzen haben mußte. Nach der Regimentsbesichtigung im Juni 1735 umarmte ihn der König vor der Front der Truppe und beförderte ihn zum Generalmajor.

Im September/Oktober ds.Js. schickte ihn der König allein auf Inspektionsreise nach West- und Ostpreußen, »um die dortige Ökonomie und Landesart zu examinieren und kennenzulernen, welches Euch sehr nützlich sein kann, weil Ihr doch dereinst dies Land beherrschen müßt. Ihr sollt autorisiert werden, Euch überall, wo es nötig, von allen Umständen genau zu informieren, ob sie in Ordre sind, wie ich es haben will, da Ihr denn alles redressieren könnt, was in der Ordre fehlt.« Damit befaßte ihn der Vater mit seinem Hauptanliegen, dem Retablissement Ostpreußens. Fünf Tage blieb er allein in Gumbinnen, nahm an Sitzungen teil, unternahm Stichfahrten, schrieb Berichte. Vom 8.-14.10. blieb er in Königsberg und erlebte dort eine Kammersitzung. Zahlreiche Verbesserungsvorschläge und ein Zusammentreffen mit dem vertriebenen polnischen König Ladislaus Leszcynski waren das lohnende Ergebnis. Vom 7.7. bis 8.8.1736 bereiste er Ostpreußen erneut, diesmal mit seinem Vater, einundzwanzig Wagen, Reiter, insgesamt 198 Pferde, manchen Tag Fahrten weit über hundert Kilometer, der König jeweils zwei Stunden dem Gefolge voraus. Landräte, Amtmänner und heranbefohlene Besitzer ritten innerhalb ihres Gebietes neben dem Wagen, um jederzeit Fragen beantworten zu können. Wie sehr er sich mit seinen vierundzwanzig Jahren innerlich gefangen hatte, belegen zwei Briefe aus dieser Zeit. 18.4.1736 an seinen Freund Graf Manteuffel: »Es genügt mir, daß ich von der Unsterblichkeit meiner Seele überzeugt bin, daß ich an Gott glaube und an den, welchen er gesandt hat, die Welt aufzuklären und zu erlösen, daß ich mich tugendhaft zu machen bestrebe, soviel ich durch meine Kräfte wirken kann, daß ich die Dienste der Anbetung verrichte, welche das Geschöpf seinem Schöpfer schuldet und die Pflichten erfülle, die ich als guter Bürger gegen die Menschen habe. Dann kann ich sicher sein in meiner festen Überzeugung, daß Gott ein Geschöpf nicht ewig unglücklich machen wird, das ihn mit all der Erkenntlickeit liebt, welche die Wohltat, von Gott geschaffen zu sein, verdient, ein Geschöpf voll Fehler und Sünden, deren Ursache in seinem Temperament und nicht in seinem Herzen liegt.« Und am 28.4.1736 an General v. Grumbkow: »Sie schreiben mir die Heilige Schrift betreffend, als ob ich sie nie gelesen hätte... Ich kenne Gott durch das Licht der Vernunft, sein Gesetz ist in mein Herz gegraben: es ist das, welches mich meine Pflichten lehrt. Damit verbinde ich die christliche Moral, und das genügt mir. Es handelt sich nicht darum, in der Heiligen Schrift zu lesen, sondern darum, die Pflichten des seinem Schöpfer dankbaren Geschöpfes und des guten Bürgers gegen seinesgleichen auszuüben!«

Bei allen schweren Krisen, Spannungen und Problemen, die nicht unterschätzt werden dürfen, trotz allem noch hatten Erziehung und Ausbildung ein staunenswertes Fundament gelegt, das Früchte tragen sollte.

Studienzeit

Das hellgelbe hohe Schloß Rheinsberg liegt zwischen Park und See, dem es seine schönste Seite bietet, zwei klassizistische Flügel, inmitten eine halbrunde Kollonade, an den Stirnseiten massive Rundtürme, Renaissance mit Barock gemischt und von etwas Rokoko belebt, ohne protzig zu wirken. Nur reichlich zwanzig Kilometer nördlich Neuruppin, eine gute Reitstunde, hielt er hier vier Jahre lang regelrecht Hof, als kommender König anerkannt, endlich mit der Freiheit, sich Studien hinzugeben, zu lesen, um zu lernen, zu dichten und zu musizieren und das mit solcher Hingabe, als wollte er alles nachholen, wenn auch nicht mehr als Knabe von einst.

Schloß Rheinsberg (Zeichnung von Adolph Menzel)

Er verbesserte selbst sein Latein und las die römischen Schriftsteller, beschäftigte sich weiter mit Geschichte, Naturwissenschaften und Philosophie und nahm mit fast unersättlichem Drang den Geist der französischen Aufklärer, vor allem der gerade modernen Enzyklopädisten, in sich auf, um den Geist seiner Zeit zu begreifen und der »engstirnigen« Vergangenheit zu entgehen. Seine neu aufgebaute Bibliothek in einem der Ecktürme wurde sein Refugium, die geistige Schatzkammer eines echten Wissenschafts-Liebhabers und Kunstfreundes, der allen Fragen nachgeht, alle Zusammenhänge zusammensucht und überprüft, um ständig daraus zu lernen, immer mehr und immer tiefgehender. Er war dabei wie besessen. Was er in sich hineingeschlungen und verarbeitet hatte, entäußerte sich, indem er schrieb, immer und überall, auch im Feldlager, ein ganzes Leben lang über alles, was ihn bewegte oder seine Form suchte, meist Sinn-Gedichte und Abhandlungen. Sein persönliches Werk umfaßt einunddreißig Bände, heute kaum noch gelesen. Dabei wollte er niemals Fachgelehrter sein, eingeengt auf Richtung und Zweck, sondern wußte, daß der wesentliche Teil seiner Person und seines Lebens im Geistigen lag. Wer von seinen späteren Mit-Monarchen konnte das von sich sagen? Zudem lag über Rheinsberg ein Hauch heiterer Gelöstheit, Lust am Lernen, Wissen und Gestalten, als ob er ahnte, was für Jahre über ihn kämen.

Am 23.10.1736, acht Wochen nach seinem Einzug, schrieb er an den sächsischen Gesandten v. Suhm: »Wir haben unsere Beschäftigungen in zwei Klassen eingeteilt, deren erste die nützlichen und deren zweite die angenehmen umfaßt. Unter die nützlichen rechne ich das Studium der Philosophie, der Geschichte und der Sprachen, die angenehmen sind die Musik, die Aufführung von Tragödien und Komödien, die Maskeraden und die Gastmähler, die wir geben. Die ernsten Beschäftigungen haben indes stets den Vorzug vor den anderen, und ich darf sagen, daß wir von den Vergnügungen nur einen vernünftigen Gebrauch machen, indem wir sie nur dazu benutzen, dem Geiste Erholung zu verschaffen und das Wesen des strengen philosophischen Ernstes zu mildern.« Am 22.6.1737 folgte an denselben Empfänger das Eingeständnis: »Täglich werde ich geiziger mit jeder Minute: von jedem Augenblick lege ich mir Rechenschaft ab und verliere höchst ungern einen einzigen.« Wenig später: »Mein Geist ist ganz im Banne der Philosophie!« Kronprinzessin Elisabeth Christine schrieb begeistert von ihrem Mann an ihre Mutter: »Ich habe noch nie jemand so fleißig gesehen wie ihn. Von sechs Uhr morgens bis ein Uhr mittags widmet er sich der Lektüre, der Philosophie und schönen Dingen. Ab vier Uhr ist er wieder fleißig bis sieben Uhr. Nun beginnt das Konzert, das zwei Stunden dauert. Darauf schreibt er Briefe, geht auch wohl zum Spiel, und um elf Uhr wird gewöhnlich zu Abend gespeist.« Für seinen großen Briefwechsel richtete er in Rheinsberg eine eigene Poststation ein, die zweimal wöchentlich von Mecklenburg Richtung Berlin Expedition hatte. Er diente weniger bloßen Mitteilungen oder dem Kontakt nach außen, vielmehr als schriftlicher Dialog zur Nacharbeit von Lesen und Studieren als Ausdruck schriftlichen Nachdenkens mit dem Ziele ernsthafter Geistesbildung und Weltkenntnis, wie besonders an der überreichen Korrespondenz mit Voltaire zu sehen ist.

Die gemeinsame Hofhaltung mit der anmutigen Kronprinzessin ermöglichte ein geselliges Leben mit neuem Inhalt und neuen Formen nach seinen Vorstellungen. Das Schloß, umgeben von einem Netz kleiner Seen, sollte mit seinen fünfzig Gästezimmern »ein Heiligtum der Freundschaft« sein, »ihr habe ich diese Stätte geweiht!« sagte er. »Und die Frauen sind für die

Gesellschaft unentbehrlich, ohne sie ist jede Unterhaltung matt.« Hofmarschall war immer noch der gutmütige Geheimrat v. Wolden, den Major v. Senning und v. Bredow unterstützten, alle ihm lange vertraut. Die Damen der Kronprinzessin leitete Oberhofmeisterin v. Katsch. Als Vorleser und Bibliothekar war Charles Etienne Jordan gewonnen, 1700 als Sohn begüterter, frommer Geschäftsleute in der französischen Kolonie Berlins geboren, zierlich und lebhaft, geistvoll und gelehrsam, voll Herzensgüte und sicherem Auftreten, gebildet, scharfsinnig und reich an Talenten.

Charles Etienne Jordan in Rheinsberg beim Studium alter Klassiker
(Gemälde von Antoine Pesne um 1738) *(Foto: Jörg Anders)*

Als Pfarrer in zwei Landgemeinden der Uckermark war ihm jung die Frau gestorben; so trat er nach Reisen zur Überwindung der Trauer als Sekretär und literarischer Berater in den Dienst des Kronprinzen, der ihn hoch schätzte und echte Freundschaft zu ihm wachsen ließ. 1740 setzte er ihn als Geheimen Rat und »Inspektor der Hospitäler, Waisenhäuser, Polizei-Pflege« ein; in dieser Aufgabe gründete er ein »Arbeitshaus für Bettler«. Am 8.4.1741 unterschrieb Friedrich als »Dein Freund, der Dich zärtlich liebt«, im Mai 1742: »Wer würde vor einigen Jahren geglaubt haben, daß Dein Schüler in der Philosophie, Rhetorik und Vernunft eine militärische Rolle spielen würde? Ich versichere Dir, daß ich in meinem Zelt ebenso Philosoph bin wie Seneca. Adieu, vergiß Deinen Freund nicht und halte mich in Deinem Herzen!« Als Jordan am 24.5.1745 starb, schrieb Friedrich am 10.7. aus dem Lager Russek: »Ich bedarf dringend eines Trostes nach dem Tode meines Freundes Jordan. Dieser Tod ist für meine persönlichen Verhältnisse ein schwerer Schlag!«

Georg Wenzeslaus von Knobelsdorff, Architekt und Maler.
Gemälde von Adam Manyoki, 1732

Intendant war der begabte Georg Wenzeslaus v. Knobelsdorff. Viele Offiziere seines Regiments kamen dazu wie Rittmeister Isaac Francois Edmond v. Chasot, Hauptmann v. Wylich, Leutnant v. Buddenbrock, Kleist, Schenckendorff, Rathenow, außerdem der ausgeschiedene Oberst Dietrich Freiherr v. Keyserlingk, Kurländer, geistreich, munter, schwungvoll, einer seiner Vertrautesten, der hoch gebildete Major Christoph Ludwig v. Stille, und Heinrich August Baron de la Motte-Fouqué, Hugenott aus der Normandie, geboren in Den Haag, junge, intelligente Männer ohne besonderen Rang, aber menschlich eng verbunden, bestimmt von Redlichkeit, Loyalität und guter Laune. Denn der Intellekt war es, der mit Worten, Formen und neuen Möglichkeiten spielte, nur eingeschränkt von Askese und Pflicht. Abgerundet wurde der Kreis durch Professor La Croze, einen Philologen, der zwanzig Sprachen mehr oder weniger sprach. Mme. de Rocoulles, den bekannten Hofmaler Antoine Pesne mit seinem Familienschwarm, der das Schloß ausmalte, und den Schloßprediger Jean Deschamps, gelehrter Dialektiker und gebildeter Weltmann, dessen Gottesdienst der Kronprinz aber immer versäumte, weil er sonntags zur gleichen Zeit in Ruppin seinem Regiment als »Dienst« die Predigt vorlas. 1739 stießen noch Jakob Bielfeld, ein Hamburger Kaufmannssohn, später Freiherr, und Algarotti, venezianischer Kaufmannssohn und Freund Voltaires, dazu. Bielfeld war es, der mit seinem hannöverschen Freund v. Oberg den Kronprinzen nach der Reise zum Schloß »Het

Loo« bei Apeldoorn am 14.8.1738 in Braunschweig in die Freimaurer-Loge brachte, dabei Hauptmann v. Wartensleben, der dann Geheimrat v. Wolden als Hofmarschall ablöste. Erster Kammerdiener war Michael Gabriel Fredersdorf, »nicht ohne Geist und Feinheit«, der auch die Privat-Kasse des Kronprinzen verwaltete und sein vollstes Vertrauen besaß, danach Buchholtz. Antoine Pesne bedichtete der Kronprinz im November 1737 u.a. mit folgenden Zeilen: »Pesne, dich hebt zum Rang der Götter deines Pinsels Stärke. Alles in deinen Bildern lacht und lebt, dein Können übertrifft der Schöpfung Werke. — Des Urbilds Schönheit lebt in deinen Bildern. Um unsre hehre Königin zu schildern, war kein Geringerer gut genug als Pesne. — Ich glaube deine Hand zu sehn, die gütig Segen rings verstreut,« königliches Lob.

Die Atmosphäre war geprägt von absoluter Ungezwungenheit im gegenseitigen Umgang, ohne jede Spur steifer Etikette, wie sonst an Höfen unvermeidbar. Bildung und Intelligenz waren wichtiger als ein Rang. Am 23.10.1736 schrieb Friedrich an den Gesandten v. Suhm: »Es gibt ein Übermaß von Weisheit und von Torheit. Das Lächerliche ist bei beiden gleich. Man muß darauf bedacht sein, in gleicher Weise beide Extreme zu vermeiden, indem man Scherz mit Ernst und heitere Freude mit strenger Tugend verbindet.« Und am 13.3.1737 kennzeichnete er den Kreis gegenüber Duhan: »Wir sind ein Dutzend Freunde hier in der Zurückgezogenheit, wir kosten die Freude der Freundschaft und die Süßigkeit der Ruhe.« Bielfeld berichtete in seinem Brief vom 30.10.1739 am ausführlichsten: »Alle genießen die ungezwungenste Freiheit. Sie sehen den Kronprinzen und dessen Gemahlin nur bei Tafel, beim Spiel, auf dem Ball, im Konzert oder bei anderen Festen. Die Zeit wird hier nicht mit Schlafen bis an den Mittag, nicht mit Frühstücken, nicht in wichtiger Konferenz, mit Schneider und Putzmacherin, mit Toilettemachen noch mit unnützem Geschwätz zugebracht. Jeder denkt, liest, zeichnet, schreibt, spielt ein Instrument, ergötzt oder beschäftigt sich in seinem Zimmer. Man kleidet sich ohne Pracht und Verschwendung.« Es war eine Art Gegen-Hof zu Potsdam und eine Vorwegnahme von Sanssouci ab 1747, auch durch die Gesellschaft von Hugenotten und Franzosen. Die ausgedehnte Mittagstafel vor den Gemälden von Watteau und Lancret, oft Stunden ausgedehnt, bereicherte durch ausgezeichnete Besucher und intelligente Unterhaltungen, bildete in freier Gastlichkeit den ersten gemeinsamen Schwerpunkt des Tageslaufes. Bielfeld fuhr fort: »Sein Gespräch bei der Tafel ist unvergleichlich, er spricht viel und gut. Über jeden Gegenstand findet er eine Menge neuer und richtiger Bemerkungen. Sein Witz gleicht einem nie verlöschenden Feuer. Er duldet Widerspruch und versteht die Kunst, gute Einfälle anderer zutage zu fördern. Er scherzt und neckt zuweilen, doch ohne Bitterkeit und ohne eine Erwiderung übel aufzunehmen. Nach der Tafel versammelt sich der Hof um den Kaffeetisch in dem Zimmer der Dame, an der die Reihe ist. Man spricht, scherzt, macht ein Spiel, geht umher. Diese Stunde ist eine der angenehmsten des Tages.«

Friedrich hielt sich eine Kapelle von zwanzig Musikern, dabei die Gebrüder Graun und Benda, ein Klavierspieler, vier Geiger, Johann Joachim Quantz, sein Flötenlehrer, die sich als Musiker, Kapellmeister, Musikprofessoren und Komponisten ihrer Zeit hervortaten. Der Kronprinz besaß ein besonderes Feingefühl für Musik und komponierte selbst zahlreiche Flötensonaten und 296 Konzerte. Daher spielte die Musik in seinem Leben immer eine wichtige Rolle, oft auch als Ausgleich für manchen Gefühlsstau, wozu sie sich sehr eignet. Bielfeld schilderte: »Die Abende sind der Musik gewidmet. Der Prinz hält in seinem Salon — der Musiksaal ist noch nicht fertig — Konzert, wozu man eingeladen sein muß, immer eine besondere Gnadenbezeigung. Der Prinz spielt die Flöte (vier- bis fünfmal am Tage). Er behandelt das Instrument mit höchster Vollkommenheit. Sein Ansatz sowie seine Fingergeläufigkeit und sein Vortrag sind einzig. Er hat mehrere Sonaten selbst gesetzt. Ich habe öfters die Ehre gehabt, wenn er die Flöte blies, hinter ihm zu stehen und wurde besonders von seinem Adagio bezaubert. Friedrich ist in allem ausgezeichnet. Er tanzt schön, mit Grazie, und ist ein Freund jedes anständigen Vergnügens, mit Ausnahme der Jagd.« Von der Schönheit, Anmut und Milde der Kronprinzessin war er begeistert: »Wir hatten kürzlich einen Ball. Alles war reich und festlich, doch erschien die Prinzessin allein als die Sonne dieses glänzenden Sternenhimmels. — Ich verlebe entzückende Tage: eine königliche Tafel, himmliche Musik, köstliche Spaziergänge im Garten und im Walde, Wasserfahrten, Künste und Wissenschaften, angenehme Unterhaltung, um das Leben zu verschönern.« Die seit 1737 erweiterten Gärten, großartig geplant mit Pavillons, Grotten, Eremitagen, Orangerien, künstlichen Ruinen, vielen Baumgruppen, Lauben, schattigen Sitzen, waren erst im Werden. Im Kavalierhaus spielte man auf einer festen Bühne Theater, z.B. Stücke von Racine, Voltaire, Molière, auch Mairet und Corneille, in denen Friedrich oft genug eine Rolle übernahm, so den Mithridat, Ödipus und Philoktet. Übereinstimmend mit seiner Frau nannte er diese Jahre »die glücklichste Zeit meines Lebens«!

Seine Eltern besuchten Rheinsberg gleich im September 1736, sein Vater allein später noch einmal. Ostern verlebte er stets in Potsdam, im Kreise der Familie die Gottesdienste zu besuchen und mit seinem Vater zum Abendmahl zu gehen. Das Verhältnis zum Vater war entspannt, aber keineswegs spannungsfrei, trotz wachsender Anerkennung immer gewärtig einen neuen Ausbruches. Am 28.10.1760 stellte er rückblickend fest: »Ich habe meine Jugend dem Vater, die männlichen Jahre dem Vaterland geopfert.« Mit seiner Selbstbehauptung blieb er auf den Vater fixiert, zu tief hatte dieser in sein Leben schicksalhaft eingegriffen, und ein Leben lang tief im Unterbewußtsein an ihn gebunden, um ihn anders und besser zu wiederholen. 1760

Im Rheinsberger Park liest Jordan vor, während Keyserlingk posiert und Bielfeld gespannt zuschaut.
(Zeichnung von Adolph Menzel)

träumte er mitten im Siebenjährigen Krieg, wie er de Catt erzählte, der Vater habe ihn auf die Festung Magdeburg bringen lassen mit der Begründung, »weil er nicht genug Liebe zu ihm gehabt habe.«

Hier lag zweifellos der innere Stachel, der ihn immer wieder — außerhalb der gesellschaftlichen Gemeinsamkeiten — zu vielseitigster geistiger Tätigkeit mit tiefem redlichen Ernst trieb, sei es zunächst poetisch, dann immer stärker auch in Prosa. Neben seinen Studien versuchte er, die Kenntnisse und Erfahrungen jedes bedeutenden Mannes, der ihm zu Gesicht kam, für sich zu gewinnen und auszuwerten. Dieser Absicht galt auch sein reger Schriftwechsel, so mit v. Grumbkow als maßgebendem Staatsmann, Fürst Leopold von Anhalt-Dessau als führendem Soldaten, mit Ärzten, Naturforschern, Philosophen und Theologen, meist fünf bis sechs gleichzeitig.

Wenn er bei seinen philosophischen Bemühungen auf die Sinn-Frage an der Grenze zu Religion und Glauben stieß, begnügte er sich nicht mit dogmatischen Formeln oder gefühlsmäßigen Antworten, sondern suchte mit Ernst durch Lektüre ausgezeichneter französischer Kanzelredner sowie brieflichem wie mündlichem Kontakt zu den besten französischen Predigern Berlins zur Klärung, wenn möglich, auch zu einer Überzeugung zu kommen. Als er im März 1736 den achtzigjährigen Pastor Beausobre hörte, war er so begeistert, daß er ihn bald zu einem Gespräch bat. Auf die Frage nach seiner derzeitigen Lektüre wies ihn der Prediger auf den Anfang des Johannes-Evangeliums hin. Die Begegnung verlief so lebendig, daß der Kronprinz aus freiem Entschluß versprach, seinen ältesten Sohn an Kindes-Statt anzunehmen, was er auch hielt. Nicht umsonst hatte Voltaire Pastor Beausobre empfohlen: »Er ist ein Philosph, obwohl protestantischer Geistlicher!« So wurde die Geistlichkeit damals eingeschätzt. Ebenso stellte der Kronprinz dem bekannten Prediger Achard Predigt-Texte, um mit ihm »über Rechtgläubigkeit zu raisonnieren«, und bekannte dabei in freimütigem Bedauern, daß sein Glaube schwach sei, ohne sich vorsichtigerweise auf weitere Einzelheiten einzulassen, da er, wie er öfter klagte, beim König immer wieder in dieser Hinsicht verdächtig wurde.

Wo ihm Pastoren und Kirche Antworten schuldig blieben, suchte er sie im umso gründlicheren Studium der Philosophie zu finden. Schon am 8.8.1736 hatte er sich brieflich an Voltaire gewandt, den berühmtesten Schriftsteller der Zeit, natürlich Franzose, gerade wegen seiner Vielseitigkeit besonders anregend, dafür weniger tiefgründig, aber äußerst wortgewandt, formbewußt und kämpferisch mit allen geistigen Waffen, dabei stets praxisbezogen. Der Briefaustausch mit ihm dauerte zweiundvierzig Jahre und umfaßte fünfhundertsiebzig Sendungen, von Geschenken abgesehen, der vor allem eine gegenseitige Ergänzung bewirkte. 1750 nach Sanssouci berufen, galt er drei Jahre als Zierde der Tafelrunde, bis sich der König wegen seiner teilweise unerträglichen Charakterfehler wieder von ihm trennte, ohne deswegen seine Werke zu mißachten. Ende April 1759 urteilte er in Landeshut über ihn: »Wenn das Herz dieses Mannes seinem schönen Genie entspräche — welch ein Mensch wäre er!« Ohne Frage verdankte er seinen Anregungen, Ratschlägen und Verbesserungen viel; er hielt ihn für den wichtigsten Denker seiner Zeit. Seine Freunde Heinrich v. Manteuffel und der sächsische Gesandte v. Suhm hatten ihn auf den berühmten Philosophen Christian Wolff hingewiesen. Begierig, seine Werke kennenzulernen, übersetzte ihm Suhm aus dem etwas verschrobenen Deutsch Wolffs seine »Logik«, seine »Moral« und sein »Metaphysik« in klares Französisch, Heft für Heft, so daß er sich Schritt für Schritt die Ergebnisse seiner Forschungen aneignen konnte. Wo er Mängel oder Unklarheiten entdeckte, versuchte er selbst weiterzuforschen.

Das gab er aber bald wieder auf. Denn er neigte viel mehr zur praktischen Lebensgestaltung als zur höheren Philosophie, wenn auch vieles davon an ihm haften blieb. So blieb er bei der Moralphilosophie, die sich auf die Ethik und Rechtslehre gründet, dem Menschen sehr nahe und mitbestimmt von Theologie und Pädagogik, geeignet, unmittelbar in das Leben einzugreifen. Seine Schriften dienten, soweit sie nicht historische oder militärische Gegenstände betrachten, alle der Erörterung moralischer Fragen und Zustände. Ebenso hielt er an der Staatsphilosophie fest. Hier konzentrierte er seine Gedanken und faßte sie bündig in geschlossene Darlegungen, während er seine Ge-

Dietrich Freiherr von Keyserlingk im Rheinsberger Jagdkostüm (Gemälde von Antoine Pesne um 1744) *(Foto: Jörg Anders)*

dichte und poetischen Arbeiten mehr zur Zerstreuung schrieb. So festigte sich in diesen Jahren seine grundlegende Weltanschauung, die sich der kalvinistischen Lehre der »Vorherbestimmung« aus seiner Jugendzeit wieder näherte, sie aber wesentlich milderte, ihrer Erbarmungslosigkeit entkleidete und der Verantwortlichkeit und Kraft des Menschen den notwendigen Spielraum beließ, ohne die seine spätere entschlossene Zuversicht und riskanten Unternehmungen undenkbar gewesen wären. Sein Studium der Kriegsgeschichte, insbesondere der Feldzüge Alexanders, Caesars, Gustav Adolphs, Turennes und Karl XII., war eher zweckbestimmt und diente der historischen Untermauerung eines Handwerkes und seiner Führung.
Im Grunde war die Zeit in und um Rheinsberg, recht verstanden, die Zeit seiner Vorbereitung auf seine künftige hohe Aufgabe. Er hat sie so verstanden und ganz systematisch genutzt, wie er in seinem Brief an Grumbkow vom 1.11.1737 bereits bestätigte: »Gott weiß, daß ich dem Könige ein langes Leben wünsche. Aber wenn der Erbfall nicht bei seinen Lebzeiten eintritt, so wird man sehen, daß man keinen Grund gehabt hat, mich anzuklagen, ich opferte meine Interessen andern Mächten. Ich fürchte vielmehr, man wird mir zu viel Kühnheit und Lebhaftigkeit zum Vorwurf machen. Der Himmel scheint den König dafür bestimmt zu haben, alle Vorbereitungen zu treffen, welche Weisheit und Klugheit vor Beginn eines Krieges erfordern. Wer weiß, ob die Vorsehung nicht für mich die Aufgabe ausersehen hat, rühmlichen Gebrauch von diesen Vorbereitungen zu machen und sie zur Erfüllung der Absichten anzuwenden, für die sie der König mit weitem Blick vorbestimmt hat!« Das war ebenso deutlich wie richtig als selbsterfüllte Prophezeiung. Dem entsprachen zwei Abhandlungen aus den Jahren 1738 und 1739, die erste unter dem Pseudonym eines Engländers als politische Flugschrift vom April ds.Js. mit dem Titel »Betrachtungen über den gegenwärtigen politischen Zustand Europas«. Bereits 1736 geschrieben, durchschaute er die kritische Lage Europas mit dem ständigen Vergrößerungsdrange Frankreichs unter Vorschieben seiner Ostgrenze und das absolute Vorherrschafts-Streben Österreichs über Deutschland in erstaunlicher Klarheit. Welche Kraft konnten die Reichsmächte entwickeln, wohin führte der Weg Preußens?

Hier argumentierte er gegen die damaligen Fürsten: »Ihr Irrtum besteht in dem Glauben, Gott habe die Menge von Menschen, deren Wohlfahrt ihnen anvertraut ist, bloß aus ganz besonderer Sorge für ihre Größe und ihren Stolz geschaffen, und ihre Untertanen seien nur zu Werkzeugen und Dienern ihrer zügellosen Leidenschaften bestimmt. Sobald der Grundsatz falsch ist, können die Folgen nicht anders als fehlerhaft sein: daher der unmäßige Hang nach falschem Ruhm, die brennende Begierde, alles an sich zu reißen, die Trägheit der Fürsten, ihr Stolz, ihre Ungerechtigkeit, ihre Unmenschlichkeit, ihre Tyrannei und alle Laster, welche die menschliche Natur herabwürdigen! Wollten sich die Fürsten von diesen Irrtümern losmachen, würden sie sehen, daß ihr Rang nur das Werk der Völker ist, daß die Tausende von Menschen aus ihrer Mitte denjenigen ausgewählt haben, den sie für den Gerechtsten, den Gütigsten, den Menschlichsten, den Weisesten hielten, mit einem Worte, für den Mann, der am fähigsten wäre, den ganzen Staat zu repräsentieren. Stünde dieser Grundsatz fest, würden die Fürsten immer die beiden Klippen vermeiden, die den Untergang der Reiche und die Verheerung der Welt verursacht haben: die ungemessene Ehrfurcht und die schimpfliche Vernachlässigung der Geschäfte.« Vorauseilende, fast demokratische Gedanken, sehr gute Vorsätze, aber noch lange nicht voll verwirklichungsfähig, dafür schon deutliches Abheben von den bestehenden Zuständen: Amtspflichten der Regenten und Wohlfahrt der Menschen waren die neuen Richtpunkte statt Egoismus, Willkür, Bequemlichkeit. »Wenn die Fürsten immer ihre Pflicht vor Augen hätten und die Weisheit würde ihre Ratgeberin sein, sie würden ein tätiges Leben, das beständig die Wohlfahrt des Ganzen zum Zweck hätte, dem trägen und wollüstigen Hofleben vorziehen!« Der Vierundzwanzigjährige machte sich bereits zu seinem moralischen Gesetzgeber.

Im Frühjahr 1739 beschäftigte er sich intensiv mit der Widerlegung des Buches des florentinischen Geschichtsschreibers Niccolò Macchiavelli »Der Fürst« und dessen Anweisungen, wie man die Alleinherrschaft in einem italienischen Stadtstaat erreicht und behauptet. Schon am 8.1. ds.Js. schrieb er an Voltaire:

»Ein Fürst verhält sich zu seinem Volke wie das Herz zu dem Bau unsers Körpers. Das Herz bekommt das Blut aus allen Gliedern und treibt es wieder bis zu den äußeren Teilen hin. Der Fürst erhält von seinen Untertanen Treue und Gehorsam und gibt ihnen dafür Überfluß, Wohlstand, Ruhe und alles, was zum Besten der Gesellschaft beitragen kann.« Dieses Bild des Staates als Organismus wurde zum Leitgedanken seiner Widerlegung. Es bleibt offen, ob es wirklich eine hemmungslose Anleitung oder nur ein Fürsten-Spiegel mit moralischem Appell zur Besserung ist. Da das Buch seit zwei Jahrhunderten zum Handbuch der Herrscher geworden und allgemein bekannt war, bot es den geeignetsten Anlaß und Hintergrund, Satz für Satz überzeugend die Gegen-Position des persönlich moralisch gebundenen Herrschers und seiner Verpflichtungen gegenüber seinem Volke statt bedenkenlosen Machtgebrauches bis zum Despotismus darzulegen. Wiederum ging es um philosophische Moral, nicht um praktische Politik. Der Kernsatz, daß der Herrscher nicht unumschränkt handeln soll, sondern »der erste Diener seines Staates« zu sein hat, wirkte in dieser Zeit als Fanfarenstoß, war aber mehr theoretisches Programm für ihn selbst, Selbstzeugnis und Glaubensbekenntnis. Am 10.8. ds. Js. fertiggestellt, wurde es im Frühjahr 1740 in Den Haag gedruckt nach Lektorierung durch Voltaire und erschien im September 1740 im Buchhandel. Bald sickerte durch, wer der wirkliche Verfasser war. Da Friedrichs Thronbesteigung inzwischen erfolgt war, bekam seine Arbeit noch stärker eine denkwürdige Bedeutung, legte ihn aber zugleich für künftige Taten fest.

Ohne Frage war sein »Anti-Macchiavell« neben der Moral-Philosophie auch von kalvinistischen und pietistischen Gedanken durchzogen. Er war die Summe seines bisherigen Werdeganges und die Grundlage für das, was kommen sollte, wenn er auch in seinem Testament von 1752 etwas betroffen einräumte: »Ich muß leider zugeben, daß Macchiavell recht hat. Die Fürsten müssen notwendigerweise Ehrgeiz besitzen.« Es ging ihm also weniger darum als um die Selbst-Vergewisserung seiner nahenden Regenten-Pflichten, wie er sie z.T. auch in seinen politischen Testamenten von 1752 und 1768, vornehmlich aber in seiner Zusammenfassung von 1777 bestätigte. Am 3.7.1761 schrieb er dem britischen Minister Pitt: »Zwei Triebfedern bestimmen mein Handeln: das Ehrgefühl und das Wohl des Staates, den der Himmel mir zum Regieren gegeben hat.« Und am 7.9.1776 schrieb er an Voltaire: »Mein Handwerk verlangt Arbeit und Tätigkeit. Mein Geist und mein Körper müssen sich nach ihrer Pflicht richten. Es ist nicht notwendig, daß ich lebe, wohl aber, daß ich tätig bin. Ich habe mich immer wohl dabei gefunden.« Ein derartiger, sich entäußernder Satz konnte Grund eines Staats-Mytos bilden, wenn auch der richtige Wortlaut und der Nachsatz nüchterne Bescheidung bewiesen. Mögen auch seine Sätze so politisch klingen, sie blieben auf ihn selbst bezogen und dienten der Charakterbildung und seinem Intellekt.

Denn bald zeigte sich nach seiner Thronbesteigung, daß es der Privatmann mit seiner Moral eben grundlegend leichter hat als der Politiker und Staatsmann, die in größeren Abhängigkeiten stehen und ständigen Gegenwirkungen ausgesetzt sind. Dann, so formulierte er, müsse man das Gute auch aus Vernunft tun. Sittliches Handeln sei in der Politik auch nützlich. Und das könne nur ein absoluter Fürst sicherstellen. Je länger er für die Politik verantwortlich war und sie führend gestaltete, desto größer wurde die Spannung zwischen seinen vorgefaßten Grundsätzen einer humanitären Aufklärung und Versittlichung und den Erfahrungen einer unumgänglichen Machtpolitik und des Zwanges anderer Mächte gegen seinen Staat, der sich in den Kreis der europäischen Großmächte drängte. Im oft unberechenbaren Ringen mit den Nachbar-Mächten konnte er der Machtpolitik nicht entgehen, in der die eigenen Staatsinteressen um des Überlebens willen den Vorrang behalten mußten. Allerdings mißbrauchte er dabei nicht den Staat, sondern der Staat nahm ihn in seinen Dienst. Über den Krieg hatte er mit Recht geschrieben: »Der Krieg ist ein solcher Abgrund des Jammers, sein Ausgang so wenig sicher und seine Folgen für ein Land so verheerend, daß es sich die Landesherren nicht genug überlegen können, ehe sie ihn auf sich nehmen. Ich rede gar nicht von all der Unbill und den Gewalttaten, die sie an ihren Nachbarn begehen, ich beschränke mich nur auf das Unheil, das über ihre eigenen Untertanen hereinbricht.« Dennoch kam er zu vier Arten von »gerechtem Krieg«, darunter auch der Präventiv-Krieg, wenn auch sein Rechtfertigungsbedürfnis vor sich und der Welt ständig wuchs. So kam er bis 1775 den Aussagen des Macchiavellismus immer näher, erzwungen durch über drei Jahrzehnte politischer Praxis. Zwar war »die Welt schlecht«, wie er am 11.11.1761 aus Strehlen schrieb, aber Menschlichkeit und Friede umso wichtigere Ziele. Nur folgte er keineswegs nur aus Gesinnung und Vorsatz, sondern war Frucht der Machtpolitik, die ihn allein auch sichern konnte, wie er dreiundzwanzig Jahre lang bewies.

Schließlich waren unter seinen vielen schriftlichen Arbeiten die sogenannten »Testamente« von 1752 und 1768, politische Anweisungen an einen Nachfolger, bedeutsam. Er faßte das erste ab, nachdem er Ende 1751 erfahren hatte, daß Rußland sich verpflichtet hatte, nach dem Tode König August III. von Polen dem Schwager Maria Theresias, Prinz Karl von Lothringen, zum polnischen Thron zu verhelfen. In der doppelten Bedrohung von Ostpreußen und Schlesien fürchtete er um die Existenz Preußens, so daß er eine Antwort suchte, wie es gegenüber allen Zufalls-Lagen der Machtpolitik stabilisiert werden müßte. So hieß es in der im Sommer 1752 vollendeten Schrift u.a.: »Es ist die erste Pflicht eines Bürgers, seinem Vaterlande zu dienen. Mit dem höchsten Amte betraut, habe ich die Gelegenheit und die Mittel gehabt, mich meinen Mitbürgern nützlich zu machen. Meine Liebe zu ihnen läßt mich wünschen, ihnen auch nach meinem Tode einigen Dienst zu erweisen. Ich bin nicht so überspannt zu glauben, mein Verhalten könnte denen, die meine Stelle einnehmen, als Regel dienen. Ich habe keine andre Absicht als die mitzuteilen, was ich durch Erfahrung gelernt habe, meinen Nachfolgern die Klippen zu zeigen, die sie zu vermeiden haben, und die Häfen, in denen sie Zuflucht finden. — In diesem Staate hat man weder Parteiungen noch Empörungen zu fürchten; man muß daher bei der Regierung nur Milde walten lassen. Nur bei wenigen Gelegenheiten muß man Strenge anwenden. Ich bin bisher glücklich gewesen, mich darüber zu beklagen, daß es mir an Belohnungen für Leute fehlte, die sie verdienen, als darüber, daß es mir an Gefängnissen fehlte, die Schuldigen einzusperren. — Ein Gegenstand der Politik ist die Erhaltung des Adels. Welche Veränderungen auch immer eintreten, es wird niemals einen tapfereren und treueren Adel geben. Es ist nötig, den Adel zu hindern, auswärts Dienste zu nehmen; man muß ihm Korpsgeist und Nationalsinn einflößen. Ich habe mir alle Mühe gegeben, um den Namen »Preußen« zur Geltung zu bringen und alle Offiziere zu lehren, daß sie alle, aus welcher Provinz sie auch stammen, als Preußen gewertet würden, und daß alle Provinzen, so weit sie auch getrennt seien, zusammen einen Körper ausmachen. — Katholiken, Lutheraner, Reformierte, Juden und zahlreiche christliche Sekten wohnen und leben in Frieden: Wenn der Herrscher, von schlecht angebrachtem Eifer getrieben, sich einfallen ließe, sich für eine dieser Religionen zu erklären, so würden Streitigkeiten entstehen, Verfolgungen anfangen. Und schließlich würden die Verfolgten das Vaterland verlassen, Tausende unsere Nachbarn durch Zahl und Gewerbefleiß bereichern. — Ich lasse den Geistlichen alle Freiheit und Rechte, die ihnen zustehen. Ich bin in gewisser Hinsicht der Papst der Lutheraner und das Kirchenhaupt der Reformierten, ich ernenne die Priester und verlange von ihnen gute Sitten und Milde, ich erteile Dispense in Ehesachen und bin in dieser Hinsicht sehr nachsichtig, da die Ehe im Grunde nur ein bürgerlicher Vertrag ist, der gelöst werden kann, sobald beide Teile ihre Einwilligung geben. — Die andern christlichen Sekten sind alle geduldet. Ich bin neutral zwischen Rom und Genf. Wenn Rom nach Genf übergreifen will, verfährt es übel. Wenn Genf Rom unterdrücken will, wird Genf verurteilt. So kann ich den Religionshaß mindern, indem ich allen Mäßigung predige, und suche sie zu einigen, indem ich darauf hinweise, daß sie alle Mitbürger sind. Ich versuche, ihnen verständlich zu machen, daß die Politik der Fürsten dieselbe ist, so verschieden der Name der Religionen ist, zu denen sie sich bekennen.«

Ähnlich lag es mit dem zweiten »Testament«. Nach dem Tode August III. von Polen am 5.10.1763 spitzte sich die Lage in Osteuropa zu, zumal Rußland mit allen Mitteln seinen Thron-Kandidaten Stanislaus Poniatowski zum Zuge bringen und sich damit den beherrschenden Einfluß sichern wollte. Preußen war seit 1764 mit Rußland verbündet. 1768 eröffneten die Türken zur Unterstützung Polens den Krieg gegen Rußland. Am Vorabend dieses Krieges, der Preußen leicht zum Werkzeug Rußlands gegen Österreich machen konnte, fixierte er erneut grundlegende Gedanken, allerdings überschattet von den schweren Erfahrungen des Siebenjährigen Krieges. Interessant ist, daß er dabei Preußen nicht mehr als »Großmacht« einstufte, sondern als »Staat zweiter Ordnung«, während Rußland in die Reihe der Großmächte eingetreten war. Daher könne die Koalition von 1756 gegen Preußen sich jederzeit wiederholen, um sein Land endgültig zu zerschlagen. Die Bereitschaft zu ständiger Wachsamkeit faßte er in die Losung: »toujours en vedette!« als Forderung vorrangiger Selbstbehauptung. Die Abrundung des Staates sei erst die Folge davon. Aber neben der Forderung militärischer Schlagkraft tauchten bereits Vorstellungen für die innere Festigung des Staates durch Ausbau des Landes (retablissement) auf. Hatte er bereits im »Anti-Macchiavell« geäußert, daß die Stärke eines Staates nicht in der Ausdehnung seiner Grenzen, sondern in seiner Bewohnerzahl beruhe und wörtlich: »Wer bewirkt, daß dort, wo bisher ein Halm wuchs, nunmehr zwei Halme wachsen, der hat mehr für sein Volk getan als ein Feldherr, der eine Schlacht gewann«, so schrieb er jetzt: »Der erste Grundsatz, der allgemeinste und wahrste ist der, daß die wahre Kraft eines Staates in seiner hohen Volkszahl liegt.« Auch hier folgte er dem Grundsatz seines Vaters: »Menschen halte vor den größten Reichtum«, wenn auch dessen »säkularisiertes Gottesreich« durch die »Staatsraison« des Sohnes verdrängt war, dem es vorrangig um die Konsolidierung der preußischen Macht ging.

Noch deutlicher wurde er in seinem »Versuch über Beherrschungsformen und Regenten-Pflichten« von 1777, der sich noch mehr den inneren Verhältnissen zuwandte, aber auch manchen früher geäußerten Grundsatz wiederholte und bekräftigte: »Drei Lehren faß' ein Herrscher wohl ins Herz: daß er über Menschen herrscht, daß er nach Gesetzen herrscht, daß er nicht auf immer herrscht! — Die Obrigkeit ist der erste Diener des Staates. Ihre Dienste bestehen in Aufrechterhaltung der Gesetze, strenger Handhabung der Justiz, kräftigster Steuerung des Sittenverderbnisses und in der Verteidigung gegen ihre Feinde. Es muß rechtens werden, was Recht ist. Recht und Rechtlichkeit müssen stets auf Seiten des Staates und seiner Organe bleiben. — Wenn der Landesherr ökonomisch und klug ist, ist das Geld wie eine Zauberrute, wodurch Wunder geschehen. Der Haushalt ist für das Staatswohl umso nützlicher, weil sonst alle Lasten auf die Untertanen fallen, welche in der Not, wo sie Hilfe bedürfen, ohne alle Rettung sind. Der Zustand der Finanzen ist gleichsam der Puls eines Staates. — Der Boden liefert die allernotwendigsten Lebensmittel, und die ihn bebauen, sind die wahren Pflegeväter der bürgerlichen Gesellschaft. In dieser Kultur liegt der wahre Reichtum des Landes. — Der Landesherr muß sich des armen Volkes erinnern und dann sich sagen: Wenn ich unter dieser Staatsbürgerklasse geboren wäre, deren Arme ihr Kapital sind, was würde ich vom Regenten fordern? — Es ist ganz klar, daß der Regent kein

Recht über die Meinung der Untertanen hat. Die Menschen verlangen Achtung für ihre Freiheit. Gerade diese Toleranz ist so vorteilhaft, daß sie die Staatswohlfahrt begründet. Sobald jeder Kultus frei ist, herrscht überall Zufriedenheit. Glaubt, was ihr wollt, tut, was ihr sollt! — Nie wird man zu dem Grade von Vollendung gelangen können, den die Wohlfahrt des Volkes erfordert. Man wird in Regierungsangelegenheiten mit dem zufrieden sein müssen, was die wenigsten Mängel an sich trägt.« Weise, auch heute noch gültige Erfahrungen. Kaum ein anderer König hat sich so intensiv und wiederholt mit der Staats-Theorie auseinandergesetzt.

Vertriebene Salzburger als Kolonisten in Masuren/Ostpreußen (Zeitgenössische Darstellung um 1738)

Vom 7.7. bis 18.8.1739 reiste der Kronprinz zum dritten Mal nach Ostpreußen, diesmal mit seinem Vater, der Ostpreußen zum elften Male besuchte und jetzt mit seinem Sohn zufrieden war, »wie ich ihn stets gewünscht habe.« Anfangs etwas gelangweilt, gingen ihm angesichts des aufblühenden Landes die Augen über die Wiederaufbau-Leistungen seines Vaters auf, wie aus seinem Brief vom 27.7. ds.Js. an Voltaire hervorging: »Wir sind hier in einem Lande angelangt, welches ich als das Ende der gebildeten Welt betrachte. Man kennt es wenig, obschon es bekannt zu werden verdient als eine Schöpfung meines königlichen Vaters. Am Anfang des Jahrhunderts wütete die Pest, unsre blühendste Provinz wurde schrecklichste Wüste. Meinem Vater ging das Elend nahe. Er sah die Wüste mit eigenen Augen. Weit entfernt, sich dadurch abschrecken zu lassen, faßte er den Entschluß, die Dichtigkeit der Bevölkerung, den Überfluß und den Handel wiederherzustellen. Seit dieser Zeit hat er keine Ausgabe gescheut, um seinen Willen zum Segen des Landes durchzusetzen. Zuerst erließ er weise Verordnungen, befahl die Häuser wieder aufzubauen und siedelte Tausende von Familien an. Die Äcker wurden unter Kultur genommen, das Land bevölkerte sich neu, der Handel blühte auf, und augenblicklich herrscht der Überfluß mehr als jemals. Es hat mehr als eine halbe Million Einwohner, mehr Städte und Viehbestand als früher und ist reicher und fruchtbarer als irgendein Teil Deutschlands. Alles hat man ganz allein dem König zu verdanken, der die Anordnungen nicht nur getroffen, sondern in ihrer Ausführung überwacht hat. Er hat den Plan gefaßt und allein ausgeführt. Weder Sorge noch Mühe, noch ungeheure Summen, noch Versprechungen, noch Belohnungen hat er gespart, um Glück und Leben einer halben Million denkender Wesen zu sichern, die ihm allein ihren Besitz und ihr Wohlergehen verdanken... Ich fand etwas so Heroisches in der großmütigen, mühsamen Weise, mit welcher der König sich hingab, um diese Wüste fruchtbar zu machen, daß es mir schien, die Kenntnis der Umstände einer solchen Wiederherstellung müßte Ihnen gleiche Gefühle verursachen.« Ein überzeugteres, größeres Zeugnis konnte er seinem Vater nicht ausstellen. Dieses Erlebnis grub sich ihm tief ein.

In Königsberg schon auf der Rückreise schenkte ihm plötzlich der Vater sein Gestüt Trakehnen mit sieben Vorwerken und bestens im Stande: »Ich schenke dir's; du mußt zurückgehen und danach sehen!« Es lag südlich Tilsit im oberen Pregel-Tal. »Bald werde ich tot und nicht mehr im Stande sein, dir etwas zu schenken.« Mit dieser Einnahme von 12.000 Talern jährlich verdreifachte sich sein bisheriges Einkommen. Er sah seinen Vater erst in Berlin wieder, der auf der Rückreise ab Danzig erneut in bedenklicher Weise erkrankte, begleitet von Fieber und verdüstertem Gemüt. Das Verhältnis zum König war nach Grumbkows Tod am 18.3. ds.Js. »jetzt das beste von der Welt, dem Himmel sei Dank!«, wie er seiner Schwester Wilhelmine schrieb. Oft kam er von Rheinsberg herüber, um nach dem Vater zu sehen. Hatte er noch am 1.11.1737 an Grumbkow geschrieben: »Der Himmel scheint den König dafür bestimmt zu haben, alle Vorbereitungen zu treffen, wer weiß, ob die Vorsehung nicht für mich die Aufgabe ausersehen hat, rühmlichen Gebrauch davon zu machen«, so sagte der Vater jetzt: »Mein Sohn ist jetzt ein guter Wirt. Er wird manchen enttäuschen, der glaubt, daß der Nachfolger das Geld wegschmeißen wird.« Und jetzt in seiner Krankheit äußerte er: »Es liegt mir nichts mehr am Leben, da ich meinen Sohn hinterlasse, der alle Fähigkeit hat, gut zu regieren. Ich weiß, daß er sein Wort halten wird, er hat Verstand, und alles wird gut gehen.« Seit dem 27.4.1740 in Potsdam, schrieb er ihm am 26.5. in seinem letzten Brief: »Ich habe Eure löbliche Entschließung, in allen Stücken meinem väterlichen Rate zu folgen, ersehen. Ich bin sehr davon gerührt und habe nicht den geringsten Zweifel an der Echtheit Eures Versprechens und Eurer guten Empfindungen, wenn Gott über mein Leben gebieten sollte.« Vater und Sohn hatten zueinandergefunden, als sie sich am 26.5. am Krankenbette weinend umarmten.

Vom 28. bis 30.5. verbrachten Vater und Sohn drei Tage mit ausführlichen geheimen Gesprächen miteinander, in denen der König ihn in alle Staatsgeheimnisse, Personen und Sachfragen einweihte. Er öffnete vor ihm sein Testament von 1722, an dem keine Silbe geändert war: »Alle Sünden sind mir von Herzen leid. Ich habe stets daran gearbeitet, mich zu bessern. Alle Regenten, die Gott vor Augen haben und ein gottge-

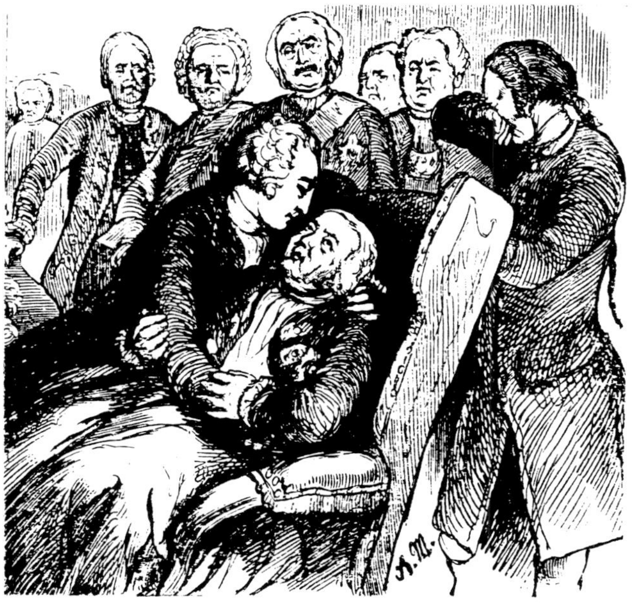

König Friedrich Wilhelm I. auf dem Sterbebette mit dem Kronprinzen am 26.5.1740 in Potsdam
(Zeichnung von Adolph Menzel)

fälliges Leben führen, wird Gott mit seinem Segen beglücken. Also bitte ich meinen lieben Nachfolger, ein gottseliges, reines Leben zu führen. — In den ersten sechs Wochen müßt Ihr die einzelnen Etats bei allen Ausgaben kürzen. Ihr müßt das allein tun, damit die ganze Welt weiß, daß es von Euch kommt. Wenn ein Jahr vorbei ist, könnt Ihr denjenigen eine Zulage geben, die sich ausgezeichnet haben. Und arbeiten müßt Ihr, wie ich es immer getan habe! Denn ein König, der mit Ehre in dieser Welt regieren will, muß alles selber regieren, wenn er sich nicht von den Ministern an der Nase herumführen läßt. Die Regenten sind zur Arbeit erkoren. — Ihr dürft nur das ausgeben, was im Etat steht. Die Armee und Beamten, auch was Ihr im Ausland kauft, muß sofort bezahlt werden. Das verschafft Euch Achtung. Ich bin keinem etwas schuldig. Gebt nicht mehr aus, als Ihr einnehmet! — Ich werde mit Gottes Hilfe als Reformierter selig sterben. Dennoch glaube ich, daß die Lutheraner, die gottesfürchtig leben, genauso selig werden. Der Unterschied stammt nur von den Zänkereien der Prediger. Tut beiden Religionen gleich viel Gutes. Baut Kirchen und Schulen, tut den Armen Gutes und laßt niemanden Not leiden. Helft, soviel Ihr nur könnt! Gott wird es Euch vergelten. Reformierte und Lutheraner sollen auf den Kanzeln nur das reine Wort Gottes verkünden und sich nicht in weltliche Angelegenheiten mischen, was sie gern tun! — Erhaltet die Manufakturen und fördert sie nach Kräften, Ihr müßt sie vermehren. Die Leute sollen sich nicht in ausländische Tuche kleiden, nur in die im Lande fabrizierten. Geht mit gutem Beispiel voran. — Fanget nie einen ungerechten Krieg an! Die höchste Wohlfahrt eines Regenten ist es, wenn sein Land gut bevölkert ist. Das ist der rechte Reichtum eines Landes. Deshalb bitte ich Euch, keinen ungerechten Krieg anzufangen. Denn Gott hat ungerechte Kriege verboten! Ihr müsset einmal Rechenschaft ablegen für jeden Menschen, der in einem ungerechten Krieg sein Leben lassen mußte. — Hiermit gebe ich Euch meinen väterlichen Segen und wünsche, daß Ihr alle Zeit Gott vor Augen habt, Eure Länder mit Gerechtigkeit und Gottesfurcht regiert, daß Ihr stets getreue und gehorsame Untertanen haben möget!«

Danach ging er mit ihm die einzelnen Provinzen durch mit ihren Eigenarten, Besonderheiten, Adelsfamilien und Problemen — Preußen war ja weder ein Einheitsstaat noch arrondiert, zu jedem Landesteil eingehende Erläuterungen. Sehr wichtig war auch das vom König mit Beginn des Jahres 1723 eigenhändig begründete Generaldirektorium mit vier Territorial-Departements und dem der Justiz für alle Gebiete, wobei einzelne Sachaufgaben den Departements zugeteilt waren. Nur so war es möglich, die regionalen Unterschiede zu berücksichtigen. Dazu traten die neuen Kriegs- und Domänenkammern, je Provinz eine, und die Ober-Kriegs- und Domänen-Rechenkammer zur sachlichen und finanziellen Verwaltungs-Kontrolle. Jede Kammer hatte für ihren Bereich noch ein eigenes Militär-Departement für die zivilen Aufgaben der Militärverwaltung und die Aufsicht über die wichtigen Magazine. Angesichts der zahlreichen Reste an verschiedensten Vorrechten, örtlichen landesherrlichen Traditionen, ständischer Selbstverwaltung, kirchlichen und Justiz-Einrichtungen sowie den älteren Regierungen der Landesteile gab es genug Reibungsflächen und dringende Notwendigkeit zur zügigen Anpassung an die Bedingungen der sich entwickelnden Staatsorganisation. Und die getrennten Verwaltungen der Städte und Landgemeinden blieben doch weiter bestehen, so daß von einem absolutistischen Einheitsstaat gar keine Rede sein konnte. Es galt, die gemeinsamen Elemente zu verstärken, Klarheit zu schaffen und Neben- und Doppelarbeit zwecks besserer Effektivität auszuräumen. Eine eingehendere Regierungsübergabe war kaum denkbar. So tödlich der Zweikampf zwischen Vater und Sohn auch verlaufen war und so widersprüchlich es daher scheinen muß, selten folgten in Grundsätzen wie praktischem Friedenswerk ein König dem andern so nahtlos wie hier. Aber auch geistig war Friedrich II. auf den Regenten-Beruf vorbereitet wie kein zweiter seiner Zeit.

Am 31.5.1740 eilte er erneut von Rheinsberg nach Potsdam. In der Kutsche formulierte er eilig einige Verse: »Ich seh' im Todeskampf und nahe schon den Vater an dem Tor der Unterwelt. Die schmerzenvolle Szene trifft mein Herz weit stärker, als es meine Weisheit trägt.« Es kam noch zu einer förmlichen Regierungsübergabe: »Se. Kgl. Majestät hätten ernstlich beschlossen, Dero bisherige Regierungslast niederzulegen und übergeben demnach hiermit Dero ältestem Sohn als legitimen Erben Dero ganzes Land... Sie befehlen allen und jeden nunmehr dem Kronprinzen alle untertänige Submission, Pflicht und Treue zu erweisen, eben als wenn der König bereits gestorben wäre.« Am frühen Nachmittag verschied sein Vater flüsternd: »Herr Jesus, Dir leb ich, Dir sterb ich, Du bist mein Gewinn.« Friedrich bezeugte: »Er starb mit der

Festigkeit eines Philosophen und der Ergebung eines Christen. Er bewahrte eine bewundernswerte Geistesgegenwart bis zum letzten Augenblicke seines Lebens, als Staatsmann seine Geschäfte ordnend, die Fortschritte seiner Krankheit verfolgend wie ein Arzt und über den Tod triumphierend als ein Held!« Pöllnitz bemerkte: »Er ist von Leiden befreit. Es ist wahr, er litt, aber er lebt!« Seinen Generalen sagte der neue König am 1.6.: »Es ist die Pflicht eines guten Soldaten, ebenso menschlich wie vernünftig zu sein als unerschrocken und brav. Ich ermahne Sie als König, ich rate es als aufrichtiger Freund, ich bitte Sie als treuer Kamerad.« Einen Tag später ermahnte er seine Minister: »Sie haben bisher einen Unterschied gemacht zwischen den Interessen des Königs und denen des Landes. Sie haben es für Ihre Pflicht gehalten, nur jene mit Eifer zu vertreten, ohne an diese zu denken. Ich tadle Sie nicht; der König hatte seine Gründe, es zuzulassen. Aber ich habe andere Grundsätze. Ich glaube, daß das Interesse des Landes mein eigenes ist, und daß ich kein Interesse haben kann, das dem des Landes entgegenstände. Darum machen Sie diesen Unterschied nicht mehr und lassen Sie sich ein für allemal gesagt sein: Ich sehe mein Interesse nur in dem, was zur Erleichterung meines Volkes und zu seinem Glück beitragen kann.« Eine solche Ent-Personalisierung der Monarchie durch ein neues Staats-Ethos war nur auf einem religiös bestimmten Lebensfundament möglich.

Verwaltungs- und Landesaufbau

Mit Antritt seines wohl geordneten Erbes zog König Friedrich II. mit schlichter Selbstverständlichkeit sofort die praktischen Konsequenzen seiner Erfahrungen, Erkenntnisse und Vorsätze. Er sah den Staat als Ganzes, zusammengehalten durch die Armee, Beamtenschaft und ihn selbst, kannte seine Teile und ihre Eigenheiten und erteilte seine Impulse, verbunden mit Kontrolle. Mit bescheidener, gänzlich uneitler Bestimmtheit ergriff er die Zügel, indem er selbstbewußt seine Würde wahrte, seiner Vollmacht aber zugleich Grenzen setzte. Der erwartete Kurswechsel trat nicht ein. Alle Minister wurden übernommen. Seine Rheinsberger Freunde bekamen Posten, blieben aber einflußlos. Wie sein Vater verzichtete er auf die Krönung. Als Wohnsitz wählte er das Berliner Schloß Charlottenburg seiner Großmutter, das erneuert und durch den bewährten Knobelsdorff bis 1746 erweitert wurde. Den Kammern kündigte er an: »Unsere größte Sorge wird dahin gerichtet sein, das Wohl des Landes zu befördern und einen jeden Untertanen glücklich zu machen«. Da die Ernte spät und schlecht ausfallen würde, befahl er schon am 2.6.1740, aus den Magazinen Korn zu ermäßigten Preisen an Bedürftige abzugeben. Einen Tag später erhielt Justizminister v. Cocceji die Anordnung, bei Untersuchungen von Verbrechen Tortur und Folter gänzlich abzuschaffen, vor allem, wenn die Beweislage ausreichte, mit der Ausnahme von Majestätsverbrechen, Landesverrat und Massenmord. Seine Leitlinie lautete: »Sich einbilden, daß die Menschen sämtlich Teufel sind, wäre Wahn eines Menschenhassers, voraussetzen, daß sie Engel sind, der Traum eines Kapuziners. Handeln wie ein vernünftiger Mann heißt glauben, daß sie weder alle gut noch schlecht sind, ihre guten Handlungen über Wert loben, ihre schlechten unter Maß strafen, Nachsicht üben gegen ihre Schwächen.« Am 6.6. ließ er den Philosophen Christian Freiherr v. Wolff als Professor und Vizekanzler der Universität nach Halle zurückrufen, holte Leonhard Euler nach Berlin und forderte Pierre Louis Moreau de Maupertuis, beide berühmte Mathematiker, auf, die Präsidentschaft der »Berliner Akademie« ab 1746 zu übernehmen. Als die »Berlinischen Nachrichten von Staats- und gelehrten Sachen« im Verlag des Buchhändlers Haude vom 30.6.1740 einer Zensur unterzogen werden sollten, beschied er den Minister v. Podewils: »Gazetten, wenn sie interessant sein sollen, dürfen nicht genieret werden«. Dabei blieb es.

»Akademie der Wissenschaft und freien Künste« und »Akademie der Künste und mechanischen Wissenschaften« in der Berliner Dorotheen-Stadt

Samuel Freiherr von Cocceji, Justizminister 1738 bis 1755
(Kupferstich nach einem Gemälde von Antoine Pesne)

Übernahme der Regierung

Seine Thronbesteigung teilte er den wichtigsten Höfen Europas durch drei aktive Obristen der Armee mit statt durch Diplomaten, wie eigentlich üblich: Oberst de Camas in Versailles, Oberst Graf Truchseß von Waldburg in Hannover und Oberst v. Münchow in Wien, eine Herausforderung dieser zeremoniebewußten Höfe. Nach der Vereidigung aller Minister und der Bedienten sowie der Kammern, der Kommission von Geldern, der Obergerichte und der Regierung in Moers trat er am 7.7. die Huldigungsreise mit ganz kleinem Gefolge an, die ihn über Frankfurt/Oder, Landsberg, Köslin, Marienwerder, Angerburg, Gumbinnen und Tilsit nach Königsberg führte, wo am 17.7 der Huldigungs-Gottesdienst und die Parade stattfanden, unterwegs »ohne mit Aufzügen, Ehrenpforten, Zeremonien zu inkommodieren.« Sein Grundsatz lautete: »Wenig für sich selbst ausgeben, am rechten Orte hinreichend spenden, Erleichterung schaffen, ehe es zu spät ist, den Hilfsbedürftigen entgegenkommen, den Pfennigen des Staates ein guter Haushalter sein, sie sparsam verwalten, das sind königliche Eigenschaften, die ebenso weit von dem Geiz wie von Verschwendung entfernt bleiben.« Die Prozedur zog sich bis 20.7. hin. Nach Rückkehr am 24.7. erfolgte die Huldigung der märkischen Stände am 2.8., zugleich mit den Huldigungen in Vorpommern, Mark, Minden, Moers, Magdeburg und Halberstadt, während die für Hinterpommern erst im September 1743 durch Beauftragte nachgeholt wurde. Vom 15.8. reiste er über Bayreuth und Ansbach nach Straßburg, von wo er sich die französischen Stellungen am Oberrhein bis Koblenz ansah und am 4.9. in Cleve die Huldigung annahm, im ganzen ein Zugeständnis an vergangene Bräuche. Von Wesel lief die Herstaler Aktion gegen den Lütticher Bischof; sie brachte ihm 220000 Taler ein. Nach dem ersten Treffen mit Voltaire bei Cleve und der Verlobung seines Bruders August Wilhelm am 20.9. in Salzdahlum mit ihrer beider Schwägerin Luise Amalie von Braunschweig-Wolfenbüttel traf er am 23.9. gerade rechtzeitig in Potsdam ein, um den Spannungen um die Erbfolge in Österreich entgegenzusehen.

Berlin mit seinen seit 1709 verbundenen fünf Städten besaß 1740 98000 Bewohner; 1786 waren es trotz aller Verluste nahezu 150000. Preußen hatte 1756 1,5 Millionen mehr Einwohner. Die Garnison betrug 25000 Mann, zu denen noch einmal dieselbe Zahl an Familienangehörigen kam. 5000 Franzosen, rund 1000 Böhmen bereicherten die Bevölkerung. Die Mehrzahl waren Lutheraner, 12500 reformiert, 3000 Juden. Zwei Jahre vor seinem Tode gab es 35000 Handwerker, aber nur 3500 Beamte. 7000 Arme — es gab sehr viele Bettler — wurden öffentlich unterstützt. Neben vielen obersten Behörden bestanden an sozialen Einrichtungen die Witwen-Verpflegungsanstalten, die öffentlichen Armenhäuser und Armenkassen sowie die Garnison-Krankenverpflegung. Vom 2.5.1747 bis 15.11.1748 ließ er durch Isaac Jakob Petri, geboren 1710 in Wesel, in der Friedrich Wilhelm-Stadt »das Königliche Invalidenhaus« errichten, für 612 Bewohner. Seit 30.6.1746 gab es drei Invaliden-Klassen: Hilflose mit voller Unterstützung, bedingt Verwendungsfähige mit Wartegeld, auskömmlich Versorgte mit Beihilfe. 1748 verpflegte die Invalidenkasse 4685 Mann. Intendanten waren General v. d. Goltz, dann Oberst v. Retzow, Kommandant Oberst v. Feilitsch. Zur Eröffnung meinte der König, dieses Bataillon werde ihm die größte Freude bereiten, wenn es niemals komplett werden würde. Die Akademie, Bibliotheken, Gemäldegalerien und wissenschaftliche Sammlungen zeigten den kulturellen Anspruch der Hauptstadt. Die Gemäldesammlung und die Bibliothek des Königs waren öffentlich zugänglich. 1754 hatte Berlin mehr als 100000 Einwohner. Wurde die Gebäudezahl Berlins vom König verfünffacht, so wurde die Potsdams verachtfacht. Dort ließ er ganze Häuserfronten der Fachwerk-Reihenhäuser durch dreistöckige Massivbauten ersetzen, Plätze anlegen und Straßenverbindungen schaffen, so daß eine geschlossene Barock-Stadt entstand. Ohne Militär- und Manufaktur-Subventionen wandte er 11 Millionen Taler auf. Die Garnison von 8000 Mann bezog neu errichtete Kasernen und Stallungen zur Entlastung der Bürgerhäuser. Die Gewehrfabrik, das Militär-Waisenhaus, später das Neue Palais, 1763 begonnen, Tapeten-, Fayence- und Seiden-Manufakturen belebten die Stadt mit knapp 25000 Einwohnern, ohne ihren anmutigen Reiz zu mindern. 1785 waren die Hälfte zivile Bürger, ein Drittel Soldaten, zwei Fünftel Waisen. Nach den ersten beiden Kriegen erneuerte Knobelsdorff das Stadtschloß gründlich und erweiterte es. 1747 konnte er dem König das nach seinem Entwurf vom 24.8.1743 auf dem »Wüsten Berg« fertiggestellte Schlößchen »Sanssouci« übergeben, ab 13.1.1745 unter Friedrich Wilhelm Dieterichs im Bau, seine liebste Zuflucht, in der er sein einsames Alter verbrachte und starb, den Potsdamern versperrt.

Invalidenhaus in Berlin: rechts die katholische, links die evangelische Kirche, hinten Wirtschaftsgebäude, Verwaltung und Kommandant, beiderseits die Unterkünfte.
(Stich im Verlag G.B. Probst, Augsburg, um 1760)

Gartenseite des Potsdamer Neuen Palais

Des Königs rastlose Tätigkeit, Plötzlichkeit, Verschwiegenheit und Schnelligkeit in den ersten Monaten seiner Regierung, wie auch später, erregten überall Erstaunen. Hatte er doch schon am 27.6.1740 an Voltaire geschrieben: »Seit dem Tode meines Vaters glaube ich ganz dem Lande zu gehören. In dieser Gesinnung habe ich nach all meinen Kräften gearbeitet, um so schleunig als möglich Anstalten zum allgemeinen Besten zu treffen. Die meiste Mühe habe ich von der Anlage neuer Magazine in allen Provinzen, die so beträchtlich sein sollen, daß sie auf anderthalb Jahre Getreide für das ganze Land enthalten«. Der französische Minister Marquis de Valory lobte das: »Er fängt seine Regierung an auf höchst befriedigende Weise: überall Züge von Herzensgüte, Mitgefühl für seine Untertanen, keine Veränderungen, wo sie nicht augenscheinlich Verbesserungen sind«. Drei Schreiber hatte er für sein Arbeits-Kabinett übernommen und bald bis zu Geheimen Kabinettsräten befördert: August-Friedrich Eichel für die politischen, Elias Schumacher für die militärischen und Lautensack für die inneren Angelegenheiten, unendlich fleißig und lebenslang im Dienste, schweigsam, pünktlich, jederzeit in der Lage, aus dem kleinsten Hinweis den Willen des Königs zu entnehmen und geschickt in klare, sparsame Worte zu setzen und offiziell zu machen. Im Sommer begannen sie um vier Uhr, im Winter um fünf Uhr ihren Dienst, der täglich im Durchschnitt dreihundert Ausgänge umfaßte. Wie für die allgemeine Verwaltung, so galt auch hier sein Grundsatz, daß alle Eingänge des Tages bis 17 Uhr beantwortet und expediert sein mußten. Sie kannten alle Geheimnisse seiner Politik — oft besser und mehr als die Minister — und blieben frei, unbestechlich und verschlossen. Kabinettsrat A. Ludwig Mencken urteilte 1797: »Er dirigierte nicht nur das Ganze, sondern auch fast jedes Detail. Niemand getraute sich, ohne seine Entscheidung in den geringsten Sachen Beschlüsse zu nehmen.«

Neben der Verstärkung der Armee um 16000 Mann stockte er seinen Hofstaat auf rund einhundertfünfzig Personen auf, gegenüber anderen Höfen immer noch bescheiden genug. Ebenso aber ergänzte er das Generaldirektorium, das im Berliner Schloß residierte und am 20.5.1748 eine Arbeitsanleitung von ihm erhielt, um ein V. Departement für Handels-, Wirtschafts-und Verkehrspolitik, das als fachgebundenes Ressort-Ministerium für alle Landesteile zuständig war, eine grundsätzliche Neuerung. Seine Instruktion vom 27.6.1740 erteilte ihm folgende Aufträge: Verbesserung bestehender Manufakturen nach Qualität und Zahl, Ansetzung neuer Gewerbezweige und Anwerbung auswärtiger Fachleute. Vor allem lag ihm an der Woll- und Leinenfabrikation, dann an Luxusstoffen wie Seide, Samt, Brokat, dazu Luxusartikel wie Zucker, Feinpapier, Nürnberger Puppen, schließlich Dinge des täglichen Bedarfs wie Besen, Handwerkszeug, Instrumente, was immer im Augenblick gebraucht wurde. Hier begann aber die planmäßige Aktivierung der Produktiv-Kräfte des Landes, der Arbeitskraft seiner Menschen und des Warenaustausches im Binnenverkehr mit dem Ziel, das wirtschaftliche Übergewicht der Nachbarn und des Auslandes abzubauen und wenigstens die Kerngebiete des Staates zu einem geschlossenen Wirtschaftsgebiet zu entwickeln. Zum Chef bestellte der König den Vortragenden Rat Samuel v. Marschall, daneben Vorsteher der Rekrutenkasse, Landrat des Kreises Niederbarnim, ab 1745 Leiter des gesamten Postwesens und Direktor der kurmärkischen Landschaft. Wie allen Vertrauten ließ ihm der König freie Hand und stärkte ihm mit der Direktive vom 16.3.1747 sogar noch den Rücken gegenüber den übrigen Departements.

Schon im August 1740 ließ Marschall durch genaue Fragebogen an die Kriegs- und Domänenkammern die tatsächlichen Bestände, die Produktionskapazität der Gewerbe, fehlende Industriearten, den Bedarf an Einfuhr-Gütern, ihren eventuellen Ersatz durch einheimische Waren sowie Verbesserungsmöglichkeiten im Verkehr und beim Transit-Handel erstmalig ermitteln. Besondere Fragen richteten sich auf die Anpflanzung von weißen Maulbeerbäumen zum Seidenbau, von Farbkräutern und die Vermehrung von allerlei Obstbaum-Alleen längs der Straßen sowie 'deren Konservation und Fortbringung mit äußerstem Fleiße'. Gleichzeitig fahndeten seine Agenten in den Niederlanden wie in Italien nach Fachleuten wie Fabrikanten für die Herstellung von Samt, Seide, Metallen, Leder, Feinpapier, um sie zur Ansiedlung zu bewegen, mit allen Mitteln, was nicht immer so erfolgreich war. Damit wurde das wichtige Berichtswesen über die Domänen hinaus auf die ganze Wirtschaft ausgedehnt und über Jahrzehnte beharrlich verbessert, bis sich einheitliche Maßstäbe und Bewertungen am Ende der Regierungszeit des Königs durchgesetzt hatten. Unter unermüdlichen Anregungen, Forderungen und Hilfen des Königs, der hierfür die gesamte Beamtenschaft verpflichtete, wurden private Unternehmer gefördert, ihre Fertigung und der Absatz gesteuert, die gesamte Staatswirtschaft kontrolliert und durch Vergleiche, Erfahrungen und Aufträge gelenkt, soweit das damals mit diesen Mitteln überhaupt möglich war, also eher Wirtschafsförderung als systematische Steuerung. Für die Versorgung der Bevölkerung rangierten an erster Stelle Brot, dann Mehl und Korn, zudem Bekleidung. Für diese Grundbedürfnisse hatte der Staat zu sorgen. Bei aller Fürsorge wurde vor allem in den westlichen Gebieten wegen ihrer Streulage alles vermieden, was von den Nachbarn als wirtschaftliche Konkurrenz- oder gar Kampf-Maßnahmen aufgefaßt würde. Das V. Departement entwickelte sich bald zu einem beweglichen einfallsreichen Organ königlicher Wirtschaftsführung.

Hatte Friedrich Wilhelm I. in drei Patenten zwischen 1721 und 1734 den Zuwanderern nach Berlin praktisch einen Bau-Zwang auferlegt, so daß viel zu viele Häuser — jährlich an hundert — in minderer Qualität entstanden waren, die z. T. leer standen, so hob der König dies auf und beließ es bei einer Bau-Förderung, während er selbst gekonnt durch repräsentative Bauten städtebauliche Akzente setzte. Nicht umsonst hatte er Knobelsdorff zum 'Oberintendanten der Gebäude und Gärten' ernannt und ihm eine Studienreise nach Paris bewilligt wie schon 1736/37 nach Italien. Die nachträgliche Zuwanderung von Kolonisten-Söhnen aus anderen Landesteilen nach Berlin blieb auffällig hoch.

Marksteine seiner grundsätzlichen religiösen Tole-

Eigenhändiger Entwurf Knobelsdorffs für die Vorderfront des Berliner Opernhauses von 1740

So entstand neben Charlottenburg unter den Linden nach und nach während des Krieges das »Forum Fridericianum« mit der teuren, aber großartigen Königlichen Oper Knobelsdorffs, die am 7.12.1742 feierlich eröffnet wurde mit 1500 Sitz- und 1800 Stehplätzen und der ab 1747 die St.-Hedwigs-Kathedrale, 1748 das Prinz-Heinrich-Palais (heute Humboldt-Universität), 1772 die Seehandlung, 1782 die Königliche Bibliothek folgten. Der Gendarmen-Markt, in dessen »Neuer Kirche« von 1780/85, heute »Deutscher Dom«, Knobelsdorff beigesetzt ist, wurde als drittes Zentrum zu einem der schönsten Plätze nördlich der Alpen. Am 24.1.1744 hielt die neue »Akademie der Wissenschaften« auf dem Berliner Schloß ihre erste Sitzung. Die Kolonisten in Berlin bestanden nur zu einem Viertel aus echten Ausländern, zwei Drittel waren Deutsche. Mehr als die Hälfte stammte aus Textil-Berufen als Schneider, Zeugmacher, alle Arten von Webern, Strumpfwirker, Tuchmacher, Samt- und Seiden-Wirker. Rohstoffe und Bedarf waren in weitem Umfange vorhanden, von der Armee ganz abgesehen. So wuchs diese Industrie in Berlin am stärksten, bis 1786 auf das Vierfache des Anfangsbestandes, wobei die Zuwanderung aus Sachsen überwog. Am 22.9.1751 schärfte der König dem Stadtkommandanten ein, 247 fremde Zimmerer und 294 Mauergesellen »im Lande zu etablieren und vor dem Tore anzusiedeln«. Auch die nachträgli-

ranz-Politik setzte er gleich in den ersten Wochen mit zwei Marginal-Dekreten, deren Kürze und Entschiedenheit an seiner Linie auch nicht den geringsten Zweifel und an ihrer praktischen Handhabung kein Mißtrauen zuließen, im damaligen Europa einmalig, wenn auch ganz im Sinne seiner Vorfahren. Als das Generaldirektorium anfragte, ob in Frankfurt/Oder ein Katholik inmitten dieser lutherischen Stadt wirklich das Bürgerrecht erwerben dürfe, antwortete er im Juni ds. J.: »Alle Religionen sind gleich und gut, wenn nur die Leute, die sich dazu bekennen, ehrliche Leute sind. Und wenn Türken und Heiden kämen und wollten das Land bevölkern, so wollten wir ihnen Moscheen und Kirchen bauen«. Als König gab er hier keine persönliche oder theologische Stellungnahme ab, sondern eine moralische und politische von staatswegen. Der Staat war nicht mehr die Schutzmacht einer Konfession, sondern schiedsrichterlich oberhalb aller Bekenntnisse. Er nahm nicht mehr Partei, sondern garantierte ihnen seinen Schutz und angemessene Existenz. Das gab es noch nirgends. Die Religionskriege hatten jahrhundertelang in Europa gewütet, und die Gegenreformation und Inquisition waren durchaus noch nicht überall abgeschafft. Seine Rand-Note vom 22.6. ds. J. wurde noch deutlicher: Das Geistliche Departement hatte sich erkundigt, was gegen die massive Übertritts-Werbung für evangelische Schüler zur

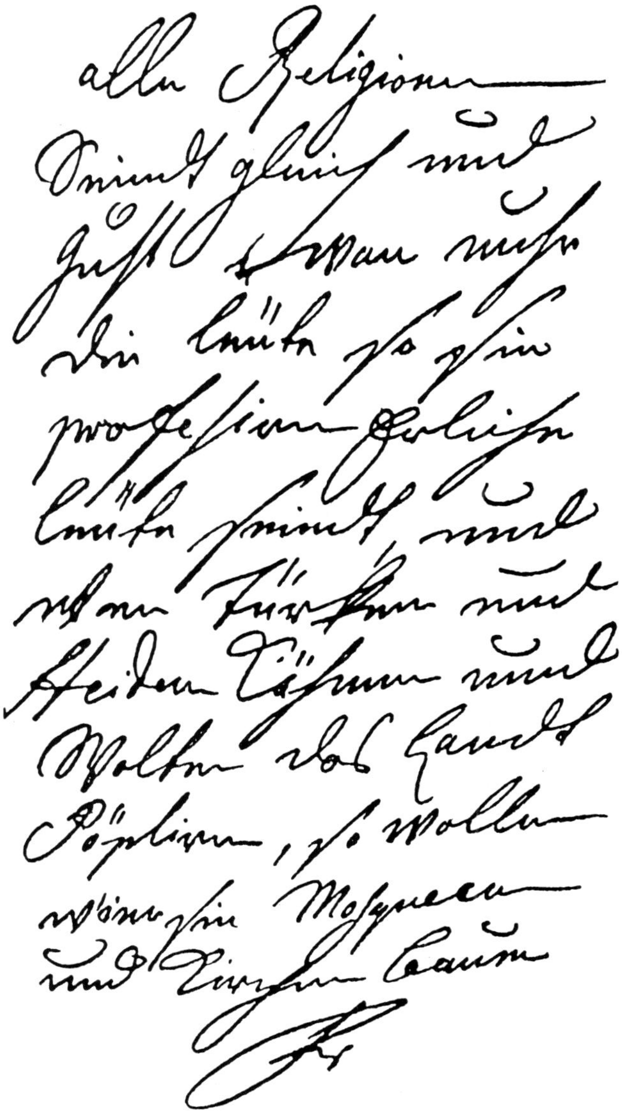

Entscheidung auf Anfrage des Generaldirektoriums, ob ein Katholik in Frankfurt/Oder Bürgerrecht erwerben könne — »Alle Religionen seindt gleich und guht, wen nuhr die Leute, so die profesieren, Erliche Leute seindt, und wen Türken und Heiden kähmen und wollten das Landt pöpliren, so wollen wir sie Mosqueen und Kirchen bauen«.

katholischen Kirche in den katholischen Garnisonschulen der Armee unternommen würde und ob diese überhaupt bestehen bleiben sollten. Seine Antwort wurde berühmt, ihr Schlußsatz zur Standard-Regel in Preußen: »Die Religionen müssen alle toleriert werden. Der Staat muß nur das Auge darauf haben, daß keine der anderen Abbruch tue. Denn h i e r muß ein jeder nach seiner Fasson selig werden!« Die Aufgabe des Staates war noch stärker betont, dem Unglauben oder der Freigeisterei nicht das Wort geredet; o h n e Fasson konnte keiner »selig werden«. Schon am 13.10.1740 hatte er »dreifach und nachdrücklich verfügt, daß alles, was der Vater in Kirchen-, Schul- und akademischen Sachen verordnet, schlechterdings bleiben und nicht geändert werden soll«. Aber die Konfessionen, die sich für das Ganze nahmen, waren für ihn nur noch verschiedene Formen grundsätzlichen Glaubens. Für die Gewinnung der Schlesier war diese Haltung ausschlaggebend.

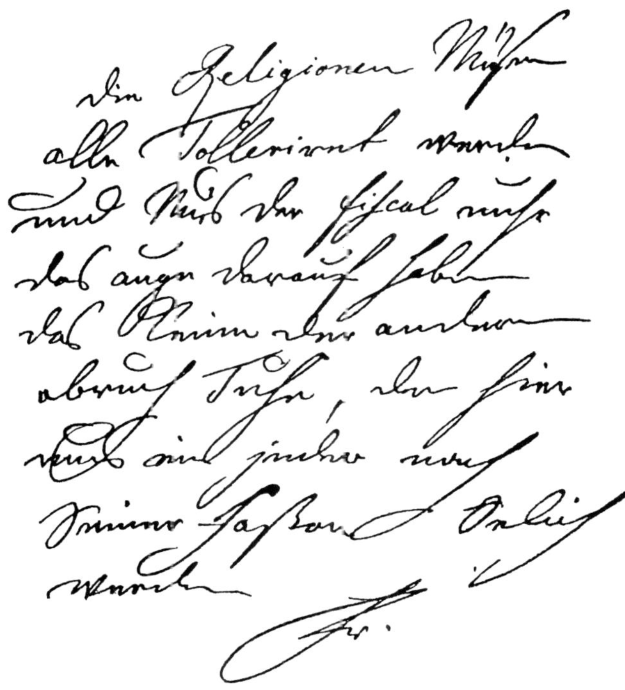

Marginaldekret vom 22.6.1740 auf Anfrage des Geistlichen Departements wegen des Mißbrauches der Proselyten-Macherei in den katholischen Garnisonschulen — »Die Religionen Müsen alle Tolleriret werden und Mus der Fiscal nuhr das auge darauf haben das keine der andern abruch Tuhe, den hier muß ein jeder nach Seiner Faßon Selich werden«.

Eingliederung Schlesiens

Der begabte, aber schwierige Samuel v. Cocceji, seit 1738 Chef der Justiz, bezeichnete 1742 bei der Eröffnung der Breslauer Oberamts-Regierung »Gerechtigkeit und Religion als die beiden Grundsäulen einer wohleingerichteten Republik«. Nach laufenden Sonder-Vollmachten erhob ihn der König, unter Verleihung des Schwarzen-Adler-Ordens, 1747 zum Großkanzler, ein Zeichen dafür, welche Bedeutung die Justizreform in seinen Augen besaß. Nacheinander beseitigte er in den Provinzen die zweifelhaften Winkel-Advokaten und untüchtigen Richter, legte ihre zugelassene Anzahl fest, regelte ihre Gebühren und ordnete an, daß jeder Prozeß binnen Jahresfrist durch alle drei Instanzen gehen müßte. 1748 ließ der König zum Lobpreis einer billigen, schnellen, sicheren Justiz eine Medaille prägen mit seinem Namen, auf der sein Zepter die schiefe Waage der Justiz wieder ins Gleichgewicht drückte mit der Unterschrift: »Emendato Jure«, d.h. »durch einwandfreies Recht!« Dem »Codex Fridericianus« als einheitliche Prozeß-Ordnung für alle Provinzen, eine absolute Neuigkeit in Eile, auf Grund eingehender Besichtigungsreisen und ausgewerteter Erfahrungen konzipiert, die die Juristen-Fakultäten ausschloß und als Appellations-Instanzen nur noch Königsberg und Berlin zuließ, folgte bereits ein Jahr später bis 1751 als »Allgemeines Landrecht« der »Corpus Juris Fridericianum«. Cocceji hatte dabei auf Vorarbeiten von 1739 zurückgegriffen und ihn ab 1746 ausgearbeitet.

Dieses Zivilrecht sollte »auf alle Staaten, die die natürliche Vernunft zur Regel ihrer Gesetze machen« angewendet werden, also auf alle Teile Preußens. Am 22.1.1750 ließ der König seine »Abhandlung über die Gründe, Gesetze einzuführen oder abzuschaffen« in der Berliner Akademie der Wissenschaften verlesen, die sich mit Montesquieus erschienenem Werk »Vom Geist der Gesetze« auseinandersetzte und es ergänzte, ganz im Gegensatz zu Frankreich. Darin legte er seine Ansichten zum gegenwärtigen Rechtswesen dar, begründete die Abschaffnung der Folter und trat für einen menschlichen Strafvollzug ein. In seinem Testament von 1752 schrieb er: »In den Gerichtshöfen müssen die Gesetze sprechen und der Souverän schweigen«. So nannte Cocceji ihn im Vorwort zum zweiten Teil nicht mit Unrecht einen »zweiten Salomon, der ein neues Landrecht aus der Asche des in vielen Stücken nicht unvernünftigen Rechts verfertigen ließ«. Hatte doch der König das Erscheinen des Gesetzbuches in deutscher Sprache verlangt, damit es allen Bürgern zugänglich und die Entscheidungen nachprüfbar würden und bei Strafe die Ausarbeitung von Kommentaren untersagt, damit »Professoren keine Gelegenheit haben sollten, das Landrecht durch eine eigenmächtige Interpretation zu corrumpieren«. Es ging ihm ja weniger um eine naturrechtliche Korrektur des römischen Rechtes als um Einheitlichkeit, Durchsichtigkeit und Beseitigung des Wirrwarrs, den Kompilatoren mit ihren Sammelwerken angerichtet hatten. Das Römische Recht blieb unangefochten Universitäts-Lehrfach,, aber von jeder Rechtsfindung im konkreten Fall wurden Professoren und Fakultäten künftig rigoros ausgeschlossen. Die Autorität der Professoren galt nur noch in ihrem Lehrbetrieb, nicht im Staat. Erst nach 1763 konnten Coccejis Vorarbeiten und »Entwürfe«, der am 4.10.1755 in Berlin gestorben war, auf zielstrebiges Betreiben des Königs durch Carmer und vor allem Carl Gottlieb Suarez aufgenommen und bis 1794 verwirklicht werden. Aber schon bis zum Siebenjährigen Krieg hatte die Justiz-Reform das Vertrauen der Bürger in Vernunft und Gerechtigkeit des Staates außerordentlich gestärkt, das Zusammenwachsen des Staates erheblich gefördert und alte Mißstände durch Modernisierung beseitigt, fast in einer Art »französischer Revolution von oben«, wenn auch im Vorgriff eines »Franzosen« als König, der in seinem Testament von 1752 forderte: »Sache des Fürsten ist es, streng gegen die vorzugehen, die seine Autorität mißbrauchen und das öffentliche Vertrauen unter dem Vorwand von Recht und Gerechtigkeit täuschen. Denn der Herrscher macht sich zum Mitschuldigen an den Verbrechen, die er unbestraft läßt.«

Der unerwartet frühe Tod Kaiser Karl VI. am 20.10.1740 löste in der Politik erhebliche Turbulenzen aus und führte den König, wie er es dichterisch formulierte, »auf den Weg zum Rendezvous des Ruhmes« gegen die massive Großmachtpolitik und Unterdrückung Österreichs. Schon am 27.10. unterbreitete er Schwerin und Podewils in Rheinsberg seinen Plan, sich Schlesiens zu bemächtigen, den er bereits länger erwog. Ab 1.11. liefen alle Maßnahmen an. Am 17.9. hatte er noch seine Gesandten in Wien angewiesen, bei der Einforderung des Maas-Zolles an das Entgegenkommen des Kaisers zu appellieren, am 22.9. dem Minister v. Podewils befohlen, kaiserliche Anleihen nur gegen Pfandbesitz, z.B. »einen an meine Staaten anstoßenden Distrikt Schlesiens«, in Betracht zu ziehen. Er hatte festgelegt: »Man muß vor dem Winter Schlesien besetzen und im Winter verhandeln, mit Erfolg, wenn wir im Besitz sein werden. Wir werden nie etwas durch bloße Verhandlungen erreichen.« Am 15.11. kündigte der Gesandte v. Borcke dem Gemahl der Kaiserin Maria Theresia die Absichten des Königs an, am 7.12. dieselben Vorschläge noch einmal, am 9.12. eröffnete der König dem österreichischen Gesandten seinen festen Entschluß. Konkrete Rechtsan-

Rechtsansprüche der Hohenzollern auf schlesische Gebiete

sprüche auf vier Fürstentümer bestanden; ihre Einforderung war durch das 1731 entdeckte Testament des Großen Kurfürsten zu einem Ziel der preußischen Politik geworden. Notfalls wäre er mit Sagan und Glogau zufrieden gewesen. Sachsen hatte sich ja schon 1618/21, dann unter König August dem Starken, später 1743 um Schlesien als Landverbindung nach Polen bemüht, seit dem 19.9.1741 als Verbündeter Preußens wenigstens um Böhmen und Mähren, dessen Königstitel der sächsische Kurfürst trug. Preußen nahm ihm Schlesien vor der Nase weg; sonst wäre Sachsen norddeutsche Vormacht geworden. Bis Januar 1741 war Schlesiens Besetzung bis auf Neisse praktisch abgeschlossen, seine Behauptung durch das Breslauer Bündnis mit Frankreich und Bayern vom 4.6.1741 und das Eintreten des Königs für die Wahl des bayerischen Kurfürsten als Kaiser Karl VII. erheblich erleichtert.

Die Stimmung der Schlesier, die zu neun Zehnteln evangelisch waren, war nach einhundertzwanzig Jahren rücksichtsloser Gegenreformation mit grausamen Drangsalierungen, leiblicher und geistiger Verarmung begeistert auf die Seite Preußens umgeschwenkt. Die Disziplin der preußischen Armee und die Bezahlung aller Requisitionen versöhnten die Bauern. Die Wegnahme von 1300 Kirchen, Schließung evangelischer Schulen, Rechtlosigkeit, wirtschaftliche Bedrängnis, Schikanen und Gewalt, Bücherverbote, erzwungene Konversionen von Kindern hatten 200000 Menschen abwandern lassen, aber Schlesien zu einem Fremdkörper im Nationalitäten-Staat Österreich gemacht. Die Habsburger fanden kein Vertrauen mehr. Der preußische Einmarsch rettete die evangelische Kirche in Schlesien buchstäblich vom Abgrund und ermöglichte einen inneren und äußeren Neubeginn. Kein Wunder, daß in vielen Kirchen — meist an der Orgel-Brüstung — der preußische Adler als Zeichen der Rettung zu finden war, zugleich Aufblick zum Herrscherhaus und Staat! Schon zwei Wochen vor dem Einmarsch hatte der König in einem öffentlichen Patent allen Einwohnern die Erhaltung ihrer Rechte, Freiheiten und Privilegien, auch in kirchlichen Dingen, zugesagt. Da die Armee ihre Feldprediger mitbrachte, erlebten die Gemeinden wie beim Einmarsch Karl XII. nach vier Generationen plötzlich wieder einen lange entbehrten evangelischen Gottesdienst, Trauungen und Taufen. Im Januar und Februar 1741 ließ er dreimal evangelische Prediger, insgesamt einunddreißig, prüfen, ordinieren und in die verwaisten Gemeinden aussenden, zwölf aus Berlin durch Propst Reinbeck, die anderen durch Feldprediger Abel aus dem Militärlager Rauschwitz bei Glogau, ohne Rücksicht auf ihre finanzielle Lage.

Die vom König ganz persönlich entschiedene Religions-Politik ging bewußt nur sehr langsam und vorsichtig zu Werke, zumal Österreich, durch päpstliches Breve vom 11.2.1741 unterstützt, einen »Religionskrieg« gegen Preußen daraus machen wollte. Der Artikel 6 des Friedens von Breslau vom 28.7.1742 bestätigte: »Die katholische Religion werden des Königs Majestät von Preußen in status quo, auch die sämtlichen dasigen Landeseinwohner bei dem ruhigen Besitz des Ihrigen und bei ihren Rechten und Freiheiten unbeeinträchtigt lassen, jedoch der völligen Gewissensfreiheit der protestantischen Eingesessenen zustehenden höchsten Gerechtsamen unbeschadet und ohne Nachteil. Indessen sind des Königs Majestät auch nicht gemeint, sich solcher Gerechtsame zu bedienen, um in Ansehung des status quo der römisch-katholischen Religion in Schlesien eine Abänderung zu treffen«. Über die verweigerte Rückgabe der Kirchen, Gebäude und Einkünfte war man sehr enttäuscht, die Einsicht kam erst spät. Andererseits verfügte er die Zulassung evangelischer Beerdigungen mit Prediger, Gesang, Geläut auf katholischen Friedhöfen, die Aufnahme von mindestens zwei Bürgern in die Stadträte und, als einige katholische Magistrate den Lehnseid verweigerten, am 11. Oktober 1741 den Vorbehalt des 1. Bürgermeisters, Syndikus und Kämmerers jeder Stadt für die Evangelischen, so daß sich das Patronatsrecht für die Gründung neuer Gemeinden günstig auswirkte. Als die Breslauer Bürgerschaft am 11.8.1741 vereidigt wurde, waren erstmals seit 1563 wieder evangelische Geistliche zugelassen und gewürdigt: »Ihro Majestät hätten zu den evangelischen Geistlichen ein so gnädiges Zutrauen, daß sie nicht für nötig befänden, solche mit dem Eide zu verbinden, sondern sich nur ihrer Treue durch Handschlag zu versichern«. Damit war die Evangelische Kirche in Schlesien wieder offiziell anerkannt. Bis 1.1.1758 mußten alle Gebühren, Abgaben und Opfer gleichzeitig an den katholischen Ortspfarrer, also doppelt, entrichtet werden.

Den evangelischen Geistlichen blieben ausreichende Einkünfte und alle Amts- und Ehrentitel versagt; es gab nur »Prediger« und »Bethäuser« statt Kirchen, deren Bau davon abhängig war, daß er keinen Turm besaß und »dem römisch-katholischen parochus loci und seinen hergebrachten Gerechtsamen unabbrüchig sei«.

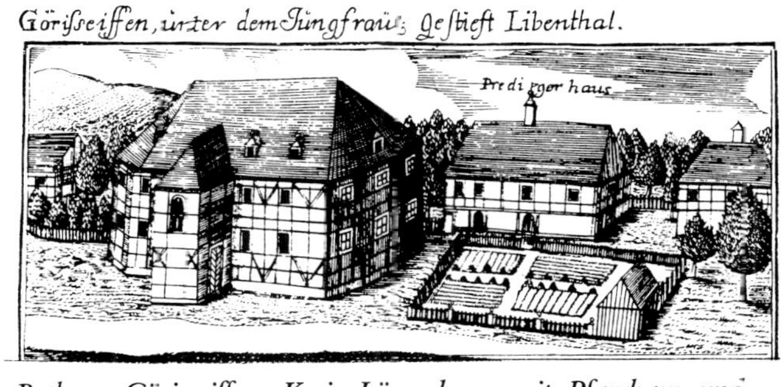

Bethaus Görisseiffen, Kreis Löwenberg, mit Pfarrhaus und Schule in einfachster Fachwerk-Bauweise

Dennoch errichteten die Gemeinden spontan binnen sechzehn Jahren ganz aus eigener Kraft nicht nur Schulen und Pfarrhäuser, sondern auch zunächst provisorische Bet-Säle, z.T. in Schlössern, dann in fünf oberschlesischen und sieben niederschlesischen Gemeinden neue Bethäuser, insgesamt 36, meist aus Fachwerk mit Schindeldach als Not-Kirchen, innen mit einem geräumigen Gemeinde-Saal, auf Predigt und Kanzel ausgerichtet, ähnlich den Reformierten. Bis 1742 kamen bereits 134 neue Bethaus-Kirchen dazu, bis 1756 waren es schon insgesamt 212, davon allein 122 in den Fürstentümern Jauer und Schweidnitz.

Damit blieben den Evangelischen weite Reisen zu Gottesdiensten und Abendmahl, um wenigstens einmal im Jahr eine Predigt zu hören und zum Abendmahl zu gehen, erspart. Mit dem 15.8.1764 erhielten sie die amtliche Bezeichnung »Evangelische Kirche«.

In Oberschlesien bildeten sich 24 neue Gemeinden durch Beamte und Soldaten; in Breslau und Glogau entstanden 1742 erstmalig reformierte Kirchen, in beiden Städten ab 8.12.1741 auch Oberkonsistorien, denen am 23.2.1744 das zu Oppeln folgte. Bereits am 13.9.1742 erließ er eine »Ev.Luth.Inspektions- und Presbyterialordnung« mit Schulaufsicht, 1748 eine Visitationsordnung. Eine einheitliche ev.-luth. Kirche wie in anderen Landeskirchen war geschaffen. Von 1749 bis 1786 siedelte der König noch elf böhmische Exilanten-Gemeinden an, vorwiegend um Strehlen, bei Groß Wartenberg und auf Domänen des Fürstentums Oppeln, hier vor allem in Friedrichgrätz, denen bald fünf Brüdergemeinden folgten. Seit dem 25.12.1742 hatte sie der König — wie bereits am 14.8.1740 die Mennoniten und am 8.3.1742 die Schwenckfelder — öffentlich anerkannt als »unter des Königs Oberherrschaft und Protektion unmittelbar, allein ihren Bischöfen unterworfen«. Der König wollte, daß sich Gemeinden verschiedener Konfession vertrugen. Die Gegenreformation war endgültig zu Ende!

Das Feldkriegskommissariat der Armee löste in Absprache mit den schlesischen Ständen die bisherige Verwaltung ab, indem es zwischen 11.10. und 27.11.1741 je eine Kriegs- und Domänenkammer in Breslau und Glogau, die Justiz- und Finanzverwaltung sowie die Kreisverwaltungen einrichtete, die ab 11.1.1742 ihre Arbeit aufnahmen. Es war schwierig, aus den alten Provinzen geeignete, vor allem leitende, Beamte herauszuziehen. Die Breslauer Kammer hatte nur fünfunddreißig Beamte, dazu neunzehn Juristen. Ihre östliche Verwaltungsgrenze reichte bis über die Glatzer Neiße in den Bereich Grottkau, Neisse und Schurgast. Südost-Oberschlesien spielte zunächst eine unwesentliche Rolle. Ab 19.3.1742 leitete Ludwig Wilhelm Graf v. Münchow, Sohn des Küstriner Präsidenten, als Staatsminister und Oberpräsident beide Kammern. Die neue Provinzialverwaltung blieb dem König direkt unterstellt, der sich damit vollen Einfluß sicherte, zusätzliche Mittel einsetzte und damit die neue Provinz deutlich bevorzugte, ähnlich wie es sein Vater bei dem Retablissement Ostpreußens gemacht hatte. Seine persönliche Fürsorge, häufige Anwesenheit und unmittelbaren praktischen Eingriffe schufen rasch Vertrauen zu seiner Verwaltung und förderten die zügige Eingliederung in den preußischen Staat. Hatte er doch am 29.10.1741 dem Bischof von Breslau geschrieben: »Ich habe mir vorgenommen, aus Schlesien die glücklichste Provinz zu machen!«

1744 wurden die Kammern durch je ein Medizin- und Gesundheits-Kollegium verstärkt. Sonst zogen sie die Zölle, Steuern, Akzise, Staats- und Domänen-Einkünfte ein, regelten Quartier- und Magazin-Angelegenheiten, Werbung, Handel, Gewerbe, Judenschutz. Steuerräte kontrollierten die Städte. Am 31.7.1743 wurde auch die Post der Breslauer Kammer unterstellt. Anläßlich der Eröffnung der Glogauer Kammer vertrat der achtundzwanzigjährige Münchow folgende Grundsätze: »Das Beste des Landes, die Vermehrung der Einwohner, Handel und Wandel, die Ordnung in den Städten müssen wir nach unseren äußersten Kräften fördern. Kein Tag, keine Stunde darf hingehen, worin wir nicht wirklich dem König einen Dienst getan, daß man allein darin die Belohnung aller Dienste finden könne. Ich bin fest überzeugt, mit keinem anderen zu tun zu haben. Jedem wird freistehen, seine Meinung zu sagen. Sollte jemand mißvergnügt sein, so will ich erinnert haben, daß ihm solches nicht zum Vorwand gereicht, seiner Schuldigkeit sich auch nur im geringsten zu entziehen. Das Gute werde ich nicht mir, sondern Ihnen beilegen. Den Herren bei den Kassen, Kanzlei und Bau-Departement habe ich besondere Accuratesse, Fleiß, Verschwiegenheit zu raten und dieselben vor Geldwuchern, Bestechungen und Plackereien zu verwarnen«. Bis zu Münchows Tode 1753 blieb es dabei. Eine Anerkennungssumme der Breslauer Kaufmannschaft lehnte er ab und blieb unverheiratet, weil ihm der König die Heiratserlaubnis versagte. Sein Nachfolger v. Massow scheiterte nach zwei Jahren am katholischen Klerus.

Im Februar 1742 wurden für die fünfunddreißig Kreise die Landräte bestallt, auch in den Fürstentümern. Sie kamen aus dem eingesessenen Adel, waren berufene kgl. Beamte als Vertrauensmänner ihrer Standesgenossen und hatten, unterstützt von je zwei Landes-Deputierten, für die Durchführung der Anordnungen der Kammern in ihrem Kreise zu sorgen. Diese sehr bewährte Einrichtung wurde 1748 auf ganz Preußen übertragen. Am 8.11.1741 erklärte der König in Breslau den Ständen und Kirchen, jede konfessionelle Benachteiligung sei vorbei, ebenso eine gewaltsame Werbung zum Militärdienst. Die Gebirgskreise mit ihren vielen Webern wurden überhaupt davon freigestellt. Wenn auch im Finanzwesen Fachleute aus Berlin die Umstellung vornehmen müßten, so sollten in der Justiz vorwiegend Einheimische tätig sein. Weltliches und kirchliches Recht nähmen ab Januar 1742 die Oberamtsregierungen Glogau und Breslau wahr, die fast ausschließlich mit Schlesiern besetzt wurden.

1743 folgte in Oppeln ein weiteres Oberamt, bei dem zwei Drittel der Stellen für Katholiken reserviert waren. Die Aufsicht erhielt der Justizminister Samuel v. Cocceji als Justizminister von Schlesien, dem ein Jahr darauf Georg Dietloff v. Arnim folgte. Die untere Rechtsprechung behielten die Fürsten, Standesherren und Magistrate. Die Aufsicht und Berufung führten die Oberämter. Hatte Cocceji schon 1742 bei der Eröffnung des Breslauer Oberamtes unbeirrt und klar auf die Gerechtigkeit und Religion als die Grundsäulen des Staates hingewiesen, so hieß es jetzt in seiner Dienstanweisung für die Richter: »In der Sitzung soll er keine Akten lesen oder Beschlüsse schreiben, sondern die Sachen zu Hause lesen und arbeiten, sein Votum jederzeit auf einem besonderen Bogen geschrieben mitbringen, im übrigen aber auf die Vorträge fleißig Achtung geben«. Verfahrensabkürzung, Aufsicht über die Anwälte und feste Richter-Besoldung als Beamte beschleunigten die Verfahren. Verbrecher wurden nicht mehr landesverwiesen, sondern kamen in die Arbeits- und Zucht-Häuser Glogau und Brieg.

Im Vorgriff auf die endgültige Inbesitznahme begann schon im Frühjahr 1742 die systematische Aufnahme Schlesiens zur Anlegung eines zuverlässigen Katasters als Vorbedingung eines geordneten Steuerwesens, durch die Geheimen Kriegsräte v. Ziegler und Carl Gottfried v. Thile, wobei die Schlesische Meile mit 6,479 km und die Breslauer Rute mit 4,32 m übernommen wurden und vorerst gültig blieben. Der Kö-

Carl Gottfried v. Thiele nannte sein schlesisches Kataster »basis et fundamentum« für die übrigen preußischen Provinzen

nig versicherte, außer der zusätzlichen »Kontribution« vom 23.4.1743 »kein mehreres und höheres Steuer-Quantum als itzt festgesetzt abzufordern«. Sie war eine Grundertragsabgabe auf dem Lande, in Schlesien neu. Nach Jahresfrist war die Arbeit für Niederschlesien abgeschlossen, Ende 1743 Glatz und Oberschlesien verkartet. Sie wurde zum Beispiel und zur Grundlage für die anderen Provinzen. Eine Woche nach Pfingsten 1743 gingen die ersten Bescheide an die Besitzer. Grundlage war die Ertragsfähigkeit des Bodens, die jetzt offengelegt wurde. Adel und Geistlichkeit waren ebensowenig steuerfrei wie die königlichen Domänen. Der tatsächlichen Leistungsfähigkeit angepaßt, beliefen sich die Abgaben auf 28 bis 34 Prozent des Reinertrages, eine wirkliche Erleichterung. Der König war ohne Karten-Material nach Schlesien gezogen; was aus dem Handel nachgesandt wurde, war veraltet, obwohl Österreich bis 1735 schon eine recht brauchbare Kartierung vorgenommen hatte. Der aus Schlesien stammende kaiserliche Ing.Leutnant Matthaeus v. Schubart hatte von 1736 bis 1740 eine erneute Revision vorgenommen, geriet in der Schlacht bei Mollwitz in Gefangenschaft und trat im Januar 1742 als Ing.Major über zur Einrichtung des Steuerwesens, zum Wasserbau an Oder und Neiße. Seine Karten erschienen erst im Sommer 1752 bei Johann Jakob Korn, Breslau. Im Geheimen hatte der König für militärische Zwecke weitere Aufnahmen angeordnet, zunächst ab Januar 1742 der Grenzbezirke gegen Österreich, dann ab Ende Juni ds.Js. durch Ing.Major v. Wrede mit den Ing.Leutnants Honauer und Fleck weitere, die am 29.11.ds.Js. bereits beendet waren. Die Aufnahme der Grafschaft Glatz durch Ing.Kapitän Gedeler bis zum 4.9.ds.Js. war binnen 87 Tagen fertig, die der Grenzlinien in Oberschlesien, durch Geheimrat v. Nüßler am 22.9.ds.Js. begonnen, war innerhalb zwanzig Tagen beendet. Damit war eine Grundlage für eine planmäßige Fortsetzung gelegt.

Angriffspläne wurden erst ab 1749/50 vorbereitet, als es die Lage erforderte. Vorerst diente die Landesaufnahme der Kolonisation, vor allem in Oberschlesien als Kerngebiet der Bemühungen. Bald nach 1742 wurden neben privaten Siedlungen des Adels von vor 1740 neue Siedlungen »auf grünem Rasen« gegründet, die ab 1750 erheblich zunahmen und nach 1763 ihren Höhepunkt fanden. Ein Bericht von Lautensack, damals Kommissar für Kriegsschäden, vom Oktober

Überblick und Verteilung der friderizianischen Siedlungen in Schlesien

1742 über die Zustände im kriegszerstörten Oberschlesien sagte alles: »Die Städte seien ohne Verkehr und Handel, halb ruiniert und dem Verfall nahe, die Ernte schlecht, die Bevölkerung allenthalben verschuldet und nicht in der Lage, ihre Abgaben zu zahlen. Besonders schlecht stehe es in den grundeigenen Dörfern der Standesherren, die Menschen halb verhungert und ohne Hoffnung, von Einquartierungen niedergedrückt, die Bergwerke verfallen, das ganze Land so heruntergekommen, daß die Steuern erheblich nachgelassen werden mußten«. Deshalb forderte der König besonders die Magnaten auf, auf ihrem Boden Häusler, Gärtner und Tagelöhner anzusetzen und rechts der Oder einen Teil der Waldgebiete zu kolonisieren. Bis 1770 entstanden auf diese Weise 36 neue Ortschaften. Das Ziel des Königs war die Hebung der Landeskultur, die Auffüllung der Bevölkerung und die Steigerung der Produktion. Interessanterweise erschien am 28.9.1741 in Schweidnitz von Johann Peter Süßmilch, Prediger des dortigen Inf.Rgt. 25, das erste bevölkerungswissenschaftliche Werk der Weltliteratur, den König gewidmet, in dem Ehe und Familie als Wachstumszellen des Staates im Sinne göttlicher Ordnung gefordert wurden. Zum Teil gaben auch die Domänen Siedlungsland her, anderswo wurden Vorwerke zu Siedlungen ausgebaut und verselbständigt. Grundsätzlich gab es städtische Kolonien, Bauern-, Handwerker- und Weber-Kolonien, Forst- sowie Berg- und Hütten-Kolonien. Ihre Stärke war niedrig, meist 15 bis 20 Familien mit 60 bis 100 Menschen. Viele Kolonisten kamen aus dem Reich. Bis 1786 entstanden 220 neue Ansiedlungen, zu denen es ohne die Karten-Arbeiten von Ing.Leutnant Hammer und den Hauptleuten v. Bornstaedt und v. Massenbach nicht so leicht gekommen wäre. Der Staat hat in jeder Weise den Ausbau forciert und später fortgesetzt.

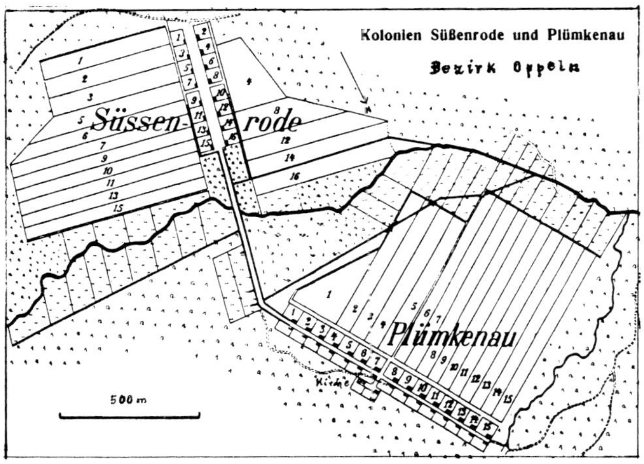

Die Siedlungen hatten eine streng geordnete Form, hier Süßenrode zweizeilig und Blümkenau einzeilig mit einer Kirche.

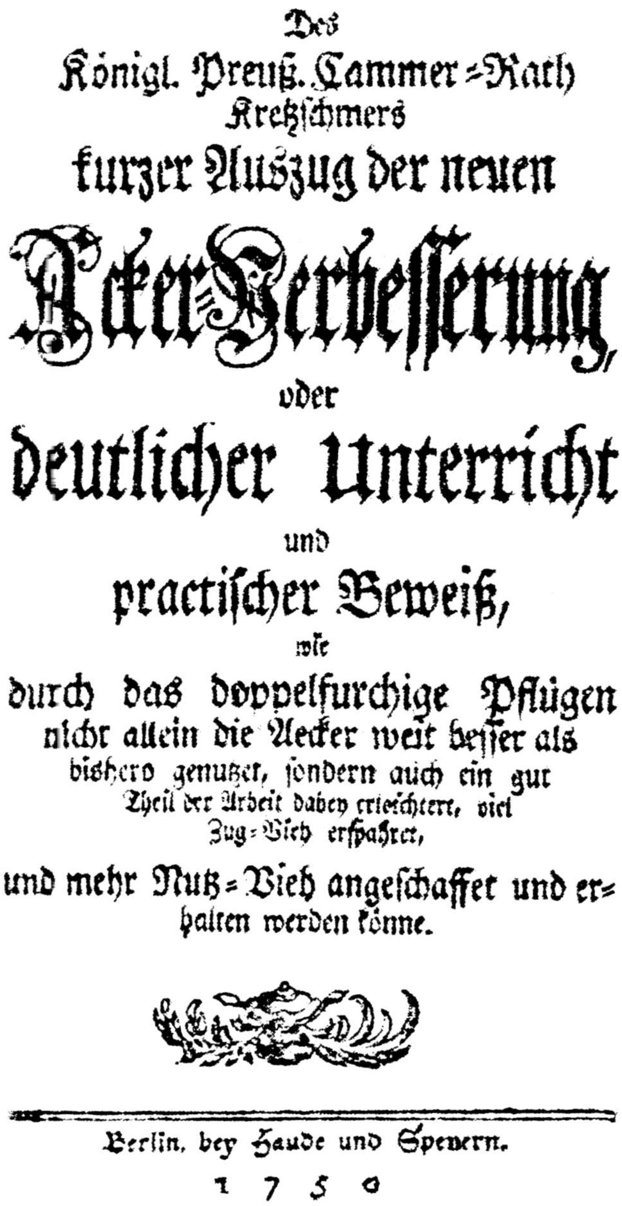
Des
Königl. Preuß. Cammer-Rath
Kretzschmers
kurzer Auszug der neuen
Acker-Verbesserung,
oder
deutlicher Unterricht
und
practischer Beweiß,
wie
durch das doppelfurchige Pflügen
nicht allein die Aecker weit besser als
bishero genutzet, sondern auch ein gut
Theil der Arbeit dabey erleichtert, viel
Zug-Vieh erspahret,
und mehr Nutz-Vieh angeschaffet und erhalten werden könne.

Berlin, bey Haude und Spenern.
1750

Anleitungen für die Landwirtschaft fanden steigendes Interesse mit dem Ziel, Ergebnisse und Qualität zu heben.

Schlesiens Landwirtschaft war noch sehr entwicklungsfähig durch Bearbeitung eines Zehntels an unbebauten Flächen, z.T. unter massivem Zwang der Behörden, Verbesserung des Pflanzenanbaus, überlegte Düngung und die 1748 verkündete Unterbindung jedes Auskaufens von Bauernstellen durch die Großgrundbesitzer, die 1749, 1752, 1755 und 1764 verschärft wiederholt wurde. Die Ergänzung der Getreideflächen durch Flachs, Ölfrüchte, Hülsenfrüchte und Kartoffeln, der Zwischenfruchtbau von Futterpflanzen, die Neuanpflanzung und Nachpflanzung von Maulbeer-Bäumen wurde in zahllosen Erlassen gefordert. Es gab erste Tendenzen zur Entwicklung einer Agrar-Wissenschaft. Überlieferte Erfahrungen allein reichten nicht mehr. Immer mehr ging der Staat davon aus, daß auch die Landwirtschaft ein Wirtschaftszweig sei, der Überschüsse erbringen sollte. Zunächst ging es aber bei den Bauern und der Landbevölkerung um Lockerung der Dienste für den Gutsherren, ohne ihr Verbleiben auf dem Lande oder die Existenz der Herrschaft zu gefährden. Das ging nur sehr langsam.

Am 16.4.1754 forderte er von Justizminster v. Cocceji die gänzliche Aufhebung der Leibeigenschaft in Pommern. Nach geraumer Militärzeit und Verabschiedung als Bürger einer Stadt solle jeder ohne Loskauf die Freiheit bekommen. Außerdem gab es in Nieder- und Mittelschlesien sowie im nördlichen und südlichen Oberschlesien eine große Zahl unabhängiger, großer und wohlhabender Bauernhöfe. Die fortschrittlichsten Mustergüter waren die Domänen, weil die Staatsaufsicht hier streng praktiziert wurde. Ihre Zahl war aber in Schlesien gering; Österreich hatte wegen seiner Finanzlage viele bereits verkauft. Dafür war der Landbesitz der katholischen Kirche, vieler Städte und Bürger sehr beachtlich. Die Dienstleistungen an die Grundherren waren recht unterschiedlich abgestuft: Freibauern waren unabhängig, Zinsbauern brachten bescheidene Geld- oder Naturalabgaben, Gärtner, d.s. Leute mit einem kleinen Grundstück, Häusler und Freileute auf den Gütern hatten Handdienste zu bringen, die oft ausgenutzt wurden. Dazu kamen die lästigen Vorspann-Pflichten für Beamte und den Troß des Königs, außerdem die Fuhrdienste für Festungsbauten. Die Versuche des Königs vom 10.12.1748 und 1763, diese Dienste zu beseitigen oder wenigstens fühlbar zu lockern, blieben praktisch wenig erfolgreich. Dennoch war Schlesien besser erschlossen als alle Nachbarländer, und ein Viertel der Bevölkerung lebte bereits von der Industrie. Die Domänenkassen erbrachten 1745/46 687000 Taler im Jahr, davon allerdings zwei Drittel aus dem Salzmonopol.

EDJCT,
Wegen
Loslassung der Unterthanen,
in Unserm
Erb-Hertzogthum Schlesien
und der Grafschaft Glatz,
Daß
die Grund-Herrschafften,
ohne erhebliche Ursachen, denen Unterthanen
die Loslassungen der Unterthänigkeit nicht versagen,
Diese aber auch,
ohne gegründete Ursachen, zum Nachtheil
derer Cantons und ihrer Grund-Herrschafften,
nicht von einem Ort zum andern ziehen sollen.

Signatum Berlin den 10. Decembr. 1748.

Breßlau gedruckt bey Carl Wilhelm Graß.

Der König wollte die Freiheit seiner Untertanen, aber möglichst ohne Störung ihrer Seßhaftigkeit, die dem Staat nur schaden konnte.

Die städtische Kopf- und Verbrauchssteuer (Akzise) und die ländliche Gewerbesteuer lagen noch drei Prozent unter dem Haushaltssoll. Deshalb kam es darauf an, die Produktion und die Rentabilität möglichst rasch und wirkungsvoll zu steigern. Dazu trat die notwendige Vorsorge für die häufigen Überschwemmungen, die oft Typhus-Seuchen nach sich zogen, Hagelschläge, Viehseuchen und Mißernten. Bei Brandschäden trat in den Bezirken die »Feuer-Societät« als Selbsthilfe der Nachbarn mit persönlichem Zupacken, Fuhrdiensten und Material in Kraft. Staatliche Feuerschutzordnungen erzwangen Schritt für Schritt die Beseitigung der Stroh- und Schindeldächer und ihren Ersatz durch steinerne Dachpfannen sowie des Fachwerk-Baues. Am 7.8.1742 wandte sich der König aus Potsdam an das Generaldirektorium gegen jede Beamtenwillkür: »S.K.M. haben wahrgenommen, wie sehr viele Untertanen die bitterlichsten Klagen über die unendlichen Pressuren der Beamten geführt, durch welche sie nicht nur sehr heruntergekommen und zum Ruin gebracht, daß sie das Land verlassen müssen. Dabei sind sie umso unglücklicher gewesen, da sie, ob-

Schlesische
PRIVILEGIRTE
Staats-Kriegs-
und
Friedens-
Zeitung,

ANNO M DCC XLII. Nô. I.
Mittwochs den 3. Januar.

NB. Diese Privilegirte Staats- Kriegs- und Friedens-Zeitung wird Wöchentlich 3mahl, Nemlich: Montags, Mittwochs und Sonnabends, jedesmahl Vormittags, in Korns Buch-Laden in dem von Gilschen Hause, Quartaliter à 1. Rthlr. Einzeln aber à 1. Sgl. ausgegeben, und dem Publico dienet hiernächst zur Nachricht, daß man so wohl auf einen Monatlichen Nachtrag, als auch bey dem Ende des Jahres auf ein ordentliches Register über die merckwürdigsten Sachen derer selben bedacht seyn werde.

Wie in Berlin, so erschien am 3.1.1742 im Breslauer Verlag Johann Jacob Korn mit Unterstützung des Königs die erste Zeitung, deren erster Berichterstatter er wurde mit »Relationen eines vornehmen preußischen Offiziers«.

wohl sie gehöriger Orten geklaget, dennoch weder Gehör noch Hilfe gefunden. Die mehresten Kriegs- und Domänenkammern verfahren dabei nach dem Grundsatz, daß man in solchen Fällen den Beamten nicht im Stich lassen, sondern ein Auge zudrücken müsse, damit er nicht etwa sein Pacht-Amt aufkündigt. S.K.M. müssen Beamte haben, Sie werden dieselben auch darin versorgen, damit sie bekommen, so ihnen nach den Kontrakten gebühret. Sie werden aber nicht zugeben, daß solche mit den Untertanen auf eine tyrannische Weise verfahren und mit deren Personen und Vermögen so umspringen, als ob sie ganz Leibeigene von den Beamten wären. Daher geben Höchstdieselbe dem General-Directorio auf, sämtliche Beamte erinnern zu lassen, mit Untertanen christlich umzugehen und selbige nicht auf ungebührliche Weise mitzunehmen. Wenn S.K.M. einen Beamten überführet finden sollten, Sie ein rigoureuses Exempel statuieren lassen werden. Wenn ein Beamter einen Untertanen oder Bauern aus dem Lande jaget, ist es so kriminell, als ob er einen Soldaten aus Reih und Glied verjagen wollte«. Auf dem Lande war die Unterdrückungsmöglichkeit größer als in den Städten. Hier wie dort hatten königliche Beamte mit gutem Beispiel voranzugehen.

Nach dem Tode von Münchow folgte 1753 als Provinzial-Minister Joachim Ewald v. Massow, Präsident in Königsberg, der aber schon nach zwei Jahren scheiterte. Er wurde ersetzt durch den erfahrenen Ernst Wilhelm v. Schlabrendorff aus Magdeburg, arbeitsam, streng und energisch, der den Willen des Königs bis nach unten durchsetzte, gegen Lässigkeit und Laschheit vorging, ungeeignete Beamte hinaussetzte und die sich entwickelnden Industriezweige beaufsichtigte. In Kriegszeiten und schweren Krisen hat er bis 1770 die Geschicke des Landes zuverlässig gelenkt und hervorragende Ansätze für den wirtschaftlichen Aufschwung geschaffen. Am 27.9.1742 schrieb der König an Jordan: »Meine schlesische Reise, auf der ich unendlich viele Arbeit gefunden habe, wird bald vorbei sein. Ich habe in acht Tagen mehr Geschäfte abgemacht als die Kommissionen des Hauses Österreich in acht Jahren. Beinahe alles ist mir glücklich vonstatten gegangen. In meinem Kopf ist jetzt weiter nichts als Rechnungen und Zahlen. Aber bei meiner Rückkunft werde ich das alles herausschaffen, um etwas Besseres hineinzubringen«. Und am 3.2.1743 forderte er von den Oberamtsregierungen in der Erziehung der Jugend: »Wir haben zur Beförderung des Wohlergehens Unsrer schlesischen Lande und Untertanen auf die Erziehung der Jugend ein besonderes Augenmerk gerichtet und angemerket, weshalb durch die gewöhnliche Lehrart der Endzweck der Schulen — nämlich junge Leute zum Dienst des Vaterlandes tüchtig und

Gründliche Untersuchung
der Ursachen,
die das
Weibliche Geschlecht
vom
Studiren
abhalten,
Darin deren Unerheblichkeit
gezeiget,
und wie möglich, nöthig und nützlich
es sey,
Daß dieses Geschlecht der Gelahrheit
sich befleisse,
umständlich dargeleget wird
von
Dorotheen Christianen
Leporinin.
Nebst
einer Vorrede ihres Vaters
D. Christiani Polycarpi Leporin,
Med. Pract. in Quedlinburg.

BERLIN,
Zu finden bey Johann Andreas Rüdiger,
1 7 4 2

Mit Unterstützung des Königs erhielt Dorothea Erxleben, geb. Leporin, am 12.6.1754 in Halle das erste medizinische Doktor-Diplom einer Frau in Deutschland. Auf ihre Bitte um Studienerlaubnis hatte der König 1740 geschrieben: »Da dergleichen bey den weiblichen Geschlecht rar ist, wolle er mit größtem Vergnügen alles Mögliche zum glücklichen Fortgang der Kandidatin beitragen«, ohne jedes Vorurteil.

geschickt zu machen und ihnen die erforderlichen Wissenschaften beizubringen — so wenig erreicht werde, daß man dieselbe bei Sachen, welche gar keinen Vorteil bringen, die mehrste Zeit aufhält, die nötigsten Stücke aber und sogar die eigene Muttersprache versäumet, daß die meisten nach zehn- bis zwölfjähriger Besuchung der Schulen außer ein wenig Latein nichts zurückbringen, ja nicht einmal einen teutschen Brief zu schreiben vermögend sind. So befehlen Wir Euch hiermit, daß Ihr solchem Verderb abzuhelfen, eine bequemere Lehrart ein — und die studierende Jugend zu nützlicheren und solideren Wissenschaften anführen möget. Inmittelst habt Ihr den Lehrern anzudeuten, die Jugend vornehmlich zur Ausübung ihrer teutschen Muttersprache mit allem Fleiß anzuführen und ihnen Anweisung zu geben, wie sie einen geschickten Brief und andere bei Zivil und Militär erforderliche Schriften abzufassen haben. Wobei sie auch dahin sehen müßten, daß ihre Lehrlinge nicht nur orthographisch, sondern auch eine wenigstens deutliche und leserliche Hand zu schreiben sich angewöhnen möchten«. Folgerichtig ließ er am 2.7.1747 in Berlin durch Johann Julius Hecker die erste deutsche Realschule gründen, die bald als »Bürgerschule« Fuß faßte. Schlesien hat immer nur Dankbarkeit für den Herrschaftswechsel bewiesen; kein Land war den Hohenzollern ergebener.

Planvolle Wirtschaftspolitik

Der unablässige Eifer des Königs spornte alle Beamten an und belebte den Staat. Die Vielzahl seiner Pläne, Anstöße und Entwürfe machten ihn zum Urheber großer, nützlicher und zahlreicher Veränderungen und mannigfaltiger Verbesserungen während ihrer Entwicklung, die seine Nachfolger als Anreize aufnahmen und abrundeten. Sein ständiges Drängen und Abschneiden der Zeit seiner Mitarbeiter verhinderte Fehlerfreiheit, aber trotz aller Ungeduld waren die Vorteile erheblich größer als die Mängel. Auch im organisatorisch-wirtschaftlichen Bereich gilt das Gesetz des Handelns. Seine Betriebsamkeit beruhte auf regem Geist, beharrlichem Willen und Vollendungsdrang, Temperament, Liebe zur Arbeit und Lust an Unternehmungen. Der Vielzahl und Vielfalt seiner Vorhaben standen gezierte Höflichkeiten, Formalitäten, Gewohnheitsrechte und Privilegien entgegen, die damals das Staatsleben mehr bestimmten als allgemeine Gesetze. Dank seiner von Mitarbeitern unabhängigen Autorität, Gewohnheit rascher Entscheidungen, Größe der Hilfsmittel und einfachen, wahreren und kürzeren Ausdrucksweise beschleunigte er den unumgänglichen Verwaltungsablauf und baute eingespielte Mißbräuche zum Nachteil des Ganzen ab, indem er sie aushöhlte oder in die allgemeinen Notwendigkeiten einband. Die Hofhaltung war auf besondere Ausnahmen beschränkt. Ab 16.12.1740 war er im Winter 1740/41 drei Wochen, im Winter 1741/42 zwei Monate in Berlin. Erst der Winter 1742/43 brachte eine große Ball-Saison und Karneval. Er hielt sich fern von Regierung und Hof der Königin und lebte im Grunde als Heerführer im Felde oder als Privatmann. Wo immer nur möglich, verminderte und entwertete er das Zeremoniell, in der Staatsverwaltung, im Finanzwesen und in der Armee. Sein Auftreten in der Uniform als Soldat statt mit königlichem Gepränge meinte solidarische Bescheidenheit. 1744 schaffte er den Ober-Zeremonienmeister ab. Im allgemeinen hatte er von seinen Untergebenen eine gute Meinung von vornherein, trug aber Versagen und Fehlverhalten äußerst nach. Er unterschied Nachlässigkeit von Behutsamkeit, Widerspenstigkeit von Gewissenhaftigkeit und übte Nachsicht bei besonderen Begründungen, besserer Einsicht und Sachkenntnis, forderte aber rücksichtslos das Äußerste an persönlichem Einsatz. Aus beiden Schlesischen Kriegen stieg er mit fast raffinierter Wendigkeit und scharfem Kalkül so rasch wie möglich aus und schloß Frieden, sobald es nur die Lage erlaubte. Ende 1742 schrieb er: »Es handelt sich nur darum, Europa daran zu gewöhnen, uns in der Stellung zu sehen, die uns dieser Krieg gegeben hat. Ich glaube, daß viel Mäßigung und Gleichmut gegen alle Nachbarn uns dahin führen wird!« Im Ermattungskampf des Siebenjährigen Krieges erhielt er diese Chance nicht mehr so leicht.

Bei der Vorzugsstellung der Armee und vor allem des Offiziers in Preußen war auch ihre Mitwirkung am Landesausbau im Frieden eigentlich ganz selbstverständlich, und zwar politisch, rechtlich und sozial. Der König war von Offizieren umgeben und erteilte Anordnungen durch sie, zahlreiche Minister waren Offiziere wie v. Grumbkow, v. Wedell, v. Massow, v. Werder, v. Gaudi, v. Schulenberg-Kehnert. Von den Militärausgaben insgesamt, die um ein Zehntel unter denen seines Vaters lagen, flossen mehr als die Hälfte in die Wirtschaft zurück und regten neben Gewerbesubventionen und Baugeldern den Handel in Stadt und Land kräftig an. Otto Büsch weist darauf hin, daß bei Vergehen von Beamten oder Unterschlagungen in den Regierungen Offiziere die Untersuchungen führten. Offfiziere regelten in den Garnisonen die Schätzpreise für Lebensmittel, übernahmen den Vorsitz von gemischten Gerichten aus Zivilisten und Soldaten und stimmten allein ab bei militärgerichtlichen Verfahren mit Zivilpersonen. Als Mitglied einer Provinzialregierung war ein General automatisch Vorsitzender. Für die Kriegsdauer waren Soldaten von jeder Art Prozesse befreit. Ein Teil der höheren Beamtenschaft bestand aus ausgeschiedenen verdienten Offizieren, weil sie als gehorsam, zuverlässig und energisch galten und Pflichtauffassung besaßen. So stellten die Offiziere Forstmeister, Postmeister, Rendanten, Inspektoren, Kriegsräte, Kommissare, Kriegs- und Steuerräte, Kriegs- und Domänenräte, Kammerdirektoren, Kammerpräsidenten, Regierungsräte, Mitglieder von Provinzialregierungen, Vizepräsidenten, Oberpräsidenten, Mitglieder des Generaldirektoriums und Minister, wenn sie auch dabei immer in der Minderheit blieben. Altadel und Offizierkorps, Nobilitierte und Beamte sowie Rittergutsbesitzer wuchsen zunehmend zusammen als Führungsschicht. Das halbmilitärische Amt des Landrates wurde bevorzugt mit ausgebildeten Offizieren besetzt, oft auch als Durchgangs-Position für höhere Ämter in der Zivilverwaltung. Von den Rittergutsbesitzern des Kreises wurde er gewählt an die Spitze der Kreisverwaltung und vom Staat als unterste Instanz der Verwaltung auf dem Lande bestätigt. Damit bildete er das Bindeglied zwischen ständischer Selbstverwaltung und staatlicher Bürokratie, eine sehr geschickte und bewährte Lösung. So blieb dem Landadel Einfluß und Mitwirkung auf die Vorgänge im Kreise gesichert. Klagen gegen die Bevorzugung von Offizieren für dieses Amt blieben erfolglos, der König lehnte andere Kandidaten ab, die Stände schlugen nur noch ehemalige Offiziere vor. Die erprobte Gewohnheit wurde zur dauerhaften Regel. Und der König verlangte, »sie sollten sich in Kameralsachen geschickt machen, auf daß man unter ihnen Leute fände, so man zu Präsidenten in den Kammern gebrauchen könne«. Einige hatten schon frühzeitig in den Kammern Sitz und Stimme, um sich »sowohl in oeconomicis als in anderen Sachen dergestalt zu habilitieren, daß dieselben bei Gelegenheit zu importanten Chargen promoviert werden können«. Umgekehrt waren viele Zivil-Ärzte zugleich Militär-Ärzte. Die Offiziers-Eigenschaft bot also auch in Zivilverwaltung und Staat weitere Aufstiegsmöglichkeiten, zumal sowohl im örtlichen Bereich, im Landkreise wie in der Regierungsverwaltung der Einfluß des landständischen Adels vorherrschte.

Neben der Grundsteuer des flachen Landes, der »Kontribution«, die vom Kataster abhängig war und praktisch gleich blieb, »denn der Edelmann und der Bauer dürfen niemals bedrückt werden«, wie der König verlangte, stand als städtische Verbrauchssteuer die Akzise, die sich mit steigender Kopfzahl und wachsendem Verbrauch laufend erhöhte. Da es dem König außerordentlich 'auf Pünktlichkeit in den Einnahmen und auf Ordnung in den Ausgaben' ankam, setzte er auch hier und beim Zoll bevorzugt verdiente Soldaten und Unteroffiziere ein, die ausgeschieden waren, zur Versorgung und auch in der Erwartung größerer Ehrlichkeit. Ihre jahrelange Ausbildung und Erfahrung sollten diesen Vertrauens-Posten zugute kommen. Schließlich war die Armee ja doch nicht nur ein Kriegs-Instrument, sondern auch eine Schule zur Staatsbildung. 1768 schrieb der König: »Der Soldat, der seine Gesundheit dem Gemeinwohl opfert, hat Anspruch auf Wohltaten derer, für die er alles darangesetzt hat«. Die Akzise-Beamten unterlagen ständiger Kontrolle der Kriegs- und Domänenkammern, um Veruntreuungen zu unterbinden. 1752 erklärte der König in seinem Testament: »Seit 1746 hat Wachsamkeit im Verein mit den guten Erträgen der letzten Jahre zu einer Vermehrung der Einnahmen um 140000 Taler geführt«. Dabei betrug die städtische Bevölkerung noch nicht einmal ein Drittel der ländlichen. Allerdings trugen die Landbewohner als Käufer und Verkäufer in den Städten zur Akzise wesentlich bei und waren von jeder Erhöhung dieser Steuer mit betroffen.

Der König hielt sie von allen Auflagen für die gerechteste, wie er 1752 im Testament darlegte: »Sie belastet die Armen nicht: Brot, Fleisch, Bier müssen wohlfeil sein. Sie trifft nur den Luxus der Wohlhabenden. Jede

Provinz hat ihren Tarif, der für die Steuerbeamten maßgebend ist. Da aber die Akzise, wenn sie schlecht aufgelegt wird, den Handel und die Manufakturen schwer schädigen kann, habe ich die Tarife nach folgenden Grundsätzen verbessert: Freie Einfuhr für die Rohstoffe, die unsere Manufakturen verarbeiten, zollfreie Ausfuhr für alle bei uns hergestellten Erzeugnisse, um ihren Absatz im Ausland zu steigern, hohe Zölle auf ausländische Erzeugnisse und Fabrikwaren, die wir entbehren können, weil sie im Lande selbst angefertigt werden. Diese Auflagen belasten nur die Wohlhabenden, verhindern den Geldabfluß ins Ausland und beleben die Manufakturen. Auf Ermunterung der Manufakturen bestehe ich nachdrücklich aus folgenden Gründen: 1. Wird das, was man von den Nachbarn kaufen müßte, im Inlande hergestellt, so bleibt das Geld im Lande. 2. Eigene Erzeugnisse können an die Nachbarn geliefert werden. Dadurch legt man ihnen eine Art Steuer auf, die sie unserer heimischen Industrie zahlen. 3. Man zieht Leute, die Untertanen der Nachbarn waren, ins Land und läßt sie von Fremden ernähren. 4. Durch eigenen Gewerbefleiß bringt man jährlich beträchtliche Summen ins Land. 5. Man bevölkert die Städte und gewinnt neue Untertanen. Die Untertanen aber sind der wahre Reichtum der Fürsten. 6. Man vermehrt die Einkünfte der Akzise durch den Verbrauch der neuen Arbeiter. Die Macht Preußens beruht nicht auf innerer Kraft, sondern allein auf seinem Gewerbefleiß. Es hat keine anderen Hilfsquellen als seine festen Einnahmen«. Der König sah die Lage seines Staates nüchtern und realistisch. Wie sollte sonst ein armes Land zu Macht, Ansehen und Wirkung kommen als durch Fleiß, Sparsamkeit und Ausdauer! Eine schlechte Wirtschaft oder Schulden wären sein Untergang gewesen.

Die Einkünfte aus den Domänen der Krone, Zöllen, Post, Münze, Forsten und Salinen bildeten die dritte Säule ständiger staatlicher Einnahmen. Hier forderte der König: »Bei der Verwaltung der Krongüter ist streng darauf zu achten, daß der Amtmann die Bauern nicht drückt und daß er nicht despotisch schaltet«. Die Strom-Zölle hatten mit ihrer Regulierung großen Einfluß auf den Handel, den der König bewußt nutzte. Die Ausdehnung der Post von Memel bis Geldern war ebenfalls von Bedeutung. Mit Hilfe der in fast allen Provinzen eingerichteten Münzstätten zog der König den Wechselkurs an sich für fast ganz Europa und machte damit erhebliche Gewinne. Dazu trat der Holzverkauf an die Nachbarländer, mit planmäßiger Aufforstung. Salzeinfuhr wurde unterbunden und durch weite Verteilung auf die Familien nach Kopfzahl der Schmuggel überflüssig gemacht.

Nach Marschalls Tod am 11.12.1749 übernahm der König selbst die Leitung des Handels- und Wirtschaftsdepartements. Seine Grundsätze lauteten, wie er 1748 formulierte: »Es gereichen zwei Sachen zum Besten eines Landes, nämlich 1. aus fremden Landen Geld hereinzuziehen ... und 2. zu verhindern, daß das Geld nicht unnöthiger Weise aus dem Lande gehen müsse«. Das erste sei Aufgabe des Handels, das zweite Sache des einheimischen Gewerbes. Dazu kam der Gewinn durch Veredelungs-Wirtschaft, möglichst nur Rohstoffe einführen und Fertigwaren ausführen. Er versuchte, ausländische Rohprodukte wie z.B. Seide, die künstlich gefördert wurde, durch inländische zu ersetzen, und so die eigene Industrie zu stärken. Am 23.1.1750 wies er den Minister v. Danckelman an, in allen Dörfern 10 Meilen um Berlin auf Kirchhöfen und bei Schulen für die Ansetzung von Maulbeer-Bäumen zu sorgen. Dabei konnte der Erfolg nur in Genauigkeit und Solidität liegen, wenn die End-Produkte gleichwertig oder besser sein sollten. »Pflegt die Details, sie sind nicht ohne Ruhm«, verlangte er. Das ging bis zum Verbot, Seidenraupen mit betauten Blättern zu füttern, der Forderung, jeder Fabrik einen Kaufmann zu geben, weil Techniker nicht verkaufen könnten, und dem Hinweis, aus dem Ausland gute Bücher als Einzel-Exemplar zu kaufen und als Raubdruck nachzudrucken: »So werden alle guten Bücher, die irgendwo gedruckt werden, zu Manuskripten für unsere Buchhändler«, was die Legalität bereits überschritt. Als er feststellte, daß ihm 60000 Wollweber fehlten, ließ er überall zur Ansiedlung werben: jeder bekam ein Haus und Weideland für zwei Kühe. Im Mai 1748 ließ er zur Verbesserung der Wolle eigens Widder aus Spanien zur Zucht einführen. Sein Testament von 1752 zählte die noch fehlenden Industrien auf, dabei sogar Papiermühlen, Lederfabriken, Schnürsenkel- und Nähnadel-Herstellung. Seine Wirtschafts-Grundsätze praktizierte er mit rücksichtsloser Konsequenz. So schrieb er seinem Direktor wegen der Kontrolle der Samt-Einfuhr: »Es ist nicht ausreichend, daß Ihr den Torschreibern die von verschiedenen derselben begangene Treulosigkeit bei Cassation untersaget, sondern es ist nöthig, daß Ihr die Festungsarbeit auf zeitlebens determiniert, woferne sie nur ein einziges Stückchen Sammt heimlich eingelassen haben«. Jedes Frühjahr reiste der König in einen anderen Landesteil unter grundsätzlichem Verbot jedes feierlichen Empfanges. Vorher sandte er den Kammern Fragebogen mit mehreren hundert Fragen, die »gehörig zu präparieren seien, damit jedes Mitglied prompte und akkurate Antwort geben könne«. Er trug mehrere kleine in Leder gebundene Bändchen bei sich, in denen alle Bevölkerungszahlen, Namen der Beamten, Rechnungsabschlüsse der Kreise und Provinzen, Ernteergebnisse, Bestände der Viehzählungen u.v.a. standen, damit er die Beamten examinieren konnte. Die strikte Ausführung seiner Anregungen und Befehle war scharf kontrolliert.

Die Vermehrung staatlicher Manufakturen und Neueinrichtungen weiterer in Privathand trug wesentlich zur Gewerbeförderung bei. Sie hatten mehr als zehn Beschäftigte, arbeiteten bereits arbeitsteilig, aber noch handwerklich und waren eigentlich vorindustrielle Großbetriebe. Nur der absolute Staat konnte in einem armen Lande und gegen Vorrechte und Klüngel solide

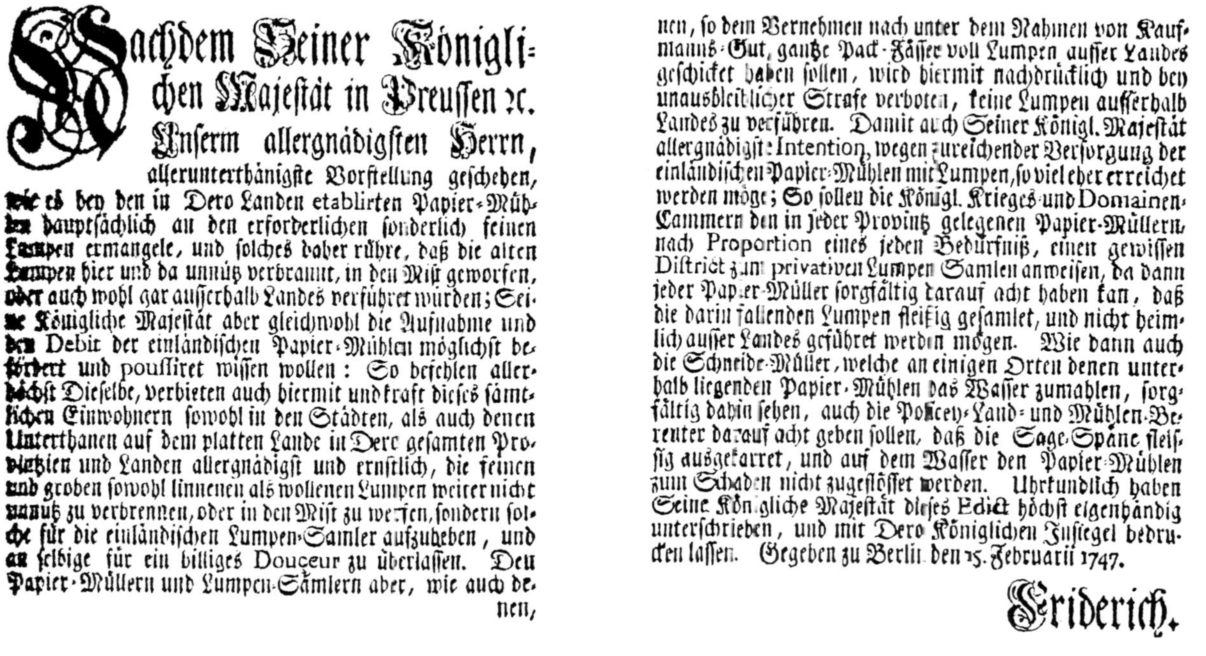

Nachdem Seiner Königlichen Majestät in Preussen etc. Unserm allergnädigsten Herrn, allerunterthänigste Vorstellung geschehen, wie es bey den in Dero Landen etablirten Papier-Mühlen hauptsächlich an den erforderlichen sonderlich feinen Lumpen ermangele, und solches daher rühre, daß die alten Lumpen hier und da unnütz verbrannt, in den Mist geworfen, oder auch wohl gar ausserhalb Landes verführet würden; Seine Königliche Majestät aber gleichwohl die Aufnahme und den Debit der einländischen Papier-Mühlen möglichst befördert und poussiret wissen wollen: So befehlen allerhöchst Dieselbe, verbieten auch hiermit und kraft dieses sämtlichen Einwohnern sowohl in den Städten, als auch denen Unterthanen auf dem platten Lande in Dero gesamten Provintzien und Landen allergnädigst und ernstlich, die feinen und groben sowohl linnenen als wollenen Lumpen weiter nicht unnütz zu verbrennen, oder in den Mist zu werfen, sondern solche für die einländischen Lumpen-Samler aufzuheben, und an selbige für ein billiges Douceur zu überlassen. Den Papier-Müllern und Lumpen-Samlern aber, wie auch denen, so dem Vernehmen nach unter dem Nahmen von Kaufmanns-Gut, gantze Pack-Fässer voll Lumpen ausser Landes geschicket haben sollen, wird hiermit nachdrücklich und bey unausbleiblicher Strafe verboten, keine Lumpen ausserhalb Landes zu verführen. Damit auch Seiner Königl. Majestät allergnädigste Intention, wegen zureichender Versorgung der einländischen Papier-Mühlen mit Lumpen, so viel eher erreichet werden möge; So sollen die Königl. Krieges- und Domainen-Cammern den in jeder Provintz gelegenen Papier-Müllern, nach Proportion eines jeden Bedürfniß, einen gewissen District zum privativen Lumpen Samlen anweisen, da dann jeder Papier-Müller sorgfältig darauf acht haben kan, daß die darin fallenden Lumpen fleißig gesamlet, und nicht heimlich ausser Landes geführet werden mögen. Wie dann auch die Schneide-Müller, welche an einigen Orten denen unterhalb liegenden Papier-Mühlen das Wasser zumahlen, sorgfältig dahin sehen, auch die Policey- Land- und Mühlen-Bereuter darauf acht geben sollen, daß die Sage-Späne fleissig ausgekarret, und auf dem Wasser den Papier-Mühlen zum Schaden nicht zugeflösset werden. Uhrkundlich haben Seine Königliche Majestät dieses Edict höchst eigenhändig unterschrieben, und mit Dero Königlichen Insiegel bedrucken lassen. Gegeben zu Berlin den 15. Februarii 1747.

Friderich.

Um welche wirtschaftlichen Einzelheiten bis zur Abfallverwertung sich der König kümmerte, zeigt dieses Edikt.

Investitionen leisten. Im Testament von 1752 schrieb der König darüber: »Nichts ist vernünftiger, zugleich nichts notwendiger, als daß mit äußerster Attention unermüdet darauf gearbeitet werde, nebst dem Handel auch die Manufakturen zu poussieren, und nicht allein diejenigen, so vorhanden, zu retablieren, sondern auch solche, welche in gutem Gange sind, immer mehr zu perfectionnieren und die noch fehlenden aber einzurichten«. Ihre Konzentration in und um Berlin, dazu am Finow-Kanal, das zu einer riesigen Werkstatt härtester Arbeit und vielseitiger Gewerbe wurde, hob seine Bedeutung, war wirtschaftlich aber ungesund, zumal ihr Markt die gesamte Monarchie war. Die Manufakturen waren überwiegend staatlich geförderte Privat-Betriebe, die meist für den Heeres-Bedarf oder für den bescheidenen Luxus des Hofes und der bürgerlichen und adligen Oberschicht arbeiteten, oder einzelne Staatsbetriebe, wie z.B. der größte, das »Berliner Lagerhaus«, mit 5000 Arbeitskräften oder die Spandauer und Potsdamer Gewehrfabriken mit Hunderten. Obwohl hier nur jeder hundertste Erwerbstätige arbeitete, war ihre Bedeutung für die Wirtschaftsentwicklung groß: Es ergaben sich zwangsläufig rationellere Fertigungsmethoden; man konnte große und wichtige Aufträge unter Kontrolle in kurzer Zeit bewältigen, Aufträge erledigen, die der übliche Markt nicht erbringen konnte, Massenproduktion mit niedrigeren Preisen ermöglichen; große Vorzüge für eine merkantilistische Staats-Wirtschaft.

Die gelernten Kräfte waren strengen Zunftregeln unterworfen, die Meisterrechte, Anwartschaften, Heiraten, Wandern und Arbeitskonflikte regelten. Auch die Arbeitszeiten und die Behandlung der Lehrjungen waren geregelt. »Der Meister muß mit seinem Lehrjungen vernünftig und nicht gewaltsam umgehen, ihn auch, falls er beim Eintritt noch nicht zum Prediger

David Splittgerber, 1683-1764, war eine vielseitige Unternehmer-Persönlichkeit. Ihm gehörten eine Gewehrfabrik, eine Bank und mehrere Zuckersiedereien.
(Stich G.F. Schmidt 1766 nach dem Gemälde von J.M. Falbe 1758)

gegangen, im Christentum gehörig unterrichten lassen«. Kam es zu Schwierigkeiten oder Streik, wandten sich die Arbeiter, wenn sie sich vom Unternehmer ungerecht behandelt fühlten, direkt an den König, wie er im Januar 1744 allgemein bekannt gemacht hatte: »Jeder dürfe seine Bitten, Gesuche und Beschwerden eigenhändig bei ihm einbringen«. Der König war bereit, zuzuhören und Gerechtigkeit zu schaffen, wenn das Gesuch bündig abgefaßt und stichhaltig war. Der

Staat mußte ein Interesse haben, die Unternehmer und Lohnarbeiter durch Fürsorge um die Arbeitsverhältnisse und Erhaltung der Zufriedenheit beider den Produktionsfluß zu erhalten, wobei Lebensmittel und Brennstoffe teuer waren und die Übergriffe meist bei den Unternehmern lagen. Es gab keine frei verfügbaren Arbeitskräfte; ein Wechsel der Stellung im freien Spiel von Angebot und Nachfrage war noch unbekannt. So hieß es gegen einen Berliner Seiden-Fabrikanten: »Das gehet gar nicht an, daß Moses Ries seine Seidenmeister eigenmächtig auf eine harte und bei allen anderen Fabriken unerhörte Art behandelt, größer Ellenmaß fordern, ihnen ihren Lohn immer schmälern und sie ganze Wochen feiern lassen will. Dem hätte das V. Departement schon längst abhelfen sollen. Es wird also nöthig sein, daß Ihr die von den Meistern angebrachten Beschwerden ganz unparteiisch untersuchen lasset«. Jahre zuvor hatte er dem Polizei-Direktorium mitgeteilt: »Der Mißbrauch bei den Unternehmern ist umso sträflicher, da die ihnen von S.K.M. angedeihenden großen Wohltaten an Vorschüssen, Geschenken, Häusern, Befreiung von Abgaben, Fabrikations- und Exportations-Zuwendungen bloß dazu gegeben werden, damit sie ihre Handwerker den Verordnungen und der Billigkeit gemäß in beständiger Arbeit und Nahrung erhalten«. Da trotz aller staatlichen Aufsicht und Armengelder das wirtschaftliche Elend oft groß war, bestand kein Interesse, die Zahl hilfloser Bettler unnötig zu vergrößern. Hierzu wurde ein für allemal hinsichtlich der Meister verordnet: keine Entlassung 'ohne verfassungsmäßige Ursache', vorherige Anmeldung bei der Behörde und Einverständnis des Meisters, Anrecht jedes Meisters auf mindestens zwei Stühle, bei etwaiger Verminderung der Handwerker zuerst Entlassung von Gesellen, die beurlaubte Soldaten sind, dann ausländischer Wandergesellen, nur im äußersten Notfalle inländische verheiratete Gesellen.

Das Polizei-Direktorium hatte das schärfstens zu überwachen und alljährlich neu bekanntzugeben. Sein Vorgehen gegen die Bettler stieß vielfach auf Einmischung des einfachen Publikums, so daß von den Kanzeln dagegen ermahnt werden mußte. Ein Edikt vom 28.4.1748 verbot »Allmosen bittende abgedankte Soldaten, Handwerksbursche und dergleichen auf den Straßen und vor den Türen«. Es gab also bereits Gewerbeaufsicht, Arbeitsschutz und Kontrolle der Bettler.

Der Schwerpunkt der Manufakturen lag in der Textilherstellung. Seit den fünfziger Jahren war Berlin die größte Textilstadt Deutschlands. Am 16.3.1748 befahl er der kurmärkischen Kammer: »Wir befehlen Euch nachdrücklich, daß der Flachsbau nebst Ansetzung mehrerer Leinenweber mit mehr Ernst getrieben und die Untertanen zum fleißigen Spinnen mit aller Rigeur angehalten werden. Sie sollen die langen Abende im Herbst und Winter zum Spinnen und Weben anwenden und dadurch sich etwas schaffen. Untertanen, die nicht industrieux genug sind, sollt Ihr gehörig anleiten lassen«. Die Textil-Produktion diente nicht nur der Selbstversorgung, sondern brachte auch Gewinne, besonders der Leinen-Export aus Schlesien, dem der König im Friedensvertrag von 1742 ausdrücklich die Ausfuhr nach Österreich und den Transithandel über Sachsen sicherte. Gleichzeitig ermäßigte er die Elb-Zölle und sorgte für vorrangige Abfertigung dieser Waren. Der König erkannte rasch die Mängel und die Verbesserungsmöglichkeiten. Zur geschlossenen Interessen-Vertretung richtete er bei der Breslauer Kammer das Commerz-Kolleg ein, dem regelmäßig Bericht zu erstatten war. Am 14.12.1741 und 8.4.1742 befreite er Weber und Kaufleute im Gebirge vom Militärdienst, legte in Hirschberg ein Getreide-Magazin 'zur Unterhaltung der Spinner und Leinweber' an und erließ am 27.7.1742 die neue 'Leinwand- und Schleyer-Ordnung' mit fünfzehn Abschnitten. Sie diente der Qualitäts-Kontrolle, die Schaumeister durch Abstempeln durchführten, und der Aufsicht durch den Hirschberger Landrat, Maßnahmen, die jetzt auch durchgeführt wurden. 1743 wurden Revisoren eingesetzt, deren Rechte 1746/47 mehrfach erweitert wurden. Unreelles Verhalten führte zu dem Nachtrag zur 'Leinwand-Ordnung' vom 2.12.1750, um die Ausfuhr nach England, Spanien und Südamerika unter allen Umständen zu erhalten. Die Verfeinerung der Gewebearten zu Damast, Creas, Barchent, Kattun, Brokat, Schleiern, Samt brachte weitere Belebung. Schwierigkeiten gab es mit heimlichem Garn-Schmuggel, vor allem nach England, der kaum zu unterbinden war. Bald hieß es, solange preiswürdiges Garn, billige Lebensmittel und genug Holz da seien, werde kein Produkt gegen das schlesische ankommen.

Um die Grundnahrungsmittel, besonders für Arme, zu ergänzen, hatte er in dem Jahr nach der Hungersnot von 1745 und 1756 die Anpflanzung von Kartoffeln — neben der von Rüben und Klee — angeordnet, ein mühsamer Durchsetzungsprozeß über Jahre. Damit stand neben dem Getreide eine zweite billige Volksnahrung zur Verfügung, auch im schlesischen Gebirge. Der Siebenjährige Krieg und die Hungerjahre von 1770 und 1772 bewiesen, wie richtig er gehandelt hatte. Die Bevölkerungsvermehrung wäre ohne Kartoffeln kaum möglich gewesen. Um wertvolle Fachkräfte zu gewinnen, ließ er, als alle Werbungen zwei Jahr lang erfolglos blieben, Ende Dezember 1745 durch Oberst v. Manstein 'unter Eskorte' 55 Damastweber-Familien mit 179 Köpfen nach Schlesien bringen, die voll entschädigt wurden, neue Existenzen bekamen und alles frei hatten. 1752 betrug der Ausfuhr-Überschuß Preußens bereits 5,7 Millionen Taler im Jahr. 1753 gründete er bei Oranienburg mit Feinwoll-Spinnern aus Sachsen und Baden/Württemberg das Dorf Sachsenhausen. 1783 verbuchte der schlesische Leinenhandel, von der Wollweberei ganz zu schweigen, allein 3,5 Millionen Taler Überschuß.

Der wichtigste und entwicklungsfähigste Industrie-

Zweig Schlesiens, für den gesamten Staat sehr bedeutsam, war der Bergbau mit der Eisenindustrie. Bei der Übernahme durch die preußische Verwaltung gab es dort bereits 12 Hochöfen, 28 Frischfeuer, 34 Luppenfeuer, 27 Eisenhämmer der Grundherrschaften und 2 städtische Eisenhüttenwerke, eines davon in Kreuzburg seit 1755. Das Hüttenwesen war schon gut entwickelt. In Jakobswalde bei Slawentzitz, Kreis Cosel, arbeitete eine Messing-Fabrik mit einer Blechwalze. 1753/54 ließ der König 20 Kilometer ostwärts Oppeln an der Malapane auf neu erworbenem Domänengrund zur Nutzung des Holzreichtums, des Raseneisensteines und der Wasserkraft zwei Hochöfen einrichten, denen die Frischfeuer in Krascheow, Jedlitze und Dembiohammer zugeordnet wurden, als erste staatliche Eisenhütte in Oberschlesien. Hier wurde dann 1789 erstmals Koks statt Holzkohle zur Schmelze verwandt und 1794 die erste Dampfmaschine zur Grubenentwässerung in O/S eingesetzt. Die Hütte hatte etwa hundert Arbeiter. 1762 richtete der König für sie die Kolonie Hüttendorf als Bauernsiedlung ein, der 1781 eine zweite, Antonia, folgte. Der erste Bergbau-Erlaß erging am 19.2.1756, in dem das Bergrecht auf die Steinkohle ausgedehnt wurde, die seit 1366 fast ausschließlich im Waldenburger Revier in zwölf Gruben gefördert wurde. Bis 1763 gab es in der Grafschaft Glatz kaum zwanzig Bergleute, und in Oberschlesien dachte noch niemand an eine Steinkohlen-Förderung. Erst mit dem Minister v. Schlabrendorff setzte der Beginn eines systematischen Ausbaues des Bergbaues in Schlesien ein, nach Gesichtspunkten der Wirtschaftlichkeit, Ausbaumöglichkeiten und Leistung. Kaum hatten sich die Hochöfen auf 20, die Eisenhämmer auf 46 vermehrt, beendete der Siebenjährige Krieg den hervorragenden Anfang, wenn auch Bergleute grundsätzlich vom Kriegsdienst befreit waren, so daß der König bis auf geringe gelegentliche Einfuhren seinen Bedarf an Eisen decken konnte.

Die Bedeutung der Steinkohle war dem König lange klar, wie aus seinem Schreiben vom 10.8.1786 an Minister v. Heinitz hervorgeht: »Die besten Minen sind die Steinkohlen, und das beste, was zu tun ist, besteht darin, daß der Gebrauch derselben allgemein gemacht werde. Denn das schont unser Holz«. Die ältesten Bergwerke im Westen lagen in der Grafschaft Mark, seit 1737 durch eine neue Berg-Ordnung zu planmäßigem Abbau angehalten. 1756 waren dort 108 Zechen in Betrieb, 104, dabei die beiden staatlichen, bereits stillgelegt, mit 688 Bergleuten im Einsatz, also nur mit je sechs bis sieben Mann. In Tecklenburg-Lingen bestand seit 1740 ein Bergamt. 1747 wurde die Grube in Ibbenbüren vom Staat übernommen. Kleinere Kohlengruben lagen im Saalkreis bei Wettin und Löbejün. Das Kupferschiefer-Bergwerk von Rothenburg/Saale übernahm 1768 der Staat und machte es rentabel. Die königlichen Salinen in Halle und Schönebeck waren besonders leistungsfähig, ebenso die Salinen in Königsborn und bei Minden, weniger die von Staßfurt und Groß-Salze. Preußen war auf Salzeinfuhr aus Lüneburg oder Frankreich nicht angewiesen. Zu den bestehenden Rüstungs-Betrieben in Berlin, Potsdam, Eberswalde und in der Mark Brandenburg ließ der König 1752 neue Eisenhütten in Schadow bei Storkow, in Gottow (Amt Zinna), in Torgelow/Pommern und zwei Hochöfen in Vietz bei Küstrin errichten, verfügte aber, daß dort 'nicht beständig und ewig Bomben gegossen werden dürften', sondern auch gußeiserne Gegenstände für den zivilen Tagesbedarf. Alles andere überließ der König den Unternehmern, die seinen dirigierenden Vorgaben folgten, weil er sie auch förderte und unterstützte.

Die Mißernten von 1739/1740 wie 1744 und 1746 zeigten, wie sehr die Getreide-Vorratswirtschaft durch königliche Magazine im Wechselspiel mit den strengen Schutzzöllen zum Grundelement der Staatswirtschaft werden mußte, wenn die Versorgung der Bevölkerung mit Grundnahrungsmitteln gesichert bleiben sollte. Vordringlich als Bevorratung für die Armee vorgesehen, nutzte sie der König geschickt und zielbewußt zum Ausgleich des Markt- und Preis-Gefälles, indem er bei Überschußernten Getreide aufkaufte, bei Hungersnot und Mangel abgab unter gleichzeitiger Senkung oder Erhöhung der Zölle. Genehmigungen zur Getreideeinfuhr behielt sich der König vor. Sofort nach Rückkehr aus dem Zweiten Schlesischen Kriege gab der König dem Generalmajor v.d. Goltz am 5.1.1746 Grundsätze für die Nutzung der Magazine auf, die gültig blieben: »Es ist meine Intention, daß die Einrichtung mit den Magazinen dergestalt gemacht werden soll, damit in Friedenszeiten und, wenn die Magazine nicht zur Versorgung der Armee gebraucht werden, die Getreidepreise zu hoch heransteigen wollen, alsdann durch Verkauf einer zureichenden Quantität Magazingetreides für einen leidlicheren Preis heruntergehalten und balancieret werden sollen. Wenn bei guten Jahren der Getreidepreis gar zu niedrig werden wollte, sollen alsdann durch Einkauf bei den Magazinen für einen etwas höheren als Marktpreis die gar zu geringen Preise balanciert und gehalten werden«. Die Richtschnur bildete die 'Kammertaxe' der von den Kriegs- und Domänenkammern in den verschiedenen Provinzen nach dem Jahresdurchschnitt der letzten Zeit festgesetzte Preishöhe. Der Vorrat für den Kriegsbedarf einer Armee von 100000 Mann für achtzehn Monate lagerte längs der großen Ströme und ihrer Kanäle, war aber durch eine Anzahl kleinerer Land-Magazine ergänzt, in denen ein Drittel an Korn, zwei Drittel Mehl über Jahre verwendbar bereitgehalten wurden. In Schlesien gab es auch noch Fourage-Magazine mit Hafer, Heu und Stroh, die natürlich beide immer wieder ergänzt werden mußten, nicht aus dem Lande, sondern durch Einkauf des General-Proviantamtes über Lieferanten, auch aus dem benachbarten Ausland.

Die Standorte der Magazine bestimmte der König selbst, nach Operationsabsichten, Versorgungsdichte und Transportwegen. Die Vertragsabschlüsse mit den Lieferanten nahm das Feldkriegskommissariat vor, denen 1747 jeder Aufkauf auf dem eigenen Lande verboten wurde. Auf den Märkten hatten zuerst die Bürger das Vorkaufsrecht; anschließende Überschüsse wurden den Kaufleuten besonders freigegeben. Das Ausfuhr-Verbot von Korn unterband am ehesten irgendeinen Wucher. In Kriegszeiten schrieb man in den eigenen Provinzen Lieferungen von Getreide, Heu und Stroh aus, deren Wert laut Kammertaxe mit der Kontribution gegengerechnet wurde. Gleichzeitig hatten aber die besetzten Gebiete, vor allem Sachsen in großem Umfange, ergänzende Lieferungen zu leisten, mit deren Quoten-Verteilung auf die verschiedenen Kreise die sächsischen Landstände betraut wurden, um sowohl eine zuverlässige Ablieferung zu erreichen als auch die Leistungsfähigkeit der Güter zu gewährleisten. Wegen der sehr unterschiedlichen Bedingungen für den Getreidehandel ließ der König wiederholt, so z.B. 1766/67 und 1783/84 Ernte-Statistiken aufstellen, auch wenn sie nur bedingt zuverlässig sein konnten. Aber nur so war eine bewegliche Anpassung der staatlichen Lenkung möglich, die weder eine stupide Gleichmacherei noch wirtschaftliche Kampfmaßnahmen gegen die Nachbarn kannte. In seinem Testament von 1768 schrieb der König: »Ich habe diese Berechnung machen lassen. Ich weiß, was jede Provinz verzehrt, was sie übrig behält oder was sie kaufen muß, um ihre Bewohner zu ernähren. Daraus ersehe ich, ob wir den Getreideverkauf erlauben dürfen oder die Ausfuhr verbieten müssen«. Hier zeigte sich der entschlossene Versuch, die Wirtschaft rational zu handhaben. Das Ergebnis war immerhin eine gesicherte Versorgung von Armee und Bevölkerung bei geringen Preisausschlägen und umfangreiche Reserven in der Hand des Staates, von Geldersparnis ganz zu schweigen. Entscheidend war der soziale Ansatz dieser Politik, wie der König erklärte, daß »zu gewinnen gar nicht meine Idee ist, wenn nur gesehen wird, daß die Vorräte zu fernerem Bedarf immer wieder erneuert und vollständig erhalten werden«. Ihr Grundsatz war einfach; die ständig wachsenden volkswirtschaftlichen Anregungen und Einsichten sowie der unablässige Versuch der Gleichmäßigkeit in höchst unterschiedlichen Gebieten erforderten von dem begrenzten Beamten-Apparat außerordentliches Geschick, Wendigkeit und immer neue Aufgeschlossenheit.

Fast im Gegensatz dazu forcierte der König die Produktion von Luxus-Gütern mit hohem Veredelungswert, um den Geldüberhang einiger im Lande zu halten und den Export zu verbessern. Es handelte sich dabei hauptsächlich um Seide und Samt, Porzellan und Glas, die den Ruf des Landes als leistungsfähige Industriemacht heben sollten. Selbst in Kriegszeiten und in der Not des Siebenjährigen hörten ihre Förderung und Prämienzahlungen für Qualität und Ausfuhr weder auf noch wurden sie geschmälert. Diese leistungsfähigen Privatbetriebe sollten überleben. Der Staat sorgte durch Finanz- und Verwaltungsmaßnahmen sowie Kontrollen der Fabrik-Kommissare für gleichmäßige Qualität der Waren, dauernde Beschäftigung der Facharbeiter und zuverlässigen Absatz mit seinen Ausfuhrerleichterungen, Einfuhrverboten und Schutzzöllen. Der König nahm die von seinem Vater stammende Idee einer eigenen Seiden-Produktion wieder auf und hing ihr sein Leben an, um von Hamburg, Kursachsen und Süddeutschland unabhängig zu werden. Zunächst mußten erfrorene Maulbeer-Plantagen ergänzt und neue angelegt werden, ehe es zur Raupenzucht kommen konnte, ebenso waren Belehrungen und Beratungen nötig, schwierige Voraussetzungen. Am 12.11.1742 erging das »Edict wegen Anlegung der Maulbeer-Plantagen«, dem ab 15.12.1746 zahlreiche weitere folgten. Von den nach Ende des Zweiten Schlesischen Krieges vorhandenen 1000 Fein-Webstühlen diente bereits die Hälfte der Seiden-Weberei. Neben dem König und dem unermüdlichen Marschall engagierte sich besonders der aus Konitz stammende begabte und umtriebige Berliner Kaufmann Johann Ernst Gotzkowsky (1710-1775), den der König schon von Rheinsberg her kannte und ab 1740 als Berater für Handel und Gewerbe heranzog.

Johann Ernst Gotzkowsky, führender Textil-Unternehmer und Geldspekulant von 1740 bis 1766, starb völlig verarmt 1775 in Berlin.

1749 gründete Gotzkowsky in Berlin die erste Seiden-Fabrik, der bis 1753 drei weitere folgten, so daß dieses Gewerbe hier neu belebt wurde, ohne an die Effektivität der Krefelder Konkurrenz heranzukommen. Gleichzeitig entstand das Seiden-Magazin, die Manufaktur-Kommision wurde von technischen Beratern verstärkt, die Produktions-Prämie verbessert und das Absatz-Problem wesentlich erleichtert. Die Größe der Plantagen ging von tausend Bäumen an aufwärts. Von den Kriegs- und Domänenkammern über die Pastoren, Schulmeister und Küster bis zu den Einwohnern selbst wurde alles zur Anlage von Pflanzungen und Pflege der Maulbeer-Bäume eingespannt. 1751 schrieb Pastor Hecker, Gründer des ersten Lehrer-Seminars, ein Lehrbuch für die angehenden Landlehrer mit praktischen Anleitungen für den Seidenbau. Keinen Industriezweig förderte der König wie diesen; er ließ ihn sich für die Entwicklung 2 Millionen Taler kosten, nachdem er sich vergeblich bemüht hatte, das

Krefelder Seidenhaus v.d. Leyen nach Berlin zu ziehen. Aber nur ein Sechstel des Rohseide-Bedarfes konnte in Preußen aufgebracht werden, zumal sie meist aus Heimarbeit stammte. Neben Berlin und der Mark Brandenburg war 1742 in Magdeburg eine bedeutende Fabrik mit 1000 Arbeitern entstanden, die Halbseidenzeug herstellte, während in Stettin, Königsberg, Schidlitz bei Danzig und Iserlohn Seidenband und Seidentücher hergestellt wurden. 1786 gab es in Preußen 4200 Seiden-Webstühle, davon 1300 in den westlichen Provinzen, mit einem Jahres-Produktionswert von 3 Millionen Talern. Die Firma v.d. Leyen in Krefeld hat der König 1751 und 1763 besucht und großzügig privilegiert, aber ihre Erzeugnisse nicht nach Preußen hineingelassen.

Neben der Förderung der Seiden-Fabrikation wandte der König seine besondere Fürsorge der Herstellung von Samt-Stoffen zu, deren Einfuhr vornehmlich aus Frankreich, aber auch aus England verringert werden sollte. Die erste Samt-Fabrik in Brandenburg hatte schon 1730 der Schutzjude David Hirsch gründen dürfen. Die zweite Fabrik in Berlin entstand um 1745 durch Christian Friedrich Blume (1693-1746), den Schwiegervater von Johann Ernst Gotzkowsky, Berater des Königs. Kurz vor Blumes Tod wurde Blumes

Christian Friedrich Blume
(Stich von G.F. Schmidt nach dem Gemälde von Falbe 1748)

Privileg als Hoflieferant bestätigt 'über die allhier in Berlin angelegte Sammet-Fabrique, vermöge dessen nach seinem Ableben sothanes Privilegium auch seinen Kindern zu statten kommen und selbige dabei geschützet und mainteniret werden sollen'. Nach Blumes Tod versprachen auch seine Erben, dem Potsdamer Unternehmer David Hirsch keinen Abbruch zu tun, sei es durch Abwerbung von Fachkräften oder der Auftraggeber. Hof und Armee blieb es überlassen, in Berlin oder Potsdam zu kaufen. Nur die Qualität der Stoffe sollte ausschlaggebend sein. Die Bevorzugung der Fabrik Blumes ergab sich aus einem vierprozentigen Nachlaß von der Akzise und der Verschonung von jeder Einquartierung, also in günstigerer Kalkulation und gänzlich ungestörter Arbeit. 1765 errichten Johann Christian Daniel Lautensack und Thomas Hotho auf eigene Kosten in Potsdam eine zweite Fabrik, diesmal zur Fertigung von Baumwoll- oder sogenanntem Manchester-Samt und 'Färberey und Druckerey desselben', um 'allen Waren das Gepräge und die Schönheiten der neuesten Modereize' zu geben, wie es hieß. Eine weitere ein Jahr später genehmigte Fabrik von drei Franzosen ging bald wieder ein.

Mit Hilfe der Preußischen Seehandlung gründete Hotho in Berlin ein Werk zur Erzeugung von Baumwoll-Samten, in die 1782 Karl Friedrich Welper eintrat, in der Köpenicker Straße, dem ein Zuschuß des Königs zu leistungsfähigen Maschinen verholfen hatte. Damit besaß Preußen neben England und Frankreich die einzige Fabrik für Manchester-Samt. Für Kamelott genannte Wolltücher aus Ziegenhaar, verwebt mit Seide oder Halbseide, verziert mit zweifarbigem Kettzwirn und dritter Farbe beim Schuß, für Damenkleider, Schals und Halstücher war Berlin bald ein Zentrum, das die französische Produktion übertraf, wie Roland de la Platiere 1782 feststellte und hinzufügte: »Die Unmöglichkeit aber, daselbst ohne etwas zu arbeiten, leben zu können, erweckt die Industrie!«

In Konkurrenz zu Sachsen seit 1709 und Österreich seit 1718 versuchte Preußen auch hinter das Geheimnis der Porzellan-Herstellung zu kommen. Die Weiterführung der Versuche des Berliner Chemikers Johann Heinrich Pott in Freienwalde wurden 1746 erfolglos aufgegeben. 1751 bewarb sich Wilhelm Caspar Wegely, Mitinhaber einer schweizer Wollzeug-Manufaktur in Berlin, um Errichtung einer Porzellan-Manufaktur in der Neuen Friedrichstraße in Berlin auf eigene Kosten, die im Zusammenwirken mit aus Meißen abgeworbenen Fachkräften 1752 mit der Produktion begann. Nach sechs Jahren schloß sie aus wirtschaftlichen Gründen ihren Betrieb, zumal sie auch die Geschmacksrichtung des Königs nicht getroffen hatte. Schon seit 1754 hatte der König rigoros jede Einfuhr ausländischer Porzellane, vor allem aus Schweden und England, verboten und beschlagnahmen lassen. 1765 wurde sächsisches, 1775 württembergisches Porzellan verboten, ebenso ab 1768 laufend der Handel mit fremdem Porzellan in Gegen-Reaktion untersagt. 1761, mitten in der schwierigsten Kriegszeit, unternahm Johann Ernst Gotzkowsky in der Leipziger Straße Berlins den dritten Anlauf, vom König ermuntert. Die Wirtschaftskrise nach Kriegsende zwang ihn zum Verkauf; der König übernahm die Fabrik für 225000 Taler aus seinem Privatfonds als 'Königliche Porzellan-Manufaktur', bekannt als 'KPM'. Sie hatte das Monopol der Porzellan-Herstellung und des Verkaufes in ganz Preußen und blieb von allen Abgaben frei. Neun Warenlager versorgten alle Provinzen. 1784 beschäftigte sie 148 Porzellan-Macher und 49 Porzellan-Maler. 1785 warf sie einen Überschuß von 24000 Talern ab. Formgestaltung und Blumen-Verzierung folgten den künstlerischen Vorstellungen des Königs als Glanz-Erzeugnisse verfeinerten Geschmacks, unbeirrt von weiterem Stil-Wechsel. Monatlich ließ er sich nicht nur über Produktion und Absatz, sondern auch über die künstlerischen Entwürfe und Vorhaben eingehend berichten. Selbst Zeichnungen von Daniel Chodowiecki (1726-1801) Chronist der preußischen Aufklärung und zuletzt Akademie-Direktor, fanden Verwendung. Mit dem aus Meißen abgeworbenen Modellmeister Friedrich Elias Meyer gewann die KPM bedeutendes Ansehen, so daß es keine allzu große Zumutung war, wenn bei Heiratskonzessionen und einigen Schutzjuden zur Erneuerung ihres Privilegs die Abnahme von KPM-Erzeugnissen abverlangt wurde, sei es für sich selbst oder zum Weiterverkauf. Anregung und Vorbild der 'Porzellan-Manie' kamen aus Meißen, das anschließend ausgeschaltet wurde, mit Ausnahme der Messe in Frankfurt/Oder, des Zwischenhandels und Verkaufs an Auswärtige.

Daniel Chodowiecki, genial begabter Grafiker und Illustrator, fing Leben und Geist der Zeit in allen Einzelheiten ein.

Ähnliche Anlauf-Schwierigkeiten gab es bei der Glas-Produktion. Auch sie diente zunächst ausschließlich geschmackvoller Hofkunst. Der Haupt-Bedarf lag vorwiegend bei Spiegeln, da diese Zeit von einer Spiegel-Leidenschaft besessen war. Spiegel begleiteten die Menschen durch das Leben, Handspiegel zur Selbstbetrachtung, Darstellung und Freude am schönen Schein, Wandspiegel zur Weitung der Räume, Spiegelung der Gärten und Vervielfachung des Kerzenscheins. Die einzige Spiegel-Manufaktur in Neustadt/Dosse bestand seit 1741, deckte aber den Bedarf nicht und arbeitete zu teuer. Die Qualität der Gläser aus der Kur- und Neu-Mark wie aus dem südlichen Pommern ließ noch viel zu wünschen übrig, da es sich vielfach auch um kleine private Hütten in primitivsten Verhältnissen auf Gutsbetrieben handelte. Als in der Not des Siebenjährigen Krieges schließlich die meist mit viel Mühe und Geld von auswärts herangeholten Glasmacher zur Auffüllung der ausgebluteten Regimenter eingezogen wurden, sackte das Gewerbe ganz ab und mußte ab 1763 völlig neu eingerichtet werden, wobei mehr als zuvor auf Qualitätssteigerung geachtet wurde. Am 18.8.1764 wies der König das Generaldirektorium an, die Preise zu regeln: »Wenn nur statt 4000 Taler 3000 einkommen, so profitieren die Kassen und kann das Publikum wohlfeilere Preise erhalten. Man kann leicht die Einkünfte erhöhen, wenn man die Ware teuer verkauft; aber das ist ein solches Mittel, welches ich mit meinem Wissen niemals verstatten werde«. Der Hof-Bedarf öffnete den Weg zum Massen-Artikel für das Bürgertum. Inzwischen setzten sich sogar kleine Lüster und reiche Kronleuchter durch, die auch den Glanz vervielfachten. Der König unterband die Einfuhr böhmischen Glases, besonders der roten Überfang-Gläser mit Schliff aus Gablonz, das selbst die sehr leistungsfähigen Glashütten Schlesiens, vor allem in der Grafschaft Glatz, erst allmählich nachzumachen verstanden. Und sie durften nur in Schlesien und ins Ausland liefern, um die bescheidenen Klein-Betriebe in den anderen Provinzen nicht zu schwächen, die ohnehin Absatzschwierigkeiten hatten. Anträgen auf Einrichtung neuer Glashütten gegenüber war der König sehr zurückhaltend, weil sie sehr viel Brennholz brauchten und der König Raubbau fürchtete. Eine großzügige Organisation dieses Gewerbe-Zweiges über alle Provinzen war damals noch zu riskant, als daß der König das unternommen hätte.

All das zeigt, wie sehr der König 'wirtschaften' gelernt hatte, ganz im Sinne seines Vaters. Alle Ansätze für ihre Weiterentwicklung ab 1763 waren bis 1756 gelegt, soweit nicht die beginnende Technik zu Neuerungen zwang. Das Schutz- und Lenkungs-System des Königs führte das Land aus seiner selbstgenügsamen Agrarwirtschaft und ermutigte durch staatliche Sicherheiten und Risiko-Minimierung die Kaufleute zu Investitionen und die Fabrikanten zur Eigenerzeugung. Die Heranbildung einer Unternehmerschaft und die gewerbliche Selbstversorgung erwuchsen aus den Initiativen des Königs. Die Wirtschaftsentwicklung war ein wesentlicher Antrieb zur Staatsbildung geworden. Auf den Rat des französischen Finanzmannes De la Haye de Launay, das Wirtschafts-Schutzsystem aufzuheben, antwortete er: »Sie greifen der Zeit voraus. Wenn sie gekommen ist, werde ich tun, wozu Sie mir raten. Ich würde alles verderben, wenn ich vorgreifen wollte. Sie kennen meine Staaten. Mehrenteils ist der Boden trocken und undankbar. Die besseren Provinzen können die schlechteren nicht ganz versorgen. Das Vieh ist mager und in geringer Anzahl, meine Untertanen müssen es sich z.T. aus Polen holen. Hundert andere Produkte müssen importiert werden und ziehen ansehnliches Geld aus dem Lande. Wollte ich meinen Untertanen gestatten, fremde Waren nach ihrem Geschmack zu importieren, was würde, da der Luxus in allen Ländern die Oberhand gewonnen, aus ihnen werden? Ich muß notwendigerweise genau auf die Bilanz achten und meine Hand öffnen, nicht um an die Ausländer zu geben, sondern von ihnen zu bekommen. Ich unterbinde, soviel ich kann, damit meine Untertanen sich dasjenige selbst machen, was sie anderswoher nicht bekommen. Ich gestehe zu, daß sie es anfangs schlecht machen, aber mit der Zeit wird es vollkommener werden, und wir müssen Geduld haben ... . Ich habe schlechten Boden, also muß ich den Bäumen, die ich pflanze, Zeit lassen, um Wurzel zu schlagen und stark zu werden, ehe ich Früchte von ihnen verlangen kann«. Ein Stück erzieherischer Zwang war eben auch immer dabei!

Wasserstraßen und Landgewinn

Schon 1740 hatte der Minister des I. Departement Friedrich v. Görne (1711-1745) beim König den Bau eines Kanals zwischen Plaue und Parey vorgeschlagen, um die untere Havel mit der mittleren Elbe zu verbinden. Planung und Prüfung wurden aufgenommen. Am 15.3.1743 fragte der König beim Generaldirektorium nach: »Nachdem S.K.M. resolviret haben, daß die Anlegung eines Kanals aus der Plauenschen See nunmehr mit allem Ernst vorgenommen und zu Stande gebracht werden soll, befehlen Sie hierdurch, die Sache sonder weiteren Anstand vorzunehmen und nach gründlicher Überlegung zu berichten, 1. ob die Anlegung praktikabel und der Fall des Wassers überall da ist. 2. Wieviel solcher Kanal zu machen und im Stande zu setzen kosten wird, in wieviel Zeit solcher fertig werden kann? 3. Wie hoch der jährliche Ertrag davon ungefähr sein wird, ob sich solcher lohnen und die Unterhaltungskosten mit abwerfen wird? 4. Wieviel durch Verkürzung der Fahrt S.K.M. an Elb- und Havel-Zöllen verlieren möchten? 5. Ob sich der Kanal behaupten und nicht einer Versandung unterworfen sein werden? 6. Ob die zur Fertigung dieses Kanals erforderlichen Kosten durch andere Maßnahmen aufzubringen sind, außer daß S.K.M. aus Dero Kassen herschießen dürfen? Was für Möglichkeiten dafür am angemessensten und schnellsten sind? 7. Ob durch Anlegung dieses Kanals nicht eine interessante Verbindung zwischen Stettin und den kurmärkischen und magdeburgischen Städten herzustellen sei, und durch was für Mittel solches zu erleichtern sei? S.K.M. wollen einen kurzen und deutlichen Bericht, damit sofort die erforderlichen Anstalten dazu gemacht und, wo möglich, er noch in diesem Jahre in fertigen Stand gebracht werde«. Am 1.6.ds.Js. wurde der rund 34 Kilometer lange Kanal begonnen; am 5.6.1745 war er für 225 t Tragfähigkeit fertig. Für die fünf Schleusenwerke hatte der König 13000 Taler aufgewendet. Damit war der Oder-Spree-Kanal von 1668 nach Westen verlängert.

Dem König ging es vor allem darum, seine mitteldeutschen Kerngebiete aus der Abhängigkeit des Hamburger Hafens zu lösen und sie nach Osten an den Stettiner Hafen anzuschließen, wo seit 1729 die Swine anstelle der Peene schiffbar gemacht worden war. Ab 1747 nahm hier der Verkehr zu; im Frieden verlieh er dem Vorhafen Swinemünde 1765 Stadtrechte. Derselben Absicht diente die Regulierung der Oder, deren Oberlauf ja Preußen jetzt auch besaß. Preußen hat sich an diesem Strom entwickelt; vier seiner Provinzen liegen an ihren Ufern, die sich mit Elbe und Weichsel verbinden lassen. Er hatte sie in völlig verwildertem Zustand vorgefunden, es gab nur Holzflößerei, sorgte aber ab 1741 energisch für eine zunehmend geregelte Schiffahrt, weil er den Strom als Nachschubweg mitten durch Schlesien (»Schlagader«) brauchte, von Oberschlesien zunächst noch abgesehen. Von Tausenden von Eichenstämmen mußte die Fahrrinne befreit, zahllose Mühlen und Stauwehre beseitigt und Zoll-Vorrechte der Städte und Fürsten aufgehoben werden, insbesondere der Stadt Breslau. Ebenso schaffte er 1751 den Stapelzwang längs der Oder ab. Mit dem Erlaß der »Ufer-Ward- und Hegungsordnung«, die erst am 12.9.1763 allen intensiven Maßnahmen einen Gesamtrahmen geben konnte, begann für 150 Jahre eine systematische Oder-Regulierung bis hin zur Steuerung ihres sehr unterschiedlichen Wasserstandes. Durchstiche verkürzten ihren Lauf zwischen Ratibor und Schwedt mit 140 Kilometer fast um ein Fünftel, wodurch sich die angesichts ihres starken Gefälles große Stromgeschwindigkeit weiter erhöhte und es zu Abbrüchen der meist sandigen Ufer kam. Anfangs waren die neuen Fahrrinnen auch zu eng und zu steil. Der König erwog zeitweise sogar, von Freiburg nach Maltsch einen Kanal anlegen zu lassen, um die Waldenburger Kohle bequem an die Oder zu bringen. Sein Plan von 1752, für das sich entwickelnde oberschlesische Industriegebiet die Klodnitz von Cosel bis Gleiwitz auf 41 Kilometer zu kanalisieren, wurde nach einem Plan des Deichinspektors v. Geschke von 1788 erst ab 1792 in Angriff genommen. Ebenso hat er das umfassende Eindeichungs-Werk und die angesichts der Breite des Stromes schwierigen Brückenschläge maßgeblich in Gang gesetzt.

Friedrich der Große beließ ganz bewußt die Straßen des Landes in ihrem derzeitigen, oft genug erbärmlichen Zustande, um dem Feinde im Kriege nicht noch die Einmarschwege durch teure Brücken zu verbessern und im Frieden die ausländischen Fuhrleute länger festzuhalten und damit zu größeren Abgaben zu nötigen. Jeder Transit-Handel oder Durchgangsverkehr war ihm ein Greuel; deshalb belegte er ihn mit schikanösen Abgaben. Auch die Postkutschen fuhren ohne Plan-Dach. Wenn es regnete, sollten sich die Reisenden eben ihre Mäntel anziehen. Wenn die meisten Reisenden, Fuhrleute und Schiffer preußisches Gebiet vermieden, so war ihm das beim Durchgangsverkehr ganz recht. Dagegen bevorzugte er als billige Massentransportwege grundsätzlich Wasserstraßen, vermutlich eine Vorliebe seiner oranischen Ahnen. In seinem Handelsprogramm vom 1.10.1749 schrieb er: »Wir haben Häfen, Flüsse und Fahrzeuge. Was uns fehlt, ist nur mehr Betriebsamkeit und Großhändler, um die neuen Unternehmungen zu betreiben.« Wasserstraßen waren bis zur Errichtung der Eisenbahnen schneller als die Landstraßen. Eine Pferdestärke bewegte hier fünfundsiebzigmal so viel wie auf dem Boden. Zwanzig Kähne beförderten die Fracht von tausend sechsspännigen Fuhrwagen. Berlin bot mit seinen drei Flüssen und zehn Kanälen einen idealen Umschlagplatz. Und wie oft hat er doch die Elbe bei seinen Einmärschen in Böhmen als leistungsfähige Nachschubstraße, vor allem für Schwertransporte, nutzen können zwischen Hohenfinow an der Oder und Liebenwalde an der Havel wiederherzustellen. Am 2.1.1746 wandte er sich an die pommersche Kammer: »S.K.M. erinnern hierdurch allen Ernstes, nunmehr in diesem Jahre die Veranstaltungen wegen des Finow-Kanals dergestalt zu machen, daß er ganz ohnfehlbar und sonder Einwenden noch Raisonieren ganz und gar fertig und in vollkommen brauchbarem Stande sein müsse. Es werden S.K.M. gegen die Zeit des 1. Mai selbst dorthin kommen und alles nachsehen, ob es fertig und im Stande sei. Sollte solches nicht geschehen sein oder etwas fehlen, so kann sich die Kammer versichert halten, daß S.K.M. gegen dieselbe auf das schwerste unwillig sein werden«. Gleichzeitig mahnte er die sich lange hinziehende Fertigstellung des Hafens Swinemünde an. Der Kanal wurde pünktlich mit 110 t Tragkraft fertig! 1751 bekam er fünf weitere Schleusen, 1767 die sechzehnte. 1752 wurden die Elb- und Oder-Zölle gleichgesetzt. Mit dem Plauer Kanal zusammen sollte er den Salztransport von Halle bis Ostpreußen und Schlesien um über acht Tage verkürzen, als Querverbindung der nach Norden fließenden großen Ströme, mit dem Schnittpunkt Berlin.

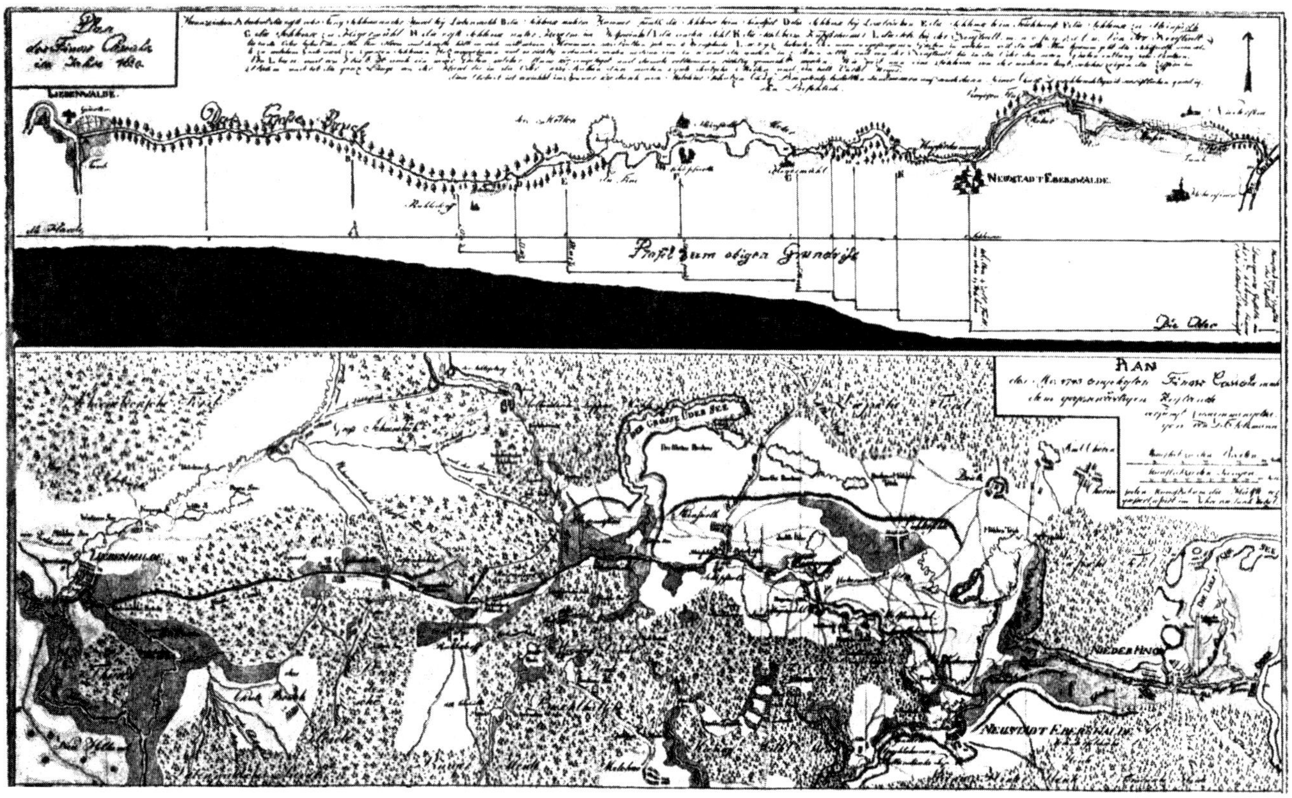

Oben Plan des Finow-Kanals von 1620 mit dem Höhen-Profil, unten der Finow-Kanal 1745 »in seinem gegenwärtigen Zustand«.

nen. Hatte er schon 1740 den Mietzel-Floßkanal zur Oder nördlich Küstrin für den Holztransport in die Hallenser Salinen graben lassen, so befahl er 1744, den im Dreißigjährigen Krieg zerstörten Finow-Kanal auf 41 Kilometer Länge über Eberswalde mit zehn Schleu- In etwa zwölf Jahren verdichtete er das Kanalsystem von insgesamt rd. 200 Kilometer Länge durch weitere Bauten, bei denen im ganzen unter Leitung seiner Ingenieur-Offiziere bis zu 70000 Arbeiter eingesetzt waren, in der Regel aus den Gütern der Kurmark, für die der König an die Gutsbesitzer Miete zahlte. Am 23.9.1750 schärfte er dem Generaldirektorium eine bessere Behandlung der mitarbeitenden Kolonisten und Soldaten ein. 1745/50 entstand der Polzow-Kanal von Menz bei Ruppin zur Havel. 1747 wurde nach Berechnungen des Oberdeichinspektors Simon Leonhard v. Haerlem und einem Gutachten des Mathematikers Euler zwischen Güstebiese und Wutzen nördlich Freienwalde mit dem »Neuen Kanal« auf fünfundzwanzig Kilometer Länge der Oder in Durchstich und Begradigung weiter östlich ein neues Bett gegraben, das nach Fertigstellung im Jahre 1753 die ständigen Überschwemmungen ausschloß und die Trockenlegung auch des oberen Oder-Bruches ermöglichte. Fast gleichzeitig wurde der »Große Hauptkanal« mit 75 Kilometer Länge von Nieder-Neuendorf bei Heiligensee bis Hohennauen nördlich Rathenow zur Havel gebaut, der vor allem das Havel-Luch entwässerte. Nach dem Siebenjährigen Kriege ließ er ab 1766 vom Lebauischen See/Uckermark bis zur Havel den Templiner Kanal, von Oranienburg bis zum Bütz-See den 15 Kilometer langen Ruppiner Kanal und den Werbelliner Kanal anlegen. 1772/73 folgte unter v. Derschau vom Ruppiner Kanal bis zum Gülper See bei Havelberg der Rhin-Kanal. 1779 errichtete der König in Havelberg eine Seeschiff-Bauwerft. Schließlich ließ er noch bis 1780 die Ruhr mit Schleusen schiffbar machen. In Ostpreußen schuf er 1766 den Johannisburger Kanal, der nicht seine geplante Länge bis zum Pregel erreichte, und den Königsberger Seekanal sowie in Westpreußen 1773/74 den Bromberger Kanal, der Brahe, Netze und Weichsel verband. Noch 1786 verlegte er die Warthe-Mündung, 119 Kilometer schiffbar, sieben Kilometer unterhalb von Küstrin. Urbarmachung und Besiedlung des dabei gewonnenen Landes waren in der Regel jeweils spätere Phasen, wobei der Staat auch für sich neues Domänenland gewann. Die Schiffahrt blieb bewußt den inländischen Schiffer-Gilden vorbehalten, Ausländer bildeten die Ausnahme, Binnenzölle entstanden nicht.

Einer der hauptsächlichen Nutznießer des verbesserten Kanal-Systems war die Waldwirtschaft. Holz war einer der wichtigsten Roh- und Baustoffe. Mit seinem Edikt vom 10.3.1742 hatte er Domänen und Privat-Besitzern eine planmäßige Holzwirtschaft mit dem Ziel besserer Nutzung erneut eingeschärft. 1754 setzte er für kaum nutzbare Sandflächen der Kurmark einen Aufforstungsplan für Eichen und Kiefern in Kraft. Gewinnbringend waren nur gute Hölzer, besonders hoch im Schiffsbau, in dem ein großes Schiff allein mehr als 4000 Eichen verschlang. Bei ihrer begrenzten Lebensdauer herrschte ständig großer Bedarf. Als das Generaldirektorium 1764 feststellte, daß die Holzhändler aus Hamburg für die Tannen 6 Taler zahlten, sie aber für 25 Taler verkauften, wünschte der König, eine private Holzhandel-Gesellschaft solle den Direktverkauf an die Abnehmer übernehmen, um bessere Einnahmen zu erzielen. Die Münz-Unternehmer Ephraim und Itzig hielten eine Beteiligung für nicht aussichtsreich, weil die Transportkosten den Holzpreis um mehr als das Dreifache überschritten. Die dennoch 1766 gegründete Gesellschaft war nach fünf Jahren am Ende und wurde vom Staat übernommen, wie so manche Handelsgründung des Königs. Trotz aller Verluste durch die englische Konkurrenz hatte der König seinen ursprünglichen Zweck doch erreicht, »zur Wiederherstellung und Konservation der Forsten beizutragen«, wie er dem Generaldirektorium unter dem 12.10.1770 geschrieben hatte. Mit dem neu gebildeten VIII. Departement unter v. Hagen kam in demselben Jahr die staatliche Forstaufsicht zum Tragen.

Schon 1746 hatte der König in Schlesien das Niederungsmoor der Sprotte, eines Nebenflusses des Bober, bei Primkenau in Teilen entwässern lassen, Arbeiten, die 1853 und 1934 fortgesetzt wurden. Kleinere Meliorationen im Bartsch- und Horle-Bruch im Norden der Provinz folgten, ebenso die Urbarmachung »derer Werder und Brucher (südlich) von Stettin«, über deren schlechten Fortgang bei Damm er im August 1747 klagte. Dort wurden ab 1753 viertausend Menschen angesiedelt. 1746 griff er auch den alten Plan seines Vaters von 1736 auf, das Oderbruch im ganzen vor den jährlichen Überschwemmungen zu sichern und trockenzulegen, wobei auf Erfahrungen der Trockenlegung des großen Havelländischen Luchs wie der Anlegung des Havelländischen Hauptkanals von 1718 bis 1725 zurückgegriffen werden sollte. Schon Ende des 16. Jahrhunderts gab es Sanierungsarbeiten mit niederländischen und schlesischen Arbeitern, die Verwallungen und Dämme errichteten. 1613 und 1736 brachen Überschwemmungen ein, 1636 durchstießen die Schweden die Dämme unterhalb Reichwein. Das etwa 60 Kilometer lange und 15 bis 20 Kilometer breite Bruch war von dem Doppelbogen der Oder jeweils auf drei Seiten umschlossen, so daß nur die systematische Lösung ihrer Verlegung an den Ostrand endgültigen Erfolg versprach. Friedrich Wilhelm I. hatte bereits von Lebus bis Zellin einen starken Deich ziehen lassen. Jetzt war geplant, von Küstrin bis Güstebiese durch Begradigung und eine Kanalisierung das Strombett auf rd. 40 Kilometer Länge zu vertiefen und von dort den nördlichen Flußbogen auf 25 Kilometer bis Wutzen durchzutrennen, ein Jahrhundert-Werk, das nicht nur die Pflanzen- und Tier-Welt, sondern auch das Leben der Menschen umwälzend veränderte. »Die Entsumpfung wurde von Schwedt bis über Stettin hinaus fortgesetzt«, berichtete der König am Anfang seiner »Geschichte des Siebenjährigen Krieges«.

Wiederum wurde der erfahrene Kriegsrat und Oberdeichinspektor Simon Leonhard v. Haerlem, ein Niederländer, herangezogen zu einem Gutachten über die Bewältigung der großen technischen Schwierigkeiten, die er trotz genauester Kenntnis für lösbar, wenn auch als mühsam, langwierig und kostspielig ansah. Um sicher zu gehen, berief der König eine besondere Kommission zur Überprüfung vor Ort, zu der ausdrücklich der berühmte schweizer Mathematiker Leonhard Euler zählte, Mitglied der Berliner 'Akademie der

Wissenschaften'. Sicher wollte er damit auch Einwänden der bäuerlichen Anwohner, Fischer und adligen Grundbesitzer, darunter sein Vetter Markgraf Karl mit dem größten Besitze, vorbeugen. Der umfangreiche Kommissions-Bericht konzentrierte sich auf drei Hauptpunkte: schneller, direkter Wasserabfluß, Einfassung des Strombettes mit starken Deichen und Sammlung des Binnenwassers mit zügiger Abführung.

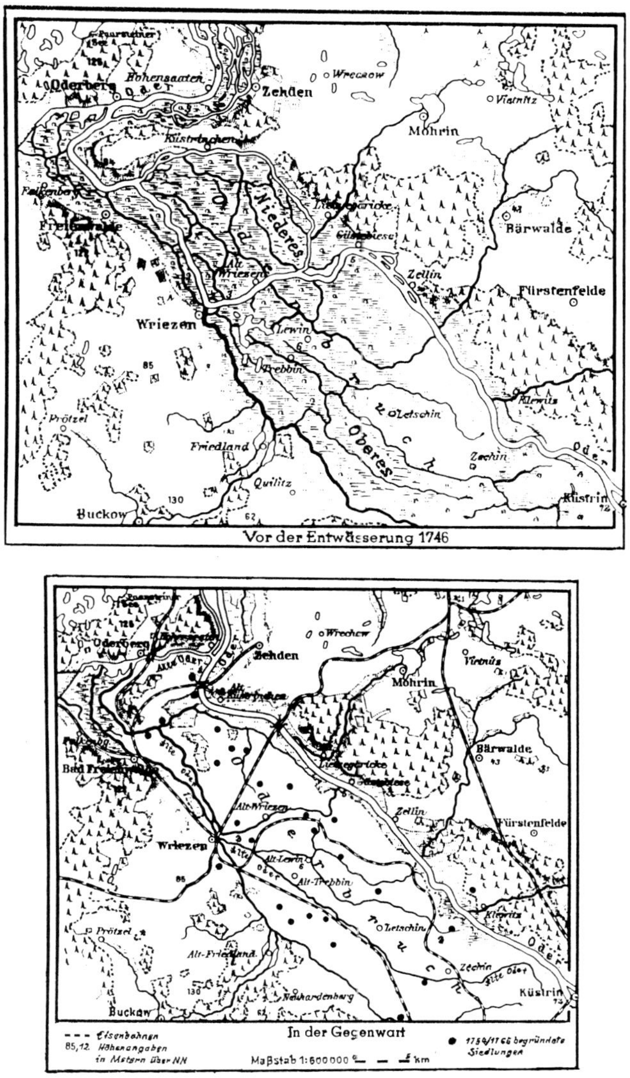

Vergleich des Oder-Bruches vor und nach der Regulierung

Der Durchstich ab Güstebiese bis Hohensaaten verkürzte den Strom um rd. 27 Kilometer, gab dem Wasser ein stärkeres Gefälle und senkte den Grundwasserspiegel, so daß die Überschwemmungen nachließen und nach den Eindeichungen mindestens 44200 Morgen fruchtbares Land zu Tage traten. Die Leitung der Arbeiten erhielt v. Haerlem, unterstützt von Isaak Jakob Petri, Ingenieur-Kondukteur, der sich auch später beim Warthe- und Netze-Bruch auszeichnete. Die Zahl der eingesetzten Arbeiter wurde durch Soldaten sofort mehr als verdoppelt. Auf die Dauer blieben es viel zu wenig. Dennoch kritisierte der König am 19.8.1747 kurz nach Beginn der Arbeiten zwischen Glietzen und Küstrinchen den Präsidenten der pommerschen Kammer, v. Aschersleben: »Da Ich zu Meinem Mißfallen vernehme, daß die Sache wegen Bewallung und Urbarmachung der Orte längs der Oder sehr schlechten Fortgang hat und ganz schläfrig betrieben wird, befehle Ich Euch hierdurch, daß Ihr die Sache mit mehr Ernst angreifen und Euch nicht durch das Geschrei und die Widerreden der dortigen Leute verwirren lassen, vielmehr mit solchem Ernst zu Werke gehen sollet, damit diese Sache bald und völlig zu Stande gebracht werde«. Die »Neue Oder« wurde erst 1753 fertiggestellt.

Das Bett des alten Oder-Bogens wurde durch den Durchstich nicht ganz wasserleer; die »Alte Oder« erlaubte zwischen den Dörfern und Städten noch einen örtlichen Wasserverkehr bis 1832 und den Fischfang, wenn auch in geringerem Umfange. Die Öffnung der »Alten Oder« zur »Neuen Oder« bei Güstebiese wurde erst zwischen 1810 und 1818 durch den Geh. Oberbaurat Cochius mit einem massiven Damm abgeriegelt, damit das Wasser nur noch im neuen Bett weiterfloß. Trotz vieler Bedenken bewährte sich das; eine absolute Trockenlegung des alten Bettes trat nicht ein. Dennoch hat sich das Bauwerk ausgezeichnet bewährt bis auf die Hoffnung auf eine verbesserte Stromkraft und Fahrwasser-Tiefe. Der Kanal versandete allmählich, die Ufer wurden breiter und flacher, das Wasser zeitweise sehr niedrig, für die Schiffahrt schwierig. Die Oder ist kein Gebirgs-, sondern ein »Steppenfluß« ihrer Natur nach. Das Oberbruch hatte schon Deiche; das Niederbruch benötigte über 75 Kilometer Dämme, was viel Geld und große Anstrenngungen verschlang, weil das alte Flußbett mit eingedeicht werden mußte auf beiden Seiten. Das Binnenwasser, Grundwasser und Flußwasser, erforderte ein ausgedehntes System von Abzugsgräben und Kanälen, die in dem »Landgraben« in das neue Flußbett abzogen. Bei Niedrigwasser bewahrt es die Oder vor dem Trockenfallen. Verwallung und Entwässerung wurden ständig ergänzt und verbessert, so daß große Getreidefelder, Raps- und Zuckerrüben-Schläge entstanden, nachdem in mühsamster Arbeit die Böden befreit und gereinigt waren. 1820/21 wurden bei Wriezen und Neu-Tornow Schleusen eingerichtet, 1832 die alte Oder völlig abgedämmt, 1843 bis Stützkow ein Vorflutkanal angelegt und 1858 bei Hohensaaten eine Schiffsschleuse gebaut. Das Deichstatut schloß 1861 diese Glanzleistung Preußens ab. Heute ist das Oderbruch der wichtigste Zulieferer für Berlin. Da die Endabrechung dieses Werkes den Praktikern Schwierigkeiten machte, setzte der König im Oktober 1766 eine Kommission ein, die alle Arbeiten mit den Rechnungen verglich, es war rd. eine Million Taler!

In seinem Edikt vom 1.9.1747 hatte der König den Kolonisten die Befreiung von gewaltsamer Werbung und Enrollierung versprochen. Auf königlichem Land bekamen sie ein Freijahr und für drei Jahre Steuernachlaß, dafür waren Häuser und Rodung fertig, von Dienstleistungen ledig, der ganze Besitz in Erbpacht und die Einfuhr der Habe zollfrei. Auf Adels-Land erhielten sie sechs bis acht Freijahre und Bauholz, hatten aber den Hausbau und die Rodung selbst zu übernehmen. Die Ansiedlungs-Organisation leitete Oberst Wolf Friedrich v. Retzow, ein äußerst tüchtiger und zuverlässiger Soldat, den der König »mon petit Colbert« nannte, von 1751 bis zu seinem Tode 1758. Er war Generalquartiermeister seit 1747, verantwortlich für die gesamte Verpflegung, Magazine, Fabriken, die Münz-Anstalt, das Potsdamer Militärwaisenhaus und Berliner Invalidenhaus, die Überweisung der Revue-Gelder und die Apotheken in Berlin und Potsdam. Schon 1753 wurden als erste in Nieder-Wutzow vier Familien mit je acht Morgen angesetzt und das Land für 1248 weitere Familien freigegeben, die aus ganz Deutschland angeworben wurden. Der König hatte 6000 Menschen dafür vorgesehen, die gar nicht aus dem Lande selbst kommen konnten. Während des Siebenjährigen Krieges gingen Meliorationen und Ansiedlung weiter. Bis 1761 trafen 703 weitere Familien ein, die in fünfzehn neuen Dörfern ansässig wurden, deren Name den Vorsatz »Neu-« vor dem alten Ortsnamen führte. Alte Dörfer wurden vergrößert, Kirchen, Schulen, Ziegeleien, Geflügelhöfe neu erbaut. Die Hälfte der neuen 130000 Morgen waren königlich, 20000 in Adelshand, davon die Hälfte beim Markgrafen Karl, der Rest verteilte sich auf die Johanniter und die Stadt Wriezen. Bis zum Ende der Haupt-Besiedlung 1763 waren auf dem adligen Anteil nochmals 2251 Kolonisten in einundzwanzig Orten angesiedelt, meist aus Mecklenburg, Thüringen, Polen. Das letzte Kolonistendorf war Broichsdorf bei Hohenfinow 1776. Insgesamt kamen zwischen Küstrin und Wriezen 2000 Familien in über 30 neuen Bauerndörfern unter, so daß der König mit Recht 1763 bei seiner Besichtigung sagen konnte: »Hier habe ich im Frieden eine Provinz erobert!«

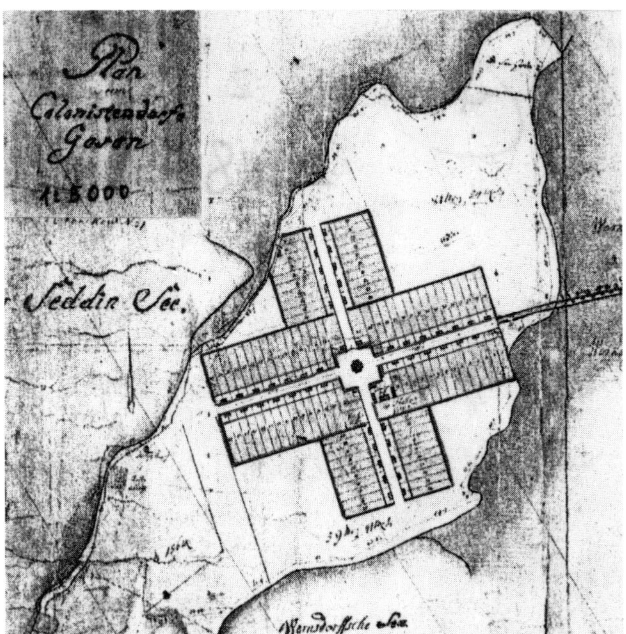

Das Kolonistendorf Gosen bei Erkner entstand 1754/55 mit Kirche, Friedhof und Schule als Siedlung für Spinner, die Heimarbeit für Köpenick leisteten.

Auch in Pommern kam die von seinem Vater vorgesehene Binnen-Siedlung 1747 in Bewegung, nachdem er Generalleutnant Prinz Moritz von Anhalt-Dessau, Chef des Inf.Rgt. 22 in Stargard, in Zusammenarbeit mit der Stettiner Kammer zum Siedlungsbeauftragten ernannt hatte. Einerseits besaßen die Städte viel mehr Land, als sie anbauen konnten, andererseits gab der dortige Adel zum Ärger des Königs selbst Brachflächen nicht heraus, so daß auf Waldrodung zurückgegriffen werden mußte. Aus Mangel an Geld und Arbeitskräften wurde nur ein Drittel der Flächen als Acker gewonnen. Am besten gelang es auch hier auf den Domänen: Friedrichswalde lag mit 15 Dörfern an der Spitze, gefolgt von Kolbatz und Königsholland mit je 11, in den Kreisen Lauenburg und Bütow sowie im Stettiner Besitz an der Krampe entstanden weitere, insgesamt 90 Ansiedlungen mit 1500 Familien, davon 830 in 55 neuen Dörfern. In der Neumark wurde ab 1.7.1745 der Warthe- und Netze-Bruch Schritt für Schritt geräumt; Trockenlegung und Ansiedlung erfolgten erst nach dem Siebenjährigen Krieg. Dennoch wurden bis 1756 auch hier bereits 40 neue Dörfer angelegt, immer in der Mischung von Vollbauern-Höfen mit bis zu 180 Morgen und Stellenbesitzern mit 5 bis 10 Morgen als Nebenerwerbssiedlung. Wo an der

Christian Andreas Cothenius (1708-1789) behandelte seit 1748 den König, der sich gesundheitlich ständig überforderte und wurde ab 1751 sein Leibarzt.
(Gemälde von A. Dorothea Therbusch 1777)

Netze bereits neues Land trocken war, siedelten sich Polen auf eigene Kosten an. Ebenso wie viele Deutsche aus Polen suchten sie den immer verworreneren Verhältnissen durch Umsiedlung zu entgehen. Hubatsch stellte fest, daß es keine Provinz gab, in der nicht wenigstens tausend Familien auf Staatskosten angesiedelt wurden, unter Einsatz von insgesamt über 50 Millionen Taler. Am dichtesten wurde die Kurmark aufgesiedelt mit rd. 50000 Menschen, meist in

Städten, aber auch in 96 neuen Dörfern. 1752 bekannte der König: »Dort habe ich alles Brachland urbar machen lassen. In der Prignitz besaßen die Edelleute ausgedehnte Ländereien, die sie nicht bewirtschaften konnten. Die Notwendigkeit der Besiedlung wurde ihnen nachgewiesen, und in diesem Jahr erbauten sie dort acht neue Dörfer und im kommenden zwölf weitere. Im Halberstädtischen sind bis jetzt fünf Dörfer angelegt. Wenn ich alles seit dem Jahre 1746 zusammenzähle, bin ich bei dem 122. Dorf angelangt«. Bis 1756 wurden auch in Magdeburg-Halberstadt zwölf neue Dörfer geschaffen für 20000 Menschen, meist aus Thüringen. Selbst in Ostpreußen, nach Schlesien die volkreichste Provinz, kam es noch zu einer Nach-Siedlung von 2000 Familien. Insgesamt fanden in diesem Jahrzehnt mehr als 57000 Familien auf dem Lande oder in den kleinen Städten eine neue Heimat, während die westlichen Gebiete davon ausgenommen blieben. Wenn auch Eingewöhnung und Eingliederung am neuen Ort Reibungen brachten, die vom König garantierte Freiheit mit Vorrechten und Vorteilen war sehr verlockend, durchmischte die Bevölkerung, bereicherte das Wirtschaftsleben und lockerte die Sozialstruktur auf.

Nützliche und auserlesene
Medicinische und Chirurgische
Anmerckungen
So wohl
Von innerlichen, als auch äuserlichen Kranckheiten, und bey selbigen zum theil verrichteten
Operationen,
Welche bishero in den von Sr. Königl. Majestät in Preussen gestiffteten grossen
Lazareth
Der
CHARITÉ
zu Berlin, vorgefallen;
Nebst
Einer vorangegebenen kurtzen Beschreibung der Stiftung, Anwachs und jetzigen Beschaffenheit dieses Hauses 2c.
Entworffen
von
Dr. JOH. THEODOR. ELLER,
Königlichen Feld-Medico, des Ober-Coll. Medici Decano, des Colleg. Medico Chirurg. P. P. der Königl. Societet der Wissenschaften, und des Colleg. Sanitat. Mit-Gliede.
BERLIN, verlegts Joh. Andreas Rüdiger, Buchhändl.

Das staatliche Armen-Krankenhaus in Berlin, die Charité, gewann allmählich eine Vorzugs- und Spitzenstellung, vor allem durch Dr. med. Eller.

Erwerb Ostfrieslands

Ostfriesland hatte im 16. Jahrhundert die Aussicht auf Bildung eines Territorial-Staates durch den Widerstand seiner Stände unter Führung Emdens eingebüßt, begleitet durch Erbstreitigkeiten, konfessionelle Auseinandersetzungen und den Steuer-Entzug durch die Stände. Emden machte sich 1595 praktisch selbständig und nahm seit 1682 eine preußische Garnison auf. Die Erb-Anwartschaft Preußens seit 1694, vom Kaiser anerkannt, schloß die Entwicklung ab. Als am Nachmittag des 25.5.1744 plötzlich Fürst Karl Edzard Cirksena im Alter von achtundzwanzig Jahren kinderlos verstarb unter Hinterlassung von einer Million Reichstaler an Schulden, klebten am nächsten Morgen in allen Städten Plakate mit dem schwarzen Adler und marschierte ein Detachement unter Oberst Graf zu Wied, Kommandeur des Inf.Rgt. 28 Wesel, dabei die beiden Kompanien des Garnison-Bataillons XII aus Emden und Greetsiel unter Oberstleutnant v. Kalckreuth mit 260 Mann, auf Norden, Aurich und Wittmund, für die Bevölkerung eine Überraschung, da sie so eine Schnelligkeit nicht gewöhnt war. Die Plakate hatten seit sechs Jahren gedruckt vorgelegen, ohne Datum, die Vollmacht für v. Kalckreuth und den Rat Dr. Sebastian Anton Homfeldt, Syndikus der Stadt Emden, Gerichtsschulze beim Emdener Bataillon, datierte vom 6.6.1740 und ermächtigte ihn seit vier Jahren, im Erbfall sofort zu handeln, ohne in Berlin anzufragen. Vorausgegangen war am 28.11.1742 ein Vertrag mit Emden und einem Teil der Stände zur Anerkennung der Ansprüche Preußens bei Garantie der ständischen Verfassung. Die vier Garde-Kompanien des Fürsten in Aurich wurden übernommen und dem Emdener Bataillon eingegliedert; die niederländischen Garnisonen in Emden und Leer zogen ab, die kaiserliche Salvegarde in Leer und Norden verließ 1744/45 das Land. Der Versuch dänischer Garnisonen in Aurich und Berum, die Besitzergreifung zu hindern, verflüchtigte sich, als eine preußische Kompanie anrückte. Binnen einer Woche war in aller Ruhe der Machtwechsel vollzogen. Die Ostfriesen waren die ständigen Streitigkeiten leid. Der Einspruch Georg II. von England endete in jahrelangem Schriftwechsel. Für alle Fälle verstärkte der König die Garnison in Wesel, um seine Entschlossenheit zu demonstrieren. Wegen der niederländischen Nachbarschaft sollte die freundlich erwartungsvolle Stimmung im Lande unter allen Umständen erhalten bleiben.

Am 30.5. rief der König, der in Pyrmont kurte, aus Minden den Kriegs- und Domänenrat Caspar Heinrich Bügel nach Aurich, um die Lage zu prüfen und Verwaltungsvorschläge zu machen. Am 1.6. leistete die Ritterschaft in Emden den vorläufigen Huldigungs-Eid, bis Justizminister v. Cocceji, der große Erfahrung im Reichsrecht besaß, dem ab 20.6. einberufenen Landtag im Namen des Königs ‘ohne die geringste Festivität’ die Huldigung abnahm. Gegen Zahlung

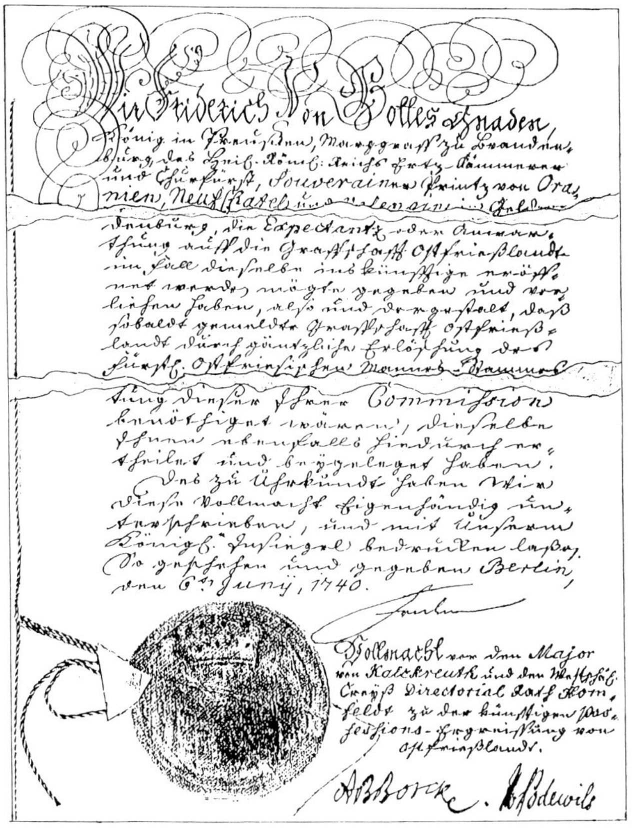
Wir Friderich von Gottes Gnaden, König in Preußen, Marggraff zu Brandenburg, ...
... Souverainer Printz von Oranien, Neufchatel ...
... Commission ...
... Berlin, den 6. Juny, 1740.
Vollmacht vor den Major von Kalckreuth und den ... Directorial Rath Horn ...
ABBorcke. HPodewils

Vier Jahre alte Vollmacht des Königs zur Inbesitznahme Ostfrieslands, beglaubigt vom Geheimen Kabinettsminister Heinrich v. Podewils und Adrian v. Borcke, III. Departement.

von 24000 Talern jährlich an den Souverän und 16000 Talern Rekrutengelder sollten die Stände vorerst die Verwaltung weiterführen. Zum Leiter der Regierung wurde Homfeldt als Kanzler berufen, der die Verhältnisse gut kannte und in unentbehrlicher Weise für Preußen beeinflußte. Ihm zur Seite trat als selbständige Behörde Preußens die mit landfremden Beamten besetzte Kriegs- und Domänenkammer Ostfriesland unter ihrem Direktor Bügel als straffe moderne Verwaltung, von Berlin sehr unterstützt. Das Land hatte knapp 100000 Einwohner, Emden war von 30000 auf 8000 abgesunken. In Leer gab es einige Leinenweberei, sonst lebte man von der hervorragenden Viehzucht neben Weidewirtschaft und geringem Ackerbau. Der Hochmoor-Abbau stand erst am Anfang. Ostfriesland umfaßte acht landesherrliche Ämter: Emden, Aurich, Norden, Leerort, Greetsiel, Friedeburg, Stickhausen und die fünf ostfrieschen Inseln. Anfangs sah der König in ihm nur ein Pfand oder Tausch-Objekt. Es dauerte eine Zeit, bis er die Chancen der neu gewonnenen Nordseehäfen Emden und Norden ins Auge faßte, die er aber nur sehr begrenzt nutzen konnte.

Auf Drängen preußischer, Hamburger, Frankfurter und niederländischer Kaufleute bewilligte er am 4.8.1750 die Gründung einer »Preußisch-Asiatischen Handelskompanie« ab 1.9. ds. J. in Emden für den Seehandel mit Kanton unter H.T. Stuart, einem Schotten. In seinem Testament schrieb er 1752 darüber: »Weil das Privatleuten die Möglichkeit verschafft, ihre Kapitalien mit Gewinn anzulegen, weil die Pfandbriefe die Zahlungsmittel verdoppeln, weil wir einen Zweig des holländischen Handels an uns reißen, weil wir alle indische Waren billiger bekommen, weil die Verbindung des Emdener und Stettiner Handels die Unternehmungen unserer Kaufleute viel bedeutender werden und Stettin einen Teil des Hamburger Handels in Polen, Böhmen, Mähren in seine Hand bekommen kann«, alles wirtschaftliche Gründe. Bereits 1748 hatte er von Leer aus zwei Schiffe mit gutem Gewinn nach Frankreich geschickt. Am 17. Februar 1752 lief als erstes Schiff von vieren — je zwei stammten aus England und Holland — die Fregatte »König von Preußen« aus mit 120 Mann Besatzung, 12 Schiffssoldaten, 36 Kanonen. Am 19.9. ds. Js. folgte die »Burg von Emden«, Anfang 1753 die »Prinz von Preußen« und 1755 »Prinz Ferdinand«. Bei Rückkehr der »König von Preußen« am 6.Juli 1753 mit Tee, Porzellan und Seide übertraf der Gewinn mit 65000 Talern alle Erwartungen, der auch dem Lande zugutekam. Die Kompanie erhielt Verkaufsmonopol, England drohte mit »Zerstörung Emdens«. Nicht so erfolgreich war die am 24.1.1753 in Emden ins Leben gerufene »Bengalische Kompanie« von John Harris, deren erstes Schiff 1754 in See stach. Die »Levante-Kompanie« von 1765 scheiterte nach wenigen Jahren. Erst 1780 konnte die »Asiatische Handelskompanie« mühsam wiedererrichtet werden. Durch den Siebenjährigen Krieg war das entfernte Land in jeder Weise schutzlos und daher Flagge und Paß hinfällig: Bereits im Juni 1757 rückten die Franzosen ein; ihnen folgten im Oktober ds. Js. die Österreicher, bis beide im März 1758 das Land wieder verließen. Im September/Oktober 1761 erschienen die Franzosen noch einmal. Erst 1763 traten wieder geordnete Zustände ein. Auf jeden Fall aber hatte der König die Küstenschiffahrt und den Schiffsbau entdeckt, die vor allem den Holzhandel erweiterten.

Die inneren Verhältnisse des Landes wurden schrittweise auf »preußischen Fuß« gebracht. Die unabsehbare Zahl der Drosten, Räte, Landrichter, Amtleute, Rentmeister, Burggrafen wurde eingeschränkt, ihre unklaren Befugnisse geordnet, Gehälter und Deputate belassen. Die Dienstanweisung vom März 1748 glich die Aufgaben der Drosten denen der Landräte an; ab 6.7.1755 bestallte sie das Generaldirektorium nach Einweisung durch das Justizministerium. Die Vereinbarung von Aurich vom 7.7.1744 regelte förmlich das Verhältnis zwischen Ständen und Krone, dabei erneut die Zusicherung, gegen Geld-Ablösung auf Rekruten zu verzichten. An die Stelle des Reichskammergerichtes trat jetzt das Berliner Ober-Appelationsgericht. So konnte Coccejis Justizreform mehrere hundert uralte Prozesse kassieren oder kurzfristig abschließen. Die Angleichung der Verwaltung war nur ganz allmählich möglich, weil ihre Struktur altertümlich und unterschiedlich zur preußischen war; »Mißstände seien mit der Zeit nach und nach, auch auf convenable Art abzustellen«. Erst im Mai 1748 drohte das Generaldirektorium, dessen III. Departement das Land unterstellt war mit Cleve-Mark, Moers, Geldern und Neufchâtel unter dem tüchtigen Minister v. Boden, sich »mit dem gehörigen Nachdruck einzumischen«. Allein die Ordnung des völlig verworrenen Münzwesens gegen den Widerstand der Stände unter Ausschaltung wertloser Zahlungsmittel war eine große Leistung. Regelmäßige Abgaben in voller Höhe an den Staat kamen erst 1746 zustande. Am 18.8.1746 trat als Sonderregelung für Ostfriesland ein Ressort-Reglement in Kraft, das die ständischen und staatlichen Zuständigkeiten besser abgrenzte, ohne weitere Reibungen verhindern zu können. Nach dem Tode von Bügel am 28.4.1748 verlangte der König von seinem Nachfolger Daniel Lentz als Präsidenten, »der grundüblen Haltung der Stände ein Ende zu machen. Ich lege Euch dergleichen Idées an die Hand, um zu beurteilen, ob solche sich dort schicken oder nicht, da Ich das Land niemalen gesehen noch der Umstände kundig bin, dies zu beurteilen«. Lentz taktierte so geschickt, daß die Stände selbst die preußische Verwaltung als Wohltat für das Land erbaten. Der Landtag zu Aurich faßte am 16.1.1749 alle Beschlüsse, um die Provinzialverwaltung zu einer echten Behörde zu machen. Damit konnte auch der »Codex Fridericianus« als Prozeßordnung in Kraft treten und das Gerichtswesen regulieren. Die bisherige Regierung hatte nur noch das Schulden- und Steuerwesen zu regulieren; sie brauchte vierzehn Jahre dazu.

Die praktischen Maßnahmen hatten gleich 1744 eingesetzt, unbeschadet der Verwaltungs-Probleme. Als erstes wurde die Deich- und Siel-Aufsicht geregelt, deren Ausformung sich bis 1747 hinzog, nachdem sofort eine Bestandsaufnahme der Deiche und Siele und ihres Zustandes vorgenommen worden war. Die acht Ämter hatten monatlich Wirtschaftsberichte vorzulegen. Für die Kultivierung der Hochmoore wurde das Abbrennen verboten und trotz Vieh- und Futter-Mangel die Dünge-Kultur erzwungen. Binnen drei Jahren entstanden ab 1746 sechs neue Fehne: Iheringsfehn, Hüllenerfehn, die Fehne südlich Potshausen und im Firreler Moor bei Remels, Spetzerfehn und Großfehn. Ab 1748 wurden im Laufe von zwei Jahren neunzehn neue Kolonien rund um Aurich, vor allem beiderseits der Straßen nach Wittmund und Leer gegründet; nur Uthwerdum liegt westlich Aurich. Von 1754 bis 1759 folgten fünf weitere Kolonien, diesmal von Aurich eher nach Nordwesten. Gleichzeitig kümmerte sich die preußische Verwaltung um die Verbesserung der Landwirtschaft. 1744 wurden die Vor- und Nach-Weide, 1745 jede Mistausfuhr untersagt. 1744 sollten Kolonisten an »fünfundzwanzig neuen Stellen« Buchweizen ansäen; 1747 verlangte die Behörde die Verbesserung der Abwässerung, Anlage von Schäfereien, dazu die Einrichtung von Öl- und Graupen-Mühlen und Sägewerken. 1756 und 1759 verlangte man die Anbauförderung von Hopfen, 1756 von Krapp, Luzerne, Reis und Kümmel, 1759 eine vermehrte und verstärkte Düngung durch Salz, dazu 1763 den Anbau von Raps. Ebenso war die Verwaltung um die Stützung und Ordnung des Handwerks bemüht, schon 1744 um die Schneider, 1745 um Gerber und Sattler, 1746 um Händler und Buchdrucker, 1747 um Schuster, Bäcker, Tischler, Maurer, Zimmerer, 1748 um Schmiede und Kupferschmiede, 1749 Krämer und Höker, 1751 um Drechsler, Böttcher und Korbmacher, 1753 um Zinngießer und Goldschmiede, 1756 um Hut- und Knopfmacher, jedes Jahr ein anderes Handwerk, aber in den Friedensjahren systematisch die wichtigsten durch, in der Reihenfolge sicher nach Bedarf und Anlaß. Der Schutz der Inseln, ab 1751 mit einem festen Betrag im Jahresetat, wurde nicht übersehen, so ging es 1745 um Borkum, 1754 um Baltrum und Spiekeroog, um Juist jedoch erst ab 1764. Ab 1750 erfolgten für den Hafen Emden ständige Verbesserungen; 1752 begann die Schiffbarmachung der Ems, »bis ins Münstersche und lingensche in conjunction mit der Lippe und dem nach Emden zu ziehenden Handel aus Westphalen«, die 1788 zu einem ersten Abschluß kam. Der 1753 eingebrachte Vorschlag, von Emden nach Aurich einen Kanal zu bauen, kam nicht mehr zur Ausführung, wurde aber 1769 erneut aufgegriffen und 1796 verwirklicht. Später wurde der Ems-Jade-Kanal daraus. Dafür wurde 1769 der Esens-Bensersiel-Kanal angelegt.

Die Beseitigung der streitsüchtigen Patrizier-Herrschaft brachte dem König in Stadt und Land Befriedigung und Zustimmung. Als der König mit seinen drei Brüdern vom 13. bis 16.6.1751 Emden besuchte, empfingen ihn 20000 Menschen gegen alle Gewohnheit mit mehr als hundert Triumph- und Ehrenpforten, Ansprachen und Huldigungs-Gedichten. Eines lautete: »O Koning! Groot van Macht, van Goedheit, van Verstand, meer Vader in ons Hart als Koning van ons Land,« Zuneigung für den meist abwesenden Herrscher für seine Maßnahmen. Er segelte auf dem Dollart, besichtigte am 15.6. die Auricher Kammer, wohnte am 16.6. einer Sitzung der »Asiatischen Handelskompanie« bei und reiste nach Wesel weiter. Ein zweites Mal besuchte er genau vier Jahre später vom 14. bis 16.6.1755 Emden, um den Stapellauf eines großen Seeschiffes mitzuerleben. Danach fuhr er nach Utrecht und Amsterdam. Das Verhältnis zu Ostfriesland hatte sich herzlich entwickelt. Neben der Justizreform trug die Förderung der Gewerbe jeder Art erste Früchte, einschließlich der Schiffahrt ab Emden. Der Export war auf fast 300000 Taler jährlich gestiegen, an erster Stelle von Käse, dann Pferden und Butter. Der Hafer ging meist nach England. Die Fehnkulturen zur Erschließung der Hochmoore gewannen Bedeutung. Ein Urbarmachungs-Edikt wurde vorbereitet und am 22.7.1765 öffentlich in Kraft gesetzt. Wegebauten und Straßenverbesserungen kamen dem Handel, der Post und den Frachten zugute. Erstes Zuchtvieh wurde nach Schlesien verkauft. Eine Fahr-Post führte von Aurich über Oldenburg, Bremen nach Minden. Die Einführung einer zweiten über Leer, Lingen, Tecklenburg, Bielefeld scheiterte am Einspruch des Bischofs von Münster. Die acht Ämter waren durch staatliche Reit-Posten verbunden. Ab 1756 übernahm das preußische General-Postamt die

Postverwaltung und erhöhte ihren Ertrag auf das Vierfache. Während des Siebenjährigen Krieges bewährten sich die Behörden und Stände sehr; Bauernaufgebote leisteten sogar Widerstand gegen die feindlichen Truppen. Lentz erhielt trotz allem sämtliche Abgaben zur Abführung nach Berlin. Am 31.5.1758 lobte der König die Treue der Provinz und stellte am 23.4. ds. Js. in seiner Kabinetts-Order fest: »Den treu und wohlgesinnten Pächtern als auch Bürgern und Bauern im Lande, die an ihrer Treue und Ergebenheit unerachtet aller Drohungen des Feindes nichts ermangeln ließen, sollt Ihr bei allen Gelegenheiten Meiner gnädigsten Zufriedenheit deshalb und auch sonsten versichern!«

Auch die Übertragung der preußischen Justizreform wirkte sich positiv als Straffung und erleichterte Durchführung der Vorgänge aus. Nachdem der Codex Fridericianus am 30.9. 1749 bei der Regierung eingeführt war, regte sich bei den Besitzern der Herrlichkeiten Dornum, Lütetsburg, Gödens und Evenburg v. Knyphausen, v. Wedel, v. Halem und v. Wallbrunn erheblicher Widerstand, weil mit der weitgehenden Beendigung des Reichsrechtes deren Eigenständigkeit in Frage gestellt war, zumal auch ab 1750 die Anrufung von Reichsgerichten ausgeschlossen wurde. Die Regierung wies durch Homfeldt und Backmeister die Einsprüche ab und führte 1751 die neue allein gültige Prozeßordnung auch bei allen Untergerichten ein. Alle Prozesse bis zur dritten Instanz konnten, von Ausnahmen abgesehen, im Lande selbst bei der Regierung abgewickelt werden. Die Regierung entwickelte sich durch ständige Verbreiterung ihrer Aufgaben im Justiz-Bereich zu einer reinen Justiz-Behörde. Ihr zugeordnet waren, besonders für Strafrechtsfälle zweiter Instanz, das Kriminal-Kollegium, dann für Vormundschaftssachen das Pupillen-Kollegium und schließlich das Konsistorium, zu dem später bis zu vier Geistliche als Konsistorialräte traten. Während der fremden Besetzungen im Siebenjährigen Kriege bildete die Regierung mit der Kammer und dem Administrations-Kollegium der Stände eine gemeinsame Landes- und Kriegsdeputation, die sich unter dem seit 1751 amtierenden Regierungspräsidenten Christoph Friedrich v. Derschau sehr bewährte. Die volle Justizreform setzte sich erst ab 1773 durch und wurde 1793/94 durch die Prß. Gerichtsordnung und das Allgem. Preußische Landrecht abgeschlossen, wenn es auch nicht zur Abfassung des nach Aufhebung des Ostfriesischen Landrechts notwendig zu ergänzenden Provinzial-Gesetzbuches kam. Seit 1759 lagen alle Justiz- und Prozeß-Sachen ausschließlich bei der Regierung, wenn Homfeldt auch erfolglos Einsprüche versuchte.

1751 traten die märkische Kriminalordnung, die Wechsel-Ordnung, die Deposital-Ordnung und die schlesische Hypotheken-Ordnung mit Grundbucheintragungen in Kraft. Drei Jahre später kam die Pferdezucht unter staatliche Aufsicht und wurde die Feuersozietät zunächst für die Städte begründet, dann auf die Marktflecken und Dörfer ausgedehnt, von Ihering mit Sonderregelungen für die brandgefährdeten Mühlen ergänzt. Der König nahm regen Anteil an der Entwicklung Ostfrieslands und deckte die Kammer mit immer neuen Einfällen und Anregungen ein. So schrieb er z.B. am 12.10.1751 an ihren Präsidenten Lentz: »Nachdem Mir die Idee gekommen ist, ob nicht in Ostfriesland und in den dem offenbaren Meer vorliegenden Inseln auf den Küsten Werke zur Fertigung des Bay-Salzes angelegt werden können, wie solche auf den Seeküsten von Frankreich seit geraumer Zeit mit viel Erfolg etabliert worden«. Am 13.11. ds. Js. übersandte er eine Beschreibung, wie man Salz durch Austrocknen von Seewasser gewinnt. Seit 1752 geschah auch viel für die Förderung der Anlandungen und »See-Anwächse« (Polder), für die der König allein 45000 Taler ausgab. Ab 1766 wurden sie durch Darlehen der Kurmärkischen Landschaft in Berlin unterstützt. Allerdings war bei dem Hochwasser 1775/76, das die Deiche überstanden, hier ein Schaden von 30000 Talern entstanden; 1777 war der Schaden vor allem in Emden sogar 100000 Taler, von denen der König sofort 20000 Taler übernahm. 1785 entmutigte der Kampf mit der Nordsee den König etwas: »Ich habe zwar das Geld behufs des neuen Seeanwuchses heute akkordiert. Aber Ich muß Euch sagen, daß Ich die Seeanwüchse in Ostfriesland ein bißchen müde bin, denn man kann sie nicht verkaufen, und alsdann kommt nichts raus!« Natürlich gab es auch Rückschläge im Aufbau. Im Siebenjährigen Kriege belasteten allein Kontributionen, Einquartierung und Vorspann das noch nicht entschuldete Land mit fast 1,3 Millionen Taler. 1770/71 gab es eine Mißernte, wobei die Magazine des Königs die größte Not linderten, 1785 ein verregnetes Jahr, 1786 große Dürre. An Seuchen gingen von 1745 bis 1761 über 260000 Rinder ein, 1769/71 wieder 51000 und 1774 nochmals 76000. 1772 schoß der König erneut 50000 Taler zu. Verheerend wirkten auch die Mäuseplagen 1773 und 1787. Dennoch haben die dreiundfünfzig Jahre der ersten Zugehörigkeit zu Preußen das Land modernisiert und ganz entscheidend vorwärtsgebracht.

Praktische Toleranz

Den wichtigsten Minderheiten Preußens gegenüber, den Katholiken in Schlesien und im Ermland und den seit 1671 langsam, aber zunehmend in den Städten neu enstehenden jüdischen Gemeinden, deren Zuwanderungen wegen der Förderung von Handel, Finanzwesen und Kreditwirtschaft begrenzt geduldet wurde, setzte der König mit dem Bau der St.-Hedwigs-Kirche in seiner Hauptstadt Berlin und mit dem »Revidirten General-Privilegium und Reglement vor die Judenschaft« in Preußen vom 17.4.1750 gleichzeitig markante, aber unterschiedliche Zeichen.
Nachdem sich in Berlin die Kapelle der Römisch-Ka-

tholischen Gemeinde für rd. 10000 Gläubige als völlig unzureichend erwiesen hatte, wandte sich der König im März 1743 an den Breslauer Fürstbischof Kardinal Philipp Ludwig v. Sinzendorff: »Ich kann nicht zweifeln, daß Sie während Ihres Aufenthaltes in Berlin gesehen haben, daß die Kleine Kapelle recht einfach und schlecht gebaut ist. Ich werde nicht meine Zustimmung verweigern, wenn man an die Stelle jener würde eine Kirche bauen wollen von besserem Wohlstand. Aber da Ich nicht zu den Kosten beitragen kann, überlasse ich es Ihnen zu überlegen, ob Sie nicht Mittel finden könnten, um in den Ländern der katholischen Mächte die Kosten zu sammeln, um eine solche Kirche zu bauen. Ich zweifle nicht, daß Sie darüber nachdenken werden.« Am 21.3. ds. Js. antwortete der Kardinal aus Neisse: »Der Gedanke, eine katholische Kirche in Berlin bauen zu lassen, ist würdig der Seelengröße Eurer Majestät. Ich hatte schon gedacht, Ihnen diesen Vorschlag zu machen, aber der Zustand, in den der Krieg die meisten katholischen Länder versetzt hat, und das Mißtrauen, das überall herrscht, ließen mich fürchten, daß die Sammlung wenig Erfolg haben würde vor einem Friedensschluß. Das ist alles, was ich glaube antworten zu können auf den sehr gnädigen Brief. Ich erwarte den glücklichen Augenblick, wo ich die Ehre haben werde, Ihnen meine Aufwartung zu machen«. Erst nach Ende des Zweiten Schlesischen Krieges am 25.12.1745 gab der König am 22.11.1746 ein »Patent wegen der Kirche so die Römisch-Katholischen zu Berlin erbauen wollen«, in dem es hieß: »Nachdem Uns die röm.-kath. Religionsverwandten, so sich in Unseren Residenzstädten Berlin häuslich niedergelassen, untertänigst vorgestellet haben, daß deren Anzahl sich dergestalt gehäuft, daß sie sich nicht mehr in dem Ort, wo sie bisher ihrem Gottesdienst abgewartet, versammeln, daher um gnädigste Erlaubnis gebeten, eine Kirche auf ihre Unkosten in erwähnter Stadt bauen zu dürfen. So tun Wir kund durch dieses Dekret, daß wir diese Bitte gewähret und eingestanden haben, verleihen und erlauben hiermit, daß die Römisch-Katholischen zu ihrem freien und ungehinderten Gottes-Dienst eine Kirche, so groß als sie solche immer haben wollen, mit einem oder mehreren Türmen, große und kleine Glocken ohne Vorbehalt und Widerrede bauen dürfen. Zum Zeichen Unserer Gnade schenken Wir ihnen ohne Entgelt einen anständigen Platz, welcher durch Unseren Kommissar und besonders benannte Abgeordnete ausgesuchet werden soll. Womit man die nötigen Geldsummen aufbringen möge, so befehlen wir, daß der P. Mecenati, Karmeliter von Mantua, die volle Macht habe, die Schenkungen und Almosen aufzubringen, lassen ihm ferner freie Hand, ein oder mehrere Personen zu substituieren und die Gelder an eine sichere Hand zu übermachen. Versichern vor Uns und Unsere Nachfolger, daß Wir niemals zugeben wollen, daß diese Kirche zu einem anderen Gebrauch, als sie nunmehr gewidmet ist, angewendet werde«. Für einen protestantischen Staat, in dem es keine verfassungsmäßige Gleichberechtigung der als intolerant geltenden Katholiken gab, Beamtenschaft und Bevölkerung nichts von ihnen wissen wollten, war diese Zusage für die Hauptstadt ein leuchtendes Beispiel konfessioneller Unvoreingenommenheit und Gewissensfreiheit! Am »Forum Fridericianum« gelegen, wurde die Kirche zum Symbol der Gleichberechtigung der Katholiken in Preußen.

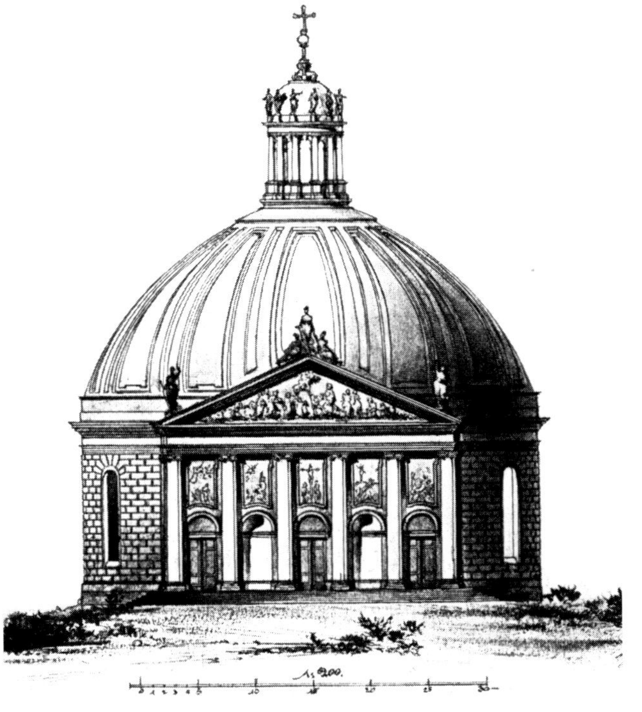

Der Entwurf der St.-Hedwigs-Kirche zeigt die besondere Pracht dieses Gotteshauses.

Der König engagierte sich in ungewöhnlicher Weise persönlich, indem er die Zeichnungen für den Grundriß, den Querschnitt und den Aufriß entwarf, den Bauplatz bestimmte, abschritt und besichtigte und seinen engsten Freundeskreis als Direktorium für den Bau einsetzte: Graf Rothenburg, v. Walrave und Frhr. v. Sweerts. Er spendete ein Drittel aller Kosten, schenkte für 7000 Taler mehrfach teures Holz zum Bau, begleitete über dreißig Jahre die Vollendung des Baues mit Rat und Tat, erkor die Heilige Hedwig, Herzogin von Schlesien, 1174 bis 1253, 1267 »heilig« gesprochen, als Schutzpatronin und sorgte sogar für Reliquien aus dem schlesischen Kloster Trebnitz für die Konsekration. Er berief sich ausdrücklich darauf, daß die Hl. Hedwig, Schutzheilige der Schlesier, in gerader Linie seine Urahnin sei. Tatsächlich heiratete Elisabeth von Meißen, Ur-Ur-Ur-Enkelin der Hl. Hedwig, gestorben 1375, im Jahre 1350 den Burggrafen Friedrich V. von Nürnberg, auch aus Andechser Blut, der ab 20.5.1332 bis 1398 regierte und 1363 Reichsfürst wurde. Dessen bedeutender Sohn Friedrich VI. regierte von 1398 bis 1440, erhielt durch Kaiser Sigismund 1411 die Brandenburger Verweserschaft, am 30.4.1415 die Kurwürde und am 18.4.1417 die kaiserliche Belehnung mit der Mark Brandenburg und ist der Stammvater aller preußischen Könige. Ebenso ist die Heilige Hedwig die Stammutter der meisten europäischen Königshäuser. Die Angabe des

Königs lag weit zurück, war aber grundsätzlich zutreffend.

Die Geld-Sammlung quer durch alle katholischen Länder Europas begann und machte die Hochherzigkeit des Königs überall bekannt. Als erste schrieb Anfang 1747 Maria Josefa Gräfin v. Bredow, geborene Gräfin Hartig aus Wien und Hofdame der Königin, an den König von Spanien. Dort rätselte man über die Gründe des Königs: Interesse an der katholischen Konfession und die Absicht, die Bevölkerung Polens und dazu mit der Zeit einem Hohenzollern jene Krone zu gewinnen? Der päpstliche Nuntius beschloß, den Bau zu unterstützen, »wenn man sich alle Vorrechte gewähren läßt, die zu erlangen sind«. Der König von Polen sagte seinen Beitrag zu, ebenso der König von Portugal; auch Frankreich war angeschrieben. Die deutsche Kaiserin erlaubte eine Sammlung in ihren Ländern. Der Bau solle bald begonnen werden, da bereits 10000 Taler vorhanden seien. Die Breslauer Diözese setzte am 6.3. ds. Js. eine allgemeine Sammlung in Gang. Papst Benedikt XIV. spendete 6000 Taler und empfahl durch ein Breve an den spanischen König die angelegentlichste Unterstützung des Baues. So schenkte der König beider Sizilien 5000 Pesos, der Portugals 6000 Pesos, der von Polen eine große Menge Edelsteine, verschiedene Kardinäle, Bischöfe und Fürsten zusammen 18000 Escudos, Kardinal Infante Don Luis 3000 und König Ferdinand VI. von Spanien 6000 Escudosfuertes. Die Grundsteinlegung am 13.7.1747 wurde eine feierliche Hof- und Staatshandlung mit großem Prunk und eigens hergestellten Dekorationen von Jean LeGeay. Um neun Uhr begann in der katholischen Kapelle das Hochamt des Propstes des Benediktiner-Ordens, Frhr. v. Brakkel, vor den Ministern der fremden katholischen Länder und dem katholischen Adel, dabei aus Schlesien Monsignore Turno, Zisterzienser-Abt. Danach zog man zum Bauplatz, wo unter einem Baldachin ein Altar errichtet war, umrahmt von der königlichen Kapelle und Pauken und Trompeten. Im Namen des Königs legte Generalleutnant Graf von Haacke als Gouverneur von Berlin unter Weihe-Musik den Grundstein. Die ausländischen Minister und Gesandten sprachen unter Hammerschlägen ihre Wünsche aus. Dann sprach der Apostolische Pronotar v. Schnellern »im Namen der katholischen Welt die lebhafteste Danksagung dem großmütigen Herrscher Preußens« aus und stimmte am Ende das Tedeum an, das die Kapelle begleitete. Zur Erinnerung ließ der König eine Medaille prägen.

Generalleutnant Friedrich Rudolf Graf v. Rothenburg wurde Vorsteher der Gemeinde und Direktor der Kirche, zu der auch ein Hospital und ein Waisenhaus treten sollten, unterstützt von Generalmajor Gerhard Kornelius v. Walrave, Abbè Bastiani und dem Domherrn von Breslau, Philipp Graf v. Schaffgotsch, zugleich bischöflicher Koadjutor, die neben einigen katholischen Franzosen dem König nahe standen, auch als Freimaurer. Der erste Entwurf der Kirche zeigte in der Vorderansicht im Barock zwei Türme, ähnlich der Frauenkirche in Dresden, ein Jahr später aber eine ovale Kuppel, mehr tempelartig, dem alten Pantheon von Rom nachempfunden, möglicherweise zur Kostensenkung und unter dem Einfluß seiner Freimaurer-Brüder. Die Geldsammlung lief weiter: Spenden gehörte zum guten Ton und erfreute sich des Wohlwollens des Königs. Im Sommer 1748 standen die Außenmauern, 1750 war der Bau des Holzwerkes für die Kuppel im Gange. Am 5.12. ds. Js. berief der König Dominikaner-Patres aus Halberstadt als Prediger für die katholischen Kapellen in Potsdam, Küstrin und in anderen Städten, denen er dann Ende 1752 auch diese Kirche übergab, deren Giebelfelder inzwischen mit dem gesamten äußeren Rohbau fertig waren. Die Innen-Arbeiten, vor allem an den Altären, gingen fleißig voran, während die katholischen Soldaten noch in die Kapellen fremder Gesandtschaften und in einen Betsaal zum Gottesdienst gingen. Le Geay hat den Bau der Kirche geleitet, aber trotz vieler hervorragender Entwürfe bis hin zu Sanssouci nur die Entwürfe des Königs ausgeführt, wie das Baudirektorium 1755 ausdrücklich bestätigte: »Es handelt sich darum zu untersuchen, ob man diese Pracht bevorzugen mußte. Diejenigen, die wissen, daß es die seltenste Milde ist, werden zugeben, daß es unmöglich war, sie zurückzuweisen, ohne sich der Undankbarkeit schuldig zu machen. Unser höchst gnädiger Herrscher hatte die Gnade, der großmütigen Erlaubnis, diesen Tempel zu bauen, die ganz außerordentliche Gnade hinzuzufügen, dazu den Plan zu zeichnen. Ohne Zweifel konnte diese Zeichnung des Monarchen nur prächtig sein«.

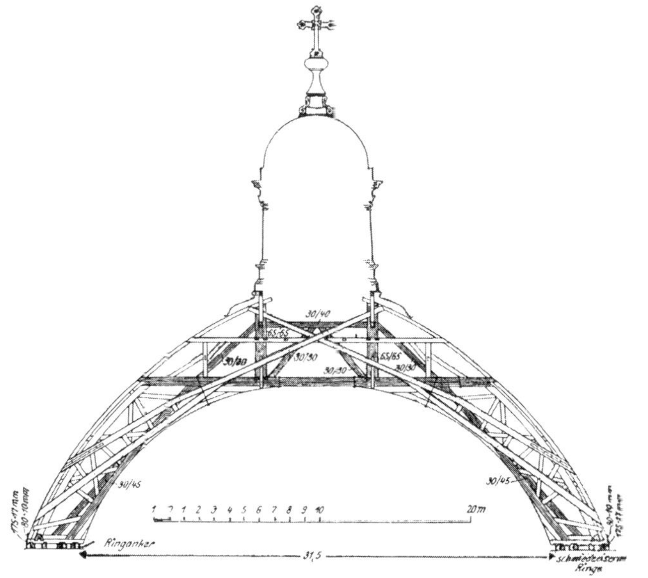

Schnitt durch den mächtigen Holzverband der hohen Kuppel der St.-Hedwigs-Kirche in Berlin – ein Meisterwerk niederländischer Schiffbauer

Der Aufbau der riesigen hölzernen Kuppel von fast fünfzehn Meter Höhe und vierzig Meter Spannweite war ein Meisterwerk der Zimmerleute wie ein Beweis für das Können von Jan Boumann als gelerntem Schiffsbauer aus den Niederlanden, der in Berlin zahlreiche Großbauten leitete und 1776 als Oberbaudirektor starb. Die riesigen Binder, die die Kuppel tragen, sind bis zu 64 Zentimeter stark. Die Schalung aus vier Zentimeter dicken Kiefernbohlen läßt das Regenwasser zwischen den Dachziegeln der oberen Kuppel ablaufen und wird von Eisenringen zusammengehalten. Der Schub der ungeheuren Sprengwerke wird durch einen Balkenring aufgefangen. 1754 kam aus vergoldeten Kupfer-Buchstaben an die Giebelseite folgende Inschrift in Latein: »Denkmal der Güte König Friedrichs, geweiht der Hl. Hedwig, vollendet durch A. M. Quirinus, Kardinal der Hl. Römischen Kirche mit seinem Gelde« als Widmung, weil er von Brescia aus als einziger Kardinal die Berliner Katholiken mit ihrem Bau unterstützt hatte. Als das Geld knapp wurde und der Direktor der Kirche bei Berliner Kaufleuten Geld aufnahm, man sprach von 20000 Talern, genehmigte der König am 25.1.1754 eine Lotterie außerhalb Preußens, mit 100000 Losen zu je 5 Talern, dabei 25000 Gewinne und 8 Prämien. Der Lotterie-Aufruf schloß mit den Worten: »Der dreimal größte Gott wird diesen Tempel zu einer Trophäe des katholischen Glaubens machen!« Unter dem 28.5.1755 übersandte das Baudirektorium eine erste Abrechnung der eingegangenen Spenden wie der Baukosten an die Oberrechnungskammer, die sich auf 119722 Reichstaler summierten vom Juli 1747 bis 31.12.1754. Darin hieß es, die hohen Kosten seien eine direkte Folge des so großzügigen Entwurfes. Die gesamte Sammlung hatte 100 321 Taler ergeben, davon über 8000 allein von Kardinal Quirinus, der inzwischen verstorben war. Die Befestigung des sumpfigen Untergrundes hatte achtzehn mächtige Eichen erfordert: der Prunk der Grundsteinlegung und die Unterkellerung als Mausoleum, dazu die Bleiabdeckung, die massiven Treppen, Reliefs und Standbilder hatten viel Geld verschlungen. Für die restliche Dachabdeckung, das Giebel-Bildwerk, die Treppen, den Innenputz, Kapellendach und Kellerwölbung fehlten noch wenigstens 15 bis 30000 Taler. So trat von 1755 bis 1765 eine zehnjährige Unterbrechung ein; bis zur Einweihung vergingen noch acht Jahre.

Die Juden hatten es schwerer. Seit 1670 waren jüdische Familien, zunächst aus Wien, auch nach Preußen als Zuflucht gekommen, u.a. nach Berlin, Potsdam, Landsberg. Nach dem Schutz-Edikt vom 21.5.1671 kamen Juden auch aus Polen, Hamburg und den deutschen Nachbarländern. Sie übernahmen einen wichtigen Teil des Handels und der Waren-Verteilung, vor allem bei Textilien, entrichteten hohe Steuern und dienten als Wirtschafts- und Finanzberater. Sie lebten in autonomen Gemeinden mit eigenem Vermögen, Armenwesen, Erziehungs- und Bildungseinrichtugen, Rechts- und Steuersystem und Gerichtsbarkeit. Ihre Ansiedlung war durch besondere staatliche Schutzbriefe geregelt. Die Gemeinde war der Mittelpunkt ihres religiösen, sozialen und kulturellen Lebens. Sie haftete auch solidarisch für die Steuern an den Staat. Ihre zwischenstaatlichen Handelsverbindungen auf privater Ebene waren auch für den Staat oft von großem Nutzen für Ein- und Ausfuhr und Kreditgeschäfte. Das »General-Juden-Reglement« vom 29.9.1730 hatte die Juden aus dem Rohstoff- und Naturproduktehandel weitgehend verdrängt und dafür ihre Stellung im Geld- und Kredithandel ausgeweitet. Bei der von der Regierung geförderten Neuerrichtung und Erweiterung vorhandener Manufakturen kam es zu enger Zusammenarbeit. Im Verlags-System als Rohstoff- und Maschinen-Versorger sowie Produktions-Vertreiber der Handwerker spielten sie bald eine wichtige Rolle. Daneben führten die weniger reichen Juden ein äußerst bescheidenes Leben. Damals galten die Juden nicht als eingeborene Landesuntertanen. Deswegen wurden ihre Angelegenheiten durch ein besonderes Juden-Recht geregelt, das weitgehend dem Herrscher selbst zustand, unabhängig von einer kleinen Gruppe von Hofjuden, denen der Herrscher Ausnahmen vom Reglement und Sonderrechte einräumte, solange sie ihm nützlich oder in die Oberschicht des Landes eingetreten waren. Vielfach unterband der König sogar den Zuzug weiterer Juden zum Schutze der bereits ansässigen Familien, so z.B. in Breslau am 6.5.1744, wonach die fremden nur zur Abwicklung ihrer Geschäfte bis längstens zwei Monate in der Stadt bleiben durften. Das Edikt von 1747 diente ebenfalls einer Begrenzung ihrer Zahl.

Das »Revidierte General-Privilegium und Reglement vor die Judenschaft im Königreiche Preußen« vom 17.4.1750 war immer noch weit entfernt vom Geist völliger Toleranz, zumal von heute aus betrachtet. Es sollte die wirtschaftliche Funktion der Juden zugunsten des Staates verbessern, gleichzeitig ihren gesellschaftlichen Freiraum begrenzt halten. Von sozialer Integration konnte noch keine Rede sein. So hieß es z.B. im Paragraphen 11: »Auf daß diese in Unserem Schutze stehenden Juden in den Stand gesetzt und erhalten werden mögen, alle ihnen obliegende Abgaben zu bestreiten, sich ehrlich zu ernähren und dem gemeinen Wesen nicht zur Last zu fallen, noch weniger den christlichen Kauf- und Handelsleuten, Manufakturiers, Fabrikanten und Handwerksleuten großen Abbruch in ihrer Nahrung und Gewerbe zu tun und zu Abtragung derer öffentlichen Abgaben untüchtig zu machen, so setzen, ordnen und wollen Wir hiermit ernstlich, daß kein Jude ein bürgerlich Handwerk treiben soll.« Mit dieser Schutzbestimmung für die etablierten Zünfte war die Konkurrenzfähigkeit der Juden auf vielen Gebieten sehr hoch eingeschätzt. Sie wurden damit genau in die Handels-Berufe, Fabriken, Banken gedrängt, die man ihnen dann in unserem Jahrhundert zum Vorwurf machen wollte. Um ihre Zahl begrenzen und ihre Tätigkeit besser kontrollieren zu können, aber auch den Nachzug ihrer Sippe und gegebenenfalls ihre Seßhaftigkeit zu beschränken, schuf man zwei Kategorien: den ordentlichen und den außerordentlichen Schutzjuden, dessen Wohnrecht mit dem Tode endete und nicht auf ein Kind übertragbar war. Die übrigen Kinder eines Schutzjuden mußten sich in Abhängigkeit eines anderen Schutzjuden begeben oder das Land verlassen. Es gab damals 203

Schutzjuden und 63 außerordentliche. Wer über 1000 Taler verfügte, konnte allerdings beim Generaldirektorium ein Privileg beantragen.

Das Reglement vereinheitlichte die Bestimmungen unter Festhalten an ihrer sozialen Absonderung, räumte ihnen aber in der Wirtschaft, vor allem als freie Unternehmer, großen Wirkungsraum und wichtige Positionen ein. Zudem unterstanden sie jetzt nicht mehr dem Fürsten und seiner eventuellen Willkür, sondern dem Staat und seinen Gesetzen, die streng, aber verbrieft waren. Dieser wichtige Schritt bildete die Vorstufe der späteren vollen Gleichstellung als Staatsbürger, die in den nächsten Jahrzehnten schrittweise näher kam. Einige Hof-Juden waren von den Bestimmungen des Reglements befreit, die als kapitalkräftige Kaufleute, Heeres- und Hoflieferanten, Unternehmer oder Bankiers besonders unentbehrlich waren. So übernahmen im Siebenjährigen Krieg die Schutzjuden Markus Levin, Aron Gompertz, Daniel Itzig, Isaac und Veitel Ephraim 1760 die gesamte Münz-Prägung als »Währungshüter«. 1761 bekamen Itzig, Ephraim und Abraham Marcuse für sich und ihre Familien die Gleichstellung mit christlichen Kaufleuten; 1762 baute sich Ephraim am Berliner Molken-Markt ein Palais. 1791 wurde Daniel Itzig als erster ganz naturalisiert, was die Bürgerrechte einbrachte.

Das Preußische Münz-Edikt, dessen Vollmachten zehn Jahre Juden ausübten.

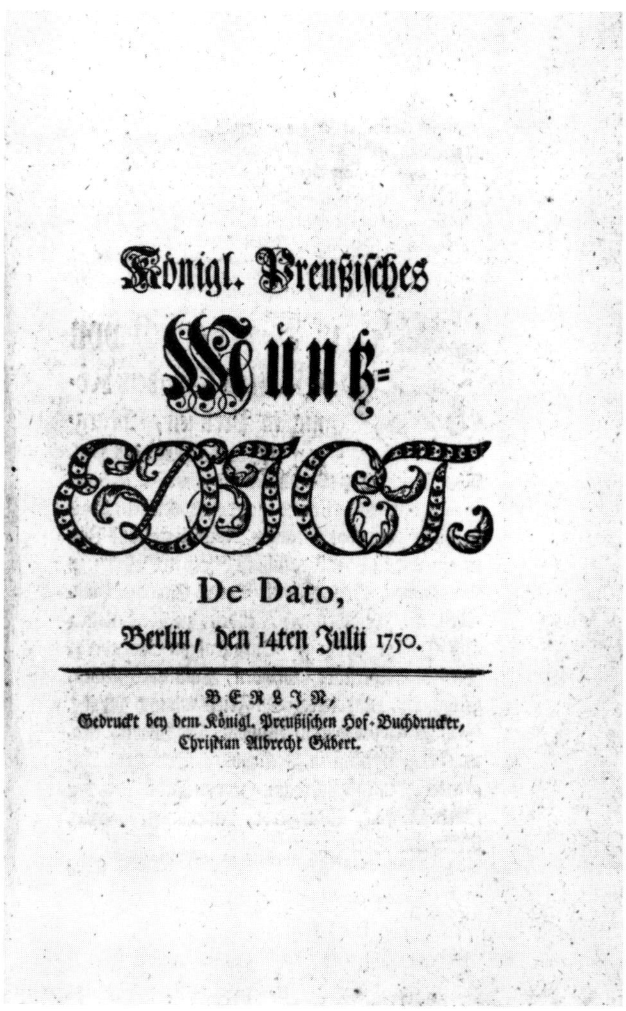
Königl. Preußisches Müntz-Edict.

De Dato,
Berlin, den 14ten Julii 1750.

BERLIN,
Gedruckt bey dem Königl. Preußischen Hof-Buchdrucker,
Christian Albrecht Gäbert.

Die geltende Rechtspraxis konnte von Fall zu Fall durch Zahlung von Schutz- und Geleitgeldern oder auch einmaligen Summen zugunsten der Staatskasse gelockert werden, so z.B. für die allgemeine Zulassung der Ansetzung des zweiten Kindes mit 70000 Talern. Es gab weder Juden-Haß oder eine Verfolgung wie in anderen Staaten, aber die Finanz- und Wirtschafts-Interessen überlagerten die Toleranz und humanitäre Erwägungen.

Der Abbau des Mittelalters, die zentralistische Entwicklung der Staatsorganisation, die Säkularisierung, das Aufsteigen des Bürgertums und die Gleichberechtigung aller Bürger schufen die Voraussetzungen für die Einbeziehung der Juden. Toleranz und Aufklärung führten im geistigen und kulturellen Bereich zu der Forderung der Emanzipation der Juden aus ihrem Sonder-Dasein, zu der sie selbst bereit sein und beitra-

Moses Mendelssohn, Kupferstich nach dem Gemälde von Joh. Chr. Frisch um 1786, das die »Jüdische Freyschule zu Berlin« 1787 König Friedrich Wilhelm II. »untertänigst widmete«.

gen mußten. Das hatte zwangsläufig die Angleichung an das Gastvolk zur Folge und die Aufgabe ihrer nationalen, viel weniger ihrer religiösen Identität. Moses Mendelssohn, 1729 in Dessau als Sohn eines Thora-Schreibers und einer Nachkommin aus bedeutenden Rabbiner- und Gelehrten-Familien geboren, und

Gotthold Ephraim Lessing, in demselben Jahr als Sohn eines evangelischen Pastors in Kamenz geboren, brachten in Berlin in freundschaftlichem Zusammenwirken auf literarischem und geistigem Gebiet ab 1754 den Beginn einer entscheidenden Wende, von dem Buchhändler Nicolai engagiert unterstützt. 1754 veröffentlichte Lessing sein 1749 geschriebenes Theaterstück »Die Juden«, in dem ein jüdischer Reisender die neuen Ideale der Aufklärung verkörperte und die Christen im Namen religiöser Vernunft und Toleranz zur Beendigung jeder Unterdrückung und zur Befreiung der verarmten und sozial zweitrangigen Juden aus ihrem Elend aufgefordert wurden. Mendelssohn lebte nach einer mehr als zehnjährigen Ausbildung durch den Dessauer Rabbiner David Fränkel seit 1743 in Berlin als Hauslehrer bei dem Seidenfabrikanten Isaac Bernhard und durfte nur so lange bleiben, wie er diese Stelle hatte, weil er keinen Schutzbrief besaß. Die Übernahme der Buchhaltung der Firma verbesserte seine Aufenthalts-Aussichten und erlaubte ihm, später Teilhaber zu werden. 1755 erschienen Mendelssohns erste Bücher »Philosophische Gespräche« und »Über die Empfindungen«, zunächst anonym. Die Aufnahme in zwei literarische Zirkel brachte ihm weitere Anregung und Freundschaft mit führenden Geistern des Berliner Bürgertums.

1756 setzte Mendelssohns intensive literarische Arbeit ein, verbunden mit vielfältigen geistigen Beziehungen im deutschsprachigen Raum als Mittel der Annäherung und Eingliederung in ihre Kultur. Waren es anfangs mehr Kultur- und Literatur-Kritik, Ästhetik und philosophische Abhandlungen, so setzte er schließlich mit Lessing und Friedrich Nicolai die Literatur-Kritik als wissenschaftliche Disziplin durch. Der unmittelbare Anteil des Königs hierbei war gering, aber die von ihm gesetzten geistig-atmosphärischen Rahmenbedingungen sorgten dafür, daß dieser Prozeß zu seiner Zeit und in Berlin vor sich ging. Im gleichen Jahr veröffentlichte Mendelssohn »Gedanken über die Wahrscheinlichkeit« und übersetzte Rousseaus Arbeit »Von dem Ursprung der Ungleichheit« sowie die hebräische »Elegie an die Burg Zion« von Jehuda Halevi. 1757 verfaßte er die Dankes-Predigt über den Sieg bei Leuthen und arbeitete an Nicolais »Bibliothek der schönen Wissenschaften und freien Künste« mit, 1758 gründete er die hebräische Wochenschrift »Kohelet Mussar«, 1759 rief er mit Lessing und Nicolai die »Briefe, die neueste Literatur betreffend« ins Leben, in denen er 1760 die Gedichte des Königs rezensierte. Im nächsten Jahre wurde er Geschäftsführer der Bernhardschen Manufaktur und begann seine freundschaftliche Zusammenarbeit mit Thomas Abbt. 1762 erhielt er das Niederlassungsrecht sowie die Erlaubnis, am 22.5. Fromet Gugenheim aus Hamburg zu heiraten. Im Januar 1763 verfaßte er die Friedens-Predigt für die Berliner Synagoge anläßlich des Hubertusburger Friedens und wandte sich im April ds. Js. nach zwanzigjährigem Aufenthalt in Berlin an den König: »Ich habe seit meiner Kindheit beständig in Ew. Majestät Staaten gelebt und wünsche, mich auf immer in denselben niederlassen zu können. Da ich aber Ausländer bin und das erforderliche Vermögen nicht besitze, erkühne ich mich, alleruntertänigst zu bitten, Ew.Kgl. Majestät wollen geruhen, mir mit meinen Nachkommen Dero allerhöchsten Schutz neben den Freiheiten, die Dero Untertanen genießen, angedeihen zu lassen, in Betrachtung, daß ich den Abgang an Vermögen durch meine Bemühungen in den Wissenschaften ersetze, die sich Ew. Majestät Protektion erfreuen«. Der König verlieh ihm das Privileg eines außerordentlichen Schutzjuden, also nur die halbe Bitte. Gleichzeitig empfing er aber für seine Abhandlung »Über die Evidenz in metaphysischen Wissenschaften« vor Immanuel Kant den ersten Preis der Berliner Akademie der Wissenschaften.

Phaedon

oder

über die

Unsterblichkeit der Seele

in drey Gesprächen.

von

Moses Mendelssohn.

Mit Kön. Preuß. Churf. Brand. und Churf. Sächs. Freyheit.

Berlin und Stettin

bey Friedrich Nicolai.

1767.

Mendelssohns grundlegendes philosophisches Werk

1765 versuchten Abbt und Graf Wilhelm von Schaumburg vergeblich, Mendelssohn nach Bückeburg zu holen; 1766 begann er seinen Briefwechsel mit Immanuel Kant in Königsberg. 1767 erschien nach jahrelanger Arbeit sein philosophisches Werk »Phaedon oder Über die Unsterblichkeit der Seele in drei Gesprächen«, das ihn als deutschen Philosphen berühmt machte als »Sokrates der Aufklärung«. 1768 übernahm er nach Bernhards Tod die Leitung der Manufaktur, später lernte er Gleim kennen. Als er 1771

Der berühmte Religions-Disput zwischen Mendelssohn (links) und Lavater (rechts) in Anwesenheit Lessings 1772, bei dem Mendelssohn seine Ablehnung eines Übertritts zum Christentum mit Toleranz begründete. Damit war die Auseinandersetzung mit dem aufgeklärten Europa eröffnet.
(Stich nach einem Gemälde von M. Oppenheim)

zum Mitglied der Berliner Akademie gewählt wurde, bestätigte der König seine Wahl nicht. Die preußische Kultur der Aufklärung ermöglichte nicht nur ihm selbst, sondern auch seinen Glaubensgenossen den Weg zur inneren Begegnung mit dem Gast-Volk und zur eigenen Emanzipation aus dem isolierenden Ghetto-Leben. Solange aber die Juden in Preußen noch das halbdeutsche Jiddisch sprachen und mit hebräischen Buchstaben schrieben, bewegte sich wenig. Deshalb begann er 1773 mit der Übersetzung der Psalmen und ab 1774 mit der der fünf Bücher Mose, ihrem Lebensinhalt, ins Deutsche: »Dieses ist der erste Schritt zur Kultur, von welcher meine Nation leider in einer solchen Entfernung gehalten wird, daß man an der Möglichkeit einer Verbesserung beinah verzweifeln möchte«, schrieb er. Während die Aneignung allgemeiner Bildung den Juden kulturelle und soziale Fortschritte brachte, mühte sich Mendelssohn nunmehr auch auf politischem Gebiet um die rechtliche Gleichstellung der Juden. 1777 reiste er nach Königsberg zu Kant, mit dem er lange Gespräche führte. 1778 erschien seine erste Probe der Bibel-Übersetzung und die des Talmud mit seinen Ritualgesetzen. Lessing sandte ihm das Manuskript seines »Nathan der Weise«, dessen Urbild Mendelssohn darstellte, zur Überprüfung und Kritik. Es war kein Zufall, daß gerade aktive Freimaurer wie Lessing und Herder seine Freunde waren. 1779 schloß sich ihm Salomon Maimon an, der aus Polen eingewandert war und sich ab 1790 als Fortsetzer der Kantschen Philosophie einen Namen machte. In demselben Jahr veröffentlichte er »Das Lesebuch für jüdische Kinder«. 1780 erschien in hebräischer Schrift der erste Band seiner deutschen Bibel-Übersetzung. Gleichzeitig trat er in Verbindung zu Christian Wilhelm v. Dohm, Geheimer Archivar in Berlin, theologisch, juristisch und philosophisch gebildet, später Gesandter, und nahm Einfluß auf sein Werk »Über die bürgerliche Verbesserung der Juden«, das 1781 erschien und die Eingliederung und bürgerliche Gleichstellung der Juden forderte, auch aus Gründen ihrer Nützlichkeit. Das große Echo zeigte die gewandelte öffentliche Einstellung.

Ueber

die bürgerliche Verbesserung

der

Juden

von

Christian Wilhelm Dohm.

Mit Königl. Preußischem Privilegio.

Berlin und Stettin,
bei Friedrich Nicolai,
1781.

Das grundlegende Werk unter Mitwirkung von Mendelssohn bahnte der öffentlichen Anerkennung der Juden in Preußen den Weg.

Mit dem Tode von Bernhards Witwe wurde Mendelssohn Mitinhaber der Seidenmanufaktur. Sein Lebensweg ist beispielhaft für die kulturelle Anpassung der Juden. Es ging ihm immer wieder um die Einschränkung der Selbstverwaltung der jüdischen Gemeinde und die Ausdehnung der Geltung staatlicher Gesetze auf die Juden. Seine Glaubensgenossen sollten auf ihre abgesonderte Existenz verzichten und sich in die Völker, unter denen sie lebten, eingliedern. 1782 zog ihn Assistenzrat Klein zur Mitarbeit am entstehenden »Preußischen Landrecht« heran, um Fragen des Juden-Rechtes aus der Sicht der Betroffenen zu klären. Als »eine Art Anhang zu des Hrn.Kriegsraths Dohm Abhandlung« schrieb er die Vorrede zu »Menasse ben Israels Rettung der Juden«, das in deutscher Sprache erschien. In seinem 1783 erschienenen Buch »Jerusalem oder über religiöse Macht und Judentum« versuchte er, dem Judentum eine zeitgemäße Form zu geben. Zum Verhältnis zwischen dem jüdischen und dem staatlichen Gesetz sagte er seinen Glaubensbrüdern u.a.: »Schicket Euch in die Sitten und in die Verfassung des Landes, in welches Ihr versetzt seid, aber haltet Euch standhaft bei der Religion Eurer Väter. Man erschweret Euch zwar von der einen Seite die Bürde des bürgerlichen Lebens um der Religion willen, der Ihr treu bleibet, und von der anderen Seite macht das Klima und die Zeiten die Beobachtung Eurer Religionsgesetze lästiger als sie sind. Haltet nichts desto weniger aus, stehet unerschüttert auf dem Standorte, den Euch die Vorsehung angewiesen hat«. Im gleichen Jahr erschien seine vollständige Psalmen-Übersetzung und wurde »Nathan der Weise« in Berlin uraufgeführt. Kurz darauf wählte ihn seine Gemeinde zu einem ihrer Vorsteher, bis er am 4.1.1786 in Berlin verstarb. Seine Berliner Wirkungszeit deckte sich fast völlig mit der Regierungszeit des Königs. 1787 erhielten seine Witwe und die Kinder das Generalprivileg für den Dauer-Wohnsitz in Berlin. Vier seiner sechs Kinder ließen sich taufen. Die jüdische Oberschicht setzte ihre kulturelle Annäherung fort; gegen mancherlei Widerstände erfolgte die rechtliche Gleichstellung erst am 11.3.1812, nach Frankreich an zweiter Stelle in Europa.

Sicherung der neuen Grenze

Die beiden Schlesischen Kriege hatten zu einer vierzehnmal so langen direkten Grenze Preußens mit Österreich geführt, statt 35 jetzt 490 Kilometer. Im Gegensatz zu den sonst völlig offenen Grenzen des Landes war in den Sudeten-Gebirgszügen vom Isergebirge über Riesengebirge und Glatzer Bergland bis zum Altvater-Gebirge ein wirksamer Schutz durch Festungs-Bauten möglich. Außerdem war die Sicherung der tiefen Flanke für das Land beiderseits der oberen Oder dringend erforderlich, wenn man verhindern wollte, daß der Gegner die Gebirgs-Pässe in der Hand behielt, um jederzeit einzufallen, zumal Böhmen auf längere Zeit das Haupt-Kampfgebiet bleiben würde. Nicht umsonst hatte der König auch die stärkste Truppen-Zahl nach Schlesien in Garnison gelegt: insgesamt 20 Musketier-Bataillone, 10 Garnison-Bataillone, 28 Grenadier-Kompanien, 2 Pionier-Bataillone, 2 Mineur-Kompanien, 25 Eskadrons Kürassiere, 10 Eskadrons Dragoner, 40 Eskadrons Husaren, das »Schlesische Artilleriekorps« in Schweidnitz, Glatz und Cosel, dazu die Garnisonartillerie-Kompanien in Breslau und Neisse. In seinem Testament von 1752 nannte der König die Festungen 'die starken Nägel, welche die Provinzen zusammenhalten': »Im Kriege dienen sie als Stützpunkte für die in ihrer Nähe befindliche Armee. Sie sind die Nährquellen der Truppen, ihre mächtige Umwallung schützt die Magazine, die Kranken und Verwundeten, die Munitionsvorräte des Heeres. Festungen, welche den Grenzen zunächst liegen, decken die Unterkunft großer Korps, sei es, daß diese überwintern oder von dort aus den Krieg in Feindes Land tragen oder endlich in Sicherheit die Vereinigung mit anderen Truppen abwarten wollen«.

Neben den Festungen Kolberg und Küstrin, die sich bewährten, und dem ab 1748 ausgebauten Stettin, abgesehen von der zentralen Bedeutung des ab 1740 durch v. Walrave erweiterten Magdeburg, ließ der König im Westen Wesel, Geldern, Minden und Lippstadt nicht weiter ausbauen, sondern wandte sich zwischen 1746 und 1756 vermehrt den schlesischen Festungen zu, für die er rd. 1,5 Millionen Taler ausgab, Mittel, die der Wirtschaft der Provinz im Frieden zugute kamen. Der König entwickelte in Schlesien unter Ausnutzung vorhandener und Ausbau neuer Festungen durch Generalmajor v. Walrave zwei Verteidungs-Linien: eine an den Ausgängen der Gebirgskette und eine längs der Oder, die sich beide in Cosel trafen, als Gebirgs-Festungen Schweidnitz, Glatz und Neisse, später ergänzt durch Silberberg, als Oder-Festungen Glogau, Breslau, Brieg und Cosel. Oberschlesien, vor allem rechts der Oder, blieb als eine Art »Puffer-Raum« offen. Der Schwerpunkt lag bei den grenznahen Anlagen der Gebirgs-Festungen und Cosel. Neisse, seit 1596 eigentlich Festung und erneut ab 1648

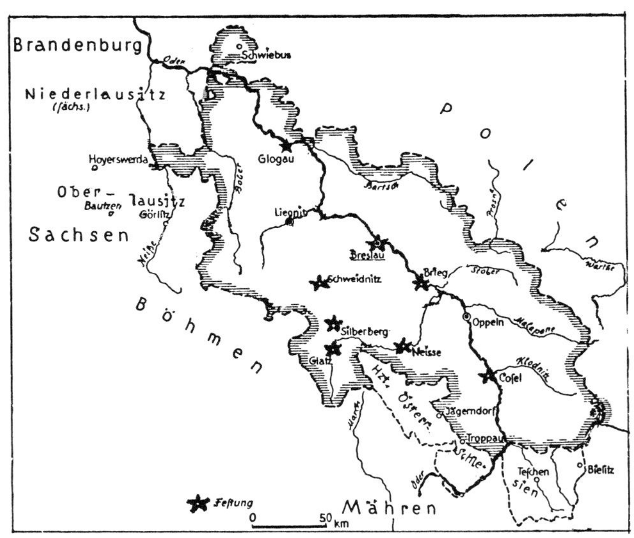

Sicherung der mühsam behaupteten Provinz Schlesien durch zwei Festungs-Linien gegen Österreich.

ausgebaut, war seit dem 1.11.1741 in preußischer Hand. Sofort ließ der König die Stadt von Generalmajor v. Walrave zu einer der stärksten Festungen Europas bis 1783 ausbauen, um die Straßen von Glatz, Olmütz und Mährisch Schönberg zu sperren, den Südflügel seiner Gebirgs-Festungen zu sichern und sich gegen das March-Tal einen Operations-Platz mit allen Vorräten zu schaffen. Nach Abriß der Reste der Altstadt wurden zwei Hauptverteidigungslinien mit vielen Einzelwerken ausgebaut, drei Bastionen mit Kasematten versehen und ab 1750 die Überschwemmung des Vorgeländes durch ein ausgedehntes Schleusensystem mit dem Wasser der Biele und Neiße eingerichtet. Um eine Bedrohung von den Höhen des linken Neiße-Ufers auszuschließen, entstand als zweite Festung das selbständige Fort Preußen, dazu drei Redouten und das Hohe Retranchement als End- und Zwischenwerke gemäß der Forderung des Königs, jede Festung müsse detachierte Werke haben. Allerdings verwarf er weitläufige Anlagen, die zur Verteidigung Unmengen von Truppen verschlängen. 1747 war Oberstleutnant v. Sers mit den wichtigsten Arbeiten fertig. Die österreichische Belagerung vom 20.9.1758 bis 5.11. ds. Js. blieb erfolglos. Bis zum 16.6.1807 wurde Neisse nicht erobert. 1877 fielen die inneren Festungswerke. Glatz, Mittelpunkt des Grafschafter Kessels, wurde ab 27.4.1742 als Sperrfeste der Straßen von Görlitz, Prag und Wien und zur Deckung dieser Ausfallbasis gegen Mittelschlesien und Breslau erweitert und verstärkt, unter Einbeziehung der Innenstadt. Die neue Festung wurde nördlich der Stadt auf dem Westufer der Glatzer Neiße erbaut unter Oberstleutnant v. Wrede und 1744 durch das Fort Schäferberg ostwärts des Flusses ergänzt. Der Ausbau zog sich bis 1753 hin. 1760 gelang es den Österreichern, die Festung zu erobern. Auch nach 1763 wurde die Festung weiter verstärkt, bis sie 1877 aufgelassen wurde.

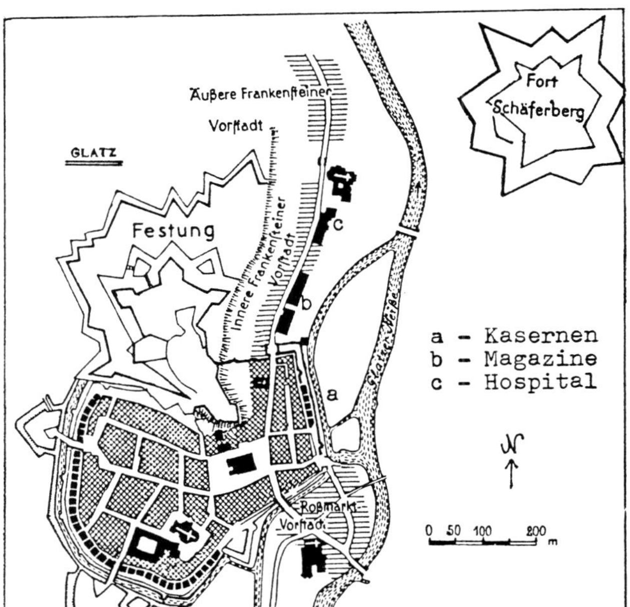

Die Festung deckte zwar das Neiße-Tal von den beiderseitigen Höhen, engte die Stadt aber ganz empfindlich ein.

Für Schweidnitz, das im Schnittpunkt der böhmischen Paßstraßen über Landeshut, Friedland und Wüstegiersdorf/Braunau liegt, verlangte der König im Sommer 1747 von Ingenieur-Oberst v. Sers Entwürfe und ein Modell nach den Anweisungen des Königs, die ihm am 24.9. und 22.10. ds. Js. sowie noch am 26.4.1748 vorgelegt wurden. Die Billigung erfolgte am 7.5.1748 mit Siegel und eigenhändiger Aufschrift des Königs: »guht Frdch.« samt der Bemerkung: »So habt Ihr alles dergestalt einzurichten, wie Ich es auf gedachtem Plan marquiren laßen.« Die Festung erhielt bis 1753 fünf vorgeschobene Forts, dazwischen vier Redouten, hinter ihnen der innere Wallgürtel. Die Forts waren mit Gräben verbunden und mit Minengürtel versehen. An der Ostseite zur Weistritz war eine künstliche Überschwemmung eingerichtet. In den in-

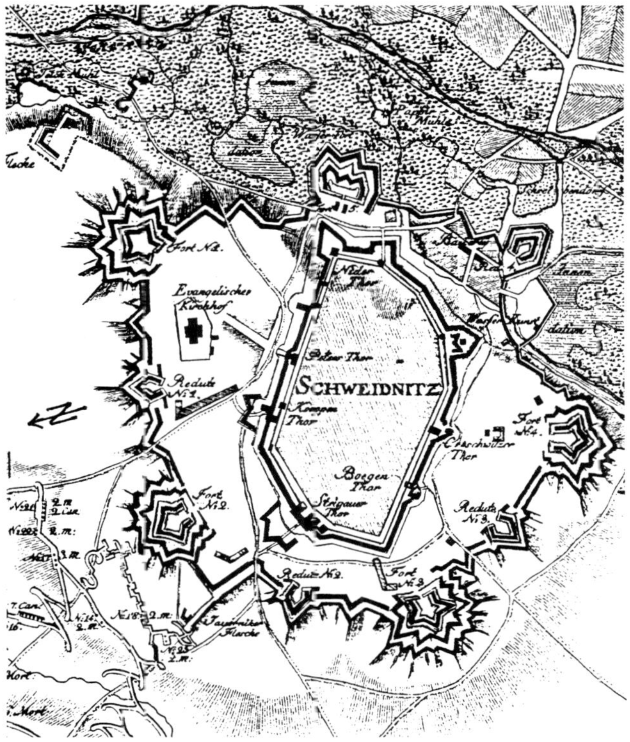

Der Plan der letzten Belagerung vom 4.8. bis 9.10.1762 durch die Preußen zeigt den mächtigen Ausbau der Festung.

neren Winkeln der gedeckten Wege gab es flankierende Grabenstreichen, um Überrumpelungsversuche zu verhindern. Das äußere Glacis war durch Fleschen geschützt. Der dritte Festungsgürtel kam erst von 1763 bis 1773. Zur Bestückung gehörten 165 Kanonen, 14 fünfzigpfündige Mörser und 200 Wall-Musketen, dazu 165000 Kanonenkugeln, 7000 Mörsergeschosse, für jeden Mann der Besatzung drei Gewehre mit 1800 Schuß, 8000 Zentner Pulver. Die Festung barg ein sehr wichtiges Magazin. Am 3.11.1750 zeigte sich der König »gantz wohl zufrieden«. Da aber aus falscher Sparsamkeit die Kehlgräben mit Ausnahme der beiden Werke an der Weistritz trocken blieben, fiel die Festung 1757 und 1761 in österreichische Hände, so daß sie im folgenden Jahre stets wiedererobert werden mußte, vier Belagerungen innerhalb von fünf Jahren! 1867 wurden die Werke geschleift. Die Ergänzung der Festungslinie durch Silberberg erfolgte erst ab 1763.

An der Oder war Glogau seit 1630 Festung und 1652 und 1725 weiter ausgebaut worden. Schon am

10.3.1741 forderte der König von Walrave einen Plan, »wie dieser Ort am geschwindesten und mit wenigen Kosten in Defensionszustand zu setzen sei«, um den Zugang nach Schlesien von Brandenburg und sein Verkehrskreuz Frankfurt/Oder — Breslau, Lausitz — Posen sowie den Oder-Übergang zu schützen. So erhielt die Festung ab 1742 einige neue Außenwerke, eine Verstärkung der Zitadelle, Blockhäuser und Pulver-Magazine. Sie erfuhr erst 1903 ihre Aufhebung für den inneren Bereich. Brieg, an der »Hohen Straße« längs der Oder gelegen und Deckung der Straßen von Strehlen, Neisse und Oppeln, wurde ab 11.2.1742 wieder aufgebaut und durch weitere Bastionen als eine der stärksten Festungen Ostdeutschlands bis 1807 ausgelegt, unter Einsatz allerdings geringerer Summen. Die Landeshauptstadt Breslau, seit 1756 befestigt und erst seit 10.8.1741 ganz in preußischer Hand, was das Ende der Stadtrepublik bedeutete und seit fünfhundert Jahren erstmals fremde Truppen in die Stadt brachte, wurde als überragender Mittelpunkt der Provinz und Oder-Übergang von europäischer Bedeutung ab 1742 durch zahlreiche Außenwerke, dabei die Oder-Inseln und Brückenköpfe am rechten Ufer, modernisiert und weiter verstärkt. Ihre Kapitulation am 22.11.1757 geschah aus Panik; 1760 wurde sie von Tauentzien verteidigt. 1808 wurden die Werke geschleift, der Grund der Stadt geschenkt. Cosel war als wichtiger Oder-Übergang inmitten von Sumpfgelände und Sperrfeste stromauf von Oppeln erstmals 1625 von den Dänen befestigt, dann zwischen 1700 und 1735 von Österreich weiter verstärkt worden. Es deckte vor allem die Anmarschstraßen von Jägerndorf, Troppau und Ratibor und sicherte damit weitgehend das offene Oberschlesien, zumindest links der Oder. Nach Plänen von Walrave vom Juli 1743 begann sein Ausbau 1744. Da er mit Beginn des Zweiten Schlesischen Krieges noch nicht beendet war, konnten die Österreicher am 27.5.1745 die Festung einnehmen, bis sie am 5.9. ds. Js. wiedererobert wurde. Dann übernahm v. Sers ihren Weiterbau mit Bastionen und Redouten, so daß sie sich 1758 und 1760 gegen die feindlichen Belagerungen behaupten konnte.

Ab 1763 wurde der Ausbau fortgesetzt. 1807 konnten die Kommandanten die Festung gegen die Bayern bis zum Frieden halten. Mit dem 20.5.1873 wurde sie aufgehoben. Alle Festungsbauten bedeuteten natürlich tiefe Eingriffe in das Leben der Städte für viele Jahrzehnte, wenn nicht Jahrhunderte. Die beiden maßgebenden Ingenieur-Offiziere v. Walrave und v. Sers waren übrigens Westfalen, beeinflußt vom niederländischen Festungsbau und Könner ihres Faches. Schurgast an der Mündung der Glatzer Neiße in die Oder sollte auf Vorschlag von Feldmarschall Graf Schwerin und seinem Stabschef v. Schmettau anstelle von Neisse ausgebaut werden, um die Oderschiffahrt und das westliche Oberschlesien beiderseits der Neiße zu beherrschen, ein Plan, den der König am 29. Dezember 1741 billigte. Ab 27.1.1743 entstanden auf den beiden Neiße-Ufern und am rechten Oder-Ufer je ein Fort mit geringen Kosten, die 1745 fertig waren. Der König hatte befohlen: »Meine Intention aber ist nicht, eine Festung wie Lille oder Tournay daraus zu machen, sondern nur, daß es ein guter und haltbarer Ort werde«. Ab 1746 wurden die Pläne nicht weiter verfolgt. Ohlau galt als fester Stützpunkt und Sammelplatz für Truppen, Waffen und Material, wurde aber nicht besonders ausgebaut. Ab 27.7.1742 ließ der König durch den Ingenieur-Kapitän Guionneau einen Plan der Stadt Ratibor aufnehmen, um sie nach eigener Eintragung von Palisaden als festen Ort sichern zu lassen, da diese Stadt den südlichsten Oder-Übergang besaß und an der wichtigen Straße von Mähren nach Krakau liegt. Zudem bildete Ratibor den entscheidenden Brückenkopf gegen das nordöstliche Oberschlesien. Der König war sich darüber im klaren, daß an den übrigen Grenzen durchgehende Festungslinien unmöglich waren, wie seine »Anweisung für die Generale« von 1746 bewies.

Während des Siebenjährigen Krieges hatte der König immer wieder erlebt, wie gefährlich die einzige Lücke am steilen Silberberger Paß (540 Meter) quer durch das Eulengebirge blieb. Mehrfach stießen die Österreicher hier von Königgrätz über Nachod oder Braunau zwischen Schweidnitz und Glatz in die mittelschlesische Ebene vor. Zu Beginn jeden Feldzuges sicherten sie sich die Paßhöhen durch befestigte Lager, um den Paß offenzuhalten und auch den Landeshuter Paß von Süden zu flankieren. Der König kannte den Paß seit seinem ersten Besuch am 27.2.1741, dann vom Zweiten Schlesischen Krieg, als sein Hauptquartier nur 15 Kilometer entfernt im Kloster Kamenz lag. 1763 entschloß er sich, die fünf Höhen an der Paßstraße oberhalb der Stadt und den Spitzberg gegenüber befestigen zu lassen und beauftragte den sehr befähigten Ingenieur-Major Ludwig Wilhelm Regler mit der Kartenaufnahme, die ihm am 21.7. ds. Js. aus Wiltsch südlich Silberberg übersandt wurde. Den Entwurf des eben aus Piemont übergetretenen Ingenieur-Kapitän Graf Ignaz Pinto, ein erfahrener Fachmann für Felsenbauten, einer bloßen Donjon-Festung ohne Zwischenwerke, die den schwierigen Paß nicht zuverlässig gesperrt hätte, verwarf er und ließ Oberstleutnant Regler nach seinen Vorgaben einen neuen Entwurf herstellen, der ihm am 23.4.1765 zur Genehmigung vorgelegt wurde. Von 1764 bis 1772 besuchte der König fast jedes Jahr Stadt und Paß, um den Fortgang der Arbeiten zu verfolgen. Bauleiter vor Ort bis zur Fertigstellung 1777 wurde Regler. Für die Bauarbeiten allein vom Mai 1765 bis Oktober 1778 wandte der König 1 573 312 Taler, 9 Groschen, 4 Pfennige auf, an Gesamtkosten 4,5 Millionen. Das gewaltige Vorhaben erforderte Tausende von Spezial-Handwerkern und Hilfsarbeitern, vor allem Sprengleute, Steinespalter, Bergleute, die bis aus der Rheinpfalz, Nassau geworben wurden. Italienische Bergleute führten zum Teil Sprengungen unter persönlicher Anweisung des Königs aus. Auch aus der Grafschaft Glatz und Waldenburg zog man Bergleute heran sowie Pioniere aus Neisse. 1768 waren an 4000 Mann beschäftigt mit einem Tagelohn von 4 Silbergroschen.

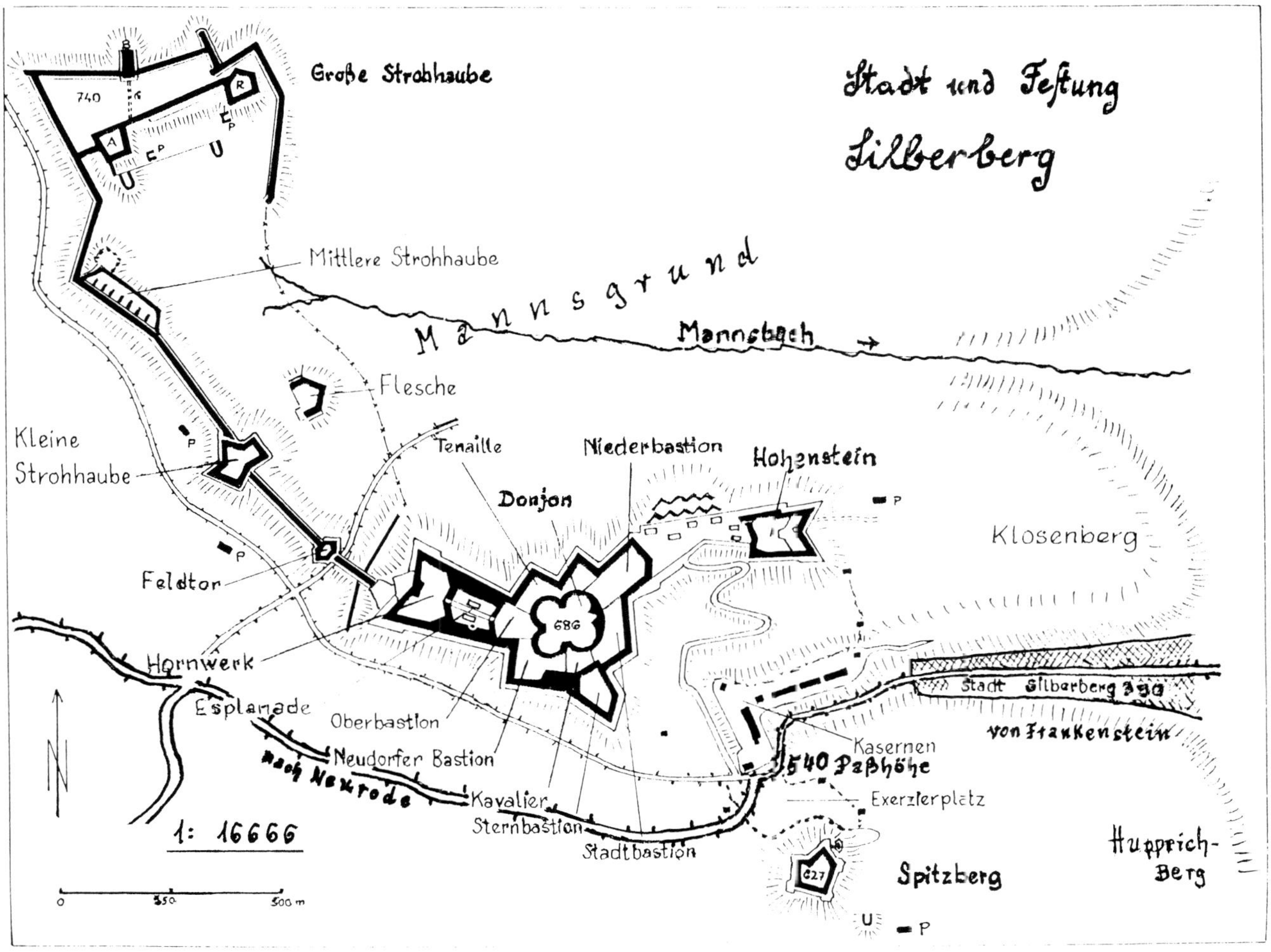

In der Übersichts-Skizze werden die Ausdehnung und Vielseitigkeit der Festung deutlich.

Regler hatte vier Bauabschnitte geplant: 1765 bis 1768 Errichtung des Donjon mit seinen Graben-Kasematten und sieben Außenwerken, 1768 bis 1771 Bau der benachbarten Vorwerke Hornwerk, Hohenstein und Spitzberg, 1770 bis 1777 Herstellung der höher gelegenen Strohhauben-Front mit der Kasematten-Batterie, Brunnen-Kasematte und Flügel-Redoute, der Mittleren Strohhaube und Kleinen Strohaube samt vorgeschobener Flesche, gleichzeitig 1772 bis 1776 Ausbau der Kasernen oberhalb der Stadt mit Bäckerei und Wachgebäude, also reine Maurerarbeiten, für die 600 Maurer bis aus Böhmen eingestellt waren. Das Hauptproblem für die Arbeiten war die Wasser-Zufuhr in diesen Höhen, zumal die Quellen bei den Strohhauben, im Mannsgrund und das Regenwasser nicht einmal für das Kalklöschen und Anrühren des Mörtels ausreichten. Da ließ Regler am Taubenschlag-Berg oberhalb der Großen Strohhaube in 800 Meter Höhe sieben Brunnen bohren und bei fast 150 Meter Gefälle über 3 Kilometer weit bis zum Donjon in ein Staubecken aus 4 Meter hohen Ton-Wällen leiten. Dazu kam, daß höchstens sechs Monate frostfreies Wetter war, von den Unbilden des Wetters in dieser Höhenlage ganz abgesehen. Die vor Ort gewonnenen Bruchsteine wurden gleich für Fundamente, Bollwerks- und Grabenmauer, Böschungen und Sohlschwellen weiterverarbeitet. Lehm konnte am Fuße des benachbarten Klosenberges gegraben werden, Ziegelsteine für die Innengewölbe, Fassaden und Eingangsfronten brannte die Festungs-Ziegelei; Kalksteine kamen von den Kalkhöhen in der Nähe und wurden in Feldöfen unweit Silberberg und in Ebersdorf gebrannt; Holz wurde ringsum geschlagen und in einem Sägewerk am angestauten Mannsbach geschnitten. Hierfür und für den Abtransport von Unmengen von Sand, Werkzeugen, Eisen für Anker, Klammern und Beschläge, Kupfer für Dübel, Blei für Wasserrohre sowie Rot- und Weißsandsteine für Zierkanten u.a. mußten aus der Grafschaft, Breslau und Oberschlesien in langen Fuhrkolonnen der Bauern aus der Umgebung und bis aus Patschkau, Münsterberg und Reichenbach täglich zwölf Stunden lang für zwei Silbergroschen Lohn am Tage herangefahren werden. Dafür war eine Bauzeit von nur 12 Jahren mehr als erstaunlich!

Nicht nur das Ausmaß der Festung und ihre erschwerende Höhenlage, sondern auch die bautechnische Ausführung waren beachtlich: Die Werke der Großen Strohhaube bestanden aus der Kasematten-Batterie mit sieben geschlossenen und acht offenen Geschützständen, einem Batteriehof, Mannschaftskasematten, fünfzehn Schießscharten, Schuppen mit 1800 Zentner Pulver, aus der Brunnenkasematte zur Trinkwasserversorgung und der Flügelredoute mit offenen Geschützstellungen auf dem Wall. Sie waren von einem 1600 Meter langen Verbindungs- und Verteidigungsgraben bis zum Hornwerk mit dem Kern der Festung verbunden. Bis zur Kleinen Strohhaube hatte er eine Tiefe von etwa 10 Metern, unten 4 Meter breit, dann lief er zwischen etwa 3 Metern hohen Wällen. Hier konnten ungesehen Kräfte verschoben werden. Die Mittlere Strohhaube besaß sieben stufenförmig ausgebaute Geschützstände über Bank, nach Westen mit einer großen Schulterwehr gedeckt, im Zugang gesichert durch einen breiten Graben, Zugbrücke und Bollwerke. Die Kleine Strohhaube hatte eine Kanonen-Rampe für zehn Geschütze, Mannschaftskasematten, Schießscharten, Brunnen und ein Magazin mit 956 Zentner Pulver. Die Flesche am Hang zum Mannsgrund sollte ein Vordringen von hier verhindern. Das Feldtor sperrte den gefährlichsten Einschnitt für einen möglichen Durchbruch vom Mannsgrund in den Kessel von Neurode. Gleichzeitig hatte es die Verbindungsgräben zur Kleinen Strohhaube und zum Hornwerk zu bestreichen und die naheliegende Kreuzung der Kolonnenwege zu sichern. Das Hornwerk war der westliche Pfeiler der Hauptfestung; seine zangenartige Ausführung diente der beiderseitigen Bestreichung der Verbindungsgräben nach Norden. Sein westlicher Steilhang war durch vier Abschnitte, Gräben, Brustwehr, Geschützbänke, Ausfalltor, Mannschafts-, Vorrats- und Schlachtvieh-Gewölbe geschützt. Der Hochwall war 14 Meter, der Graben 11 Meter tief, bei 53° Neigung praktisch unersteigbar. Zwei Kanonenrampen boten 16 Geschützen Platz.

Die Esplanade war eine offene Freifläche für zwei Magazine, die im Belagerungsfall abgerissen wurden, und konnte auch für Pionier-Lager genutzt werden. Der Hohenstein beherrschte nach Osten den Mannsgrund, den Südhang des Klosenberges und die Talmulde der Stadt. Er war gegliedert in den Hochwall, Niederwall und gedeckten Weg mit einem 150 Meter langen Gang zur Bestreichung der Grabensohle aus 54 Schießscharten. Für die 14 Geschütze waren 1000 Zentner Pulver gelagert. Fünf Vorratsgewölbe und ein 69 Meter tiefer Brunnen garantierten die Versorgung. Ebenso wie der Hohenstein war der Spitzberg nach Süden selbständig vorgeschoben, auch zur Deckung der Kasernen-Anlage. Der 18 Meter hohe Hauptwall über dem 7 Meter tiefen Graben hatte zehn offene, fünfzehn kasemattierte und acht Geschützstände auf dem gedeckten Weg. Neunzehn Mannschaftskasematten dienten der starken Besatzung. Mit 84 Metern lag hier der tiefste Brunnen der Gesamtanlage. 970 Zentner Pulver lagen bereit. Die Kasernen-Anlage oberhalb der Stadt und im Winkel zwischen Spitzberg, Donjon und Hohenstein mit Brunnenhaus, Bäckerei, zwei Wachen und mannshohem Kellergang ringsum für fast 1200 Mann riegelte die Paßschlucht zusätzlich nach Osten ab, direkt an der Straße, und war von doppeltem Palisaden-Zaun geschützt.

Der Grundriß des Silberberger Donjons belegt das Ausmaß der gewaltigen Zitadelle und ihre massive Bewehrung durch Bastionen.

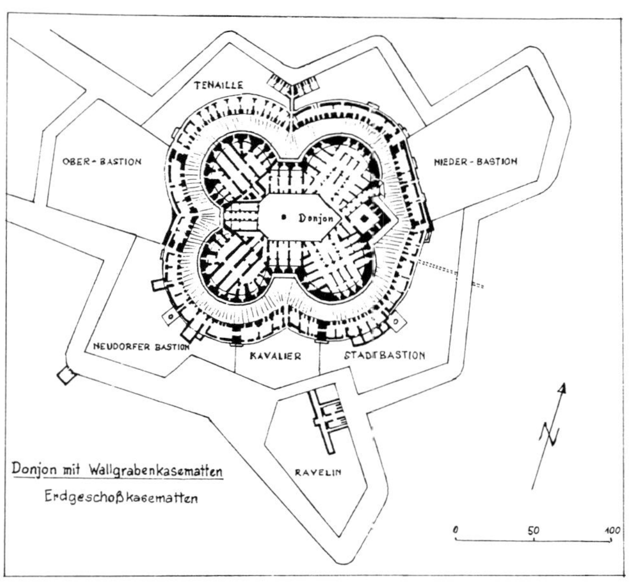

Die Zitadelle, Donjon genannt, bildete in jeder Weise den Mittelpunkt und bestand aus vier halbrunden Türmen von 30 Meter Höhe und 60 Meter Durchmesser am Boden, verbunden durch 12 lange Mittelwälle, Kurtinen genannt, geschützt von drei Bastionen nach Norden und vier nach Süden, der Oberen und Nieder-Bastion, dazwischen die Tenaille, sowie der Neudorfer und Stadt-Bastion, dazwischen der Kavalier, vorgelagert die Stern-Bastion, die sich notfalls auch untereinander im Schach halten konnten. Auf dem Wallgang des Kavaliers lagen fünf Räume des Feuerwerks-Laboratoriums für Zünder aller Art, Kugelfüllung, Kartuschbeutel, Patronenpapier, Pechkränze, darunter die Werkstätten für Schmiede, Stellmacher, Drechsler und Tischler mit Wohnräumen. Hinter der Schloßmauer lag der Kasemattenring mit 66 Wallgewölben, entwässert von einem 660 Meter langen Kanal. Der gesamte Donjon brauchte 54 Entwässerungskanäle mit 880 Meter Länge. Zwei Brunnen von 53 Meter Tiefe sorgten für Wasser. Es gab 264 bombensichere Kasematten in allen Werken für ein Drittel der kriegsstarken Besatzung von 137 Offizieren, 2386 Mann. Die Festung besaß eine eigene Bäckerei und Brauerei, 8 Krankensäle für 350 Mann, 13 Räume für Leichtverwundete und Räume für 32 Ärzte, 40 Pfleger. Die Nieder- und Ober-Bastion überragten als Schlüssel-Bollwerke den Wall um 5 Meter, beherrschten mit ihren Batterien die West- und Ostfront und dienten als Ausfall-Bastionen. Im Erdgeschoß des Donjon lagen 100 Kasematten, von denen 65 bombensicher waren. Hier residierten der Festungsstab, die Verwaltung, Kommandantur, Garnisongericht, Artillerie- und Ingenieur-Offizier vom Platz, Festungsbau-, Zeughaus-, Proviantmagazin-, Garnison- und Lazarett-Verwaltungen. Die Kellerkasematten dienten neben der Verteidigung als gewaltige Lager für Lebensmittel, Holz und Kohle sowie Schlachtviehställe, so daß die Besatzung mindestens drei Monate aushalten konnte. Das Dach des Donjon war bombensicher mit 3 Meter Erde abgedeckt. Der gesamte Geschützpark der Festung umfaßte 160 Kanonen, 80 Mörser, 24 Haubitzen, für die 9 600 Zentner Pulver vorhanden waren. Silberberg war die größte Festung, die der König je erbaut hatte! Vom 26.-30.6.1807 erfolgreich verteidigt, wurde sie am 28.9.1867 aufgegeben.

Als Besatzungstruppe hatte der König bereits 1765 als erste Nachkriegs-Aufstellung das spätere Infanterie-Regiment Nr. 50 unter Oberst Franz Ludwig v. Rossieres mit einem Bataillon vorgesehen. Aber die Aufstellung zog sich bis 1.6.1772 hin, um mit dem 1.1.1773 in Reichenbach endlich errichtet zu werden. Im April 1775 kam es dann zunächst in die Stadt Silberberg und erst 1778 in die Festung selbst, mit insgesamt 1098 Soldaten in sechs Kompanien. Später zum vollen Regiment aufgestockt, diente es auch als Besatzung von Cosel und Neisse; sein Charakter als ortsfeste Festungstruppe verlor sich aber nach und nach. In seinem Testament von 1768 hatte sich der König über die Festungen schon wie folgt geäußert: »Die meisten meiner Festungen sind in Schlesien. Ich lasse sie jetzt ohne Rücksicht auf die Kosten verstärken; denn besser gar keine als schlechte Festungen. Mein System legt die Verteidigung der Werke in den gedeckten Weg und in die Tiefe der Gräben, und ich treffe alle Vorsorge, um Überrumpelungen unmöglich zu machen. Schweidnitz wird im nächsten Jahr fertig; Cosel ist es bereits. An Silberberg, Neisse und auch an Breslau wird im nächsten Jahr gearbeitet werden. Ich hoffe, alle drei Festungen 1770 fertig zu haben. Indes ist noch eine Anzahl von Kasematten nötig, die ich errichten lassen werde, wenn ich am Leben bleibe. Sobald Silberberg ausgebaut ist, muß das alte Schloß von Glatz ausgebessert werden. Die baufälligen Gebäude müssen niedergerissen, gute Kasematten und der Plan des Oberstleutnants Pinto ausgeführt werden. Dann sind nur noch die Gräben von Glogau zu bekleiden und zu vertiefen und das Galgenfort zu erhöhen. Sind diese Festungen völlig ausgebaut, so ist der Besitz von Schlesien gesichert. Die Festung Silberberg habe ich angelegt, um freien Einmarsch in die Grafschaft Glatz zu haben und die Festung Glatz entsetzen zu können, falls der Feind sie belagert. Die Feldzüge der Österreicher 1757 und 1760 haben gezeigt, wie wichtig die Befestigung von Breslau ist. Die Stadt soll wenigstens so weit befestigt werden, daß sie den Feind zwei Monate aufhalten kann. Das ist Zeit genug, um ihr zu Hilfe zu eilen.« Die menschenmögliche Sicherung des so teuer erworbenen schlesischen Landes ließ sich der König erhebliche Summen, Mühen und Zeit kosten! Der Bewährungsprobe bis 1763 folgte die von 1807.

In Kriegsnot

Der gute Vorsatz des Königs, typisch für die damaligen Kabinetts-Kriege, wonach der Bürger nichts davon merken solle, wenn sich die Armeen schlügen, ließ sich im schweren Existenzkampf des Siebenjährigen Krieges nicht mehr durchhalten. Nach seiner zweimaligen Anfrage in Wien Ende Juli und Ende August 1756 fühlte sich der König »unschuldig an diesem Krieg«, wie er am 26.8. ds. Js. seinem Bruder August Wilhelm schrieb. Die noch geringe Selbstversorgung mit Gebrauchsgütern und die wenigen Exportmöglichkeiten mußten weiter gesichert bleiben, während sich die Armee weitgehend aus den Nachbarländern versorgte nach dem Grundsatz: »Der Krieg muß den Krieg ernähren!« Dennoch blieb schließlich keine Provinz von Kriegsfolgen verschont. Erstmalig seit 1715 fielen wieder fremde Truppen ins Land, wenn auch kurze Zeit, aber Brandschatzungen, Requisitionen, erpreßte Geldabgaben, dazu Totschlag, Verschleppung und Seuchen belasteten und verringerten die Bevölkerung in erschreckendem Maße, so daß die in mühsamen Jahrzehnten eingeleiteten Peuplierungen und der Landesausbau gefährdet und aufs Spiel gesetzt waren. Würden Beamte, Bürger, Kaufleute und Bauern als treue Untertanen wie Staatsbürger handeln, um bei ständiger Abwesenheit des alles entscheidenden Königs diesen noch so gefährdeten Staat als den ihren zu erhalten und in Gang zu halten? Vom 28.8.1756 bis 30.3.1763 kam der König nur einmal vom 4. bis 13.1.1757 nach Berlin zurück. Während der Kopf des Staates fern von seinen Ministerien im Feldlager zwischen Sachsen, Böhmen, Schlesien und der Neumark stand, mußte das Herz des Staates in Staatsverwaltung und Untertanen mit zäher Ausdauer die lange Kriegszeit durchhalten, ohne den gewohnten Impuls und planvolle Leitung, eine außerordentliche Aufgabe unter schwierigsten Umständen. Dafür hielt der König in blitzschnellen Ausfällen aus der inneren Linie die weit überlegenen Verbündeten möglichst von seinen Kernlanden fern. Da er sie nicht endgültig besiegen konnte, blieb ihm nur die Chance der Abnutzung, Ermüdung und Uneinigkeit seiner Gegner, ein Kampf um Zeitgewinn, der ihn ebenso untergehen lassen konnte. Wem er das Fundament dieser Überlebenskraft verdankte, bekannte er am 25.4.1758 in Neisse seinem Vorleser de Catt, nachdem er ihm von seinem halbwachen Albtraum mit seinem strafenden Vater erzählt hatte: »Welch ein schrecklicher Mann! Aber auch welch gerechter, kluger und sachkundiger Mann! Sie können sich nicht vorstellen, welche Ordnung er in alle Verwaltungszweige gebracht hat. Kein Fürst erreichte ihn in der Fähigkeit, in die geringsten Einzelheiten einzudringen. Und er drang in sie ein, um, wie er sagte, alle Teile der Staatsverwaltung auf den höchsten Grad der Vollkommenheit zu bringen. Nur durch seine Sorgen, seine unermüdliche Arbeit, seine von peinlichster Gerechtigkeit erfüllte Politik, seine große und bewundernswerte Sparsamkeit und die strenge Manneszucht, die er in dem von ihm geschaffenen Heer einführte, nur dadurch sind meine bisherigen Leistungen ermöglicht worden. In seiner Lebensweise war er von erstaunlicher Einfachheit, aber auch von beinahe unerhörter Strenge«. Das galt für den zivilen Bereich des Staates nicht weniger als für die preußische Armee. Denn die Auswirkungen der längst eingeleiteten Aufbau-Maßnahmen konnte der Krieg zwar mindern, aber keinesfalls aufheben, zumal sogar in besetztem Gebiet anders als heute die Verwaltung weiterlief.

Repräsentative Großbauten wie Sanssouci, im Stadtgebiet von Potsdam und die St. Hedwigs-Kirche in Berlin ließ der König bereits im Januar 1757 stillegen. Im März ds. Js. ermahnte das Generaldirektorium die Kriegs- und Domänenkammern zur Reduzierung aller Hochbauten, Reparaturen, Vermessungen und Aushebungen von Gräben. Nur Straßenbrücken waren in Schuß zu halten. Dafür blieben langfristige Siedlungs-Vorhaben wie das Oder-Bruch im Gange, wenn auch mit verringerten Kräften, und alle Planungen wurden auf die Zeit nach dem Friedensschluß verschoben. Die Ministerien vereinfachten weitmöglichst ihren Geschäftsgang, setzten die Landtage in den West-Provinzen aus und ließen die Regierungen ihre Zeitungsberichte sowie die Bearbeitung aller Beschwerden einstellen. Überholte Akten wurden vielfach kassiert, auch um die Behörden für etwaige Verlegungen schlanker zu machen, manche sogar auf Anordnung des Königs zu Patronenpapier verarbeitet, wenn sie nicht sogar mitunter bei Lumpensammlern wieder eingesammelt werden mußten. So begriffen die Behörden nach und nach, daß sie sich selbständig, vorausplanend und beweglich immer neuen Lagen anpassen mußten, um ihre notwendigen Aufgaben schnell und zuverlässig erfüllen zu können, zumal das Königliche Kabinett im Feldquartier seine Arbeit natürlich auf das allernötigste beschränken mußte. Durch Unterbindung von Routine-Berichten, es sei denn »Sachen von der höchsten Importance, daß ich nicht durch dergleichen distrahiert werde«, Überlassung von Entscheidungen und ausdrückliche Vollmachten delegierte der König zwangsläufig Verantwortung nach unten. Im Juni 1759 verwies er scharf das Generaldirektorium, ihn nicht »mit dergleichen Bericht und Anfrage zu behelligen, von welcher dasselbe wohl billig erachten sollte, daß dergleichen nur vor ruhige und vor Friedenszeiten gehörten«. Der König war natürlich ohnehin mehr als überfordert. Eine zentrale Verwaltung mit ausschließlich absoluter Steuerung wäre für die lange Kriegsdauer auf keinen Fall durchzuhalten gewesen. So erhielt z.B. das V. Departement für Handel, Fabriken und Manufakturen sowie Kolonisten-Sachen in der ganzen Kriegszeit nur vier Ordres des Königs, blieb also ohne Eingriffe. Wichtig war für ihn die vorrangige Erfüllung aller Armee-Lieferungen; die Erhaltung der Manufakturen auf dem Friedensstand blieb eine Hoffnung. Daß nicht alles bei den Behörden reibungslos funktionierte, zeigt die Rundverfügung des Generaldirektoriums, die Eingaben seien ordentlich an die zuständigen Ressorts zu richten, um Irrläufer und Verzögerungen zu vermeiden. Im Juni 1763 mußte sie wieder bestätigt werden. Die fortgesetzte Überanstrengung der Behörden löste interesselose Routine, Ermüdung und Reizbarkeit der Beamten aus, bei denen vielfach Stellen wegen Besetzung des Landes unversorgt blieben.

Kammer- und Kreis-Behörden führten die allgemeinen Anordnungen recht zuverlässig aus, dabei die Verfügungen wegen unerlaubter Auswanderung, gegen Getreideausfuhr, Verbot des Kornbrennens, Einhaltung der Höchstpreise für Brot und besonders der Vorspanndienste für die Armee, wenn auch häufige Kontrollen immer wieder nötig waren, die zu ahndende Versäumnisse oder Mißstände aufdeckten. 1762 mußte eine Kabinettsorder die zuverlässige Regelmäßigkeit der Post einfordern, wobei die Postillions und die bäuerlichen Ersatzpferde von allen Nachschub-Fuhren und Kriegslieferungen freizuhalten waren, Sache der Landräte als Marschkommissare, die für Lieferungen, Vorspann, wann immer nötig, und Zufuhren zu sorgen hatten. Die Behörden bemühten sich eifrig, auch ohne den König, ihre Pflicht in straffer Dienstaufsicht, korrektem Instanzenzug und gewissenhafter Ausführung der bestehenden Gesetze und Anordnungen zu erfüllen. Die persönlichen Anforderungen an die Beamten blieben unvermindert hoch: Es waren häusliche Vorbereitungen des Dienstes verlangt; Akten waren vorher zu studieren und sitzungsreif zu bearbeiten. Größte Sparsamkeit bei allen Nebenausgaben wie Botenlohn, Expreßporto von Briefen und Vorspann waren selbstverständlich. Bei Mißbrauch und Übertretungen gab es Kostenregreß, bei Dienstvergehen, Versäumnissen im Amt und Schuldenmachen griffen die Kammerpräsidenten scharf durch. Wer seinen Posten verließ, wurde sofort entlassen. Das Gehalt lief weiter, meist erheblich gekürzt, und blieb bisweilen wochenlang aus. Dennoch hat sich an der Unbestechlichkeit der Beamten gar nichts geändert. Feindliche Einfälle auf preußisches Gebiet störten den ruhigen Fortgang der Verwaltung erheblich. Oft wurden Beamte auch als Geiseln genommen und kamen erst nach jahrelangen Verhandlungen frei. Dabei hatten die Kriegs- und Domänenkammern als Regierungsbehörde ganze drei höhere und sieben mittlere Beamte. Daß jede Unterstützung des Feindes, auch indirekt, strafbar war, ist klar; die Treue zum Landesherren galt unvermindert weiter. Vom Krieg verheerte Gebiete erhielten auf Zeit Nachsicht beim Steuereinzug. Wiederholt wurden gefährdete Verwaltungen von Außenposten ins Innere verlegt, teilweise auch nur Akten und Kassen in Sicherheit gebracht, nachdem sich in diesem Kriege die feindlichen Einfälle gehäuft und die Erfahrungen mit fremden Truppen wesentlich verschlechtert hatten, ja, die Österreicher im Sommer 1757 Ostfriesland öffentlich annektierten und die Russen am 14.1.1758 die ostpreußischen Behörden und danach die Stände förmlich auf die Zarin vereidigten. Jede Verpflichtung oder Vorschub für den Gegner, wie im August 1757 in Cleve-Mark oder 1758 der Breslauer Oberamtsregierung, wurde vom Staat mit Festungsstrafen geahndet. Vor allem durfte der Landesfeind, wie die Kurmärkische Kammer 1760 verlangte, nicht aktiv durch Ausschreibung von Fourage und lang anhaltende Fuhren- und Gespanngestellung durch Kreisorgane Nutzen haben. Die Ordnung und die Verwaltung der Bevölkerung sollten dagegen möglichst in Gang und in eigener Hand bleiben, der eigenen Menschen wegen und, um Eingriffe des Feindes in das Staatsgefüge und den Verwaltungsablauf zu erschweren. Deshalb bestimmte der König im Mai 1761, daß die Landräte bei ihren Kreisen zu bleiben hätten und dort unter der Besatzung für Ordnung sorgten. Übrigens hat der König den Provinzen Preußen, Ostfriesland, Cleve und Schlesien ihre Huldigung und Verpflichtungen nach Friedensschluß keineswegs nachgetragen und am 27.5.1762 bereits verfügt, »man möge sich gegen alle, die im Namen des Hofes zu Petersburg die dasigen Sachen administrieret, sehr bescheiden und gütlich betragen, auch alle Dispute und Chicanes evitieren«.

Schon im Herbst 1758 setzte der König in Pommern, Neumark und Küstrin erste Aufbau-Maßnahmen der von den Russen verursachten Zerstörungen an, unter Einschaltung der 1756 eingesetzten Feld-Kriegskommissariate in Pommern, Sachsen und Schlesien unter dem Feld-Kriegsdirektorium beim Generaldirektorium, die insbesondere Fouragierungen und Kontributionen vorzunehmen hatten. Die Beschaffung der Gelder hierfür und für zivile Zwecke überhaupt war während des Krieges sehr schwierig. Sie erfolgte zunächst durch Anleihen bei Provinzen und Ständen in Höhe von 4 Millionen Talern, rigorose Einbehaltung von Zivil-Gehältern und Pensionen ab September 1757 gegen später einzulösende Kassenscheine, die die kleinen Beamten in bitterste Not stürzte, und Kontributionen aus Sachsen. Mit dem Ende der preußischen Finanzverwaltung in Sachsen am 10.2.1763 hatte sie über 48 Millionen aus diesem Besatzungsgebiet herausgezogen, von der rücksichtslosen Ausnutzung staatlichen und privaten Eigentums als Druckmittel gegen österreichische und russische Übergriffe ganz abgesehen, vor allem ab 1758 und besonders 1760/61. So hart Besatzungsgebiete ausgesogen wurden, so sehr schonte man die eigene Bevölkerung und ihre Leistungskraft. Überforderungen der Bauern würden die Erträge mindern; andererseits wäre eine Freistellung von Fuhrdiensten zu Lasten der Armee-Magazine von katastrophaler Auswirkung für die Armee gewesen. Daher suchte das Generaldirekto-

Preußische Flugschrift gegen antipreußische Kriegspropaganda, eifrig von einem Bauern gelesen — einer der ersten Stiche von Daniel Chodowiecki, 1757, verlegt bei Georg Jakob Decker, Berlin

rium im März 1758 einen Mittelweg: unter Berücksichtigung der Kriegsschäden bei den Untertanen solle nicht mehr gefordert werden, »als was dieselben nach ihrer jetzigen Situation zu prästieren imstande sind«. Zugleich sei zum Schutze vor rechtswidriger Bedrückung gegen eine lange Liste von Beschwerden einzuschreiten, wie z.B. unrechtmäßige und übermäßige Lieferforderungen und Vorspann-Dienste, künstliche Wüstungen zwecks Einziehungen von angeblich verlassenem Bauernland, willkürliche Verknappung der Arbeitskräfte und Erschwerung von Heiraten. Bei krassen Übertretungen griffen die Behörden unnachsichtig ein, so im Frühjahr 1760 der Kabinettssekretär Eichel gegen den Generalpächter von Lebus. Noch während des Krieges ließ der König Schadens-Aufnahmen vornehmen; im Bereich der Magdeburger Kammer beliefen sie sich schon 1758 auf über 70000 Taler, die von den Russen in der Kurmark mit dem Wegtreiben des Viehs, der Wegnahme von Getreide und Geld einschließlich der vorsätzlichen Zerstörung der Gehöfte angerichteten Schäden waren im Oktober 1760 noch nicht übersehbar. Obwohl der König in schweren Geldnöten steckte, ließ er zwischendurch immer wieder und besonders für die unteren Ränge durch Umschichtungen zur Linderung der größten Not Zuschüsse freimachen, wie im Dezember 1758 100000 Taler für Hinterpommern und 1759 für die Neumark. Allein in Ostfriesland betrugen die Kriegsschäden einschl. der Schulden 650000 Reichstaler. Das erste Not-Programm für den Wiederaufbau umfaßte für Pommern und die Neumark bereits 6000 neue Wohnhäuser anstelle der abgebrannten, für Schlesien 3100. Im April 1762 sandte der König — knapp ein Jahr vor dem Friedensschluß — Kammerdirektor Franz Balthasar Schönberg von Brenkenhoff aus Dessau nach Pommern und in die Neumark, um mit seiner Kommission den ganzen Umfang der Verheerung zu untersuchen und die erforderlichen Aufbau-Schritte zu planen.

Bereits im Januar 1757 hatte der König erkannt, daß der Krieg sich entgegen seinen Hoffnungen erheblich länger hinziehen würde. Trotz des ansehnlichen Staatsschatzes, aller Kontributionen und der englischen Hilfsgelder spannte sich die Finanzlage im Lande auf das Äußerste an, so daß selbst die Stände beschieden werden mußten, sie könnten für die Dauer des Krieges nicht mit allen Vergütungen für ihre Fourage-Lieferungen rechnen. Auch aus den besetzten Gebieten in dienstlichem Auftrage herausgekommene Beamte konnten keine Entschädigung erhalten, da die Finanzen nicht einmal für die Beamten in den verbliebenen Provinzen hinreichten. 1758 ließ der König sein eigenes Tafelsilber aus den Schlössern zur Berliner Münze schaffen. Hatte der König sich nach dem Zweiten Schlesischen Krieg scharf gegen die umlaufenden minderwertigen Münzsorten gewandt und am 14.7.1750 unter Mitwirkung seines gerade aus Braunschweig berufenen Generalmünzdirektors Johann Philipp Graumann sein »Münz-Edikt« ergehen lassen, wonach die neuen Sorten »Friedrichsdor« und »Taler« mit festgelegtem Gold- und Silbergehalt das neue System bildeten, so sah er sich schon 1754 zur Vollmacht an die Handelsgesellschaft Herz Moses Gumperz und am 1.3.1759 gezwungen, seine brandenburgisch-preußischen Münzstätten für sieben Millionen Taler an seine »ordentlichen Schutzjuden« Ephraim Söhne, Moses Isaac und Daniel Itzig zu verpachten. In Dresden und Leipzig durften sie auch prägen. Die übrigen Münzen in Aurich, Breslau, Cleve, Königsberg, Magdeburg und Stettin waren bis auf die beiden letzten ausgefallen. Mit Wissen des Königs gaben sie schrittweise in ihrem Wert verminderte Münzen heraus aus versilbertem Kupfer, deren Anteile sich ständig verschoben, eine gezielte Inflationierung, die bis zum Ende des Krieges bis 72 % anstieg. Schon seit dem frühen Mittelalter hatte es häufig sogen. »Münzverrufungen« gegeben. Der Taler besaß nur noch 28 % seines Ursprungswertes. Das Volk nannte die Münzen »Ephraimiten« und lästerte: »Außen schön, innen schlimm, außen Friedrich, innen Ephraim«. Die Breslauer Kammer mußte ihren Kassen-Rendanten untersagen, die verschiedenen Geldsorten untereinander auszutauschen. An diesem Geschäft, das die Teilhaber reich, aber öffentlich unehrlich machte, nahmen als »privilegierte Schutzjuden« noch der versierte Juwelenhändler und Bankier Kaufmann Marcus Levin, Vater der Rahel Varnhagan und in der Berliner Gesellschaft angesehen, und Herz Moses Gumperz mit seinen Brüdern teil, die quer durch ganz Europa ausgedehnte nützliche Geschäftsverbindungen besaßen und nach und nach durch ihre Agenten allein aus Polen, Ungarn, Rußland »vor leicht Geld« mehr als 50 Millionen in Gold herauszogen. Wie Nicolai berichtet, waren die Verträge für diese Finanz-Manipulation vom König dem General v. Tauentzien, 1758 bis 1785 Kommandant und Gouverneur von Breslau, aufgetragen, dessen Sekretär Lessing war. Der General galt als äußerst zuverlässig und verschwiegen, dem König treu ergeben und für Preußen zu allem bereit. Moses Mendelssohn hatte trotz sehr glänzender Angebote des al-

»Friedrich II. besucht Pesne auf dem Malgerüst in Rheinsberg.« — Gemälde von Adolph Menzel, Staatliche Museen Preußischer Kulturbesitz, Nationalgalerie Berlin, Photo: Jörg P. Anders
Unbemerkt von seinem Freund Pesne steigt der Kronprinz auf das Gerüst, gefolgt von Baumeister Georg Wenzeslaus v. Knobelsdorff, während rechts Franz Benda zum Tanz aufspielt, als ob Pesne hoch oben mit seiner Deckenfigur so etwas wagen wollte — eine Szene musisch unbekümmerter Heiterkeit.

»Wasserfahrt in Rheinsberg« – Gemälde von Adolph Menzel, Privatbesitz
Vor Park und Schloß Rheinsberg, von König Friedrich Wilhelm I. 1733 für seinen Sohn gekauft, läßt sich der Kronprinz, in ein Buch versunken, in einem prächtigen Kahn, gesteuert von seinem Begleiter, bewegt von einem kräftigen Ruderer, entspannt dahingleiten.

»König der kleinen Leute« – Gemälde von Günter Dorn

»Der Spaziergänger« — Gemälde von Adolph Menzel, Privatbesitz Frau Marion Eitle
Nach seinem Nachmittags-Spaziergang kehrt ein Partikulier — vielleicht ein alter Gutsverwalter oder Domänen-Pächter — langsam und ein wenig gebeugt, die Hände mit dem Stock hinter dem Rücken, befriedigt und ruhig in sein Heimatdorf zurück, Beispiel des sich entwickelndes Mittelstandes auf dem Lande.

»Der König kontrolliert 1753 die Gewehrfabrik der Firma Splittgerber und Damm auf dem Spandauer Amtsvorwerk, die monatlich bis zu 1200 Gewehre lieferte. Die Schäfte wurden aus Nußbaum oder Ahorn gefertigt, das Kaliber betrug 20 mm. Die Schußweite lag bei 250 bis 300 Metern. Im Berliner Zeughause lagerten im Durchschnitt ständig 20.- bis 30.000 Stück. Dank der Vorsorge im Frieden mangelte es der Armee jemals weder an Waffen noch an Ausrüstung«. Gemälde von Günter Dorn

»Die Bittschrift« – Gemälde von Adolph Menzel, Geh. Staats-Archiv, Bildarchiv, Preußischer Kulturbesitz, Berlin
Ein junges Bauern-Paar paßt den auf einem sommerlichen Feldweg unweit von Potsdam heransprengenden König, in gehörigem Abstand von zwei Adjutanten begleitet, ab, um ihm unmittelbar ein persönliches Bitt-Gesuch zu übergeben. Als den Mann die Courage verläßt, stutzt ihn seine handfeste Frau zurecht.

Auf ausgedehnten Inspektionsreisen prüft der König, vor allem in Pommern und Schlesien, immer wieder persönlich sogar die Durchführung des Kartoffel-Anbaus als Grundnahrungsmittel der Bevölkerung, hier in Begleitung seines Flügeladjutanten und in Anwesenheit des Gutsinspektors. Gemälde von Günter Dorn

»Kopf eines Alten Juden« — Gemälde von Adolph Menzel, Kunsthalle Mannheim
Das ausdrucksvolle Antlitz des Rabbiners steht für die ab 1750 einsetzende Emanzipation der Juden durch das »Generalreglement« des Königs vor allem auf wirtschaftlichem Gebiet sowie kulturell durch Moses Mendelssohn und Gotthold Ephraim Lessing nach Aufgeben der Ghettos.

»Der König inspiziert die Ansiedlungen bei Stöllen« — Gemälde von C. Frisch, Schloß Charlottenburg, Photo: Jörg P. Anders, Berlin 1779 läßt sich der König am Südrande des Rhin-Luches im Westhavelland ostwärts Rhinow (nördlich Rathenow) von der überragenden Höhe des Gollenberges bei Neuwerder im weiten Überblick über die Niederung die Ergebnisse der mit Geld und Tatkraft geförderten Kolonisation von 1775 bis 1778 erläutern.

Am 20.5.1779 läßt sich der König das nach dem Brande im Januar 1778 von v. Reden neu errichtete Eisenhüttenwerk Malapane bei Oppeln zeigen, das ab 1754 als erste staatliche Hütte in Oberschlesien mit zwei Hochöfen und einem Drahthammer gegründet worden war. Nach Einstellung des Munitionsgusses 1771 produzierte sie Stabeisen, Blech, Öfen und Hausrat. Rasch nahm sie mächtigen Aufschwung und verdrängte dann die englische Konkurrenz durch Verwendung von Koks und Einsatz einer Dampfmaschine. Gemälde von Günter Dorn

»Das Flötenkonzert in Sanssouci« — Gemälde von Adolph Menzel, National Galerie, Staatliche Museen Preußischer Kulturbesitz, Berlin, Photo: Jörg P. Anders
Im Konzertsaal von Sanssouci musiziert der König mit Philipp Em. Bach am Cembalo und Konzertmeister Benda mit der Geige, während Quantz prüfend zuhört. Auf dem Sofa lauschen seine Lieblingsschwester Wilhelmine von Bayreuth, rechts die Prinzessin Amalie, links die Gräfin Camas, dahinter Major Chazot, rechts Graun und Maupertuis.

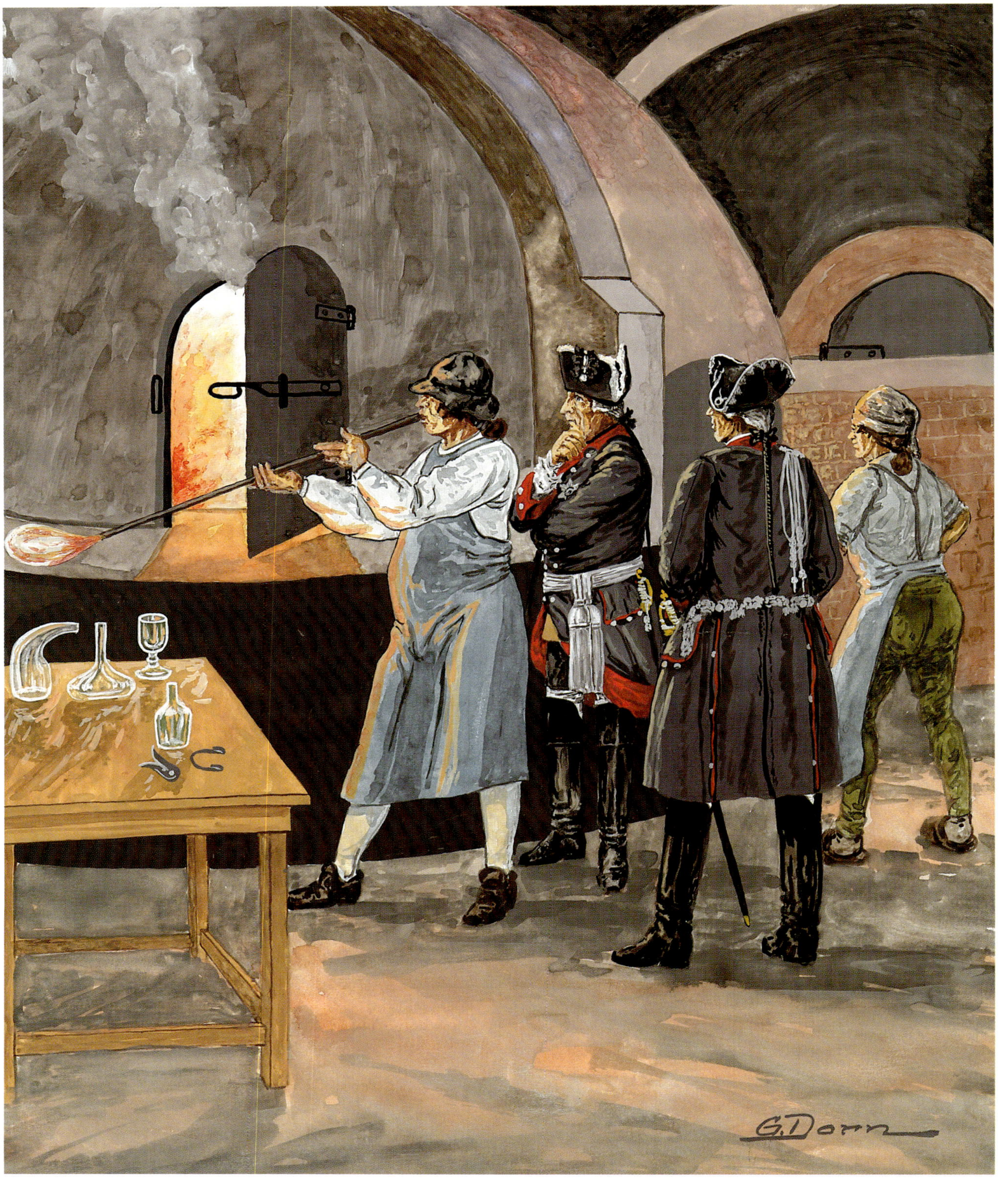

Der König läßt sich am 19.8.1774 auf der Reise von Schweidnitz nach Glatz die Glashütte des Glasermeisters Ignaz Rohrbach in Friedrichsgrund an der Heuscheuer/Grafschaft Glatz zeigen und verspricht ihm, alle Glaswaren für 500 Reichstaler zu kaufen. Zur Hütte gehörten sechs Wohnungen mit 103 Seelen, meist Glasmacher aus Böhmen, die der König gezielt nach Schlesien zog. Seine Nachfrage galt der Versorgung mit Holz und Wasser wie der Verwendung von Steinfarn-Asche. Gemälde von Günter Dorn

»Friedrich II. auf Reisen« – Gemälde von Adolph Menzel, Staatliche Museen Preußischer Kulturbesitz, Nationalgalerie Berlin, Photo: Jörg P. Anders
Begleitet von Generalleutnant Freiherr von Lentulus, besichtigt der König ein zerstörtes Dorf in der Neumark nach Ende des Siebenjährigen Krieges, um sich ein Bild von der Durchführung seiner Anordnungen für den Wiederaufbau zu machen, und wird von den Einwohnern und einigen Abgesandten begrüßt, während rechts Geheimrat v. Brenckenhoff mit den Plänen wartet.

Am 19.8.1780 besichtigt der König Spinnereien und Webereien in Wüstewaltersdorf und Steinseifersdorf an der Hohen Eule. Er sagt: »Die Leinenindustrie ist die Seele Schlesiens. Sie ernährt viele tausend Menschen, die Arbeit des Landmannes erhält ihren Preis«. Deshalb prüft er die Fabrikate, schützt die Weber und fördert die Ausfuhr zu einer Höhe von 6 Mill. Talern 1785.
Gemälde von Günter Dorn

»Friedrich der Große trifft Kaiser Joseph II. in Neisse« — Staatliche Museen Preußischer Kulturbesitz, Nationalgalerie Berlin, Photo: Jörg P. Anders
Dieser Kaiser-Besuch vom 25. bis 28.8.1769 mit folgendem Gegenbesuch in Mährisch-Neustadt eröffnete die Aussöhnung mit Österreich und bekräftigte beiderseits die Reformen, zeigte aber bereits den Interessen-Gegensatz als Vormacht der deutschen Fürsten gegen die Ausweitung der Kaiser-Macht.

Der König läßt sich an Ort und Stelle die Anlage eines Entwässerungs-Kanals im Netze-Bruch vom Landrat und dessen Schachtmeister anhand des Bauplanes eingehend erklären, hinter ihm ein Kammerhusar mit dem Fernrohr. Gemälde von Günter Dorn

ten Ephraim jede Beteiligung verweigert, obwohl sie in jeder Hinsicht für ihn vorteilhaft gewesen wäre.

Diese Intrigen waren ihm zuwider, die staatliche Falschmünzerei war ihm zu zwielichtig, er hielt sie für unrecht. Als äußerstes erklärte er sich bereit zur künstlerischen Mitarbeit an Entwürfen für Sieges-Medaillen. Am 23.2.1762 schrieb er: »Ich danke Gott, daß ich von den Münzen weggeblieben bin; wie leicht wäre ich mit dem Strom fortgeschwommen!« Wie Selma Stern feststellt, hat sich der König später gerühmt, die Münzverschlechterung sei seine eigene Überlegung und nicht der Entschluß seiner Finanziers gewesen. Er konnte z.B. Dänen und Türken für mögliche militärische Hilfe Geld anbieten, zumal er auch mit in Sachsen erbeuteten Prägestempeln entwertete polnische Münzen in Umlauf hatte bringen lassen. Deshalb hat er niemals daran gedacht, sie dafür zur Verantwortung zu ziehen, was er andernfalls bestimmt nicht unterlassen hätte. Vielmehr verlieh er ihnen 1762 auf dem Höhepunkt der Inflation die »Rechte christlicher Kaufleute und Bankiers« und schützte sie uneingeschränkt gegen alle Verleumdungen, hatten sie ihm doch geholfen, 29 Millionen Gewinn zu erzielen und so seine Feinde auch mit minderwertigen Friedrichsdors zu besiegen, deren Abschaffung dann mit Erlaß vom 21.4.1763 in zwei Phasen über den 29.3.1764 zu deflatorischen Erscheinungen und einer Geschäfts- und Handelskrise führte und vor allem Grund und Geldbesitzer in der nächsten Aufbau-Phase traf. Am 1.6.1764 waren die Münz-Angelegenheiten wieder in Ordnung! Aber diese Manipulation hatte ihm den Restbestand von 30,25 Millionen gesichert. Österreich war dagegen 1763 nicht mehr kreditwürdig und stand vor dem finanziellen Zusammenbruch mit 136 Millionen Gulden Staatsschulden trotz französischer Subsidien von bis zu 64,5 Millionen Livres. Rußland war ausgeschieden, Frankreich hatte sich nach Verlust von 200000 Mann und 677 Millionen Livres wegen anderer Probleme abgewendet. In Preußen war man finanziell noch lange nicht am Ende, verfluchten aber noch die Enkel der Zeitgenossen die Organisatoren dieses fragwürdigen Finanz-Manövers, vergaßen aber den Urheber!

Ab 1.6.1759 konnten die Gehalts- und Pensionszahlungen wieder aufgenommen werden; was über 400 Reichstaler war, kam zu einem Viertel zur Auszahlung in Kassenscheinen. Im Frühjahr 1760 wurde den Ständen eine bescheidene Abschlagssumme auf ihre Fouragelieferungen angewiesen, bis zu deren Auszahlung es noch über ein Jahr dauerte. Als ab Juni 1762 wieder alle Zivil-Gehälter gestrichen werden sollten, sorgte der überraschende Friedensschluß mit Rußland für rasche Abhilfe. Zuvor war ab 15.2.1762 die Einlösung der Kassenscheine und das Wiedereinsetzen der Gehälter verfügt und auch durchgeführt worden. Die vom Gegner besetzten Landesteile hatten erhebliche Abgaben, meist gegen Freistellung oder Nachlaß von abgeforderten Leistungen, aufzubringen, so die Provinz Magdeburg zwischen Oktober 1757 und 1.5.1758 33333 Reichstaler und die Provinzen Altmark, Priegnitz, Uckermark ebenso viel, Mansfeld 10000 Rtlr., die Grafschaft Mark im Januar 1759 für ihre Neutralisierung 21000 Reichstaler. Daß die Mindener Kammer Anfang 1759 einen kleinen Überschuß abgeben konnte, war eine mehr als rühmliche Ausnahme. Der König verhinderte mit allen Mitteln jeden Versuch militärischer Stellen, auf die schwer belasteten Zivil-Kassen in irgendeiner Weise zurückzugreifen, wie er dem Schweidnitzer Kommandanten im Januar 1761 mit einem scharfen Verweis einschärfte. Dabei war der Einfluß des Königs auf gelegentliche Eingriffe beschränkt, die dann allerdings in ihrer Schärfe zunahmen. Abwesenheit von der Armee wäre für ihn aus vielen Gründen undenkbar gewesen, sie war sein und Preußens Schicksal, das ihn gefangen hielt: »Ich habe dies Leben herzlich satt. Habe ich doch alles verloren, was ich auf Erden liebte und achtete; ich bin umgeben von Unglücklichen, denen ich in der Not der Zeit nicht beistehen kann. Noch bin ich ganz niedergeschmettert von der Verwüstung unserer schönen Provinzen. Ich bin mit Geschäften und Verdruß überladen — ein armer, gottverfluchter Mann, der verdammt ist, sich bis ans Ende der Zeiten herumzuschlagen und unter der Bürde der Arbeit zu unterliegen«, schrieb er in seiner Einsamkeit am 22. Dezember 1758 aus Breslau dem Marquis d'Argens in realistischer Einschätzung seiner Situation. In dieser Zeit war er für seine Beamten weder der strahlende noch siegesgewisse noch allgegenwärtige König, sondern eher ein asketischer, verzweifelt ringender und leidender Mann. Er war ihnen menschlich nähergerückt; an die Stelle unreflektierten Gehorsams waren eher innere Verbundenheit, standhafte Treue und achtungsvolles Mitgefühl getreten. Nur so wird überhaupt erst verständlich, wie Staatsführung und Verwaltung ohne ihren Mittelpunkt und Dirigenten sieben Jahre glimpflich überleben konnten, noch dazu, wo ja vielfach vom Dienstherrn einseitig die geforderte Zuverlässigkeit und Korrektheit durchbrochen wurden. Bloß eingeschüchterte und haßerfüllte Untertanen hätten jetzt jede Gelegenheit wahrnehmen können, sich zu rächen oder zu verschwinden. Daß dies alles ohne Zusammenbrüche und schwerste Folgen für Verwaltung, Wirtschaft und Wohlfahrt des Landes überstanden wurde, beweist Opfermut, Entsagung, Pflichtgefühl und Standesauffassung der Familien aller preußischen Staatsdiener. Preußens Existenzkampf wurde auch von ihnen gewonnen! Und dabei fehlte es der Armee nie an Brot und Fourage, selten an Gemüse und Fleisch und niemals an Sold, was auch den Zusammenhalt und Korpsgeist stärkte. Ebenso hat der Nachschub an Waffen, Munition, Ausrüstung und Bekleidung immer funktioniert. Aber was nützt ein militärischer Sieg, wenn der Staat daran zerbricht? Die siebenjährige Belastung mit schwersten Opfern ohne Atempause, die König und Volk gemeinsam durchgestanden haben, brachte beide um sehr vieles einander näher. Die Armee hatte den Staat blutig behauptet. Von jetzt an war der Staat wichtiger als die Armee.

Wiederaufbau

Domänen- und Agrarreform

Preußen hatte durch den Siebenjährigen Krieg fast 400000 Menschen verloren, wie der König durch listenmäßige Erfassung der Einwohner erstmalig von den Kriegs- und Domänenkammern feststellen ließ, eine statistische Methode, die Anton Friedrich Büsching in Berlin und August Ludwig v. Schlözer in Göttingen neuerdings forderten. Victor Marquis von Mirabeau, das Haupt der französischen Physiokraten, 1715 bis 1789, vertrat ohnehin seit 1755 den Standpunkt, der Weg zur Wohlfahrt der Menschen ginge über die Vermehrung ihrer Zahl und ihrer produktiven Arbeit, die Hab und Gut vergrößere und schließlich zu Reichtum führe, calvinistischem Denken sehr nahe. Zur rational-mathematischen Erfassung und Kontrolle des Staates gehörte auch die Feststellung der Bevölkerungsbewegung. Nach dem Stande von 1740 betrugen die Verluste Preußens ein Fünftel, nach dem von 1756 mehr als ein Zehntel, eine hohe Zahl für das nicht so eng besiedelte Land. Dabei beklagten Brandenburg mit Neumark und Kurmark allein 114021 Umgekommene und Verschleppte (28,27 %), Ostpreußen 90410 (22,5 %), Pommern 72216 (18,05 %), die Westprovinzen ca. 65000 (16 %), Schlesien 46088 (11,5 %) und Magdeburg 7186 (1,8 %) ihrer Bevölkerung, weitgehend Greise und Frauen. Nach realistischer Schätzung muß man mit 500000 Menschen rechnen, zu denen noch 180000 gefallene Soldaten kamen, prozentual höhere Verluste als Deutschland im Ersten und Zweiten Weltkrieg! Der König beschrieb den Zustand seines Landes 1763 so: »Um eine Vorstellung zu gewinnen von dem allgemeinen Umsturz und wie groß die Verwüstung und Entmutigung war, muß man sich Länder denken, die vollständig verheert, in welchen selbst die Spuren der alten Wohnungen kaum zu entdecken waren — 13000 Häuser, von welchen jede Spur verschwunden war. Kein Feld in Saaten, kein Korn zur Ernährung der Einwohner, 60000 Pferde erforderlich, wenn die Arbeit des Pflügens besorgt werden sollte. Adel und Bauern waren von so vielen verschiedenen Armeen geplündert, ausgesaugt, ausgegessen, nichts war ihnen geblieben als das Leben und elende Lumpen.« Einen bedeutenden Teil seines Kriegs-Überschusses verwandte er sofort zur Behebung der ersten größten Not, wie er in der »Geschichte des Siebenjährigen Krieges« darlegt: »Es mußten Anstrengungen gemacht und viel Fleiß angewendet werden, um sie wieder auf den Stand zu bringen, auf dem sie vor dem Kriege waren. Zur Linderung so großer Bedürfnisse wurde nach einem billigen Verhältnis 25000 Maß Korn und Mehl, 17000 Maß Hafer, 35000 sowohl Soldaten- als Artilleriepferde in die Provinzen verteilt; und Lebensmittel wurden sowohl den Edelleuten als den Bauern gegeben. Außer dieser Abhilfe bezahlte der König 3 Millionen Taler an Schlesien, 1400000 Taler an Pommern und die Neumark, 70000 Taler an die Kurmark und 100000 an Frankfurt, 100000 Taler an das Herzogtum Kleve sowie 800000 Taler an die Provinz Preußen. Die Steuern in Krossen, Hohenstein und Halberstadt wurden auf die Hälfte herabgesetzt — kurz, das Volk schöpfte wieder Mut und verzweifelte nicht, es suchte durch Arbeit und Tätigkeit die Leiden wiedergutzumachen, die das Land zu erdulden gehabt hatte. Die Zeit, die alle Übel heilt und tilgt, wird ohne Zweifel binnen kurzem den preußischen Ländern ihren Wohlstand und ersten Glanz wiedergeben«. Angesichts der verlorenen Kriegskosten von 139 Millionen Talern und jährlichen Staatseinkünften von 21,7 Millionen waren 20,389 Millionen zur Behebung der unmittelbaren Kriegsschäden und Kontributionen nicht zu viel, aber sie waren ausschließlich investiv!

Preußen erwies seine Fähigkeit, sich wieder zu erholen und zu erheben, wenn es auch nicht mehr das vorherige war. Mit seinen einundfünfzig Jahren war der König zum »alten Mann« geworden; aber als Staatswirt im Frieden wurde er ebenso bedeutend wie als Feldherr im Kriege. Sein Ansehen und seine Volkstümlichkeit waren außerordentlich gewachsen. Die Reduzierung der Armee auf den Friedensstand brachte der Landwirtschaft als »Gnadengeschenk« von der Kavallerie, Artillerie und den Regiments-Brotwagen 34723 Pferde, dazu von den Proviantfuhren weitere 2916, insgesamt 37644, eine beachtliche Soforthilfe. Schlesien blieb für sechs Monate, Pommern und die Neumark für zwei Jahre steuerfrei. Bereits vier Wochen nach dem Hubertusburger Friedensschluß bereiste er als erstes das Land, um das so viel Blut geflossen war: Schlesien, dem seine besondere landsväterliche Fürsorge galt. Sein Vorsatz stand schon länger fest. Am 19.2.1763 schrieb er dem Marquis d'Argens: »Wenn ich das Unglück des Krieges wieder gut mache, werde ich zu etwas gut gewesen sein, und damit begnügt sich mein Ergeiz«; zum Legationsrat Hertzberg sagte er: »Es ist doch ein gutes Ding um den Frieden, den wir abgeschlossen haben«!; und am 1.3.1763 schrieb er wieder an Marquis d'Argens: »Endlich ist im ganzen Ernst Friede. Da wäre denn, Gott sei gedankt, das Ende meiner militärischen Taten. Ich arbeite hier im Stillen an der inneren Einrichtung der Provinzen, die Hauptverfügungen sind schon getroffen«.

Ohne Berlin aufzusuchen, reiste er von Dahlen, 18 km ostwärts Wurzen, am 14.3.1763 über Bautzen und Görlitz ab, um am 17.3. in Löwenberg schlesischen Boden zu erreichen. Überall Empfänge, Bürgerschaften und Militär vereint, ihm jede Achtung zu erweisen. Sein Weg führte über Goldberg, Jauer, Striegau und Schweidnitz, dann Reichenbach, Frankenstein, Wartha bis Glatz, von dort über Ottmachau nach Neisse über Grottkau, Brieg und Ohlau. Am 28.3. war er in Glogau, am 29.3. in Grünberg. Am Abend des 30.3. fuhr er unter Umgehung der vorbereiteten Festlichkeiten still in Berlin ein, unermeßlicher Arbeit entgegen. Oberschlesien spielte noch keine Rolle. Auf Betreiben des Landesrates Carl Gottlieb v. Nüßler, Kreis Niederbarnim, berief er vom 1. bis 3. April ds. Js. eine Konferenz der märkischen Landräte ins Berliner Schloß, um zu beraten, wo und worin die größte Not herrsche und wie am besten der Kurmark konkret zu helfen sei. Den Ärmsten unter dem Adel schenkte der König namenhafte Summen und half aus, wo er nur konnte. Wer in dem König nur einen kriegswütigen Militaristen sieht, müßte eigentlich von der raschen inneren Umstellung auf sein Friedens-Werk der Heilung der Kriegsschäden und der Wiederaufnahme der von dem Kriege begonnenen Kulturaufgaben sehr überrascht sein! Seine Verzweiflung, Resignation und Selbstisolierung waren leidenschaftlicher Frische für seine neuen Aufgaben gewichen. Schadensaufnahme, Fürsorge, Anstoß, Rat und Hilfe standen für ihn jetzt im Vordergrund. Es konnte ihm jetzt nicht mehr nur um die Wiederherstellung der alten Verhältnisse gehen, sondern in der neuen Situation mußten zugleich Verbesserungen und Weiterentwicklung auf der Grundlage der politischen und militärischen Konsolidierung angestrebt werden. Ohne Frage standen dabei die Stände, die Bürger und Bauern mehr hinter ihm als im ersten Aufbau-Jahrzehnt, zumal ihr Eigeninteresse erheblich gewachsen war. Nach seiner jahrelangen Abwesenheit im Feldlager wollte ihn das Volk jetzt sehen, hören, ja, mitunter anfassen und seine respektvolle Zuneigung zeigen, neben der Inspizierung ein Hauptgrund seiner Präsenz in den verschiedenen Provinzen, wobei er stets die Lobessprüche duldend abkürzte und offiziellen Feiern möglichst auswich, wo immer tunlich.

Dem Marquis d'Argens erklärte er am 14.4.1763 brieflich: »Ich gehe auf das große Ganze, ich ordne den Münzfuß und andere Dinge von größerer Bedeutung für den Staat; Brot und Fleisch gehören zu dieser Kategorie, aber Heringe, Stiefel und Wachslichter werden von selbst in Ordnung kommen, wenn die Hauptsache geregelt ist«. Den Finanzrat v. Brenckenhoff wies er am 23.5. ds. Js. an: »Ad 1) sollen absolut und ohne das geringste raisonnieren alle Leibeigenschaften sowohl in königlichen, adligen als Stadt-Eigentums-Dörfern von Stund an gänzlich abgeschaffet werden, und alle die, so sich dagegen opponieren würden, so viel wie möglich mit Güte, in deren Entstehung aber mit der Force, dahin gebracht werden, daß diese von Sr.Kgl. Majestät so festgesetzte Idee zum Nutzen der ganzen Provinz Pommern ins Werk gerichtet werde«. Zwei Monate nach seiner Rückkehr nach Berlin trat er ab Potsdam vom 2. bis 23.6. ds. Js. seine Inspektionsreise — sie waren das Gegenstück zur Kabinettsregierung — nach Westfalen an, begleitet von dem Thronfolger Friedrich Wilhelm, dem Generaladjutanten von Anhalt, zeitweise vom Herzog Ferdinand von Braunschweig und einigen Offizieren. Sie führte von Magdeburg über Halberstadt, Minden, Lippstadt, Hamm bis Wesel, von dort nach Krefeld, Geldern bis Kleve, wo er dem Kriegsrat Roden zum Aufbau zerstörter Häuser in Soest, Hamm, Lünen und Wesel anhand einer genauen Liste 250000 Taler bewilligte. Der Zustand seiner Provinzen erinnerte den König an das Elend nach dem Dreißigjährigen Krieg, als der Staat keine Hilfe leisten konnte. Jetzt sagte er: »Dieses Beispiel diente dem König als Mahnung, daß, wenn man dem öffentlichen Unglück abhelfen wolle, der Beistand schnell und wirksam sein müsse. Wiederholte öffentliche Gaben erweckten von neuem den Mut des Landmannes, der an seinem Schicksal zu verzweifeln anfing. Durch die geleistete Hilfe erwachte neue Hoffnung in allen Klassen des Volkes: die Aufmunterung zur Arbeit erzeugte Tätigkeit; die Vaterlandsliebe erhob sich in verjüngter Kraft, binnen zweier Jahre in entschieden hoffnungsvoller Weise und binnen sieben Jahre ganz und gar«. Am 13.6. ds. Js. kehrte er zurück.

Während und kurz nach dem Kriege waren zudem seine ältesten Räte und alle Minister des Generaldirektoriums gestorben. Es war gar nicht so leicht, sie durch fähige Köpfe zu ersetzen: Carl Heinrich v. Wedell hatte schon 1761 das VI. Departement übernommen; 1763 folgten Joachim Christian v. Blumenthal für das I., und Valentin v. Massow für das II., Ludwig Philipp v. Hagen bekam 1764 das III. und IV. Departement; 1767 trat Julius August Friedrich v. d. Horst in das V. Departement ein, eine neue Regierungsmannschaft mit allen Schwächen und Stärken dieser Veränderung. Den ständigen Antrieben des Königs ging der Wiederaufbau ohnehin nicht rasch und zügig genug, wie er in seinem »Politischen Testament« von 1768 erbittert kritisierte: »Dieses Volk ist schwerfällig und träge. Die Regierung hat gegen diese beiden Fehler unablässig zu kämpfen. Das sind Massen, die sich nur auf einen Stoß hin in Bewegung setzen, und die sofort stehen bleiben, wenn man das Stoßen einen Augenblick unterbricht. Niemand kennt etwas anderes als die Bräuche seiner Väter; es wird wenig gelesen, und die Lust, sich darüber zu unterrichten, wie es anderswo zugeht, ist gering. So kommt es, daß sie vor allem Neuen zurückscheuen und von mir, der ich ihnen immer nur Gutes getan habe, glauben, daß ich ihnen mit dem Messer an die Gurgel fahre, wenn es sich um irgendeine nützliche Reform oder um eine notwendige Änderung handelt«.

Zur Ergänzung aller dieser Anfangs-Maßnahmen trat die Wiederaufnahme der exakten Feldvermessung, um nicht nur Landesgrenzen, Stadt- und Festungs-Pläne herzustellen, sondern jetzt vor allem ein Kataster zur Klärung der Leistungsfähigkeit aller landwirtschaftlichen Betriebe zu bekommen und Siedlungen sowie Meliorationen vorzubereiten. Dabei wurden vielfache Vereinbarungen und Vereinheitlichungen der provinziellen Unterschiede vorgenommen. Infolge der großen Ausdehnung Preußens von der Memel bis zum Rhein und der vielen Landesteile gab es z.B. zwölf verschiedene Längenmaße. Die von den ostpreußischen Kammern am 20.11.1755 erlassene Instruktion für die Landmesser diente als Muster für alle Provinzen. 1766 wurde der von dem Augsburger Mechaniker Brander verbesserte Meßtisch mit Fernrohr und Wasserwaage generell eingeführt. Die ursprünglich aus Ersparnis von Offizieren vorgenommene Landesaufnahme ging jetzt mehr und mehr an zivile Beamte und Bedienstete über, auch bei den Kammern und im Forst-Departement, so daß 1776 das Generaldirektorium im Berliner Schloß eine kartographisch-topographische Ausbildungsanstalt unter dem französischen Professor Marsson einrichten mußte. Ihre Ausbildung erfolgte nach in Kursachsen erarbeiteten, bewährten Grundsätzen. Eigene Entwürfe und Anregungen des Königs gaben der Landesaufnahme in Preußen einen besonderen Rang und führten zu reger Tätigkeit, guten Planungsgrundlagen auf sehr beachtlichem Niveau. Dadurch erhielt die Agrar-Politik durch Verwaltungstätigkeit und Reformen eine reale, rechenhafte Grundlage. Getreide, Holz und Wolle und Leinen aus Schlesien gehörten zu den wenigen Ausfuhrartikeln, wenn auch dem König klar war, daß der Wertzuwachs in der Industrie wesentlich höher lag: »Das wahre Plus kömmt durch die Industrie!« In dieser Zeit entwickelte sich die Landwirtschaft schrittweise zu einer Wissenschaft, Rationalität verdrängte die bloße Empirie,

Franz Home
der Arzneygelahrtheit Doctors und Mitgliedes der Königl. Gesellschaft zu Edinburg
Grundsätze
des Ackerbaues
und des
Wachsthums der Pflanzen
aus dem Englischen
nach der
zweyten vermehrten Ausgabe
ins Teutsche übersetzt
und
mit Anmerkungen begleitet
von
Johann Christoph Wöllner
des Ober-Collegiat-Stifts U. L. F. zu Halberstadt Canonico.
Berlin, 1764.
Im Verlag der Buchhandlung der Realschule.

Johann Heinrich Gottlobs von Justi
Oeconomische
Schriften
über
die wichtigsten Gegenstände
der
Stadt- und Landwirthschaft
Erster Band.
Zweyte Auflage.
Berlin und Leipzig, 1766.
Im Verlag des Buchladens der Real-Schule.

Lehrer, Juristen und Geistliche übernehmen aus England und entwickeln Grundsätze moderner Landwirtschaft, die mehr und mehr zum Lehr- und Studienfach wird.

die sich bisher auf landwirtschaftliche Handbücher, meist von evangelischen Pfarrern (»Hausväter-Literatur«), gestützt hatte. Die neuen Methoden, vorwiegend in England entwickelt, in Deutschland durch den Nationalökonom Johann Heinrich v. Justi, Johann Georgs Leopoldt's fünfteiliges Werk 1759 »Einleitung in die Landwirtschaft« und Johann Beckmann mit seinem 1769 erschienenen Werk »Grundsätze der deutschen Landwirtschaft« vertreten, dann von Albrecht Thaer, Johann Nepomuk v. Schwerz, Johann Heinrich v. Thünen fortgesetzt, reizten den für Neuerungen empfänglichen König zur Nachahmung und Anwendung. Experimental-Ökonomen und Kameralisten bereiteten gemeinsam die neuen Wege. Träger der Reformen waren die Kriegs- und Domänenkammern, die direkt auf die königlichen Ämter und die Landräte in diesem Sinne einwirkten, obwohl diese, vom örtlichen Adel gewählt, nicht immer nur Staatsinteressen vertraten. Die Gutsherrschaften besaßen ein starres Wirtschaftssystem mit nur geringem Spielraum für Reformen und Neuerungen, zumal sie weniger kaufmännisch dachten und von der Grundbedingung bäuerlicher Bodengebundenheit lebten. Daher blieben einer ertragsorientierten Produktion bis zu industrieller Entwicklung enge Grenzen gesetzt. Allerdings machten sie nur ein Zehntel der Fläche mit ihrem direkten Eigentum, dafür die Hälfte mit ihrem Obereigentum aus. Die Domänen lieferten nicht nur einen wichtigen Teil der staatlichen Einnahmen und waren, von bürgerlichen oder bäuerlichen Amtmännern bewirtschaftet, die entscheidenden Träger des Fortschrittes auf dem Lande, an Macht den Rittergutsbesitzern gleich, an viele Vorschriften gebunden und dem Zugriff des Königs ausgesetzt.

Die Haltung des Königs geht aus zwei Äußerungen hervor: »Wer bewirkt, daß dort, wo bisher ein Halm wuchs, nunmehr zwei Halme wachsen, der hat mehr für sein Volk getan als ein Feldherr, der eine Schlacht gewann« und »Die Landwirtschaft ist die erste aller Künste; ohne sie gäbe es keine Kaufleute, Dichter und Philosophen. Nur das ist wahrer Reichtum, was die Erde hervorbringt«, mit denen er deutlich der Lehre der Physiokraten von Francois Quesnay (1694 - 1774) naherückt. Es lag ihm also an Ertragssteigerung und Vergrößerung der landwirtschaftlichen Nutzflächen duch bewußten Eingriff des Staates mit Neubesetzung der Wüstungen, Meliorationen und Neuansiedlungen, vermehrter Großvieh-Haltung und Lenkung der ländlichen Arbeitskräfte. Die erforderlichen Gelder hatten die Grundbesitzer und die Domänenämter aufzubringen, für größere Vorhaben sprangen zentrale Fonds ein so z.B. 1771/1777 in Oberschlesien um Oppeln und 1782/83 in der Kurmark, wo 36000 Morgen nutzbar gemacht wurden, was zwar 142000 Reichstaler kostete, aber 77 Familien ansiedelte und die zusätzliche Aufstallung von 2500 Kühen und 500 Schafen ermöglichte. Mehr Großvieh brachte auch mehr Dünger und damit bessere Getreide-Ernten. Mit dem »Reglement wegen Verbesserung der Viehzucht« vom 4.5.1765 verordnete der König die allgemeine Körung der Bullen. Den Futter-Bedarf deckte man durch aus England übernommenen Anbau von Lupine, Luzerne, Pimpernelle, Raygras, Süßklee (Esparsette) und anderer hochwertiger Futterkräuter, nachdem englische Versuche auf der Domäne Mühlenbeck/Kurmark sehr erfolgreich verlaufen waren. Johann Christian Schubart Edler von Kleefeld (seit 1784), hatte auf seinem Gute Würchwitz Krs. Glogau ebenfalls den Futteranbau erprobt, propagiert und den Anbau von Rotklee eingeführt. Am 29.3.1782 befahl der König dem II. Departement, »ein mit Futterkräutern bestelltes Feld so lange Jahre zu nutzen, wie das darauf wächst, und es hernach mit Getreide zu besäen«, weitere Annäherung an die Fruchtwechsel-Wirtschaft.

Das galt für den Süßklee, der zehn bis fünfzehn Jahre vorhielt und den Boden nicht auslaugte. So konnte die Rindviehhaltung unabhängig von den Naturweiden an den Flußniederungen verbreitet und durch Stallfütterung qualitativ noch verbessert werden, unter gleichzeitiger Eindämmung grassierender Seuchen. 1773 gab es 2,5 Millionen Rinder, die meisten in Schlesien und Ostpreußen. 1764 wurde das Getreidemähen mit der Sichel zugunsten der Sense verboten, um die Ernte zu beschleunigen und mehr Stroh als Winterfutter zu gewinnen. Im Gesamtbestand an Pferden stellte Ostpreußen mit 350000 Pferden ein Drittel, ebenso stand es mit der Schweinehaltung an der Spitze. Dafür hatte Schlesien zwei Millionen, die Kurmark und Pommern danach die meisten Schafe. Besonders energisch setzte sich der König für den Kartoffel-Anbau ein, die es schon seit fast zwei Jahrhunderten in Europa als Gartenpflanze gab, weil sie, dem Getreide überlegen, Nahrung, Futter und Rohstoffe bietet. Bei mageren Getreide-Ernten konnte sie Versorgungslücken abdecken und Hungersnöte verhindern. Außerdem wächst sie auch auf sandigen, sauren Böden bei geringen Ansprüchen an den Boden. Für die Kurmark hatte der König noch 1763/64 entsprechende Anweisungen gegeben, »nachdrücklich darauf zu halten, damit die Untertanen auf dem Lande fleißig Erdäpfel oder Tartoufflen bestellen«, nachdem es schon seit 1756 Anweisung zur Gewinnung von Kartoffelstärke gegeben hatte. Die Hungersnot 1770/72 nach einer katastrophalen Getreide-Ernte bewies allenthalben die Wichtigkeit dieser Intensivierungsfrucht als allgemeines Volksnahrungsmittel, dessen Anbau sich rasch ausweitete. Gleichzeitig wurde ein Viertel des Brachfeldes für die Nutzung durch Brachfrüchte, vor allem Klee und Kartoffeln, freigegeben. Neben diesen Maßnahmen und der Stallfütterung im Sommer förderte der König bessere Düngung, Bebauung ungenutzter Flächen, Rodungen und den Garten- und Obstanbau, um mit allen Mitteln den Nahrungsspielraum der Bevölkerung zu erweitern. Gärtner-Kolonnen hatten die Einwohner zur richtigen Obst-Kultur anzuleiten, die der König auch längs der Landstraßen anlegen ließ. Bald wies Magdeburg pro Quadratmeile 12743 Obstbäume auf, während der Durchschnitt in Schlesien bei 4800, in ganz Preußen auf 2700 lag. Allerdings erreichte der König wegen der »Stumpfheit und dem Widerwillen der Menschen, eine Arbeit zu beginnen, deren Nutzen sie erst in Jahren erwarten konnten«, nicht ganz seine Ziele, wenn auch die Obstbaum-Pflanzungen sehr zugenommen hatten.

In der Grundsteuer-Katastrierung hatten die Herrschaften, Bauern und Häusler 1742/43 anhand alter Hufenartikel und Urbarien ihren Besitzstand an Land und Vieh, ihre Nutzungen und Lasten den Königlichen Kommissaren genau angeben müssen. Erfaßt waren auch Güte und Ertragsfähigkeit des Bodens, Bauart aller Gebäude und die Preise aller Erzeugnisse. Grundlage der Besteuerung bildete die Aussaatmenge; aus der geschätzten Körnerernte wurde der errechnete Geldwert mit Steuern belegt, bei den Wiesen ging es nach geernteten Fudern Heu. Auch die Viehhaltung unterlag der Steuer mit Ausnahme der Schweine. Bei den Dominien wurde der Wert der untertänigen Dienste und Abgaben nach festen Sätzen Geld umgerechnet. Die Landes-Grund- und Personalsteuer (Kontribution) räumte dem Adel neben anderen Vorrechten den niedrigeren Satz von 28,5 % ein, geistliche Güter zahlten die Hälfte, Bauerngüter 34 %, Pfarr- und Schul-Ländereien 28,3 % des festgelegten Reinertrages. Handwerker hatten noch einen Gewerbe-Zins an die Herrschaft zu entrichten. Die bäuerliche Bevölkerung war nach Besitz und Stand streng geschieden. Einen wichtigen Schritt zur Verbesserung der Lage unternahm der König daher mit der »Gemeinheitsteilung« zwecks Zusammenlegung zersplitterter Ländereien, heute »Flurbereinigung«. Denn die ungünstige Gewannverteilung und der Flurzwang erschwerten die Feldbestellung. Berichte über die seit 1689 in England vorgenommene »Separation« und ihren Erfolg hatten den König darauf gebracht, die Teilung gemeinschaftlichen Landbesitzes, die Entflechtung von Hütungs- und Feld-Gemeinschaften wie die wirtschaftliche Zusammenlegung der Grundstücke zu unternehmen, um die unrentable Vergeudung von Zeit und Arbeitskräften wesentlich einzuschränken. Erste Versuche hatten die Domänen bereits 1752 angehen müssen. Bei der Besprechung mit dem Generaldirektorium am 11.6.1765 nahm der König den Gedanken wieder auf. Den Anfang sollte die Kurmark machen unter Heranziehung des Justizministeriums, da die Durchführung »teils durch Rechtsansprüche, Verträge, Urbarien oder Gewohnheiten aufgehalten wird«. Die Richter befürchteten endlose Prozesse und die Möglichkeit von Rechtsbeugungen. Kommissare zur Begutachtung und Schlichtung in den Kreisen seien einzusetzen und eine öffentliche Bekanntgabe erforderlich. Nach persönlichen Entwürfen des Ministers v. Hagen legte das Justizministerium am 21.4.1766 das »Circular wegen Auseinandersetzungen und Aufhebung der Gemeinheiten und gemeinen Hütungen«, der bisher vernachlässigten »Allmende«, vor, eines der ersten gesamtstaatlichen Gesetze, das am 15.5. ds. Js. auch in Schlesien Geltung bekam. Ausgenommen blieben gemeinsame Jagd-, Fischerei- und Holz-Gerechtsame, Hütungen in Holzungen und Heiden sowie Erbengemeinschaften. Versprochen war der Verzicht auf jede Erhöhung von Abgaben. Nach Bildung der Kommissionen vor Ort sollte binnen vier Wochen berichtet werden. Als die Bedenken der Justiz zunahmen, drängte auch der König nicht mehr. Nachdem im Oktober 1769 noch immer nichts geschehen war, einigte sich Minister v. Hagen mit dem bisherigen Präsidenten des Kammergerichtes Frhr. v. Münchhausen über eine Dienstanweisung für die Kommissare, so daß schließlich mit dem Amt Nauen begonnen werden konnte. Die Verordnung des Königs konnte nach vierjähriger juristischer Vorbereitung endlich am 24.10.1769 unterzeichnet werden. Er war persönlich sehr ungehalten, scheute aber einen Machtspruch und betonte, es dürfe dabei kein Unrecht geschehen. Im Frühjahr 1770 gab es die ersten Erfolgsmeldungen: In allen Provinzen waren 105 Aufteilungen vollzogen, weitere 31 in der Grafschaft Mark und 14 Verkäufe in Geldern und Moers; bis Ende des Jahres kamen 124 dazu, im Jahr darauf sogar 382, davon allein in Magdeburg 98. Der Mangel an Landmessern drosselte die Zunahme. Unter dem 14.4.1771 erging für Schlesien ein gesondertes Reglement hierfür. Fast gleichzeitig vollzog sich der Übergang zur Fruchtwechsel-Wirtschaft. So nahm die erste große Agrar-Reform in Deutschland ihren Anfang, die erst Mitte des 19. Jahrhunderts beendet wurde.

Den Landadel »konservierte« der König. Eine Adels-Fronde gab es nicht mehr, die Zeit der Konflikte, ständischen Opposition und Privilegien war vorbei, im Gegensatz zu den Nachbarstaaten. Er besteuerte den Grundbesitz höher als sein Vater, aber er garantierte ihn. Er zog ihn wie sein Vater in die Offizierslaufbahn und öffnete ihm die obere Ebene der Beamten-Karriere als Kammerpräsidenten und Minister. Damit machte er ihn zur unumstrittenen Führungsschicht. Bis zum 20.7.1944 war das Offiziers-Korps von Adels-Sitten typmäßig geprägt. Damit suchte der König aus bloßen Standes-Gruppen auf den Staat bezogene Funktions-Gruppen zu formen. Aus dem Beharren auf ständischer Abschließung wurde die aufschließende Hingabe zum Dienen für die gemeinsame Sache als ethisch-moralisches Fundament weiteren Ansehens und erneuerter Vorrechte, zu denen dann aber auch das Vorsterben auf den Schlachtfeldern gehörte. Das besiegelte existentiell die stille Übereinkunft zwischen König und Landadel. Aber der Adel hatte sich ebenso als selbständige Landwirte zu bewähren, auch hier seine Pflicht zu tun und möglichst Vorbild in fortschrittlicher Bewirtschaftung zu sein. Wer seinen Betrieb schlecht bewirtschaftete oder gar verkommen ließ, gegen den ging er streng vor, nicht minder gegen Leuteschinder, wie das Beispiel der Frau des Generalfeldmarschalls Graf von Geßler beweist. Auf »Absentisten«, Großgrundbesitzer, die ihren Besitz nicht selbst bewirtschafteten, sondern ihn nur als Geldquelle für ein bequemes Leben ansahen und ihre Einkünfte meist außerhalb des Landes »in absentia« verbrachten, war er gar nicht gut zu sprechen, denn Eigentum verpflichtete, damit »als Pfund zu wuchern«, wie es seiner reformierten Auffassung entsprach. Ohne Landbesitz schien ihm der Adel ein bloßer »Nominal-Adel«, dem es an Kraft und lebendigem Interesse als Stütze der Monarchie fehlen müsse. Um den schlesischen Adel zu gewinnen, gab der König 1768 ein »Gnadengeschenk« von 300000 Reichstalern und Beihilfen an 83 Familien, deren Söhne meist in der Armee standen. Solche Wiederaufbau-Mittel wurden auch den Ritterschaften der anderen Provinzen zugesprochen. Hatte der König bereits 1759 alle erzwungenen Zwangsversteigerungen bis Kriegsende verschoben, so verfügte er 1763 für einige, dann ab 1.8.1765 für alle Provinzen, daß Hypotheken erst nach fünf Jahren abzutragen seien, um den Auswirkungen der schweren Kredit- und Wirtschaftskrise seit 1763 entgegenzusteuern. Kurz zuvor hatte er am 20.7.1765 eine »Giro-, Diskonto- und Leih-Bank« in Berlin gründen lassen, »in Unabhängigkeit von den Staatsbehörden und dem Zustand der Bank«, deren Kapital von 8 Millionen Talern und Betriebskosten er vorstreckte. Das Mißtrauen gegen diese bisher unbekannte Einrichtung wurde nur langsam überwunden. Der König zwang die Gerichte, Mündelgelder und Deposita dort anzulegen, Stiftungen und öffentliche Anstalten ebenso. 1766 erschienen die ersten Banknoten. Breslau folgte bald dem Beispiel, andere Städte ebenfalls. Nach zweijähriger Diskussion der Anregung des Kaufmanns Bühring, zur Sicherung adligen Grundbesitzes eine Pfandbrief-Anstalt zu gründen, und deren Ausarbeitung durch den schlesischen Justizminister Johann Heinrich Casimir v. Carmer und dessen Mitarbeiter Carl Gottlieb Suarez, einen vierundzwanzigjährigen Referendar aus Schweidnitz, unter der Amtsführung des Provinzialministers Carl Georg Heinrich v. Hoym wurde als erste am 15.7.1770 die »Schlesische Landschaft« gegründet. Jeder Gutsbesitzer konnte bei ihr bis zur Hälfte des Realwertes seines Besitzes auf den Inhaber ausgefertigte Pfandbriefe ausstellen lassen und mit einer Verzinsung von 4 % wie Bargeld in Umlauf bringen. Damit war ein besonderes landwirtschaftliches Kreditsystem für ritterschaftlichen Grundbesitz neu geschaffen. Die Pfandbriefe waren hypothekarisch gesichert, amortisierbar und gründeten sich als neue Form der Selbsthilfe und Mitwirkung auf die Solidarhaftung der adligen Güter, so daß die Gutsherren mit einem billigen, langfristigen Realkredit ihre Betriebe sanieren konnten. Deshalb blieben bürgerliche Gutsbesitzer und Bauern davon ausgeschlossen.

Es haftete eben in Selbstverwaltung nur die alte Adels-Genossenschaft. 400 angesehene Familien wurden damit vor dem Ruin gerettet. Der König wollte damit den Besitzwechsel erschweren und den Grundbesitzer-Stand vor Krisen sichern. Denn die Unkündbarkeit des Landschaftskredites stellte die Kreditwürdigkeit wieder her. Aber vielfach vermehrte die Leichtigkeit der Kreditaufnahme die Schuldenlast, zumal die Belastungsbegrenzung erst später befohlen wurde. So kam es dennoch zu einigen Not-Verkäufen, denen solche aus freien Stücken folgten, weil die Güterpreise sehr gestiegen waren, der Gutserwerb erleichtert und immer weniger Bargeld erforderlich war, so z.B. in Teilen Schlesiens und Ostpreußens. Die betriebswirtschaftliche Bewertung machte Landbesitz langfristig zwangsläufig zum Handelsobjekt und förderte dann doch das Eindringen von Bürgern in ländlichen Gutsbesitz. Die Institute für die Kur- und Neumark folgten erst am 15.6.1777, für Pommern am 13.3.1781 und für Westpreußen nach seinem Tode 1787. Die Landschaften entwickelten sich dann zu politischen Mittelpunkten adligen Lebens. Die Delegation der Pommerschen Ritterschaft hatte der König 1780 belehrt: »Nach Einrichtung der Landschaften vigiliert in Ansehung der Güter nunmehr ein Landstand auf dem andern, daß er sein Gut nicht deterioriere oder devastiere. Und das ist nützlich, dadurch wird der Adel konserviert«. Die Bitte der Preußischen Ritterschaft um eine eigene Landschaft hatte er im Frühsommer 1781 scharf abgewiesen unter Hinweis auf ihr Verhalten im Kriege, worauf diese am 13.6.1783 eine Immediat-Gegenvorstellung erhob. Es blieb dabei, die Landschaft kam erst 1788. Wie wichtig ihm die Einrichtung war, zeigte die Instruktion für Frhr. v. Danckelman als neuen Etatsminister für Schlesien v. 24.3.1780, in der Art. III (von fünf) nur vom Umgang mit der Landschaft handelt. Aufschluß gibt der Bericht von Oberkonsistorialrat Johann Friedrich Zöllner über die Wirkung in Schlesien aus dem Jahre 1791, in dem es u.a. heißt: »Der Wert der adligen Güter betrug damals etwas über 60 Millionen, worauf gegen 22 Millionen gerichtlich versicherte Schulden hafteten. Jetzt mögen ungefähr 14 Millionen Pfandbriefe im Umlauf sein; aber nun ist auch der Wert der Güter um mehr als das Doppelte gestiegen. Der Einfluß der Pfandbriefe auf das Wohl der Provinz übertraf alle Erwartungen des Königs. Da die Landschaft nicht mehr bewilligte und auf richtiger Verzinsung bestand, sahn sich alle zu einer guten Wirtschaft genötigt. Bei Gelegenheit der Gütertaxen verbreiteten sich richtige Wirtschaftskenntnisse, und mancher ward mit der wahren Beschaffenheit seines Gutes erst durch die landschaftliche Taxe bekannt. Im Grunde war es für die Provinz so gut, als wenn 14 Millionen bares Geld in dieselbe gekommen wären. Diese vergrößerte Circulation brachte in den Handel und alle Geschäfte eben so sehr als in den Landbau neues Leben!« Aus rationalen Gründen hat der König zur Auflösung der Strukturen des Feudalismus beigetragen, ohne es direkt zu wollen.

Die Ertragsverbesserung der Güter verlangte auch eine staatliche Absatz-Sicherung, weil ein freier Markt noch nicht entwickelt war, als eine Art »Güterschutz«. Dazu gehörte eine staatlich garantierte Mindestabnahme, wie sie schon durch Lieferungen von Hafer und Korn neben Stroh und Heu an die Garnisonen, vielmehr noch in Kriegszeiten an die Armee gegeben waren, wobei oft der Verkauf unter Preis erfolgte. Schon damals war die Armee ein Wirtschaftsfaktor. Das wichtigste Mittel der Getreidehandelspolitik waren die Getreide-Magazine des Staates und deren Kontrolle der Preisentwicklung. Sie dienten sowohl der Vorratshaltung für Mißernten und Krieg als auch der Preisregulierung durch Aufkauf oder Abgabe. Bei niedrigen Preisen ließen die staatlichen Aufkäufe die Preise anziehen; in Zeiten der Teuerung drückte das auf den Markt geworfene Magazin-Getreide den Preis herunter. Daneben wurde an die Armen Getreide direkt ausgegeben. Damit wurden große Preisschwankungen ausgeglichen und Hungersnöte eingeschränkt. Im »Politischen Testament« von 1768 schrieb der König: »Eine gute Ordnung verlangt, daß die Getreidepreise nicht übermäßig hoch sind, denn das ist ein Nahrungsmittel, das niemand entbehren kann. Es ist Sache des Fürsten, das genaue Gleichgewicht dieser Preise zwischen Edelmann, Pächter und Bauern auf der einen Seite und den Soldaten sowie Fabrikanten auf der anderen Seite zu halten«, also zwischen Produzenten und Konsumenten. Der König kritisierte dann, daß man weder in England noch in Frankreich wüßte, wann die Ausfuhr des Getreides nützlich oder schädlich sei, weil man nicht die Ernteerträge und die für die eigene Bevölkerung notwendigen Mengen kenne. »Ich weiß, was jede Provinz verbraucht und jede übrig behält oder hinzukaufen muß. Um sicherer abschätzen zu können, hat man eine Aufstellung von drei verschiedenen Ernten gemacht, einer guten, mittelmäßigen und schlechten. Danach kann ich beurteilen, ob es zuträglich sein wird, den Verkauf zuzulassen oder bis zu welchem Punkte die Ausfuhr gehemmt werden muß. Wenn der Preis hoch steht, schadet reichliche Ausfuhr so lange nicht, wie aus Nachbar-Ländern wie Polen billig nachgekauft werden kann. Wenn die Ernte schlecht ist und die Preise in Polen höher, darf die Ausfuhr nicht gestattet werden. Der Privatmann denkt nur an seinen Nutzen, aber eine der Pflichten einer guten Regierung ist es, das allgemeine Wohl mit dem des einzelnen zu verbinden. Wenn beide sich im Gegensatz befinden, muß das Gemeinwohl stets den Ausschlag geben«. In seinen »Regentenpflichten« von 1777 bekräftigte er diese Grundsätze noch einmal. Getreide stand damals im Mittelpunkt der Ernährung, zumal die ansteigende Bevölkerungszahl die Preise nach oben drückte, während das starke Angebot an Arbeitskräften die Löhne sinken ließ. Im Laufe des Jahrhunderts haben sich die Getreide-Preise verdreifacht, die für tierische Erzeugnisse stiegen nur um 50 % bis 80 %. Die Sorge des Königs war mehr als berechtigt, zudem hielt er ein zuverlässiges mittleres Preisniveau und sicherte weitgehend gleichbleibend die Abnahme der eigenen Getreide-Erzeugung. Damit hob sich die Nachfrage nach Lebensmitteln im Inland, die durchschnittliche Lebenshaltung und der Kulturzustand der Landwirtschaft. Aber auch die Ausfuhr nach England, Frankreich und dem Osten konnte gesteigert werden, für die der König je eine eigene »Elb- und Oder-Handelskompanie« gründete, da der Transport auf Kähnen und Schiffen erfolgte. Die Erfolge bewogen ihn, später auch Magazine für Wolle, Baumwolle und Seide anlegen zu lassen. Aus der bloßen Magazin-Bevorratung seines Vaters war nunmehr eine wohlüberlegte Getreide-Handelspolitik geworden, ohne die jederzeit zuverlässige Getreideversorgung der Armee zu beeinträchtigen. 1785

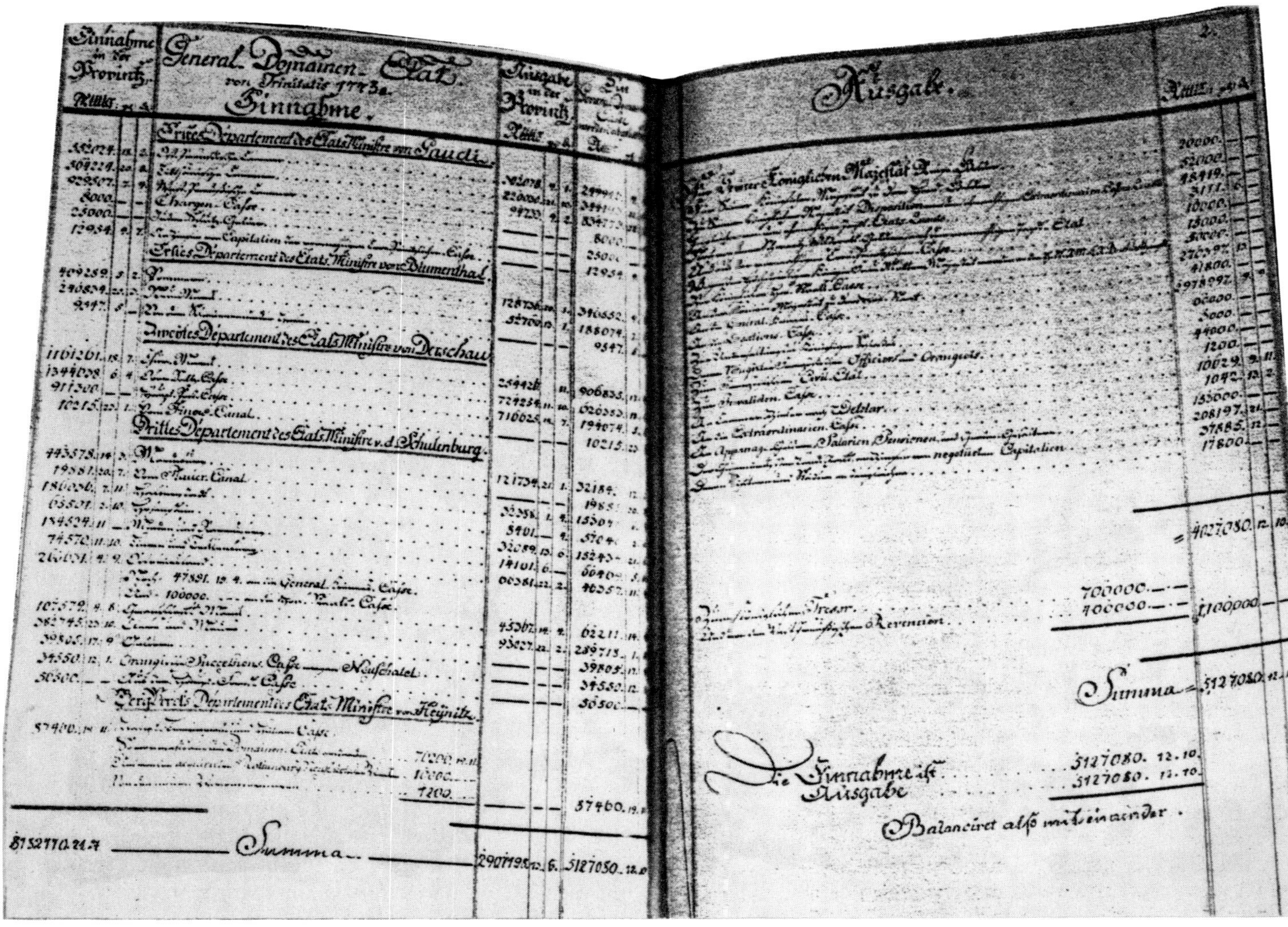

Rechnungsbuch Friedrich II. mit dem Haushalt der General-Domänenverwaltung von 1773

entließ der König sogar den Magdeburger Kammerpräsidenten »wegen Unfähigkeit, die Getreidehandelspolitik zu verstehen und mitzutragen«.

Ebenso lag der Schutz der Bauern dem König am Herzen, zumal die Landbevölkerung drei Viertel der Gesamtbevölkerung ausmachte und die Bauern die wichtigste Mittelstandsgruppe mit Aufsteiger-Reserven darstellten. Sein Eintreten, auch hier ganz unromantisch, hatte fiskalische, militärische und wirtschaftliche Gründe: Sie zahlten reichlich mehrfache Steuern, stellten die Armeelieferungen, die meisten Fuhren und Rekruten und deckten den inländischen Bedarf an Nahrungsmitteln. Durch das Eindringen der Stellenbesitzer, Häusler, Einlieger, Tagelöhner und des Gesindes in die Dörfer unterhalb der Vollbauern hatte sich die soziale Schichtung erheblich verschoben. Gleichzeitig weiteten sich die Gutsherrschaften auf Grund des günstigen Preisgefüges ständig auf Kosten des Bauernlandes aus, versuchten die Rittergüter, Bauernstellen einzuziehen und wüst gewordene nicht neu zu besetzen und wegen Arbeitskräfte-Mangel die Dienstleistungen ständig zu erweitern, statt sie abzubauen, wie es der König ständig forderte. Der schlesische Provinzialminister von Schlabrendorff hatte von 1723 bis 1764 allein 1460 eingegangene Bauernhöfe, 949 Gärtner- und 466 Häuslerstellen ermittelt. Anläßlich der Ansiedlung von Kolonisten formulierte der König seine Vorstellung: »Die Hauptabsicht geht dahin, daß das lauter freie Leute und keine Sklaven sein sollen. Ich will dergleichen gar nit haben, wo der Edelmann mit dem Untertan wie mit Vieh umgeht«. Natürlich stößt er bei vielen Gutsherren auf offenen und verdeckten Widerstand, z.T. auch in der Verwaltung, den er mit eiserner Strenge zu brechen versucht. Daher ließ er ins »Allgemeine Preußische Landrecht« für ganz Preußen ausdrücklich hineinsetzen: »Die Anzahl der bäuerlichen Besitzungen soll weder durch Einziehung der Stellen noch durch Zusammenschlagen derselben vermindert werden. Vielmehr sind die Gutsherrschaften für die gehörige Besetzung der vorhandenen beackerten Stellen und Nahrungen in den Dörfern bei eigener Vertretung zu sorgen schuldig!« Nach dem Edikt v. 12.8.1749 erging am 12.7.1764 ein erneutes, das bis 1807 in Kraft blieb. »Wer einen Untertanen durch unverantwortliche Prozeduren aus dem Lande zu gehen nötigt, den werden wir nicht anders bestrafen lassen, als wenn jemand sich gelüsten ließe, jemanden unserer Soldaten aus Reih und Glieder zu jagen«. Und der sicherste Untertan war der Bauer. Dabei ging es dem König mehr um den ganzen Stand als um den einzelnen. Schon am 17.8.1767 konnte Schlabrendorff melden, daß durch Besetzung der Wüstungen und Trennung der Doppel-Besetzungen 4329 neue Familien zu Bauernstellen gekommen waren. Schon sein Vater hatte Leibeigenschaft und Erbuntertänigkeit »ohne Räsonnieren« aufheben wollen, konnte aber nur bei den Domänen mit gutem Beispiel vor-

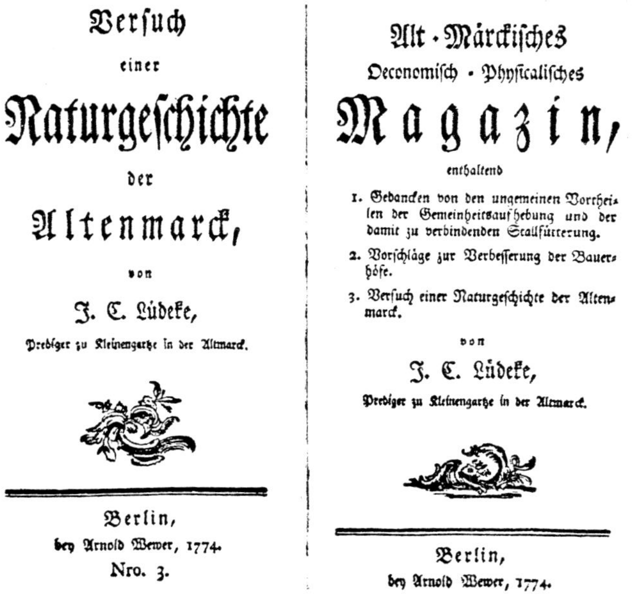
Versuch
einer
Naturgeschichte
der
Altenmarck,
von
J. C. Lüdeke,
Prediger zu Kleinengartze in der Altmarck.
Berlin,
bey Arnold Wewer, 1774.
Nro. 3.

Alt-Märckisches
Oeconomisch-Physicalisches
Magazin,
enthaltend
1. Gedancken von den ungemeinen Vortheilen der Gemeinheitsaufhebung und der damit zu verbindenden Stallfütterung.
2. Vorschläge zur Verbesserung der Bauerhöfe.
3. Versuch einer Naturgeschichte der Altenmarck.
von
J. C. Lüdeke,
Prediger zu Kleinengartze in der Altmarck.
Berlin,
bey Arnold Wewer, 1774.

Das Interesse an den Naturwissenschaften breitete sich im Bürgertum, unter Domänenpächtern, Pfarrern und Lehrern immer stärker aus.

angehen. 1763 befahl der König: »Sollen absolut und ohne das geringste Räsonnieren alle Leibeigenschaften von Stund an gänzlich abgeschaffet werden«. Die allgemeine praktische Durchsetzung zog sich an dem gemeinsamen versteckten Widerstand von Ständen und Behörden fest. Die Domänen-Bauern erhielten Freiheit und Besitzrechte in Erbpacht, ihre wöchentlichen Dienste wurden halbiert. Die Zahl der Domänen wurde trotz ihrer Leistungen eher eingeschränkt. Hervorragendster Vorkämpfer war der seit 1755 amtierende schlesische Provinzialminister Ernst Wilhelm v. Schlabrendorff, »Bauern-Protektor« genannt, den der schlesische Adel 1770 aus dem Amte drängte. 1752 hatte der König geschrieben: »Der Herrscher muß ein Gleichgewicht zwischen dem Bauern und Edelmann aufrechterhalten, daß der eine den andern nicht ruiniert«. 1784 befahl der König nach österreichischem Vorbild seinen Ministern v. Hoym und v. Danckelman, durch Kommissionen die gegenseitigen Rechte und Pflichten von Gutsherren und Bauern in Grundbüchern (Urbaren) aufzuführen und festzuschreiben und unangemessene in gemessene Dienste zu verwandeln (»keine Überlast tun«). Auch dieser Schritt setzte sich nicht gänzlich durch, und den Bauern wurde jetzt erst die ganze Last ihrer Verpflichtungen bewußt, während es die Domänen-Bauern längst besser hatten. Teilweise durften die Dienste durch Geld abgelöst werden. Auf jeden Fall führte die schrittweise Begrenzung der Dienstzeiten und Tage langsam zu einer Erleichterung der Lage der Bauern. Dennoch kam es gegen Ende der Regierungszeit des Königs zu Unruhen, vor allem in Oberschlesien, wo es den Bauern meist schlecht ging: 1765 in Odersch Krs. Leobschütz, 1766 Rybnik, Pleß, Beuthen, Gleiwitz, 1766/68 in den Kreisen Ohlau, Nimptsch, Glatz und Schweidnitz, 1779 Dirschel Krs. Leobschütz, 1780 Prozesse von 60 Gemeinden gegen ihre Grundherren im Kreise Neustadt, gleichzeitig zur Saat- und Erntezeit Tumulte in den Kreisen Grünberg, Glogau und Wohlau. Stellenweise mußten Husaren-Kommandos zur Herstellung der Ruhe eingesetzt werden. 1782 folgten Aufstände im Kreise Neustadt und Glatz und 1785 im Riesengebirge und Oberschlesien.

Dem König waren die Zusammenhänge klar, hatte er doch seit Anfang der achtziger Jahre zahllose Bittschriften erhalten und Bauern-Abordnungen empfangen. Schon am 30.9.1779 hatte in seiner »Instruktion für die pommerschen Landräte«, §§ 10 und 11, gestanden: »keine Bauernstellen eingehen, keine auskaufen lassen!« Jetzt verfügte er mit seiner Instruktion v. 9.11.1783, daß die Gerichte in allen Streitfällen mit den Grundherrschaften alle erblichen Stellen auf den Stand von 1748, alle unerblichen Stellen auf den von 1765 festzulegen und zu verpflichten hatten. Alle Mehrforderungen der Grundherren galten als widerrechtlich. Die Zeitbindung auf 1765 bezog sich auf die damals schärfstens befohlene Umwandlung unerblicher Stellen in Erbbesitz unter Androhung schwerer Strafen. Das sollte auch in den Urbaren eingetragen werden: z.B. Umfang zur Verpflichtung zu Gemeindearbeiten, zur Zahlung von Schutzgeldern, Entlassungsgeldern, Handwerkszinsen, Laudemien, Art und Entlohnung des Gesindezwanges, Auen- und Weiderechte, Nutzungsansprüche am herrschaftlichen Walde u.a.m. Die unter Aufsicht der beiden schlesischen Minister gebildeten Haupt-Urbarien-Kommissionen für die beiden Kammer-Bezirke und die einzelnen Kreis-Kommissionen — zu je zwei Fünfteln aus Juristen und Gutsbesitzern und Pächtern, der Rest Beamte, Notare, Patrimonialrichter — fertigten in achtzehn Monaten insgesamt 474 Urbare an. Davon waren nur 42 % ganz in Ordnung, 33 % mit Mängeln und Lücken behaftet und immerhin 25 % absolut strittig. In acht Kreisen Oberschlesiens und drei Kreisen Niederschlesiens waren die Bemühungen erfolglos geblieben. Durch Gerüchte, Arbeitsverweigerungen und Unruhen wurde die Arbeit ständig erschwert, weil man jetzt völlig Zins- und Dienstfreiheit erwartete und keine Festschreibung für alle Zukunft. Polizei und Militärkommandos standen vor einer allgemeinen Rebellion der Landbevölkerung. Obwohl bereits todkrank, griff der König erneut massiv ein, indem er am 3.5.1786 anordnete, wo keine Einigung zwischen Gutsherren und Untertanen erzielt werde, setze er die Dienste auf zwei Tage in der Woche fest. Wie weit die Lage inzwischen gediehen war, zeigte der Immediatbericht der Ostpreußischen Kammer v. 18.4.1786, in dem es u.a. hieß: »Glücklich ist ein Staat, in welchem die Untertänigkeit gänzlich aufgehoben worden. Auch ein Bauer kann adliges Gut acquirieren. Er genießet alle Rechte, er wird aber kein Edelmann«.

Noch am 22.12.1750 hatte der König an Cocceji solche Schritte für bedenklich angesehen: »Landgüter in bürgerlichen Händen können darin verbleiben und künftig an Personen bürgerlichen Standes verkauft werden, dagegen keine Güter, so den adligen Familien zuständig«. Die beiden Provinzial-Minister zögerten die königliche Order bewußt hinaus, so daß weitere Unruhen entstanden.

Fast die ganze Regierungszeit — seine erste Instruktion an das Generaldirektorium stammte von 1748 — hat der König um Bauernschutz und Verbesserungen ihrer Lage gerungen. Die Struktur des Staates, wirtschaftliche und rechtliche Rücksichtnahmen ließen ihn nur mit Vorsicht seine Autorität anwenden und angesichts aller Gefährdungen und begrenzten Mittel mit Energie kleine, aber nachhaltige Erfolge anstreben, um das Gesamtvorhaben schrittweise seinem Ziele entgegenzuführen. Eine einheitliche Gesetzgebung für Preußen wäre wegen der äußerst unterschiedlichen Rechtsstellung und Privilegien der verschiedenen Gruppen von Bauern kaum möglich gewesen. Die Unruhen wie in Oberschlesien beschränkten sich auf die Randgebiete wie auch im nördlichen und südostwärtigen Ostpreußen. Die Bauern merkten deutlich, daß der König beharrlich eigentlich mehr wollte, als seine Widersacher und die Verhältnisse jeweils im Augenblick zuließen. Die Arbeitsniederlegungen hatten soziale und keine politischen Beweggründe. Weder die staatliche Verwaltung noch der König wurden kritisiert. Generalleutnant Friedrich Wilhelm v. Seydlitz-Kurzbach gab als Inspekteur der Kavallerie in Schlesien seinen kleinen Kommandos so sachliche Anweisungen, daß es fast überall gelang, binnen kurzer Zeit ohne Gewalt mit gütlichem Zureden die Landarbeiter wieder an ihre Arbeitsplätze zu bringen, nachdem die Haupträdelsführer aufgehoben worden waren. Hier zeigte sich deutlich, daß Ungeduld und Übereifer die Reformen mehr aufhalten als erleichtern konnten. Hubatsch stellt mit vollstem Recht fest: »Auf keinem anderen Gebiet ist der Weg von der Initiative des Königs durch die Kabinettsorder über die Instruktion an Generaldirektorium und Kammern bis hin zur Befolgung durch Landräte und Domänenbeamte so weit, lang, mühselig und voller Abweichungen gewesen wie auf dem Gebiet der Agrarreformen«. Was am Ende schließlich erreicht wurde, waren die Begrenzung der Dienste, der Schutz des Bauernlandes in ganz Preußen und die Verfügung v. 14.9.1769, daß in Schlesien ab 1770 alle Bauernstellen erblich seien. Die Leibeigenschaft mit der Verfügbarkeit von Person und Eigentum war in Erbuntertänigkeit umgewandelt und in Schlesien durch die Entlassung aus der Bodengebundenheit noch erweitert. Das spätere »Allgemeine Landrecht« schloß die lange Entwicklung zur Zeit des Königs ab, indem es — z.T. sogar wörtlich — die einzelnen Verordnungen des Königs zusammenfaßte und einheitlich für ganz Preußen in Kraft setzte. Mehr war beim besten Willen nicht erreichbar. Seine hoffnungsvolle Erwartung, nach der Befreiung würden die Bauern fleißiger, rationeller und interessierter arbeiten, hat sich nicht überall erfüllt. Ebenso blieben Mitwirkung und Selbsthilfe weitgehend aus. Agrarreformen lassen sich nicht allein auf dem Verordnungswege durchsetzen. In seinem Aufsatz vom Jahre 1777 über »Regierungsformen und Herrscher-Pflichten« faßte er seine Erfahrungen zusammen: »Mit Recht verabscheut man diesen Mißbrauch (der Sklaverei) und meint, man brauche nur zu wollen, um die barbarische Unsitte abzuschaffen. Dem ist aber nicht so; sie stützt sich auf alte Verträge zwischen dem Grundherrn und den Ansiedlern. Der Ackerbau ist auf der Bauern Frondienste zugeschnitten. Wollte man diese widerwärtige Einrichtung mit einem Schlage abschaffen, so würde man die ganze Landwirtschaft über den Haufen werfen!«

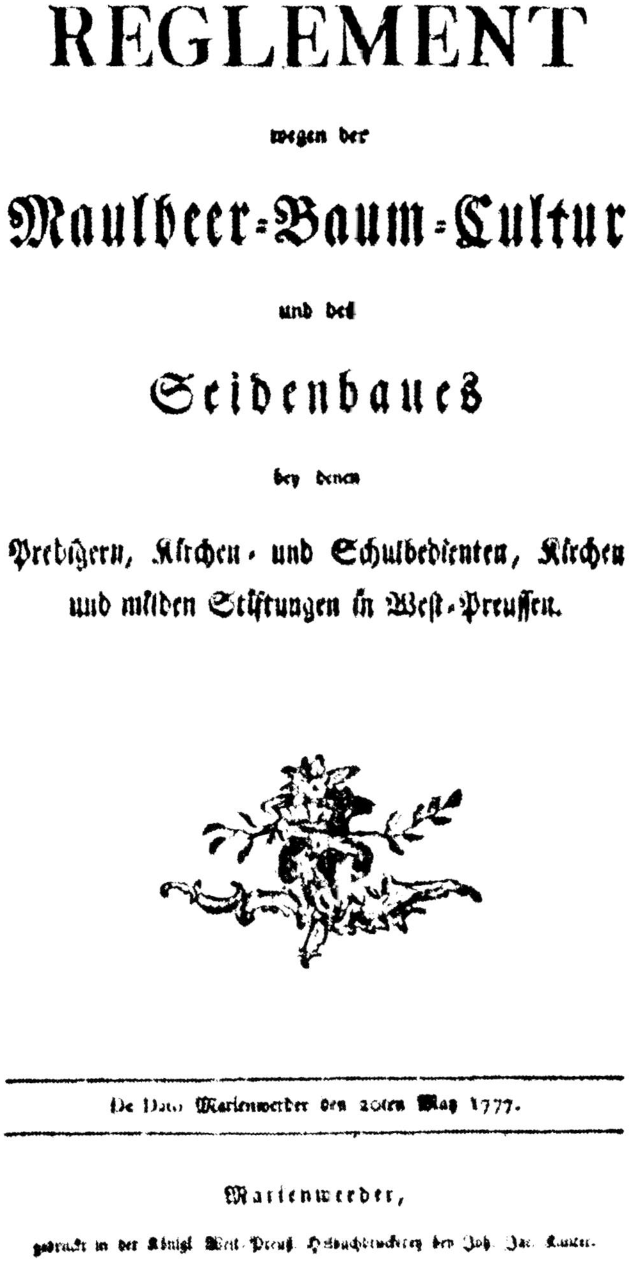

REGLEMENT

wegen der

Maulbeer-Baum-Cultur

und des

Seidenbaues

bey denen

Predigern, Kirchen- und Schulbedienten, Kirchen und milden Stiftungen in West-Preussen.

De Dato Marienwerder den 20ten May 1777.

Marienwerder,

gedruckt in der Königl. West-Preuss. Hofbuchdruckerey bey Joh. Jac. Kanter.

Vor allem Pfarrer und Lehrer sollten nebenbei Maulbeer-Bäume pflegen. Schon 1751 hatte der Prediger Hecker in Berlin ein Lehrbuch darüber veröffentlicht. Für ihre Arbeit gewährte der König Prämien und Vergünstigungen.

Innere Kolonisation

Zum Schutze des Bauernstandes gehören unbedingt die bedeutsamen Bemühungen um Meliorationen und innere Kolonisation. Dadurch sollte die Zahl der kleinen Bauern verstärkt, das Angebot an Arbeitskräften auf dem Lande verbessert und bisherige Ödländereien kultiviert und für die Ernährung nutzbar gemacht werden. Auch sie lockerte das ländliche Gefüge und wirkte indirekt gegen die Grundherren. Dabei wandte sich der Staat an auswärtige und ausländische Siedler aus dem Reich oder deutschsprachigen Gebieten und in Ausnahmefällen auch an östliche Nachbarn und warb sie mit der Zusage auf eigenes Land und günstige Lebens- und Rechtsverhältnisse. Das Land galt als Grundlage der Wehrkraft! Deshalb hat der König diese Absichten ein Leben lang tatkräftig und ausdauernd verfolgt. Woher die Menschen kamen, war ihm an sich weniger wichtig, wenn sie nur tüchtig waren. Vielfach wurden sie von Rekruten-Werbern gleich mit geworben »zur Etablierung neuer Kolonisten«, und sei es durch den Hinweis, damit jeder Zwangswerbung für immer zu entgehen, da »alle und jede fremde, mit gutem Vermögen und Habseligkeiten anziehende Familie und einzelne Personen samt den ihrigen von aller gewaltsamen Werbungen und Enrollierung gänzlich befreit gehalten« werden sollten. Viele Einwanderer machten die Befreiung zur Vorbedingung. Sie war also praktisch unvermeidbar, wurde aber abgestuft gewährt: Refugiés für immer, mitgebrachte Leute für drei bis vier Generationen, später nur für mitgebrachte Söhne, ab 1785 nur noch für Hof-Inhaber über 10 Hektar. Auch der Nachlaß von Kavalleriegeld, Lieferungen und Einquartierungen wirkten als Lockmittel. Der König hatte entschieden: »Die neuen Kolonisten werden nicht enrolliert, aber ihre Familien auf ewig eximieren, gehet nicht an. Ein jeder muß zum Besten des Landes konkurrieren«. 'Ausrangierte', besitzlose Soldaten sollten zur Belohnung auf dem Lande 'wüste Hufen' wiederbesetzen oder durch Teilung größerer Bauernstellen zu Eigentum kommen oder auf unkultiviertem Land oder auch als Instleute 'etablieret' werden, viele davon im inzwischen regulierten Warthe-und Netze-Bruch. Daneben begünstigte der König die Einheirat von außerhalb Preußens geworbenen Berufssoldaten vor allem in den Städten, um sie durch 'Freiwächter' mit Handwerkern zu 'peuplieren'. In der Instruktion für den Minister v. Gaudi schrieb er am 22.12.1775: »Bei der Ansetzung der Kolonisten ist auf Sachsen und thüringische Leute, auch auf teutsche Polen zu sehen, aber keine Stockpolen, denn die taugen gar nichts. Da es zwischen Driesen bis Fordon (Netze-Niederung) sehr an Obst fehlet, muß man einige Pfälzer dahin ziehen, die wissen damit Bescheid und können Baumschulen von allen Sorten Obst anlegen. Wenn das erst im Stande, können die Leute Trockenobst machen, teils zur eigenen Konsumtion, teils zum Verkauf«. Die Kolonisten wurden also nach Kapital, um wirtschaftlich bestehen zu können, und auch nach ihren Fähigkeiten ausgewählt, von vornherein zu besserem Recht als freie Leute gegen Erb-Zinspflicht eingesetzt. In seinen 'Denkwürdigkeiten des Hauses Brandenburg' sagte der König: »Landeigentum flößt den Bürgern Anhänglichkeit an ihr Vaterland ein. Die nichts Eigenes besitzen, können sich nicht an ein Land hängen, wo sie nichts zu verlieren haben!«

Neben dem Groß-Vorhaben im Oder-Bruch, dessen letzte Maßnahmen jetzt im Frieden weiter liefen, und der Urbarmachung des Bartsch- und des Horlebruches mit den Kolonien Königsbruch, Wilhelmsbruch und Bartschdorf im Norden Schlesiens sowie den Bruchland-Meliorationen und Neuansiedlungen in der Lenzer Ilge, dem Drömling und dem unteren Rhin- und Dosse-Bruch der Mark Brandenburg mit 350 Kolonien und 60 - 65000 Menschen wandte sich jetzt der König besonders der Neumark und dem Süden Hinterpommerns, Ostfriesland, Oberschlesien und Westpreußen zu, das vor allem seine Fürsorge brauchte. Allein im Rhinluch zwischen Fehbellin und Neustadt/Dosse konnte der König Ende Juli 1779 308 neu angesetzte Familien begrüßen. Die Gräben durch das Luch hatte der König auf seine Kosten ziehen lassen. Das Abgraben des Kemmensees war geplant, um auf 1800 Morgen 36 Bauern zu je 50 Morgen mit 11 -15000 Talern Kapital anzusiedeln. Mit ihnen allen gewann der König insgesamt 400000 Morgen neues Kulturland zur Besiedlung mit 1340 neuen Siedlungen und Dörfern und fast 400000 Kolonisten, meist Sachsen, Hessen, Mecklenburger, Böhmen am Anfang, wahrhaft eine »Provinz im Frieden«, gemäß seinem Grundsatz ('Regentenpflichten' 1777): »Um sich beständigen Überfluß von Lebensmitteln zu erwerben, muß man für Urbarmachung alles ertragfähigen Bodens sorgen«. Wie er am 12.4.1763 der Kurmärkischen Kammer und am 16.5.1763 dem Gesandten v. Plotho in Regensburg schrieb, ging es ihm um Handwerker, Fabrikanten und Künstler, die sich in Preußen niederlassen wollten: »recht gute und etwas bemittelte Leute, geschickte Artisten, Handwerker, Goldschmiede und gute Fabrikanten, so werde ich solche sehr gern annehmen und ihnen alle Protektion und möglichste Beförderung accordieren. Obschon ich nicht auf den Unterschied der Religionen sehe, werden die von der evangelischen Religion mir die angenehmsten sein, gute Wirte von ausländischen evangelischen Leuten«, z.B. von 1768 bis 1775 8386 Polen in das Warthe- und Netze-Bruch. Er verlangte genaue Berichte, wie er im Februar 1769 den Kammerpräsidenten v. Hoym anwies: »Er muß mir, wenn er die Provinz kennt, eine vollständige Relation von allem beschaffen und auch bemerken, was mir noch einfallen wird. Sie muß immediate, aber aufrichtig sein, sonst verliert er seinen Kredit«. Der König wußte viel zu gut, wie viele Jahrzehnte an Wiederaufbau, Anstrengungen und Sparsamkeit Preußen brauchte, um aus der tiefsten Erschöpfung des Landes wieder herauszukommen. Er urteilte rückblickend: »Die Ruhe war für Preußen nötiger als für die übrigen Staaten, weil es fast allein die Last des Krieges getragen. Man kann sich diesen Staat nur vorstellen wie einen Menschen, der, von Wundern zerrissen, von Blutverlust erschöpft, in Gefahr war, dem Druck seiner Leiden zu erliegen. Er bedurfte einer Erholung, stärkender Mittel, um seine Spannkraft wiederzugeben, Balsam, um seine Wunden zu heilen. Die Regierung hatte die Aufgabe eines weisen Arztes, der mit Hilfe der Zeit und sanfter Heilmittel einem erschöpften Körper seine Kräfte wiedergibt. Die innere Verwaltung des Staates absorbierte meine ganze Aufmerksamkeit; der Adel war erschöpft, die kleinen Leute ruiniert, eine Menge von Ortschaften verbrannt, viele Städte zerstört; eine vollkommene Anarchie hatte die Ordnung der Polizei und Regierung umgeworfen; die Finanzen waren in größter Verwirrung, mit einem Worte, die allgemeine Verwüstung war groß«. Das war eine ganz realistische Zustands-Beschreibung des Königs, wonach mit dem endlichen Friedensschluß gar nicht sofort alles wieder von selbst in bester Ordnung war, wie heute manche meinen. Noch lange Jahre befand sich der Staat in kritischer und angespannter Lage, ehe er seinen langfristigen Aufhol-Bedarf gesättigt hatte. Der König war sich dieser persönlichen Herausforderung mit ihren vielfältigen Aufgaben bewußt. In seinen Bewertungen wurde deutlich, daß er den Staat mehr und mehr als lebendigen Organismus begriff, als ein zu entwickelndes Lebewesen.

Franz Balthasar Schönberg v. Brenckenhoff, der bedeutende Kolonisator der Neumark und Pommerns.

Am 20.4.1762 trat Franz Balthasar Schönberg v. Brenckenhoff aus Anhalt-Dessau, wo er sich 'in Landeskultur und Ökonomie-Sachen sehr bewährt' hatte, als Wirklicher Geheimer Finanz-, Kriegs- und Domänenrat in den preußischen Staatsdienst ein und meldete sich in Breslau beim König, der seine Gedanken bereits auf den kommenden Wiederaufbau richtete. Da die Verwaltung allein diese Aufgaben nicht lösen könne, brauchte er einen Mann von Erfahrung, Wendigkeit und Tatkraft, um als belebendes Element die kommenden Schwierigkeiten anzugehen. Seine mündliche Einweisung faßte der König sogleich zu einer schriftlichen Instruktion zusammen. Mit Sitz im III. Departement des Generaldirektoriums war er der Sonder-Beauftragte des Königs für die Neumark und Pommern in unmittelbarer Unterstellung, mit Weisungsbefugnis an beide Kammerpräsidenten, die Land- und Steuerräte sowie Bedienten, allein zuständig für alle Aufgaben des 'Retablissements' dieser von den Russen besonders heimgesuchten Provinzen. Zunächst sorgte er für Getreidetransporte aus Danzig und dem russischen Magazin Kolberg zur Behebung der Hungersnot. Anfang 1763 ließ er das Netze-Bruch vermessen, den neuen Plan vom König billigen und ab Juni ds. Js. die Arbeiten beginnen, die 1769 fertig waren. Bald hatte er verbrannte Dörfer wiederherzustellen, Entschädigungen zu beschaffen, Rückkehrer einzuweisen und bei der Demobilisierung Pferde zu verteilen, so daß er als 'Verwalter des ganzen Gebietes' mit seinem Menschenverlust von nahezu 130000 galt.

Am 13.12.1762 verfügte der König aus Leipzig, daß ausländische Kolonisten, wenn sie von Brenckenhoff »mit schriftlichen Scheinen versehen, sowohl vor sich selbst als vor ihre Söhne, desgleichen derer mitgebrachte Leute auf Lebenszeit von allen Werbungen wie Enrollierungen gänzlich befreyet seien«. Ab Grenze erhielten sie Vorspann und, je nach Verträgen mit Unternehmern, fertige Häuser oder freies Holz zum Bauen gegen Erhöhung der Zins-Freijahre. Auch das Getreide zur ersten Aussaat wurde geliefert. Mit Zustimmung der königlichen Ämter konnten die Kolonisten im Bedarfsfalle ihr Land sogar vertauschen, verpachten, verpfänden und verkaufen. Die Dörfer entstanden nach genauem Plan, Bauernhöfe durchsetzt mit 15 bis 20 Einzelstellen von je 8 bis 20 Morgen, also keine volle Ackernahrung, als Nebenerwerbsstellen, die oft die Frauen bewirtschafteten, während die Männer als Wald- oder Landarbeiter, in Ziegeleien oder Fabriken, vielfach auch als Handwerker arbeiteten, aufs Ganze gesehen im Ergebnis auch gesunde Existenzen. Daneben gab es noch Häuslerstellen mit 2 bis 3 Morgen Land, nur für den persönlichen Bedarf der Familien. Initiator blieb der Staat, Adel, Grundbesitzer und Kirche folgten seinen Vorgaben und Beispielen, ermuntert durch staatliche Beihilfen. Brenckenhoff begann Ende 1765 auch mit der Vermessung des Warthe-Bruches, um zu seiner Regulierung zu kommen. 350000 Reichstaler hatte der König dafür vorgesehen. Vier Jahre liefen jetzt beide Projekte nebeneinander; die Warthe-Melioration zog sich aber bis 1785 hin, fünf Jahre nach Brenckenhoffs Tod durch den Geheimen Finanzrat Schütz beendet. 1767 bis 1774 wurde das obere Bruch umwallt, 1775 bis 1785 das untere. Von den 11429 in den Jahren 1763 bis 1774 angesetzten Kolonisten kamen 7732 als Deutsche aus Polen, 4 aus Rußland, 1074 aus Sachsen, 739 aus Mecklenburg und nur 277 aus der Mark Brandenburg selbst, neben Bauern und Landarbeitern vielfach Wollspinner, Müller, Zimmerleute, Holzflößer. Waren bis 1756 auf 26059 Morgen 807 Familien angesiedelt worden, so wurden von 1763 bis 1785 120000 Morgen urbar gemacht — nur 10000 weniger als im Oderbruch — und 3643 Familien mit rd. 150000 Menschen in 152 Dörfern und Vorwerken mit über 4000 Häusern angesetzt. Der König hat sich von 1767 bis 1785 das ganze Kolonisationswerk 1,028 Millionen Taler kosten lassen. Die volle Hochwasser-Sicherheit war aber noch nicht erreicht, obwohl Brenckenhoff noch die Warthe-Mündung durch einen 7 Kilometer langen Kanal sieben Kilometer unterhalb Küstrin hatte verlegen lassen, der 1786 in Betrieb genommen wurde. 1837/42 und 1872/74 folgten weitere hochwasserfreie Dämme, Deiche und Abzugsgräben sowie Schöpfwerke. Durch ein besonderes Gesetz von 1929 wurde das Werk mit einem Gewinn von 540 Quadratkilometern Kulturland abgeschlossen.

Die Namen der von Brenckenhoff angelegten Siedlungen sind recht interessant: Die einen verweisen auf die Herkunftsorte der Siedler wie z.B. Klein-Mannheim, Neu-Dresden, Freiberg, Stuttgart, Altona u.a., die zweite auf Mitträger des Kolonisationswerkes wie z.B. Czettritz, Alvensleben, Derschau, Blumenthal, Egloffstein, Seidlitz, Massow, die dritte Gruppe auf Staatsbeamte wie z.B. Brenckenhoff, Cocceji, Lossow, den König selbst mit Königswille, Friedrichsthal, Friedrichsberg, Gross Friedrich. Die merkwürdig anmutenden Namen aus dem nordamerikanischen Unabhängigkeitskrieg wie Yorktown, Saratoga, Quebec, Savannah, Maryland, Pennsylvania, Philadelphia u.a. bezeugen nicht nur die großen Sympathien für diesen Freiheitskampf, sondern gehören zum Anteil des Johanniter-Ordens, der hier in der Neumark der größte Grundbesitzer und das vornehmste Glied der Landstände mit dem Sitz in Sonnenburg, Krs. Oststernberg, war. Ihm gehörten sechs Ordens-Ämter, von denen Sonnenburg allein acht Dörfer, eine Stadt und 7965 Hektar Wald besaß. Seine tätige Mitwirkung an der Urbarmachung des Warthe-Bruches ab 1772 schloß als letzte große Gemeinschaftsleistung der Ballei Brandenburg seine 640jährige Kolonisationsarbeit endgültig ab. Schon zu Lebzeiten des Königs wurde über das so ruinierte Land festgestellt, ‘kein fruchtbares Land habe sich im längsten Frieden vollständiger erholt als die von Natur nur mäßig bedachte Neumark in kürzester Zeit’. 1769 hatte Brenckenhoff nach einigen Aufarbeitungen und Neu-Anlage von acht Wollweber-Dörfern dem König die Abrechnung des Oderbruches vorgelegt, ehe er seinen Arbeitsbereich um den Raum um Stargard in Pommern erweiterte. Die vielen Bäche und Flüsse der Neumark dienten der Einrichtung zahlreicher Mühlen und dem Abfluß des Holz-Überschusses, aber ebenso der Anlage von Industriebetrieben, die in Hammerwerken den reichhaltig vorhandenen Raseneisenstein nutzten, wie zahlreiche Ortsnamen der Kreise Crossen, Züllichau, Oststernberg und Friedeberg heute noch beweisen.

Übersicht über die Melioration und Kolonisation des Warthe-Bruches, eine erstklassige Kulturtat.

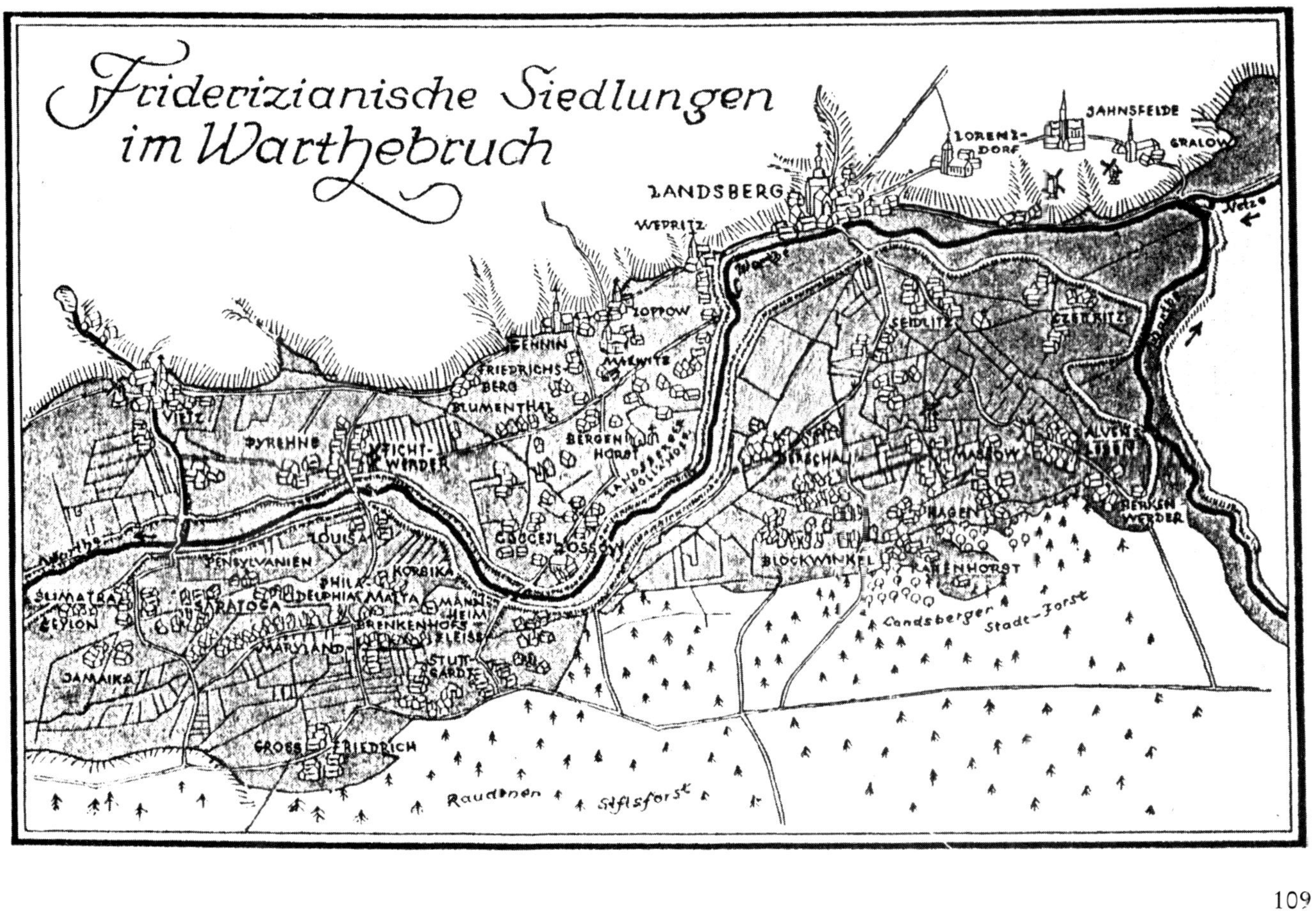

An der Mietzel, Zanze und Warthe entstanden insgesamt acht Eisenhämmer und zwei Kupferhämmer. Allein die drei Werke an der Zanze deckten den Hauptteil des Blechbedarfes ganz Preußens; das Eisenhüttenwerk Vietz lieferte meist Gußwaren, dabei auch Artillerie-Munition. Der Holzreichtum begünstigte wieder die Anlage von Glashütten, zu denen Leineweberei, Tuchmacherei und eine Fabrik für irdene holländische Tabakspfeifen kam. Die Wolle aus der Neumark galt als besser und reiner als die aus der übrigen Mark. Oder und Warthe waren bereits länger schiffbar, die Netze nur zum Teil. Als Preußen 1772 Westpreußen erwerben konnte, erhielt Brenckenhoff wiederum den Auftrag, sich des verkommenen Landes anzunehmen. Noch während der Verhandlungen erteilte ihm der König den Auftrag für einen Kanal, der über Netze und Brahe die Verbindung zwischen Oder und Weichsel schließen sollte, in östlicher Ergänzung zu der seit 1745 bestehenden Verbindung der Oder zur Elbe nach Westen. Er ließ 6000 Arbeiter in Böhmen, Sachsen und Thüringen anwerben und sofort die Arbeiten beginnen. Als der König im Sommer 1773 das Land besuchte, konnte er ihm schon die ersten beladenen Schiffe auf dem Kanal zeigen. Ein Jahr später war der »Bromberger Kanal« zwischen Nakel und Bromberg fertig, für den Ost-West- und Getreide-Handel sowie für die Verbindung zwischen den Häfen Danzig und Stettin einschließlich der bald bevorzugten Verbindung nach Elbing für Westpreußen eine unschätzbare Verbesserung. Der König berief ihn mit dem General v. Lossow und Oberst v. Cocceji in die Grenzkommission, die den genauen Verlauf der neuen Grenze festzulegen hatte, was äußerste Korrektheit, Diplomatie und viel Geschick, aber auch manchmal Geldgeschenke verlangte, wenn die für Preußen günstigste Regelung erreicht werden sollte. Insgesamt entstanden in der Neumark und Brandenburg 480 Ansiedlungen und in Pommern über 200, woran Brenckenhoff den Hauptanteil hatte, zumal sich hier die Kolonisation von großzügigster Seite zeigte.

Mit dem Ende der Arbeiten im Netzebruch 1769 begann Brenckenhoff auf Order des Königs v. 23.12. ds. Js. mit der Entwässerung der Sümpfe am Madue-See südwestlich Stargard. Zwei Jahre später legte er den Thur-Bruch auf Usedom trocken, und wiederum drei Jahre darauf nahm er die Arbeiten am Plöne-See und der Ihna mit ihren Ausläufen zum Damm-See bei Stettin auf. 1771 wurden die ersten Ablassungen am Madue-See vorgenommen. 1775 liefen unter seiner Leitung in Hinterpommern allein folgende Arbeiten: neben den Madue-Ablassungen vier weitere in den Ämtern Bütow, Kolbatz, Köslin, vier Urbarmachungen in den Ämtern Stolp und Neustettin, drei Meliorationen auf Usedom und Wollin, zwölf Rodungen in den Ämtern Neustettin, Bütow, Stolp, Saatzig (südl. Freienwalde) und Gülzow (südostw. Cammin), Erweiterungen von sechs Vorwerken in den Ämtern Naugard und Massow (17 km nördl. Stargard) und eine Floßbarmachung in Stepenitz (nordwestl. Gollnow) am Stettiner Haff mit der Ansiedlung von 32 Familien, ein selbst einen besessenen Macher mit Sicherheit überforderndes Programm. Und das, nachdem ihm der König im Juni 1772 geraten hatte, sich aus dem Getreidehandel herauszuhalten! Außerdem betrieb er seine private Handelstätigkeit auch noch weiter, die der König mit Mißtrauen sah und seit 1768 geheim überwachen ließ. Von seinen einfallsreichen umtriebigen Vorschlägen machte der König dennoch immer wieder Gebrauch. So übertrug er ihm z.B. am 24.6.1772 den Aufbau des durch Feuer zerstörten Städtchens Kallies, 25 km südlich Dramburg: »Ich weiß zwar recht gut, daß solches dem Gen.Directorio oblieget. Weil ich aber versichert bin, daß dieser Bau unter Eurer Aufsicht weit besseren Betrieb und Fortgang gewinnen wird, so wollet Ihr Euch desselben gleichfalls unterziehen«. Zuvor hatte er schon Küstrin und Landsberg/Warthe ab 1768 wieder aufgebaut. Offensichtlich ging es dem König darum, durch freie Organisations-Initiative die ihm zu schwerfällige Verwaltung zu überholen und da und dort vor vollendete Tatsachen zu stellen, so daß sie rascher und beweglicher reagieren mußte. Damit trieb er sein Retablissement zweispurig vorwärts. In der 'Instruktion für den Etats-Minister v. Gaudi', dem Ost- und Westpreußen unterstand, schrieb er am 22.12.1775 u.a.: »An der Netze und zwischen den Armen derselben sind noch sehr viele große Brüche und Moräste; die Netze soll mehr navigabel gemacht werden. Alsdann können

Noch jahrelang sind administrative Maßnahmen erforderlich, um das Kolonisationswerk zu sichern und zu erhalten.

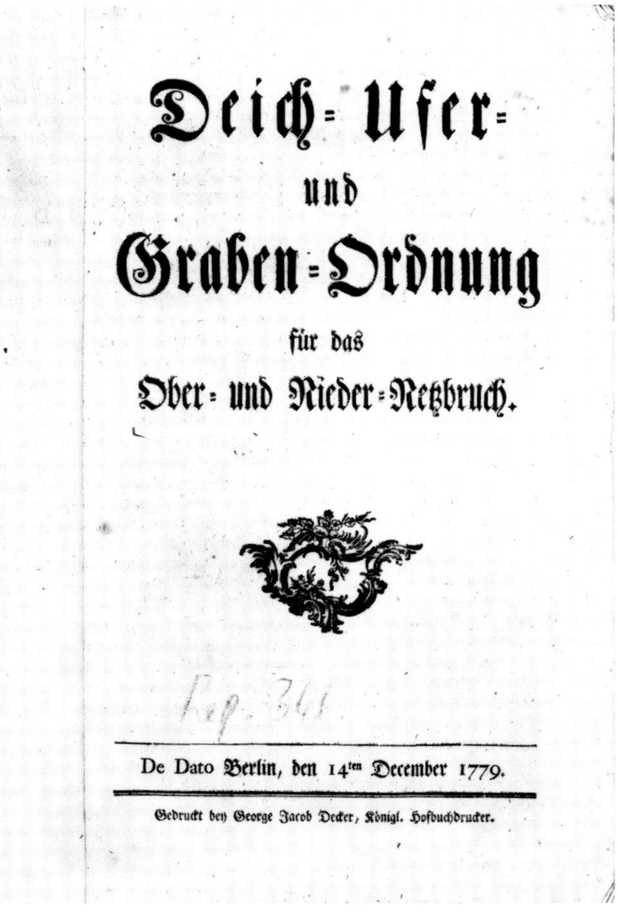

Deich= Ufer= und Graben=Ordnung für das Ober= und Nieder=Netzbruch.

De Dato Berlin, den 14ten December 1779.

Gedruckt bey George Jacob Decker, Königl. Hofbuchdrucker.

sehr ansehnliche Verbesserungen vorgenommen werden. Durch den Canal ist die Netze mit der Weichsel combiniret. Es sind aber ein Haufen Schleusen gebauet und Schleusenbediente eingesetzt, die Tractament haben müssen. Es sollen daher die Schiffer ein leidliches zur Besoldung entrichten. Diese Abgabe muß jedoch so niedrig als möglich sein, um den Schiffern die weite Fahrt durch starke Abgaben nicht noch mehr zu erschweren. Ihr könnet Euch mit vernünftigen Kaufleuten besprechen, wie das Schleusengeld zu regulieren«. Schon am 8.3.1776 konnte Brenckenhoff von Hohenkarzig aus den Abschluß des 'Re- und Etablissements in der Neumark' melden und seinen Bericht vorlegen, da der König ihn nach Pommern befohlen hatte. Am 30.3. ds. Js. erfolgte ein ergänzender Bericht, nachdem Netze- und Warthebruch an die Neumärkische Kammer übergeben waren. Wegen seiner Immediat-Aufträge durch den König wäre »in den Acten eines p.General Directorii wohl nicht überall hinlängliche Nachricht vorhanden, wozu noch kommt, daß außer mir niemand mehr eine vollständige Kenntnis von dem Zusammenhang der Geschäfte hat«.

Die Rechnungen der verwendeten Gelder hatte er abgeschlossen und berichtigt. Am 11.9.1776 erließ der König sein »General-Donations- und Bestätigungspatent« in dem es u.a. hieß: »Wir haben uns allerhöchstselbst aus landesväterlicher Huld und Gnade entschlossen, unseren getreuen Untertanen in sämtlichen Provinzen alle und jede zu ihren Etablissements geschenkten Gelder und Kosten dergestalt erb- und eigentümlich zu übertragen, daß solche von ihnen weder namens unserer selbst noch von unsern Nachfolgern jemals, es sei unter was für Vorwand immer, wieder zurückgefordert oder sie und ihre Erben deshalb in Anspruch genommen werden sollen«. Ein wahrhaft königlicher Verzicht!

Die umfassende Kultivierung am Madue-See hatte der König bereits 1748 dem Generaldirektorium genannt und 1752 in seinem 'Politischen Testament' deutlich erwähnt, zumal dort erste Arbeiten unter Prinz Moritz von Anhalt-Dessau im Gange und einige Kolonisten-Familien angesetzt waren. Die Ablassung des Sees sollte knapp 20000 Taler kosten und 24503 Morgen Land für 210 Familien bringen. Brenckenhoff erweiterte die bisherigen Planungen und trug 1764 dem König seine Absichten vor. Der König sah zunächst andere Arbeiten als dringlicher an und zögerte fünf Jahre, stellt ihm aber dann am 23.11.1769 mit über 36000 Taler fast die doppelte Summe zur Verfügung. Umfassende Vorbereitungen der Vermessung, Arbeitskräfte, Materialanfuhr, Handwerker, rechtlichen Regelungen mit den Mühlenbesitzern und gezielte Anwerbung von Kolonisten waren erforderlich. Er mußte schon besondere Fähigkeiten haben, wenn er dieses umfangreiche Kulturwerk neben seinen anderen Arbeiten leiten und zum Erfolg führen wollte, unterstützt von seinem Assistenten David Gilly. Voraussetzung der Regulierung war die Wiederherstellung eines schnelleren Abflusses aus dem See 25 km weit über die Plöne bis in den Dammschen See. Bodenabsetzung und Aufspülung hatten ja im Laufe des Jahrhunderts zu Stauungen, Ansumpfung und ständiger Vergrößerung der Moorfläche geführt. Jetzt ging es um die Herrichtung des einstigen Zustandes, eine einmalige Rekultivierung erheblichen Umfanges. Die mühsame Flußregulierung mit schwierigen Anmarschwegen und Materialtransporten, Schlechtwetter, Verbreiterung und Begradigung des Flußbettes sowie Streitigkeiten mit den weiter arbeitenden Müllern, die von den wechselnden Absperr-Maßnahmen beeinträchtigt wurden, war die Voraussetzung für das Gelingen des Projektes. Brenckenhoffs Absicht, im Herbst 1770 so nahe an den See zu kommen, daß er im Winter abgelassen und im Frühjahr das gewonnene Land schon trocken wäre, war wegen unerwarteter Schwierigkeiten wie Wasserdurchbrüche nicht erfüllbar, wie es der Wasserbau an sich hat, zumal bei ausschließlicher Handarbeit. Im Mai 1771 waren bei Hohenkrug 450 Arbeiter tätig, die am 30.6. ds. Js. bis auf den Durchstich bei Hohenkrug die Grabenarbeiten vollendet hatten, trotz des hohen Wasserdrucks. Am 25.11. ds. Js. erfolgte endlich bei Kolbatz der Durchstich, wobei über 2 Meter hoch gestautes Wasser den neuen Kanal und die ganze Plöne hinabschoß. Schnee mit Regen und Sturm hatten das Wasser vermehrt. Am nächsten Tag war der Spiegel des Madue-Sees bereits um 18 cm, am dritten Tag um 25 und am vierten Tag um 30 cm gefallen. Holzteile und losgerissene Erdschollen hatten noch tagelang den Abfluß gefährdet und Krisen ausgelöst. Die gleichzeitig laufenden Bauarbeiten an den Kolonisten-Häusern waren hiergegen harmlos. Damit hatte Brenckenhoff innerhalb von anderthalb Jahren eine jahrhundertelange, für Landwirtschaft und Landschaft schädliche Entwicklung erfolgreich rückgängig gemacht trotz größter Risiken. Anbaufähiger fruchtbarer Boden war gewonnen, die Lage der Bauern konnte verbessert werden durch Hebung der Viehzucht und damit der Milch-, Butter- und Fleisch-Erzeugung. Von den angesetzten Geldmitteln waren sogar noch einige tausend Taler übrig.

Sofort nach der See-Ablassung setzte die Urbarmachung des gewonnenen Bodens ein, wegen der Nässe und mangelnden Duchlüftung um Vielfaches schwerer als sonstige Ackerarbeit. Dazu trat dann die vernünftige Umverteilung von Geländeteilen sowie der Zuschnitt neu zu vergebender Bauern- oder Kolonisten-Stellen, mit allen Eigentums-Problemen belastet. Insgesamt waren tatsächlich 14 356 Morgen Ackernahrung und dazu noch 36000 Morgen gute Heuwiesen an den Uferrändern entstanden, ein Gewinn, der alle Mühe überbot. Brenckenhoff ließ von 1770 bis 1779 dreizehn Dörfer neu anlegen, davon je 1771 und 1774 zwei, 1776 drei und 1777 vier, mit gut 224 Familien, je Dorf zwischen 10 und 32 Familien. Ihre Namen enthielten die Erinnerung an Brenckenhoff und seine Mitarbeiter Schütz, Schöning, Spalding, Giese, Geibler, natürlich auch des Königs, mit Ausnahme des wichtigsten Landbaumeisters David Gilly. Der

Zugewinn an Boden zog eine Neuaufteilung der Ämter mit anderen Grenzen nach sich, ebenso die eingehende Rodung des trocken gewordenen Landes von Holz, Wurzeln und Gestrüpp. Manche Amtsvorwerke konnten durch Neu-Bauern ergänzt und aufgesiedelt mit den vorhandenen in ein neu gegliedertes Dorf umgewandelt werden, unter Egalisierung aller Bauern. Statt der Wassermühlen gab es nun Windmühlen. In diese tiefgreifenden Reformen der Landeskultur, die von Widerständen, Streitigkeiten und unendlicher Arbeit der Landmesser und Prospektoren zwangsläufig begleitet waren, griff der König immer wieder mit sachlichen Hinweisen, Belehrungen und Erklärungen der Ziele ein. Wer als Kolonist sein Haus auf königliche Kosten erhalten hatte, dem wurde der Innenausbau auf eigene Kosten sogar noch mit drei Zins-Freijahren vergütet. Sie fanden neben abgelassenen oder eingedeichten Flächen auch hier auf wüsten Höfen, aufgesiedelten königlichen Vorwerken oder Waldrodungen Platz. Vermessungen, Festlegung der Einkünfte, Bewertung der alten und neuen Parzellen, arrondierte Lage der Ländereien unter sich und zum Wirtschaftshof, annährend gleiche Betriebsgrößen und gerechte Abgaben-Forderungen waren jedesmal neu erforderlich. Ebenso waren Wertverbesserungen durch die Meliorationen zu berücksichtigen, andrerseits auch eventuelle Wert-Minderungen. Dabei wurde äußerst vorsichtig nach Gesetz, Recht und königlicher Anordnung verfahren. Die Ansiedlungen gaben vielen Klein- und Halb-Bauern die Möglichkeit, zu Voll-Bauern aufzusteigen. Dadurch wurden soziale und wirtschaftliche Spannungen zumindest regional auf dem Lande ausgeglichen, wie überhaupt das Kolonisationswerk dem Bauernstand neuen Rückhalt und stärkeres Selbstbewußtsein verschaffte. Das schloß Uneinsichtigkeit der Betroffenen keineswegs im Einzelfalle aus, zumal der König jedem Untertan persönliche Eingaben an ihn zugestanden hatte. Bei größeren Vorhaben wurden die Justiz zur Überprüfung herangezogen und die Rechte der Kirchen- und Schul-Ländereien grundsätzlich beachtet. Bei Streitigkeiten oder Zweifelsfällen ging der Weg gütlicher Einigung gerichtlichem oder königlichem Entscheid in Ausnahmefällen allermeist vor. Die Domänen büßten durch die Kolonisation und Aufstockung von Kleinbauern oft wichtige Arbeitskräfte ein, die sie dann von anderswoher heranholen mußten, neues Gesinde und Tagelöhner, oft mit ihren Familien als Einlieger. So entstand vor allem bei armen Zuwanderern und Untertanen ein gewisser Sog auf das Land.

Am 14.9.1774 konnte Brenckenhoff dem Kriegs- und Domänenrat Schütz der Stettiner Kammer die abschließende Verwirklichung des Madue-Projektes und Ermittlung und Festlegung der daher 'aufkommenden neuen Revenuen' übertragen und gleichzeitig für alle in seinem Namen ergangenen Verfügungen nach Zustimmung volle Entlastung erteilen, und das nur viereinhalb Jahre nach Auftragserteilung. Hatte der König bei seiner großzügigen Vorfinanzierung schon den Zinsverlust in Kauf genommen, so stellten sich die jährlichen Rückflüsse ab 1775 mit 2000 Talern um 800 Taler niedriger als vorgesehen heraus, so daß, wie B.v. Knobelsdorff-Brenckenhoff errechnet hat, frühestens ab 1793 mit einem jährlichen Reingewinn aus dem Projekt zu rechnen war. Bei den anderen weit größeren Vorhaben war es ähnlich. Der König hatte wahrhaftig Zukunfts-Investitionen vorgenommen! Am 19.9. ds. Js. schrieb der König an Brenckenhoff: »Ich habe Euren Bericht vom 15ten dieses Monats erhalten und aus dem dabey gefügten Etat von denen aufkommenden neue Madue-Revenuen sehr gerne ersehen, daß von dem zur Ablassung dieses Madue-Sees verwandten Capital der 36231 Reichstaler auch 2000 jährlich aufkommen und überdem 150 ausländische Familien angesetzet sind. Euer gnädiger König«. Trotz mancher Unregelmäßigkeit in der Amtsführung von Pächtern und der Versetzung von Schütz als Kammerpräsident nach Stendal hat Brenckenhoff sich bemüht, sehr genaue Übergabeverhandlungen und Abrechnungen sicherzustellen, wobei er tragischerweise im Endergebnis wegen seiner völligen Überforderung auf der Strecke blieb, ohne Schulden gemacht zu haben. Die Meliorations-Arbeiten waren damit noch nicht völlig beendet, sondern zogen sich neben den Rodungsarbeiten vor allem mit der Verbesserung und Erhaltung der Entwässerungsanlagen und Bewässerungsvorkehrungen, je nach Wetterlage, Jahreszeit und Bodenbeschaffenheit noch hin. Daß die Fischer am Madue-See sich jetzt weitgehend umstellen mußten, war klar, von Fischern zu Ackerbauern. Ihre Lebenssituation hatte sich völlig verändert, dafür besserte sie sich langfristig ganz erheblich. Über Widerstand dagegen und unberechtigte Kritik an augenblicklichen Schwierigkeiten gingen der König und Brenckenhoff hinweg; Ungerechtigkeit und unverschuldete Not wurden durch direkten Eingriff möglichst rasch behoben. Die erfolgreiche Veränderung der Landschaft sprach für sich. Auch im Plöne-Bruch waren 1776 bereits 50 Familien neu angesetzt. Schützen-Wehre sorgten für ziemlich gleichbleibenden Wasserstand. Die Seen waren schmaler geworden, hatten befestigte Ufer, und das Hochwasser floß ohne großen Schaden ab. Mehr war nicht zu erwarten gewesen!

Ebenso »in einem Zuge« legte er im Amt Pudagla auf Usedom am Auslauf der Beek in die Ostsee bei Ahlbeck das Thur-Bruch 1771 durch Senken des Wasserspiegels trocken und errichtete die Kolonie Ulrichshorst, deren Siedler an der Küste bis Swinemünde gute Arbeitsmöglichkeiten fanden. Um den weiteren Ausbau des Hafens bemühte er sich zusätzlich. Das nordostwärts von Cammin parallel zur Küste verlaufende große Moorgebiet, das sich fast bis Gr. Justin hinzog, sanierte er unter erheblichem Einsatz eigener Gelder durch Kanäle, Räumung und Begradigung von Abzugsgräben, Dämme in hervorragender Weise, wobei er hier große Unterstützung der Stadt, des Domkapitels und der Gutsbesitzer fand. Den anschließenden Dresow-See ließ er durch einen neu angelegten 7 km langen Kanal über den Eiersberger Strandsee und die Liebelose in die Ostsee abfließen. Er selbst hielt dieses

Camminer Projekt für eine seiner erfolgreichsten Meliorationen! Als der Vilm-See bei Neustettin nach einer Senkung um 0,6 m immer noch die Stadt bedrohte und der König infolge der Streitigkeiten der beteiligten Stellen sein Interesse schon verloren hatte, nahm Brenckenhoff 1777 die Arbeiten in die Hand, stellte endlich Einigkeit her und erreichte Anfang 1780 durch eine Ablassung um 2,70 m nicht nur Sicherheit für Neustettin, sondern auch wieder fruchtbares Land. Der König, dem v. Knobelsdorff im Frieden mit Recht denselben »coup d'oeil« für derartige Verbesserungsmaßnahmen zuspricht wie er ihn im Kriege von seinen Generalen verlangte, hatte in Brenckenhoff 1762 schon den fähigsten Mann für diese Arbeiten gewonnen! Bei Leba schuf er westlich des Leba-Sees nach Trockenlegung des Schmolsiner Bruches noch die Mustergüter Brenckenhofsthal und Papsteinsthal, während ihm die Regulierung an der Leba zunächst glückte, dann aber durch eine Sturmflut letztlich mißlang. 1775/76 hat er in Schlawe eine Woll-Manufaktur eingerichtet und mehrere Meliorations-Schäfereien mit wertvollen Schafherden geschaffen. Seine Mitwirkung im Fiener Bruch bei Genthin und im Rhin- und Dosse-Bruch 1775/78 sei nur am Rande noch erwähnt. Bei seiner Beisetzung im Mai 1780 im Alter von 55 Jahren hieß es, 'er sei, durch die Hand Gottes und seines Königs unterstützt, gar bald im Stande gewesen, verheerte Städte und Dörfer wiederherzustellen, entvölkerte Provinzen mit Menschen zu erfüllen und öde, verwüstete Gegenden in Gefilde der Freude und des Segens zu verwandeln', von aller Verehrung abgesehen, ein edles zutreffendes Lob! Denn das Retablissement Pommerns ist ohne ihn nicht zu denken. Seinem Nachfolger, dem Geheimen Finanzrat Schütz, setzte der König am 13.12.1780 zur Fortsetzung der Arbeiten in der Neumark und Pommern »drei Endzwecke seiner Arbeit: 1. soll das Land besser kultiviert und zur bestmöglichen Nutzung gebracht, Äcker und Wiesen in Verhältnis gesetzt und in ihren Erträgen verbessert werden, 2. soll die Population befördert werden — je mehr Grundstücke kultiviert werden, desto mehr Arbeiter gehören dazu — hauptsächlich vieler kleiner Leute, damit es zur Zeit eines Krieges nicht an Leuten und Arbeitern fehlt, auch bei neuen Etablissements auf den Ansatz von mehreren Bauern gesehen werden, um den übrigen Bauern den Naturaldienst nach Möglichkeit zu mindern, 3. soll der Viehstand vermehrt, mehr Dünger geschafft, der sterile Acker verbessert und ein stärkerer Getreidebau bewirkt werden«, ein nüchtern praktisches Programm mit fast ausschließlich wirtschaftlichen Zwecken.

Auch in der Kurmark brachte das Retablissement Fortschritte. Von 1775 bis 1778 entstanden an Rhin und Dosse 16500 Hektar neues Weideland. Am 8.6.1774 notierte der Etatsminister v. Derschau für die Etats-Revue in Potsdam, daß von 483 anzusetzenden Familien 382 etabliert seien, von 447 wüsten und offenen Stellen 313 bebaut, von 185210 Talern 140000 ausgezahlt; acht Ämter seien mit der Einführung der englischen Wirtschaftsweise beschäftigt, dies Jahr folgten weitere drei. Am 19.6. ds. Js. berichtete er dem König über die kurmärkischen Städte: »Außer denen im besten Gange befindlichen und denen Tuchmachern und Wollarbeitern in den Provinzialstädten zum besseren Betrieb ihrer Nahrung gereichenden Wollmagazinen sind an ausländischen Familien 423 wirklich etabliert und 351 Stellen mit 223 Häusern bereits bebauet. Bei Ansetzung der Professionisten ist hauptsächlich auf Förderung der Leinendamast-Weber Bedacht genommen. Das Etablissement der 40 Kreisgärtner wird in diesem Jahre bestimmt zu Stande gebracht. Diese, so insgesamt Ausländer sind, haben ihre Instruktion, wie sie denen Untertanen den Unterricht zur Baumzucht geben und sich auch noch mit dem Seidenbau abgeben. Mit den noch anzusetzenden 45 Familien und fehlenden 96 Häusern werde er fortfahren, bis der König den Rest der ausgesetzten Gelder in Höhe von 45210 Reichstalern anweisen werde«. 1765 waren in Pommern schon 6500 Häuser, in Schlesien 8000 aufgebaut gewesen; in Magdeburg wurden 4500 Familien angesetzt. Daß in und um Berlin ganze Stadtteile und Dörfer durch Kolonisten entstanden, ist bekannt, von den Auswirkungen der Garnisonen ganz abgesehen. Es waren meist Handwerker und Fabrikanten, die als 'Professionisten' freies Bürgerrecht und Meister-Recht erhielten, von anderen Vergünstigungen abgesehen. Berlin überschritt die Zahl von 100000 Einwohnern. Sogar evangelische Mährer und Böhmen wanderten zu und gaben Rixdorf, Nowawes, Friedrichshagen, Köpenick, Grünau und Neudorf bei Potsdam weitgehend das Gepräge, obwohl sie kaum 2000 waren. 38 % aller Einwohner wanderten zu, davon nur 4 % echte Ausländer. Noch am 1.8.1786 richtete der König wegen Meliorationen in Tilsit an den Kammerpräsidenten v. Goltz eine Kabinettsordre, in der es u.a. heißt: »Ich höre, daß die Mauersteine in Preußen noch sehr teuer sind, und habe Euch hierdurch aufgeben wollen, solche auf eben den Preis zu bringen, als sie hier zu haben sind. Ihr habt zwei zu Ziegeleien schickliche Orte, nicht weit vom Pregel, wo Lehm Erde ist, der andere im Ermländischen, und das kann alle Gegenden beliefern sowie sie auch von da die Steine nach Königsberg bringen können, damit die Leute sie wohlfeil kriegen können. Hiernächst ist von der Seite von Tilsit noch ein großer Morast urbar zu machen; das Terrain davon soll zu meinen Ämtern gehören. Ihr habt daher mit dem fördersamsten einen Anschlag machen zu lassen, wieviel Kosten zum Anbau dieses Bruchs erfordert werden, wieviel Kosten zur Ansiedlung der anzusetzenden Leute nötig sind und wieviel dieses urbar gemachte und bebaute Bruch einbringen werde. Die Bauern, welche da angesetzt werden, müssen ihre Güter alle eigentümlich haben, weil sie keine Sklaven sein sollen. Es ist ferner die Frage, ob nicht alle Bauern aus der Leibeigenschaft und als Eigentümer auf ihre Güter gesetzt werden können?« Der König, schon todkrank, hat sich noch zwei Wochen vor seinem Tode mit dieser Frage beschäftigt. Was die Ziegeleien angeht, so gab es gerade in den siebziger und achtziger Jahren in vielen Städten, gera-

Edict
wegen
Urbarmachung
der
in Unserm Fürstenthum Ostfriesland
und dem
Harlinger-Lande
befindlichen
Wüsteneyen,
wobey zugleich die
PRINCIPIA REGULATIVA
festgesetzet werden,
nach welchen
bey Ausweisung der wüsten Feldern
und
bey Entscheidung der darüber entstehenden
Streitigkeiten
zu verfahren.
De Dato Berlin den 22. Julii 1765.
Aurich gedruckt bey Herman Tapper, Königl. Preuss. Ostfriesischen privilegirten Buchdrucker

Mit seinem Edikt vom 22.7.1765 setzte der König auch in Ostfriesland sein Kolonisationswerk in Gang.

de auch in Schlesien und Ostpreußen, verheerende Feuersbrünste, obwohl der König bereits 1748 und 1756 energisch auf massive Bauweise gedrängt hatte. In seinen Memoiren schrieb er: »Der Krieg war kaum beendet, als zahlreiche Feuersbrünste fast ebenso viel Schaden anrichteten wie der Feind«, was hohe zusätzliche Aufwendungen auslöste.

Am 22.7.1765 hatte der König für das Fürstentum Ostfriesland mit dem Harlinger Lande ein grundlegendes »Edikt wegen Urbarmachung der Wüsteneien« erlassen, das anhand der Ausweisung der wüsten Felder Regulierungs-Grundsätze auch für Entscheidungen bei Streitigkeiten festsetzte. Obwohl 1764 schon die Kolonie Oldeborg fertig geworden war, hatte die Auricher Kammer den König dazu gedrängt, um Moorflächen zur Ansiedlung von Kolonisten zu gewinnen. Dieses Edikt verlangte die Meldung derartiger Gebiete, die von Privatleuten oder Gemeinden bisher als ihr Eigentum genutzt oder beansprucht wurden, und sah ihre Beschlagnahme für Gemeinnutz vor. Eine besonders eingerichtete 'Urbarmachungs-Kommission' sollte die Durchführung der Projekte in die Hand nehmen und zu erwartende Streitigkeiten zwischen den neuen Siedlern und den bisherigen Inhabern schlichten. Falls die Schlichtung nicht zu einem annehmbaren Ausgleich führte, konnte jede Partei auch ein ordentliches Gericht damit befassen, vorwiegend eine rechtliche Sicherung der älteren Ansprüche.

Noch im gleichen Jahr verhandelte die Kriegs- und Domänenkammer mit einem Unternehmer-Konsortium, den Gründern der 'Rhauderfehn-Kompanie', das bei Rhaude südostwärts Leer und nördlich von Langholt ein Fehn anzulegen bereit war, in dem nach holländischem Vorbild der brennbare ältere Moostorf abgetorft, ein Entwässerungskanal gezogen und danach der jüngere Weißtorf, mit Sand und Dünger vermischt, als nutzbare Ackerfläche gewonnen wurde. Die Kolonisten wurden beiderseits längs des Kanals, von Straßen besäumt, angesiedelt mit ihren Ackerschlägen hinter den Häusern ins Moor. Als die Unternehmer die nutzungsweise Überlassung aller Moräste in den Ämtern Stickhausen (ostwärts Leer) und Leer verlangten, lehnte die Kammer auf Anweisung des Königs ab, bot aber an, stattdessen 1495,95 Hektar (1500 Diemat) in Erbpacht zu nehmen, um ihren Plänen nachzugehen. Davon lagen 1000 Diemat im Amte Stickhausen, 500 im Amt Leer. Am 19.4.1769 ging hierfür die Konzession des Königs ein. Zuvor forderten die Unternehmer zusätzlich das Gebiet um die Rhauder Schanze und die 'Weiße Dose', vom Johanniter-Orden und seinen Langholter Kolonisten z.T. urbar gemachter geschlossener Ordensbesitz als »Klostermoor« südlich anschließend. Die Kammer forderte daraufhin vom Amtmann des Amtes Stickhausen einen genauen Bericht über die Rechtslage und die wirklichen Besitzverhältnisse in dem fraglichen Bereich an. Der Amtmann v. Glan, zugleich mit Ibeling, Jansen und Heydecke einer der vier Gründer der 'Rhauderfehn-Kompanie', konnte natürlich nichts entdecken, was rechtlich die Pläne der Kompanie hätte hindern können, obwohl nach dem Edikt ausdrücklich alle adligen Güter — dazu zählte der Ordensbesitz seit 1574 — wie Besitzer von Herrlichkeiten (freie Grundherrschaften) ihre Moorgebiete 'innerhalb ihrer kundbaren Grenzen' behalten konnten. So bewilligte die Kammer je 498 Hektar (500 Diemat) südwestlich und südostwärts der Kolonie Langholt für die Fehn-Kompanie als weitere Fläche. Damit konnte hier zweieinhalb Jahre früher als bei Rhaude, im November 1766, mit den Arbeiten begonnen werden. Möglicherweise hatte die fast widerspruchslose Hinnahme landesherrlicher Grenzverletzungen in den Jahren 1744 bis 1765 bei der Rhauderschanze durch den Orden die Beamten in der Annahme bestärkt, die Moore des Ordens bei Langholt seien herrenlos. Trotzdem hätte die Kammer vor Beginn dieses bedeutenden und aufwendigen Projektes die Rechtslage gründlicher prüfen müssen, statt übereilt und mit Leichtsinn der Kompanie Zusagen zu geben, die nur Schwierigkeiten machen konnten. Denn die Verwaltungsakten wiesen die Anerkennung der Rhauderschanze als Grenze zum Ordensland schon 1649 durch gräfliche Beamte nach. Auch die Prüfung der rechtlichen Voraussetzungen für den Gesamtplan der Rhauderfehn-Kompanie unterblieb.

Als im Frühjahr 1767 die Arbeiter der Fehn-Kompanie einen Seitenkanal ins Ordensgebiet von Langholt gruben, kam es zu schweren Auseinandersetzungen, weil die Kammer die Kompanie in jeder Weise unterstützte und der als 'katholisch' geltende Orden hinausgedrängt werden sollte, durch Übergriffe, Schikanen, Verschleppung von Beschwerden. Der Protest des Ordens in Berlin sollte 1768 von der Kammer mit einem Vergleich gelöst werden. Inzwischen hatte die Kompanie bereits im Februar ds. Js. 80 Familien angesiedelt, so daß ein Erfolg des Ordens den Fortschritt der Fehn-Kompanie in Frage gestellt hätte. Daher suchte die Kammer, das Generaldirektorium vom Unrecht des Ordens zu überzeugen, nicht ohne Erfolg. Gesuche der Ordens-Kolonisten lehnte die Kammer ab.

Der Protest des Ordens in Berlin gegen alle Bedrohungen der aufblühenden Kolonie Langholt führte bei der Kammer zu dem Entschluß, die Ordensgüter aufzukaufen. Ab 20.8.1770 wurde fünf Tage lang in Langholt von den Kontrahenten gerungen. Der Orden war zu allen Zugeständnissen bereit gegen ein größeres Moorgebiet zur Weide, zum Torfstich und Buchweizenbau. Die Kammer brach die Verhandlungen ab, da die Fehn-Kompanie bereits mehr als 30000 Reichstaler für den Fehnkanal und die Urbarmachung verbraucht hatte, ließ aber zu, daß die Fehn-Kompanie Langholt mit Kanälen von jeder Erweiterung abschloß, zumal ab 1769 auch zügig Siedler einströmten. Wegen der Größe der zuzumessenden Haus- und Gartenstellen wandte sich Ingenieurleutnant Kettler, Aurich, am 18.10.1771 an die Kammer, die entschied, daß sie 'fünf Feldmaße' (altes Maß nach Zeit der Bearbeitung) betragen solle. Am 22.2.1772 setzte der Orden in seinem Vorwerk Burlage acht Familien aus dem Fürstbistum Münster an und überließ ihnen Moor zur Urbarmachung und zum Buchweizenbau. Dagegen stritten wieder die seit 120 Jahren dort ansässigen Pächter des Ordens. Die Kammer bezweifelte, ob dem Orden Ansiedlungen erlaubt seien, und verbot den neuen Kolonisten den Bau fester Häuser und das Weideland. Damit vereitelte sie jeden Versuch des Ordens, sich wie im Warthebruch am Kolonisationswerk zu beteiligen. 1774 war die neue Kolonie geschrumpft, 1781 verlassen. Der Kammer war der fiskalische Gewinn viel wichtiger als die bloße 'Peuplierung' des Landes, von konfessionellem Mißtrauen und staatlichem Anspruch ganz abgesehen. Hier wurde deutlich, daß die Kolonisierung durchaus nicht glatt verlief, besonders wo sie auf ältere Rechte und Strukturen stieß. Als die Kompanie im Sommer 1772 durch Sperrung des Langholter Tiefs die Kolonisten zur gebührenpflichtigen Benutzung aller Kanäle zwang, erhob der Orden am 1.9. ds. Js. Klage gegen den Fiskus, da sich die Kompanie darauf berief, der König selbst habe sie in das umstrittene Gebiet eingewiesen. Am 8.4.1773 wurde sie der Urbarmachungs-Kommission überwiesen. Im Frühjahr ds. Js. begann der Prozeß des Ordens gegen seine Burlager Alt-Pächter, die behaupteten, wenn sie gekündigt würden, werde der Orden 'Katholiken ins Land holen'. Er endete mit der Kündigung der Pächter gegen eine Entschädigung von 4351 Reichstalern für alle Kulturarbeiten mit 463,5 Hektar und 106 Vierup Bauland seit 1679.

Trotz intensiver Bemühungen um einen Fortgang des Prozesses gegen den Fiskus wurde er erst am 12.10.1780 auf eine Beschwerde des deutschen Ordensmeisters in Heitersheim beim König zur Verhandlung zugelassen. Noch 1778 äußerten die Beamten ihr Mißtrauen gegen die geplante 'katholische Kolonie' in Burlage. Erneute Versuche der Kammer, ab 1783 während des Prozesses alle Ordensgüter in Ostfriesland aufzukaufen, scheiterten am 16.2.1784 an der zu niedrigen Kaufsumme. 1779 und 1783 kam es in Hesel und Langholt erneut zu Übergriffen der Urbarmachungs-Kommission und Kolonisten der Fehn-Kompanie, ja, die Kammer nötigte den Neusiedlern des Ordens Schutzgelder ab und versuchte, jede Ansiedlung in Burlage zu verbieten, was dann aber erfolglos blieb, so daß die Kolonie Burlage dann große Fortschritte machte. Man lebte von Schafzucht, Bienenzucht und Buchweizenanbau, die Pacht war niedrig, es mangelte nur an Viehfutter. Nur längs des Langholter Tiefs gab es genügend Grünland und Heu. Auch in Langholt verdoppelte sich ab 1785 die Zahl der Familien, wenn auch die Häuser und das Ackerland nur mäßig waren. Dennoch herrschte keine Armut; einige Kolonisten besaßen sogar Torfschiffe. Am 31.10.1789 gewann der Orden 17 Jahre nach Beginn den Prozeß, wonach das Moor ostwärts des Langholter Tiefs dem Orden, das westlich davon der Kammer zufallen sollte zur Ablösung des Torfstich-Rechtes auf dem Ordensland von 1574 für den Amtmann von Leerort. Orden und Kammer legten Berufung ein, die am 15.10.1795 weitere sechs Jahre später damit entschieden wurde, daß auch das Westfehn eindeutig dem Orden gehörte, einschließlich der Schleuse, des Verbindungskanals und sogar des Kompanie-Hauses. Jetzt konnte der Orden die Einstellung aller Arbeiten der Kompanie erzwingen, um dann über eine Entschädigung zu verhandeln. Der Vergleichsversuch der Kammer von 1796 blieb erfolglos; der nächste Prozeß vom 22.6.1797 verlegte die Grenze um 120 Meter weiter nach Süden. Damit lag der wichtigste Verbindungskanal außerhalb des Ordensgebietes, die Fehn-Kompanie konnte weiter arbeiten. Lange genug hatte der Zwist die Kolonisation der Rhauder, Langholter und Burlager Moore zwischen Papenburg und Scharrel verzögert.

Die staatliche Kolonisation im übrigen Ostfriesland war nicht solchen Schwierigkeiten ausgesetzt. Ab 1765 entstanden bis 1770 allein 18 neue Kolonien zwischen Hesel - Emden - Norden und Aurich, dort mehrere, während natürlich die älteren aus den vierziger und fünfziger Jahren weiter ausgebaut wurden: 1765 Sandhorst, 1766 Barstede, Büscherfehn, Moordorf, Rhauderfehn, Berumerfehn, 1767 Extum, Ulbargen, Hatshausen, 1768 Westerende, Brockzetel, 1769 Theene, Victorbur, Neu-Ekels, Rechstupweg, 1770 Spetzerfehn, Uppenborg, Moorhusen. Pro Jahr waren es mindestens drei neue Siedlungen. Das 'Urbarmachungs-Edikt' hatte erneut eine gleich große Welle von Projekten wie vor dem Siebenjährigen Kriege ausgelöst, obwohl ja die bisherigen Ansiedlungen durch Vergrößerungen und Hebung der Viehzucht weiter ausgebaut und stabilisiert werden mußten. Von 1771 bis 1781 folgten weitere zehn Kolonien: 1771 Marienhafe, Münkeboe, 1774 Plaggenburg, Fiebings-Vehn, Ogenbargen, 1776 Wiegboldsbur, 1778 Südemoor, Voßbarg, 1780 Langefeld und 1781 Nordernei bei Strackholt, diesmal im zweiten Abschnitt im Zweijahres-Rhythmus, dazwischen 1765/68 und 1777 amtliche Grenz-Visitationen. Die zweite Phase verdichtete das Netz des ersten Abschnittes vor allem beiderseits von Aurich nach Westen bis halbwegs Norden und nordostwärts bis halbwegs Wittmund sowie zwischen Hesel und Wiesmoor, recht planmäßig entsprechend den vorhandenen Moorflächen im inneren Bereich. Gleichzeitig wurden durch Darlehen der Kurmärkischen Landschaft Berlin ab 1766 an der Küste Anlandungen und Polder (Seeanwächse) und seit 1764 der Schutz der Insel Juist energisch betrieben. Alle Kolonisations-Maßnahmen gerade in diesem Gebiet waren ständig begleitet von Anordnungen zur Hebung der Landwirtschaft, so z. B. 1764/65 wegen des Anbaues von Futterpflanzen wie Raps und Spörgel, Förderung der Bienenzucht 1766, Aufforderung zur Dreifelderwirtschaft 1767, 1768 Nutzung des Fettkrautes und von Tüngel sogar als Kaffee-Ersatz, 1773 Verwendung von Taubenmist sowie erneute Betonung des Maulbeerbaues zur Seidenzucht, zur Anlage von Schäfereien, Säge-, Öl- und Graupen-Mühlen, ins einzelne gehende Fürsorge-Maßnahmen aus landesväterlicher Strenge. Unter dem 30.7.1783 ließ die Kammer erstmalig amtlich eine 'Tabellarische Nachweisung über den Zustand aller Fehne' als Bestandsaufnahme »zur Förderung der Landeskultur«, wie es in der Akte heißt, für 1783/84 unter folgenden Rubriken zusammenstellen: Name des Fehn, Unternehmer, Häuser, Name der Neubauern, wieviel Diemat in Erbpacht zur Kultur gegeben?, Zustand des Fehns, welche Hindernisse stehen der Kultur entgegen?, Vorschläge, solche aus dem Wege zu schaffen. Die Unternehmer waren fast ausschließlich Privatleute, oft als Erbengemeinschaft oder Konsortium. Dem privaten Unternehmungsgeist und der nicht immer risikolosen Initiative blieb also Raum. Nach diesem Erfassungs-Muster stellten die Ämter Stickhausen, Leer und Aurich 1783 und 1784 auch ihre Fehn-Berichte tabellarisch weiter zusammen: so schon am 30.8. ds. Js. das Amt Leer und am 18.9. ds. Js. der Amtmann von Stickhausen, Bohlen, über den Zustand der drei Fehne Stikelkamperfehn mit 70 Häusern, 70 Neubauern in Erbpacht außer dem Ordensgut, Rhauderfehn mit 37 Häusern und Strengiß-Fehn mit 2 Häusern, 1 Hütte. Alle beklagten den Mangel an Kolonisten zum Torfgraben und zur Moorbearbeitung, an Moorland und Kapital, das Rhauderfehn an genügend Wasser im Kanal. Am 10.10.1783 berichtete das Amt Aurich, am 7.7.1784 erneut, wobei zehn Fehne erfaßt wurden. Bei dem großen Anteil an Ödflächen gerade in Ostfriesland hat die Kolonisation des Königs den Kern des Landes ganz erheblich aufgeschlossen, kultiviert und in eine aufstrebende Provinz verwandelt.

Hatte in Schlesien die erste Ansiedlungswelle mehr Fabrikanten, Handwerker und Weber eher in die kleinen Städte gezogen, so ging es jetzt um den Ausgleich für die Kriegseinbußen von 18000 Bauern, Gärtner und Häusler auf 3751 Land-Stellen, dann weitere Arbeitskräfte für den Ausbau der Industrie und Forstwirtschaft und damit um Stärkung der Finanzkraft der Provinz, die unter der Schließung der Grenzen mit Sachsen und Österreich sehr litt. Vordringlich mußte die Wirtschaft belebt und gefördert werden. Mit seinen vorzüglichen Böden, den besten Preußens, besaß Schlesien kaum Ödflächen. Zudem riet Minister v. Hoym dringend von Meliorationen ab. Der Gebirgsstreifen eignete sich auch wenig. Und der Dominialbesitz, sonst ein Drittel der Staatsfläche, war hier am geringsten. Außerdem war Schlesien mit 1,3 Millionen Einwohnern ohnehin die volkreichste Provinz des Staates. Allerdings stand dem Staat nördlich Oppeln bis Ratibor auf der rechten Oderseite magerer, mit Wald bedeckter Sandboden zur Verfügung, von dem allein kein Kolonist leben konnte. In diesem Gebiet gab es auch Moräste, meist 'Lug' genannt, von denen Wiesenerz und Torf gestochen wurde, um sie anschließend in Weidestücke zu verwandeln. In Oberschlesien, bislang eher offenes Vorland der Provinz, waren 1768 schon wenigstens 29 Dörfer mit 700 Familien neu gegründet worden. 1770 gab der König seinem Minister Hoym die Ordre, »es wäre in Oberschlesien, so zwischen Oppeln und Ratibor, die Bevölkerung meist so dünn, daß noch ganze Dörfer angesetzt werden könnten, und es müsse das Volk dort aus seiner bisherigen Wildheit gerissen werden, dazu solle man noch mehr fremde, vernünftige und gesittete Kolonisten heranziehen«. In seiner »Deklaration, nach welcher in Schlesien an schicklichen Orten neue Dörfer erbaut werden sollen« vom 28.8.1773 lehnte der König jede Unterscheidung der Siedler nach nationaler Herkunft ab: »Wir wollen dabei aber ausdrücklich, daß in den Gegenden, wo bis jetzt noch alles polnisch ist, nur deutsche Leute gewählt werden sollen, so wie im Gegenteil in den deutschen Gegenden wiederum polnische Leute angesetzt werden können«. Der deutsche Kolonist galt als der tüchtigere und wirtschaftlich als fortschrittlicher, der polnische Siedler sollte sich in deutscher Umgebung an deutsche Wirtschaftsmethoden gewöhnen. So wurde bewußt ein wirtschaftlich-kultureller Verschmelzungsprozeß gefördert.

Die Siedlungen im polnischen Sprachgebiet wirkten zunächst als eine Art von Inseln; Deutsch setzte sich mehr und mehr nicht nur als Amts-, sondern auch als Wirtschaftssprache durch. Um 1800 lag die Grenze zum polnischen Sprachgebiet auf dem Lande ostwärts Festenberg, längs der Weide bis Namslau über Karlsmarkt zur Oder auf ihrem rechten Ufer bis zur Grenze, wobei die Städte und der Raum um Kreuzberg im östlichen Teil überwiegend deutschsprachig waren.

Die Hebung der Kultur (im weitesten Sinne) sollte die Leistung und damit die Einnahmen des Staates verbessern. Zudem war die nationale Toleranz damals größer als die religiöse: So konnte die Herrnhuter Brüdergemeinde von 1742 bis 1772 'auf grünem Rasen' die Siedlungen Gnadenfrei, Gnadenberg, Gnadenfeld bei Cosel und Neusalz gründen, die sich durch großen Gewerbefleiß auszeichneten. Zwischen 1749 und 1780 entstanden auf städtischem, staatlichem und standesherrschaftlichem Grund die Hussiten-Siedlungen Hussinetz, Podiebrad und Mehlteuer, Friedrichsgrätz, Friedrichstabor, Tschermine und Merzdorf sowie Sacken, denen 1832 noch Petersgrätz folgte. Mit

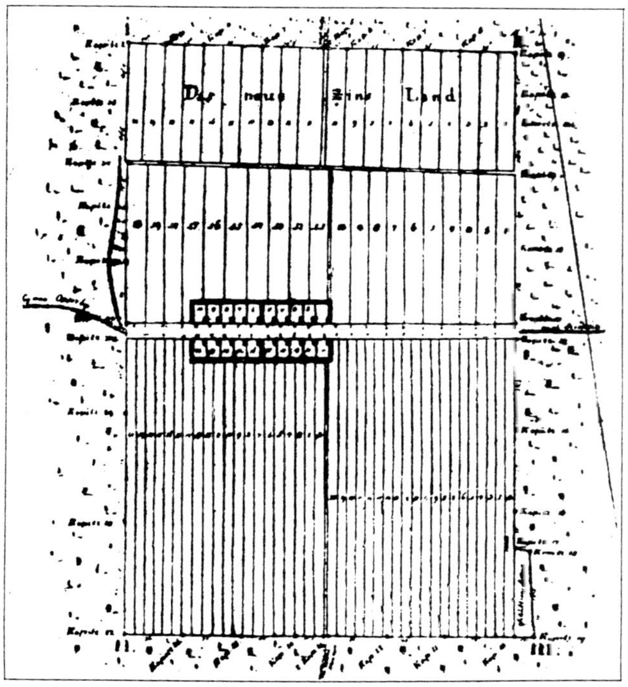

Tempelhof östlich Oppeln, als Holzfällerkolonie 1770 mit 20 Stellen angelegt mit drei Gewannen, deren Parzellenstreifen der Reihenfolge der Höfe zugeteilt sind. Zu einer Stelle gehören nicht mehr als 5 Hektar Sandboden.

Friedrichsgrätz 1751 setzte die Erschließung des Oppelner Waldgebietes ein. Die Herkunft war weniger wichtig als das religiöse Bekenntnis. Den Grundherren hatte der König für eine Siedlung von wenigstens sechs Stellen zu je 8 bis 20 Morgen eine Beihilfe von 150 Talern, bei Häuslerstellen von 2 bis 3 Morgen von 70 bis 100 Talern ausgesetzt. Allerdings waren in dem Gebiet zwischen den Flüssen Stober und Malapane diese Größen zu gering, um bestehen zu können. Sie konnten nur dem Nebenerwerb dienen. Bis 1770 hatten die großen Magnaten allein 36 neue Ortschaften gegründet. Der Staat legte von 1771 bis 1773 in den Kreisen Oppeln, Namslau und Brieg 32 neue Dörfer an. Bis 1776 waren es in Schlesien mit dem Hauptteil in Oberschlesien 174 Dörfer mit 2573 Bauernstellen. Wenn die staatlichen Gründungen zunahmen, flauten die privaten ab und umgekehrt. Nach dem Tode des Königs sank bis zur Jahrhundertwende die Kolonisation ab. Immerhin gelang es, in Oberschlesien mehr als 200 Dörfer zu gründen und zusätzlich mehr als 12000 Menschen seßhaft zu machen. Von 193 größeren Kolonien in 14 Kreisen Oberschlesiens (z.Zt. des Königs) entstanden zwischen 1764 und 1791 45 im Kreise Oppeln (23 %), 23 im Kreise Kreuzburg (12 %) und 23 im Kreise Rosenberg (12 %), 22 im Kreise Pleß (11 %) und je 14 in den Kreisen Beuthen (8 %) und Lublinitz (8 %), 28 in den drei Kreisen Namslau, Brieg, Ohlau (14 %). Die Schwerpunkte lagen demnach in den Kreisen Lublinitz/Rosenberg/Beuthen/Gleiwitz mit 60 Kolonien, Oppeln/Gr. Strehlitz mit 55 Kolonien und Ratibor/Pleß mit 33. 1785 zählte man in ganz Schlesien rd. 47500 städtische und 30000 ländliche Siedler, so daß bei einer Abwanderung von 12000 Menschen mindestens 65000 für die Provinz verbleiben. Hubatsch verzeichnet für die Jahre 1740/86 sogar 500 Dörfer und Vorwerke mit 14050 Familien. Mehr war nicht zu erreichen.

Neben den landwirtschaftlichen Kolonien gab es noch Handwerker- und Weberkolonien, wie auch anderswo, hier aber auch noch Forstkolonien und Berg- und Hüttenkolonien, wobei eine Kolonie nicht einheitlich sein mußte und ihre Berufszugehörigkeit und Wirtschaftsgrundlage je nach Entwicklung auch ändern konnte. Alle schlesischen Hussitenkolonien waren Weberkolonien, weil die Mehrzahl der Siedler diesen Beruf mitbrachte. Eine wirtschaftliche Notwendigkeit dafür lag nicht vor, da es im Gebirge genug Weber gab. Die Handwerker (Professionisten) waren sehr beliebt; sie hatten schnell Arbeit, waren fleißig und brachten meist etwas Kapital mit. Beruflich waren diese Kolonien gemischt, vielfach auch Tagelöhner dazwischen. Die Forstkolonien bestanden aus Holzfällern, manchmal auch noch Flößern und waren oft recht klein, bis zu sechs Häusern mitten im Wald, um lange Arbeitswege zu ersparen. Nach dem Abbau der Eisenindustrie im Norden Oberschlesiens sind sie wieder verschwunden. Außer Holzschlägern wohnten dort auch Köhler, Pechbrenner und Waldläufer. Oft hatten sie zuvor bei den Bauern als Einlieger gewohnt. Sie mußten 4 Tage frei im Forst arbeiten und wöchentlich 4 Klafter Holz gegen Lohn schlagen. Die Hüttenkolonien waren Arbeiter-Siedlungen der Eisenhütten in der näheren Umgebung, so Friedrichsthal der Kreuzburger Hütte, Hüttendorf und Antonia des staatlichen Hüttenwerkes Malapane, aufgebaut von Oberforstmeister Johann Georg Rhedanz. Jede Familie hatte für ihre Stelle einen jährlichen Erbzins an das Amt zu zahlen und 40 Klafter Holz gegen Lohn zu schlagen. Dafür bekam sie zugeteilt 3/4 Scheffelsaat Gartenland, 4 Scheffelsaat (4000 Quadratmeter) Acker und 2 Fuder Heu sowie 6 Freijahre. Unter den Besitzern waren vielfach auch Ackersleute und Tagelöhner. In Hüttendorf waren die Vergünstigungen größer: 2 Morgen Acker, 1 Morgen Wiese, 10 Freijahre, 25 Reichstaler Vorschuß, dazu Freiheit von Steuer, Robot, von Einquartierung, Diensten für die Kinder und für Brenn- und Bau-Holz. Der spätere Zins betrug monatlich 12 Groschen. Hier handelte es sich fast aussschließlich um Hüttenarbeiter für den

Staat. Die Anwerbung der ersten 25 nassauischen Köhler für Antonia hatte der König selbst eingeleitet. Ursprünglich nur für Holzschläger für die Hütte vorgesehen, wies sie 1786 bei 40 Familien nur 5 Handwerker, sonst nur Eisenarbeiter und Kohlenbrenner auf. Das Holzschlagen war sehr unbeliebt; außerdem reichte ein Verdienst zur Ernährung der Familie nicht aus, was eben den Beschäftigungswechsel sehr begünstigte. Die Ansiedlungen waren zwar klar auf ihren jeweiligen Zweck ausgerichtet, aber die unterschiedlichen Bedingungen und Entwicklungen zwangen laufend zur Anpassung. Die unterschiedlichen Gründer von den Kgl. Ämtern über die Grundherrschaften bis zum Breslauer Bischof spiegelten sich in den Namen der Kolonien wider: Da gab es Flurnamen wie Dembowa-Gora, Namen nach dem Nachbarort wie Kolonie Chobie nach dem Vorwerk Chobie oder Neu-Budkowitz bei Budkowitz, Neuschöpfungen nach Familie oder Herkunft der Gründer, verdienten Generalen, Ministern, Forsträten, Vornamen, Herkunft der Siedler wie Hessenstein und abstrakten Sinngebungen wie Königshuld, Friedrichswille oder einfach Freidorf, Friedrichshilf, dazu Werksbezeichnungen wie Hüttendorf, Georgenwerk.

Die Forst-Ordnung für »Ostpreußen« regelt die Forstrechte und Forst-Wirtschaft in der östlichen Provinz.

Forst-Ordnung
für
Ost-Preußen
und
Litthauen.

XII. Hauptabt. Nr.[redacted]
VI 504

De Dato Berlin, den 3. December 1775.

Gedruckt bey G. J. Decker, Königlichen Hofbuchdrucker.

~~Rep.940~~

Gerade in Oberschlesien war das 1770 vom König gegründete VIII. Departement im Generaldirektorium für 'Forst-Sachen' mit der 'Ökonomie, Wiederherstellung, Verbesserung und Konservation der Forsten' befaßt und eingeschaltet, besonders wenn es um Rodungen, Waldsiedlungen, Anlagen von Industrie-Werken und Holzeinschlag ging wie hier. Ihm unterstanden ebenso die königlichen wie die städtischen und übrigen Forst-, Jagd-, Mast- und Holzhandlungssachen. Je eine Nutzholz- und Brennholz-Kommission waren ihm angegliedert. Die Provinzen erhielten genaue Forstordnungen, so z.B. am 3.12.1775 Ostpreußen und am 24.12.1777 Pommern, die die bisherigen Einzeledikte und Ordres zusammenfaßten und zum Teil durch auf die jeweiligen Verhältnisse abgestimmte, gut durchdachte Bestimmungen ersetzte. Die Kolonien erhielten einen rechteckigen Grundriß, da mehr als 6 Stellen vorgeschrieben waren. Es gab zwei Grundtypen, entweder zu beiden Seiten einer breiten Straße eng angeschlossen die Gehöfte, dahinter jeweils der Acker in einem Stück oder an einer schmaleren Straße auf der einen Seiten die Gehöfte und gegenüber die zugehörigen Wirtschaftsgebäude mit Äckern auf beiden Seiten oder auf mehrere Gewanne verteilt, auf jeden Fall aber immer ganz planmäßig. Eine Ausnahme brachte die Radial-Anlage wie in Carlsruhe, Kupp und Jedlitze im Kreise Oppeln, Marienau Kreis Rosenberg. Die Gehöfte waren kreisförmig angeordnet, Äcker und Gärten schlossen sich sektorenartig nach außen an als sächsische Rundsiedlung, von den Siedlern oder Gründern nach Oberschlesien verpflanzt.

Die Bauart der Gebäude war im Kolonisten-Edikt von 1773 genau festgelegt: Fachwerk mit massiven Schornsteinen, offensichtlich um Holz zu sparen, weiß gestrichen, meist von einem Unternehmer gleichförmig errichtet. Jedes Gehöft umfaßte Wohnhaus, Stall und Scheune, die innerhalb des meist 40 Meter breiten Hofes beliebig gestellt werden durften. An- und Ausbauten konnten später selbst ausgeführt werden. Da hier aber leichter an Holz als an Lehm zu kommen war, versuchten Siedler wie Gründer die Bestimmung des Fachwerkes zu umgehen, indem sie Schrotholz-Bauten ausführten. Schulen, Kirchen, Werkstätten, Gemeinde-Häuser, Backofen, Haus für den Gemeindehirten für 60 bis 100 Kühe u.a.m. wurden ebenfalls vom Gründer errichtet, mußten aber von den Gemeinden erhalten werden.

Kam der Lehrer aus dem neuen Dorf, erhielt er eine Kolonistenstelle; trat er erst später dazu, wurde er in der erweiterten Flur angesetzt, immer aber mit Ackerfläche. Die Pfarreien waren ausschließlich evangelisch, da katholische Kolonisten stets an die bestehenden katholischen Gemeinden gewiesen wurden. War der Innenraum des Dorfes geräumig genug, durften sich dort Angerhäusler ansiedeln, wenn sie auf Acker und Wiese verzichteten. Dafür war die Hausmiete niedrig. Die Siedlungen zogen sich meist an Flüssen oder Bächen entlang, blieben aber fern von Durchgangsstraßen, die sie gar nicht brauchten. Damit erreichte der Staat seine Absicht der Verdichtung des Siedlungs-Netzes. Die nötigen Anschlußverbindungen konnten das Wegenetz nur verbessern. Die Anlehnung der Kolonien an vorhandene Dörfer blieb die Ausnahme, da sie bisher unbewirtschaftetes oder Un-Land zugeteilt bekamen. Die unterschiedliche Herkunft der Siedler innerhalb der Kolonie oder der benachbarten Kolonien war bald durch ihre Interessen- und Aufgaben-Gleichheit überwunden, so daß Spannungen ausblieben. Bei guter Wirtschaftsweise war immer eine Flächen-Erweiterung durch Zurodung oder Pachtung zusätzlicher Parzellen möglich. Schlenger weist mit Recht darauf hin, daß der Wert des Waldes damals höher als heute eingeschätzt wurde: Unüberlegtes oder wildes Abholzen wurde strikt unterbunden, weil nicht nur die Menschen, sondern auch die Hütten und Hammerwerke auf Holzfeuerung angewiesen waren, denn Torflager standen nicht zur Verfügung und die Steinkohlen-Vorkommen waren noch kaum erschlossen.

In seinem Kolonisten-Edikt vom 1773 hatte der König den Grundsatz betont: »Das Etablissement mehrerer Einwohner im Lande und dessen Population gereichet sowohl zum Besten des Universii als eines jeden Particuliers und Güter-Besitzers insbesondere«. In seiner Stellungnahme zu Hoyms Besichtigungsreise durch Oberschlesien hatte er 1776 gewünscht, »wenn erst alle Dörfer fertig und zum Stande gebracht sind, die Städte dadurch auch retablieret und aufgeholfen werden«. Demnach ging es ihm nicht allein um eine reine Bauern-Ansiedlung, sondern mindestens ebenso um allgemeine Bevölkerungs-Vermehrung, wo immer möglich. Landwirtschaftlich beurteilt, waren die Siedlerstellen auf den dürftigen Böden viel zu klein für eine solide Lebensgrundlage und späteren Wohlstand. Als Arbeitersiedlung für Industrie und Landwirtschaft boten sie weitere Entwicklungsmöglichkeiten. Zunächst für die nordoberschlesische Industrie gedacht, mußte sie nach deren Abwanderung in den ostoberschlesischen Raum, die ja auch der König energisch betrieb, zunächst um ihre Existenz kämpfen und sich nach anderen Betätigungsfeldern umsehen. Die zu geringe Stellengröße nötigte auch die Kinder immer wieder zur Abwanderung, weil sie im Elternhaus nicht bleiben konnten. Dennoch brachte die Durchsiedlung dieses Gebietes große Zukunftschancen. Die ersten Kolonisten kamen aus religiösen Motiven und waren wertvoller und tüchtiger, die späteren, von Auswanderungsverboten der Nachbarländer stark behindert, kamen oft als Flüchtlinge aus wirtschaftlichen Gründen und ließen zu wünschen übrig. Es gab auch Abenteurer. Gerade Österreich zog durch seine Kolonisation in Ungarn, Banat und Siebenbürgen wertvolle Kräfte aus der Nachbarschaft und Süddeutschland dorthin ab. Dadurch war der Staat bei diesen Siedlern viel erheblicher mit finanziellen Zuschüssen gefordert und belastet. Das sah bei den in die Städte gehenden 'Professionisten' sehr viel besser aus. Da unter den Siedlern fast doppelt so viel Männer als Frauen waren, heiratete ein Großteil von ihnen in die ansässige Bevölkerung ein und paßte sich dadurch deren Niveau an, statt es, wie der König hoffte, zu heben. Vielfach hatten die Behörden als Unternehmer mehr ihr bloßes Soll an Siedlerstellen erfüllt, als sich um deren gewissenhafte Einrichtung, Fortgang und Lebensfähigkeit weiter noch zu kümmern. Und manchem Grundbesitzer war der staatliche Zuschuß von 300 Reichstalern wichtiger als deren weiteres Schicksal und Fortkommen. Es kam vor, daß neu angelegte Stellen verschwiegen wurden, um Steuern zu sparen. Andrerseits stellte Hoym 1783 bei Sohrau fest, daß 'die Hälfte der Kolonie-Gebäude wieder eingefallen und fast kein einziges besetzt gewesen'. Die Kontrolle durch die Behörden und ihre statistischen Angaben waren noch nicht so perfektioniert, wie es oft angenommen wird.

Wozu wären dann sonst die unablässigen Besichtigungsreisen des Königs, seiner Minister und Beauftragten erforderlich gewesen, um immer wieder einzugreifen? Ein Jahr nach dem Tode des Königs urteilte Hoym, der meist günstige Berichte geliefert hatte: »Es ist die erste Pflicht des Staatswirts, dafür zu sorgen, daß die Menschen vermehrt, aber auch für ihr fortdauerndes Auskommen gesorgt wird und sie so angesetzt werden, wie sie dem Staate am nützlichsten sind. Beides ist durch die Ansetzung fremder Kolonisten in geschlossenen Dörfern nicht erreicht. Sie machen sich die Wohltaten des Staates zunutze, gehen dann davon; denn bei der unverhältnismäßigen Menge der Ausländer haben ihnen oft müssen Örter angewiesen werden, wo ihnen der Erwerb schwer wird«. Wir urteilen heute rückschauend anders, zumal die Stein'sche Bauernbefreiung und seine Reformen nach kurzer Zeit ganz neue Bedingungen schufen, von der Industrialisierung Ostoberschlsiens ganz abgesehen. Mit 250000 Menschen auf dem Lande, 100000 in den Städten waren 10 % der Bevölkerung seit 1640 zugewandert (einschl. ihrer Nachkommen), vier- bis fünfmal so viel wie Österreich in der Batschka und dem Banat und mehr als siebenmal so viel wie Rußland an der Wolga angesetzt hatten. Als ärmstes Land hatte Preußen unter den größeren Staaten im 18. Jhdt. im Verhältnis den stärksten Zuwachs, der vorwiegend auf der staatlich gelenkten Kolonisation beruhte.

Behörden- und Beamtenreform

Die Verwaltung sollte nicht nur reorganisiert und dem vergrößerten Umfang und Wachstum des Staates nach dreiundzwanzig Jahren angepaßt, sondern auch modernisiert werden. in seinem 'Politischen Testament' von 1768 sagte der König: »Ein Fürst muß imstande sein, selbständig zu regieren. Das ist in unserem

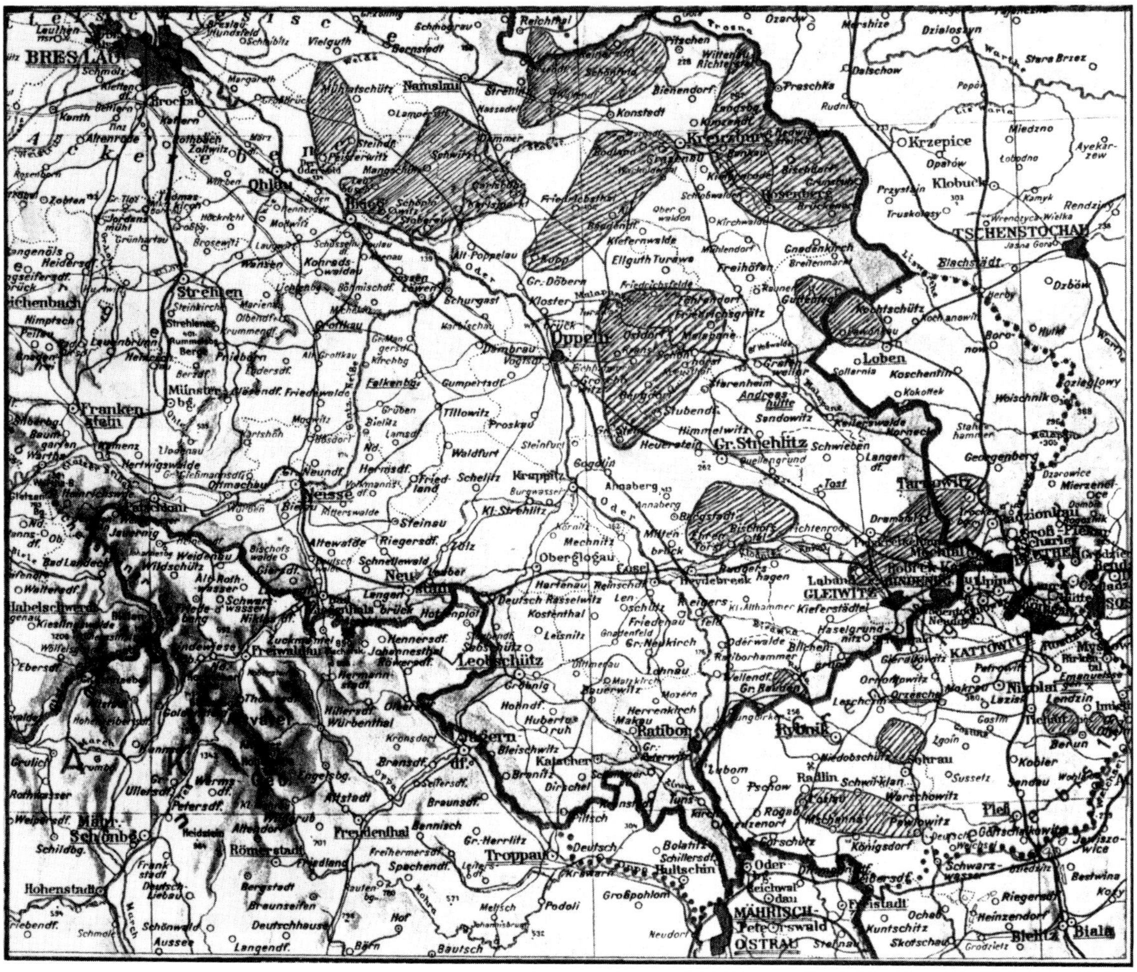

Friderizianische Siedlungsgebiete rechts der Oder — mit den Grenzen bis 1921 und von 1937 in Oberschlesien.

Staat unbedingt nötig, weil eine Spitze da sein muß, die alles vereinigt. Die Zweige der Staatsverwaltung sind eben nur die Zweige derselben. Der Herrscher muß an der Spitze aller Departements stehen. Sein Interesse und das seines Volkes verlangen dies, und auf die Dauer tragen die fleißigsten, unermüdlichsten, systematischsten und in ihren Grundsätzen unveränderlichsten Fürsten den Sieg über ihre Nachbarn davon. Es ist eine Zentrale nötig, die alle Einzelverwaltungen zusammenfaßt. Wenn nicht jedermann für dasselbe Ziel arbeitet, so wird es immer Mängel in der Staatsverwaltung geben. Wenn der Fürst etwas will, erklärt sich jedermann bereit, es zu tun. Dieser Beruf erfordert bis ins einzelne gehende Kenntnisse, die man durch seinen Fleiß erwirbt, erfordert Mühen, aber man wird dafür belohnt durch Vorteile des Staatsinteresses und durch Ruf und Ansehen. Ich verlange, daß er ein rechtlicher Mann ist, der ein Herz hat für die Interessen seines Volkes, die untrennbar sind von den seinen. Ich fordere, daß er seinen Blick in die Zukunft richtet, um die Dinge vorauszusehen, die sich anspinnen. Ich verlange endlich, daß er auf alle Einzelheiten der Staatsverwaltung eingeht, daß er nicht Laune mit Festigkeit verwechselt, sondern die guten Gründe über Vorurteile und Wünsche den Sieg davontragen. Die innere Politik des Staates hat die Aufgabe, nützliche Gesetze zu geben, den Geist des Volkes zu erfassen, damit man weiß, ob es je nach dem Volkscharakter mild oder streng regiert werden muß, schließlich auch die öffentliche Sicherheit und eine geordnete Verwaltung aufrechtzuerhalten. In einem gut regierten Land muß alles zusammenstimmen und die verschiedenen Regierungszweige zu völliger Einheit verknüpft sein. Man muß ein Idealbild der Vollendung vor Augen haben und möglichst wenig davon abweichen, vielmehr ihm so nahe kommen, als uns gegeben ist«. Jährlich hielt der König eine Minister-Revue, um sich vortragend berichten zu lassen über den Zustand der Domänen und Finanzen in den Provinzen, den Etat zu regulieren und festzusetzen und weitere Maßnahmen zu besprechen. Die Sitzungen fanden in Potsdam statt; über die vom 1.6.1770 hat Staatsminister v. Derschau eingehend berichtet:

Mit seinen Besichtigungs-Beobachtungen und aktuellen Vorkommnissen leitete der König die Besprechung ein, ging dann das Verzeichnis der anzuweisenden Gelder durch, korrigierte hier und da und sah die Etats der General-Domänen- und General-Kriegskasse mit scharfem Blick durch, um sie nach Prüfung zu unterschreiben. Dann breitete der König sein Verzeichnis der von ihm geplanten Zuschüsse der schwerpunktmäßig zu unterstützenden Landesteile aus, indem er die einzelnen Posten erläuterte, begründete, sich aber auch Vorschläge und Meinungen der Minister anhörte. Dann ging es zur Mittagstafel. Zuvor unterhielt sich der König angeregt mit einzelnen Teilnehmern über den Nutzen von Reisen in fremde Länder, die englische Fruchtwechselwirtschaft, Anbau von Hopfen, Luzerne, Turnipsen (große weiße Zukkerrüben), die Vorreiterrolle der Domänen bei den Reformen, Futteranbau und die Vorteile der 'Stallfütterung zum Nutzen des Melkviehs', Gespräche, fast wie unter Agrar-Fachleuten. Dann kam er auf kultivierbare Landstriche in der Kurmark zu sprechen, z.B. bei Löwenberg, Werneuchen und Stendal, deren Nutzbarmachung er 'auf die eine oder andere Art' wünschte, und erkundigte sich nach den Urbarmachungen am Rhin, bei Sieversdorf und bei Mühlenbeck. Dabei bekräftigte er: »Wenn nur die ledigen und sandigen Plätze bebaut werden und die Leute Land genug bekommen! Es sind so manche Stellen, die ich unmöglich so lassen kann. Sie haben mich oft traurig gemacht, wenn ich sie passieren mußte«. Schließlich erwähnte er den schlesischen Bergbau, die Verbesserung des Steinkohlentransportes und ihren Gebrauch in der Industrie. »Sie sehen,« sagte er, »ich habe mich ein wenig vorbereitet, um Ihnen das Nützliche und Nötige für meine Provinzen zu zeigen. Ich hoffe von Ihrer Sorgfalt baldige Erfüllung meiner Erwartungen, an meiner Unterstützung soll es nie fehlen. Aber Sie müssen mir auch die Quellen nicht versiegen lassen, woraus es geschehen kann«. Die beiden letzten Sätze waren kennzeichnend für die Zusammenarbeit, die nicht immer so locker harmonisch war.

Denn im allgemeinen war der König auf die Minister und das Generaldirektorium durchweg nicht gut zu sprechen und hielt sie in strenger Unterordnung. Im 'Politischen Testament von 1768' hatte er festgehalten: »Das Generaldirektorium, das in fünf Departements geteilt ist, hat die Finanzen in Preußen zu verwalten. Ich habe ihm die weniger wichtigen Einzelheiten überlassen und in allen großen Unternehmungen die Geschäfte selbst geführt, weil jedermann in seinen eigenen Angelegenheiten mehr Sorgfalt an den Tag legt als diejenigen, denen er sie anvertraut. Das (V.) Departement der Fabriken, des Handels und Gewerbes ist neu. Ich habe es dem Generaldirektorium angehängt; ich leite selbst die meisten seiner Geschäfte und überlasse ihm nur die Einzelheiten, in die ein Herrscher unmöglich eingehen kann«. Wie scharf er seinen Standpunkt vertrat, zeigt die Randbemerkung zu einem Bericht des Generaldirektoriums vom 8.3.1766: »Sie müssen mir nichts im Wege legen. Da verstehe ich kein Scherz mit. Die Herren sind bestellet, meine Arbeit zu exekutieren, aber nicht zu intervertieren. Oder diejenigen, die sich nicht in ihren Schranken halten, werde ich ohne Fasson kassieren. Sie müssen gehorsam sich regieren lassen und nicht regieren«. Schon 1748 hatte er sich zur erneuerten Instruktion für das Generaldirektorium eigenhändig geäußert: »Des Landes Interesse ist des Königs und muß mit der Schärfe danach gesehen werden, daß richtige Rechnungen und jährliche (Ab-)Schlüsse gemacht werden. Ob einer die Stände und Bauern betrüget oder den König immediat, ist ein Hund. Und wer sich von solchen Schelmen bestechen läßt, der verdient den Strang. Es sitzen dergleichen noch im Direktorio, ich nenne keinen Menschen, aber sie mögen sich in Acht nehmen, denn der Hehler ist gleiche Strafe mit dem Dieb wert. NB. Sie sollen nicht durch Particularia ihre Zeit mit wunderlichen Disputen zubringen. Wenn sie fleißig arbeiten, können sie ihre Arbeit des Morgens in kurrenten Sachen in 4 Stunden verrichten, wenn sie sich aber Historien erzählen, Zeitungen lesen, ist der ganze Tag nicht lang genug«. Trotz der Ablösung des Gottesgnadentums durch die Idee des 'Gesellschafts- und Herrschafts-Vertrages' zwischen freien Menschen und dem auf das Gemeinwohl verpflichteten Fürsten, besteht der König unzweideutig auf seiner absoluten Souveränität, die jetzt jedoch säkularisiert und vernunftgemäß begründet ist. Wie kaum ein anderer hat der König immer wieder um die Staatsidee gerungen, die Preußens Teile letztlich zusammengehalten hat. Er überhöhte den Staat zu einem abstrakten Idealbild, entpersonalisierte ihn damit und gab ihm ein fast philosophisches Ethos aus Recht statt Verfügbarkeit und Willkür und aus Pflicht statt Bequemlichkeit und Habgier, dem auch er selbst sich unterordnete als »erster Diener«. Damit war zwar nicht der funktionalen, aber der moralischen Gleichstellung der Bürger zum Staat erstmals der Weg geöffnet, eher als in vielen anderen Ländern.

Kriegserfahrungen und das Hinsterben seiner alten Mitarbeiter, oft noch aus der Zeit seines Vaters, veranlaßten den König, seine leitenden Beamten durch jüngere, frische Kräfte zu ersetzen und Generaldirektorium und Verwaltung erheblich umzugestalten. Neben der Beschleunigung der Geschäftsroutine ging es ihm vor allem um die Verteilung der Ressorts, die unübersichtlich geworden war, sich z.T. überschnitt sowie Umverteilung und Verselbständigung einzelner Ressorts zu neuen Departements erforderte. Das IV. Departement wurde 1766 für Zoll und Akzise (Regie) sowie Handelsstatistik verselbständigt und gab dafür die regionalen Befugnisse von Halberstadt bis Lingen an das III., das Münzwesen 1769 an das I. und 1772 die Seehandlung an das III. Departement ab. Das III. Departement hatte nunmehr alle Provinzen im Westen, dazu die Invaliden-Sachen zu bearbeiten, gab aber 1769 dafür das General-Postamt, das mehr und mehr selbständig wurde, an das II. ab. Schon 1747 hatte es das Salzregal dorthin abgetreten. Beim VI. Departement, das alle Militär-Sachen verantwortete, kamen das General-Proviantamt mit den Magazinen und ab 1770 vernünftigerweise vom III. auch die Invaliden-Sachen dazu.

Die Formierung von zentralen Fach-Ministerien zeichnete sich deutlich ab. Beim I. Departement konzentrierten sich neben Kassensachen, Grenz-, Rodungs- und Räumungssachen ab 1769 noch Tresor und Münzwesen und Pommern mit der Neumark, ab 1775 Preußen, Litthauen und Westpreußen, mithin alle nordöstlichen Teile des Staates. Die bereits 1740/46 mit den V. und VI. Departements eingeleitete Entwicklung reiner Fach-Ministerien setzte der König 1768 mit der Bildung des VII. Departements ausschließlich für Bergwerks- und Hüttenwesen (Maschinenwesen) unter Ausgliederung aus dem III., eigentlich ein Industrie-Ministerium, und 1770 mit der Neubildung des VIII. Departements ausschließlich für Forst-Sachen zielbewußt fort. Die Landwirtschaft trat erst später dazu. 1764 trennte er noch das Geistliche Departement von der Justizverwaltung, die ihm ebenso direkt unterstanden wie der Auswärtige Dienst, der Provinzial- und Justizminister für Schlesien, das Oberbaudepartement und die Ober-Kriegs- und Dominial-Rechenkammer, insgesamt vierzehn General-Behörden, weit entfernt von sonstigen normalen Staatsbehörden anderswo. Hubatsch stellt dazu mit vollem Recht fest: »Dieser Umbau war nicht ganz unbedenklich und in dieser Form nur deshalb möglich und durchführbar, weil der König selbst sich zu einem virtuosen Routinier der Verwaltungskunst entwickelt hatte und in großem Selbstvertrauen sich Arbeitslasten aufbürdete, die sich sonst von den Aufgaben eines Königs weit entfernten. Gewiß war die höchst bewegliche, weil erstaunlich kleine Staatsmaschine ein Wunderwerk, aber dieses blieb sofort stehen, wenn die einzige motorische Kraft erlahmte oder gar ausfiel. Da über den Sach-Departements kein behördlicher Überbau geschaffen wurde, blieb nur noch die ganz auf die Person Friedrichs zugeschnittene Arbeitsweise aus dem Kabinett, die den Altersstil seiner Regierung so charakteristisch bestimmen sollte«. Preußen war eben doch mit allen Stärken und Schwächen s e i n Staat, der zu seiner Zeit gegenüber den Nachbarn viel nachzuholen hatte. Diese Entwicklung war nur die folgerichtige Fortsetzung seiner 'Instruktion an das Generaldirektorium' vom 20.5.1748, mit der er sich selbst zum Präsidenten des Generaldirektoriums erklärt hatte.

Dort hatte es geheißen: »Es ist dieses Collegium eines der größten und ersten im Lande, auf dessen Fleiß, Sorgfalt und Aktivität die Wohlfahrt des Staates und Landes und Leute hauptsächlich mit beruht. Je wichtiger nun dessen Amt ist, desto mehr erfordert solches eine beständige Vigilance, unermüdete Arbeitsamkeit und eine incorruptible Ehrlichkeit«. Bei allen organisatorischen Verlagerungen blieben die Vorschriften für den inneren Dienst, die Bearbeitung der Vorgänge, die Abwicklung des Geschäftsverkehrs, regelmäßige und pünktliche Sitzungen, genaue Protokolle, Kontrolle der Kassen und Kanzleien sowie die ständige Beaufsichtigung aller unterstellten Ämter und Stellen im Außendienst bis zu seinem Tode unverändert verbindlich erhalten. Hier war der König kein Theoretiker, sondern nüchterner Pragmatiker, der allen Realitäten der staatlichen Entwicklung zu folgen suchte, seien es Erfolge oder Pannen. Über allem standen Entschlußkraft, Genauigkeit und ständige Eile. Das Ganze war eine durch laufende Änderungen, Ergänzungen und Zusätze des Königs immer wieder verbesserte Geschäftsordnung, deren Neuordnung nach dem Siebenjährigen Krieg mit größter Behutsamkeit und Vorsicht in der Sache und nur mit dem unumgänglich notwendigen Wechsel von Ministern erfolgte. Wiederholt leiteten Minister zeitweise oder auch längere Zeit zwei Departements. Einer der wenigen, der Widerspruch wagte, bei aller Form dem König keine Antwort schuldig blieb und sich nach überstandener Ungnade dennoch durchsetzte, war Heinitz, der im Januar 1783 vom König in seinem Tagebuch vermerkte, er besorge die Staatseinkünfte so, als ob er täglich Rechenschaft abzulegen hätte. Je mehr das Ressort-Denken zunahm, desto größer wurden die Spannungen zu dem bisherigen regionalen System, zu Absonderungen und Störungen mit den dem Generaldirektorium nicht unterstellten 'Extraordinarien' in der Hand des Königs, die jedesmal informiert, um Stellungnahme und Mithilfe gebeten werden mußten, was den Verwaltungsablauf oft erschwerte. Das VI. Departement als Armee- und Kriegsministerium behielt auch im Frieden seine herausgehobene Stellung, angesichts der verstreuten Landesteile und der gefährdeten Lage in der Mitte Europas eine Selbstverständlichkeit. Es war dem Königlichen Kabinett enger verbunden als dem Generaldirektorium und hatte über die Militärgerichtsbarkeit engen Kontakt zum Justiz-Departement. Obwohl das Hüttenwesen sich erst noch im Aufschwung befand, hatte sich das VII. Departement für Bergwerke und Hütten sofort unter v. Hagen und v. Heinitz das Vorrecht verschafft, seine täglichen Eingänge selbständig zu erledigen. Ähnlich, wenn auch nicht ganz so frei war die Stellung des VIII. Departement für die Forsten, da Holz der wichtigste Rohstoff Preußens war und damit ein bedeutender Faktor der Wirtschaft. Das Ober-Baudepartement entwickelte sich von selbst zu einer Zentralbehörde, die, wissenschaftlich fundiert, die Kontrolle ausübte über Zivilbauten, Kostenvoranschläge, Deputatholz-Anforderungen, Hafen- und Schleusenbauten, Eindeichungen und Maschinen, Materialien sowie chemische Laboratorien beurteilte.

Die tatsächlichen Exekutionsbehörden waren unter Dienstaufsicht des Generaldirektoriums die Kriegs- und Domänenkammern als eigentliche Provinzial-Regierungen. Ihre Zahl hatte sich um die Kammern in Aurich, Breslau, Glogau und Marienwerder auf zwölf vermehrt, nachdem der König am 13.4.1770 die Kammern Moers und Geldern in Cleve zusammengelegt und 1769 zusätzlich für Tecklenburg-Lingen von Minden aus eine Kammer-Deputation eingerichtet hatte. Er strebte eine straffe Gliederung der Kammern an, versuchte aber, weitab liegende oder besondere Gebiete durch eine Deputation besser beaufsichtigen zu können. Es war schwierig, das ausgedehnte Staatsgebiet gleichmäßig durchzugliedern, die geeigneten Präsidenten zu finden und diese Oberbehörden zu finanzieren. Bis 1786 blieb es bei der Zahl der Kammern, die insgesamt 9 Deputationen mit zu verwalten hatten, ohne Entscheidungsbefugnis aber keine wirkliche Entlastung. Aber die Deputationen halfen besser, die noch erheblichen Unterschiede zwischen den Landesteilen auszugleichen, als es ortsferne große Verwaltungs-Körper konnten. Ritterschaft und Landstände versuchten immer wieder, sich gegen die Befehlsbefugnisse der Kammer zu wehren, äußerstenfalls vom Generaldirektorium, da 'das Land immediate mit der Kammer nichts zu schaffen habe'. Die Kammern argumentierten, ein Oberhauptmann sei nur einem Landrat, nicht aber einem Kammer-Kollegium gleichzustellen. Damit verhinderten die Kammern störende Eigenmächtigkeitsbestrebungen. Schlesien blieb vorerst weiterhin von der Verwaltung des Generaldirektoriums ausgenommen, unter Schonung seiner ständischen Überlieferungen, die vielfach von Österreich geformt waren, von der persönlichen Zuwendung des Königs abgesehen. Auch Westpreußen blieb ab 1772 vorerst direkt unterstellt, trat jedoch schon im dritten Jahr unter das Generaldirektorium. Als Provinz der Residenzen und Staatsbehörden besaß die Kurmark einen natürlichen Sonderrang, weil sich alles sozusagen 'unter den Augen des Königs' vollzog und entwickelte. Und Königsberg führte seit 1701 die stolze Bezeichnung 'Residenz des Königsreiches Preußen' mit einer aus dem Jahre 1525 bestehenden, einst herzoglichen Regierung, trotz der Reform von 1751 und zweier Kriegs- und Domänenkammern mit noch nicht unbeträchtlichen restlichen Zuständigkeiten. Jetzt hatte der König die Justizverwaltung abgetrennt. Erst seit 1762 unter Domhardt vereinheitlichte sich die ostpreußische Provinzialverwaltung, bestätigt durch die 'Erneuerte Instruktion' vom 30.7.1774. Der König hat also keineswegs rigoros eingegriffen und zentralisiert, wie so gern behauptet; zentral war nur seine Person und ihr Reform-Wille; sonst beließ er überlieferte Gewohnheiten, milderte sie in kleinen Schritten, verflocht sie mit anderen Einflüssen und ließ sie in allmählichem Übergang auswachsen, bis sie überflüssig geworden waren. Ein anderes Vorgehen hätte eine solche Fülle von Konflikten ausgelöst, daß die Reibungen den Verwaltungsablauf äußerst erschwert hätten, zumal die Unterschiede quer durch Deutschland die Verwaltung bestimmten. Zudem scheute der König die Bildung großer Verwaltungs-Einheiten, schon aus 'Mangel an capablen Leuten und Präsidenten', wie er 1769 den Ministern v. Hagen und v. Derschau zugab. Dagegen war die Auswechslung eines Kammerpräsidenten, wenn der König unzufrieden war, gar nichts Besonderes.

Deshalb verfolgte der König bald die Idee, die höheren Beamten planmäßig vor- und ausbilden zu lassen in einer 'Pepinière' als Pflanzstätte, da ihm eine volle Verwaltungs-Akademie zu aufwendig erschien für die wenigen Spitzen-Beamten. Aus der persönlichkeitsorientierten Berufungs-Praxis sollte damit eine vorbereitende Ausbildungs-Praxis werden, zunächst jedoch als reine Weiter-Qualifizierung von bereits kammererfahrenen Beamten. Für die 'Verbesserung des Cameralwesens' kam es weniger auf Theorien als vielmehr auf handgreifliche Praxis an, wofür sich die beiden musterhaften schlesischen Kammern als Ausbildungsstätten hervorragend eigneten. Seine eigene Verwaltungs-Ausbildung mag dem König vor Augen gestanden haben. Ab 1769 arbeiteten als Kammerdirektoren und Präsidenten vorgesehene Beamte einige Monate in den einzelnen Departements des Generaldirektoriums, bevor sie nach und nach in die vorgesehenen Stellungen berufen wurden. Sie bekamen einen besseren Überblick über die Staatsverwaltung und erfuhren dort eine Ausbildung am Arbeitsplatz. Präsidenten sollten nach dem Willen des Königs allein 'qualifizierte Edelleute', Kammerdirektoren aber auch 'Leute von Genie bürgerlichen Standes', vielfach auch Landräte werden, die 'sie kenneten und zu denen sie Zutrauen hätten'. Auf die große »Denkschrift zur Verbesserung der Beamtenausbildung« vom 31.10.1769 des Ministers v. Hagen begann im April 1770 das erste halbjährige Ausbildungs-Semester beim Generaldirektorium mit acht bewährten und gut beurteilten Beamten, die nach bestandenem Examen vor der Ober-Examinationscommission dann als Kriegs- und Domänenräte mit Sitz und Stimme einer Kammer zugewiesen wurden, um 'sich zu routinieren'. Lehrkräfte waren besonders erfahrene Kriegs- und Domänenräte wie z.B. v. Borcke und v. Domhardt, die im Zweit-Amt neben ihrem Dienst Unterricht erteilten. Innerhalb eines Jahres waren drei dieser Teilnehmer bereits als Präsidenten oder Direktoren eingesetzt. Der nächste Lehrgang fand 1771 statt, jährlich folgte ein weiterer. Ab 1773 galt er als Vorbedingung für künftige Präsidenten. Grundsätzlich wurde den leitenden Beamten ständige eigene Weiterbildung und Kenntnis der Verwaltungsentwicklung und neuester Entscheidungen abverlangt.

Die Edikten-Sammlung und Literatur hierzu hatten sie selbst zu beschaffen, notfalls von einer Beihilfe unterstützt. Wenn es um Spezialkenntnisse für Fabriken-und Manufakturwesen oder technische Erfahrungen wie im Bergbau ging, bot der König gern einen entsprechenden Studien-Aufenthalt im Ausland an mit der Erwartung, dadurch für den eigenen Fortschritt davon zu profitieren. Infolge der hohen Anforderungen des Königs war die Auswahl wirklich geeigneter Anwärter, die meist das Generaldirektorium vorschlug, nicht so einfach, zumal nur wenige Adlige geneigt waren, sich im entbehrungsreichen Beamtendienst zu verzehren. Universitätsvorbildung war allgemein üblich, obwohl der König eher praktische Kenntnisse bevorzugte. Nur zehn Prozent der Präsidenten stammten aus dem Offizierskorps; aber jeder vierte wurde vom König vorzeitig entlassen, weil er auf die Dauer die notwendigen Erwartungen nicht erfüllte, meist wegen Hilflosigkeit, Untätigkeit, Streit, Resignation, Überforderung, Führungsschwäche, Schulden, kaum wegen willkürlichem Ärger des Königs, der immer wieder gegen jede Schwerfälligkeit des Beamten-Apparates anging, indem er mit Randvermerken direkt in die Eingaben und Berichte der Kammern eingriff und die Behörden auf Trab hielt. Dennoch war die Mehrzahl sehr bewährt und hoch angesehen als ausgezeichnete Verwaltungsfachleute: Platen und Domhardt wurden Oberpräsidenten; elf stiegen zu Finanzministern auf; v.d. Horst, v. Derschau, v. Schulenburg-Kehnert zählten im 18. Jhdt. zu den bedeutendsten Verwaltungsfachleuten Deutschlands. Nur bewegliche und rührige Männer mit Weitblick und Einzelkenntnissen konnten die königlichen Anweisungen mit den Möglichkeiten moderner Verwaltungsarbeit verbinden und den Spielraum dazwischen nutzen, wenn sie den Grundvoraussetzungen laufender sachlicher Berichterstattung, regelmäßiger Steuerzunahmen und verbesserten Erwerbslebens ihrer Provinz nachgekommen waren. Die Vorschriften waren streng, der Initiative enge Grenzen gesetzt. Der König ließ sich von Vorschlägen überzeugen, solange sie vernünftig waren und sich die Präsidenten als Gehilfen des Königs fühlten und nicht als kleine Landesfürsten. Sie sollten nicht nur 'treue, geschickte, erfahrene Leute sein, sondern alle Familien- und übrige Considerationes auf die Seite legen und nichts als meinen Dienst und die Wohlfahrt des Landes beständig vor Augen haben', eine Auffassung, die in der 'Preußischen Reform' wieder auftaucht und teilweise bis heute nachwirkt.

Eine in Stufen gegliederte Beamtenlaufbahn war damals noch unbekannt, da die Räte als Sekretäre anfingen, die Beisitzer-Ausbildung im praktischen Dienst erfolgte und sie nach ihrer Prüfung zuerst in der Kanzlei beschäftigt wurden. Schon 1743 und 1745 hatte der König ihre Ausbildung und Prüfung angeordnet; von unten auf zu dienen galt als Grundsatz für Sachkenntnis und Qualität. Beamtensöhne von gutem Hause waren als Nachwuchs besonders willkommen. Unterwertige oder Abhängige durften nicht beschäftigt werden. Mit der 1770 gegründeten Ober-Examinationscommission war das Prüfungswesen auf eine wissenschaftliche Grundlage gestellt, und auch Aktuare, Justitiare und selbst gewählte Landräte hatten sich prüfen zu lassen. Damit erhielten Ausbildung und Fähigkeiten ein Mindestmaß an Gleichmäßigkeit und Objektivität. Als nächstes ging es dem König darum, die wichtige Stellung der Landräte als unterstes Exekutiv- und Kontrollorgan der Kammern auf dem Lande in den Kreisen, zugleich Marschkommissar und Polizeibehörde ohne Gerichtsbefugnis, zu vereinheitlichen und das Ernennungsrecht schrittweise aus der ständischen Wahl herauszulösen und in ein staatliches Amt zu verwandeln mit hauptamtlicher Beamten-Funktion, wie es zuerst in Oberschlesien und der Grafschaft Glatz eingerichtet war. Auch hier bevorzugte der König wieder den allmählichen Übergang als Reformweg. Dafür waren seit 1753 den Landräten zwei ständisch gewählte Deputierte beigegeben, die die Mitwirkung und Mitverantwortung weiter sicherstellten. Am 30.4.1766 erließ der König neue Instruktionen für die Landräte und Steuerräte, in die alles eingearbeitet war, was Generaldirektorium, Kammern und der König bei ihren Beobachtungen, Erfahrungen und Inspektionen zusammengetragen hatten, also nicht vom grünen Tisch, alles in ein System gebracht. Die Instruktionen wurden gesondert ausgearbeitet für die verschiedenen Provinzen, deren Situation und Bedürfnisse ja recht unterschiedlich waren. Die Pommersche Kammer erhielt ihre Instruktion als letzte 1779 — nach dreizehn Jahren. Vor allem war die Berichts-Pflicht der Landräte genau festgeschrieben: Entwicklung der Dörfer mit ihrer Einwohner-Entwicklung und mittleren Ernte-Erträgen, Maßnahmen gegen das Bauernlegen und die Ausbreitung von Seuchen, Instandhaltung und Wiederaufbau von Gebäuden, ordentliche Schulverhältnisse bis hin zur Bienenzucht und Anlage von Obstbau-Pflanzungen. Die Steuerräte kontrollierten besonders die Wirtschaft in den Städten hinsichtlich des Bauzustandes, der Steuerabwicklung, der Maße und Gewichte, der Gesundheitsaufsicht, des Wuchers in Gasthöfen und Herbergen bis zur Anlage und Vergrößerung von Maulbeer-Anpflanzungen.

Die Fach-Ressorts waren eben noch nicht getrennt. Als grundsätzlicher Anhalt für diese Instruktionen galt die neumärkische Fassung, die den jeweiligen Besonderheiten angeglichen wurde. Grundforderung an die Land- und Steuer-Räte blieb die genaue Beherrschung aller Verordnungen und geografischen Bedingungen ihres Verantwortungsbereiches, genaue Erhebung und Auszahlung von Lasten und Vergütungen, eine vollständige Stellenbesetzung mit guten Mitarbeitern wie der stete Ansporn der Einwohner zu fleißiger Arbeit, weil »sie mit ihren Abgaben die Bedürfnisse des Staates aufbringen müßten, das platte Land niemand anders zur Aufsicht und zum Schutz hat, auch die Kammer selbst in allen Landessachen sich auf niemanden als auf die Landräte verlassen kann«. Von den Angeboten, mit Sitz und Stimme an den Kammer-Sitzungen teilzunehmen oder gar sich den 1770 eingerichteten Prüfungen zu unterziehen, machten allerdings die wenigsten Gebrauch, aus Mangel an Zeit, Geld und Interesse. Land- und Steuerräten war bei ihren amtlichen Aufgaben ein weiter Spielraum für die beste Berücksichtigung berechtigter örtlicher Anliegen zugestanden, solange sie nicht den Interessen des Staates zuwiderliefen. Stände und Deputierte wirkten dabei als Gegengewicht zur Bürokratie.

Die allseitigen Inspektionsreisen waren nicht nur ein Kontroll-, sondern im Gegensatz zu heute vor allem auch Kommunikations-Mittel. Nur vor Ort mit eigenen Augen waren Realität und Umstände einwandfrei zu erfassen. König und Verwaltung erzeugten damit zugleich eine Atmosphäre der offenen Durchsichtigkeit und Allgegenwart, die zweifellos aber auch Druck ausübte und leichtsinnige Gewissenlosigkeit einengte, oft zum Unwillen der Betroffenen. Die regelmäßigen Besichtigungsreisen, erst nach dem Siebenjährigen Krieg zu einer festen Einrichtung mit meist gleichbleibenden Strecken und Zeiten ausgebaut, bildeten einen integralen Bestandteil der friderizianischen Verwaltung und die notwendige Ergänzung zur aktenmäßigen Büro-Tätigkeit. Der König sagte dazu: »Durch Besuche, welche in den Provinzen vorgenommen werden, erhält man jeden bei seiner

Schuldigkeit. Wer immer sich gekränkt fühlt, darf bei der Kommission ungescheut seine Beschwerden vorbringen«. Das Reiseprogramm des Königs war für das ganze Jahr im Voraus mit genauen Tages-Daten in seinem Terminkalender eingetragen, der auf seinem Schreibtisch im Kabinett lag. Es löste jeweils eine Welle vorausgehender Bereisungen der Minister, Kammerpräsidenten und Kammerdirektoren aus bis zu den betroffenen Steuer- und Landräten, weil sie von Fall zu Fall, vor Ort einbestellt, Rede und Antwort zu stehen, Bericht zu erstatten, ihn zu führen und auch gegebenenfalls Akten-Einsicht zu geben hatten, »zu Erlangung der so nötigen Lokalkenntnis«. Der Grundsatz für alle lautete: »Wenn man nicht in loco gewesen, läßt sich von den Sachen nicht urteilen!« Bis heute heißt es entsprechend: Die Kenntnis des Ortes ist die Seele des Dienstes, immer noch richtig. Im Zeichen seiner verstärkten Selbstregierung sammelte der König Fakten und Anstöße zur wirklichkeitsnahen Gegenkontrolle der bürokratischen Behörden. Er wollte aber auch präsent sein, nicht allein aus Fürsorge, sondern sicher auch im Sinne seiner gewachsenen Volkstümlichkeit, seiner Faszination und seines Nimbus, wie man heute gern sagt: ein König zum Anfassen, berührt im Alltag von einem Großen der Geschichte, aus dessen Begegnung jede Einzelheit, jede Miene und Bewegung des Königs für die Bürger aufbewahrenswert für die Nachwelt war. Das geht aus der Unzahl der Aufzeichnungen ganz deutlich hervor. Bei der Besichtigung der Kreise, Städte, Ämter, Forsten, Fabriken, Meliorationen, Bergwerke und Notstandsgebiete waren stets bereitzuhalten — von den Beamten zu Pferde an der Grenze seines Bereiches erwartet, dann abgelöst von dem nächst anschließenden — richtige Kassenabschlüsse, Zustandsbericht des Rechnungswesens, ein Verzeichnis der unerledigten Sachen, Kosten- und Nutzungsanschläge, ggf. mit entsprechenden Zeichnungen, Nachweisung der Beamten ohne Contracte, Auflistung aller genehmigten, aber unvollendeten Unternehmungen und Ansiedlungen, Stand der Neuverpachtungen, Zusammenstellung aller rückständigen Berichte der Land- und Steuerräte und sonstige Kgl. Bediensteten, eine Liste der wirklich entflochtenen 'Gemeinheiten' und was es sonst noch alles gab. Der König notierte jede ihm auffällige Einzelheit in seinem Notizbuch.

Die genaue Reiseroute war nach den Besichtigungs-Objekten vorher genau festgelegt und bekanntgegeben, so daß sich jedermann danach richten konnte. Sie dauerten zwischen vierzehn und hundertzwanzig Tagen, beim König meist kürzer. Unterstellte Beamte brauchten eine Reisegenehmigung und erhielten nach Rückkehr auch Reisekosten-Erstattung, wie heute. Besonders wichtig war die Regelung des Vorspann-Relais in Aufteilung der Reiseroute, vorher festgelegt durch 'Vorspann-Pässe' für Reise- und Packwagen, Pferde, meist zu Lasten der königlichen Ämter, manchmal auch zu Lasten der Kreis- oder Landstände, die den Anspruch auf die bereitgestellten Gespanne nachwiesen. Keine Reise verlief ohne nachträgliches 'Bereisungs-Protokoll', das ja der Hauptzweck der mühseligen Übung war. Es mußte »ex officio mit aller Gründlichkeit auf Pflicht und Gewissen ohne alle Nebenabsichten und ohne sich auf die Rapports zu verlassen, auch bei der Erstattung selbst alle Promptitude zu beobachten« erstattet werden. Sie bildeten nach Auswertung wichtige Verwaltungs- und Entscheidungsgrundlagen. Seine letzte Besichtigungsreise führte den König vom 1. bis 11.6.1785 nach Pommern und Ostpreußen. Zuvor hatte er in seiner Kabinettsordre vom 29.5. ds. Js. geschrieben: »Der Weg mag sein, wie er wolle; wenn ich nur dahin gelange, wohin ich will. Denn, wo andere Leute fortkommen, da komme ich auch fort«. Für Leben und Tod ein doppelt tiefsinniges Wort!

Im Juni 1765 hatte Minister v. Massow dem König für das Generaldirektorium erklären müssen, daß es die für die Heeresvergrößerung und Ergänzung vor allem an Artillerie und Kriegs-Reserve von ihm geforderten zwei Millionen Taler nicht mehr aufbringen könne. Die Steuern waren längst unübersichtlich und viel zu hoch. Empfohlen von seinem Freunde d'Alembert und auf Hinweis des Generals v. Krockow, hatte der König schon im März des Jahres in Potsdam Claude Adrien Helvetius, der wegen seines Buches 'De l'Esprit' in London im Exil lebte, aber dreizehn Jahre in Frankreich Generalpächter der Steuern gewesen war, zu einem längeren Gespräch empfangen. Er legte dem König nahe, das französische Steuer-System mit französischen Fachleuten für Preußen zu übernehmen, da die Verwaltung der Akzise und Zölle nach dem langen Kriege sehr heruntergekommen sei. Zuerst sollte in Berlin eine Generalpacht für die Einziehung der Akzise eingerichtet werden mit Pariser Finanzleuten als Aktionären. Diese Absicht zerschlug sich dadurch, daß dem König die von den Geldgebern zu hinterlegende Kaution erheblich zu niedrig war. Jetzt entschied er sich für das elastischere System der Auftragsverwaltung in der sogenannten 'Regie' die die bestehenden Akzisen, Zölle, Lizenzen und Transitabgaben mit französischer Genauigkeit und Schärfe kontrollierte und einzog sowie die Monopole für Salz, Tabak und später Kaffee verwaltete. Das Hauptziel war die Verteuerung aller Luxusgüter wie Wein, Branntwein, Essig, Zucker, Leder und der Schutz einheimischer Waren und ihrer Gewerbe, 'um die Commerce-Balance favorable zu machen'. Helvetius verschrieb ihm dafür eine ganze Truppe französischer Finanzberater aller Dienstgrade, zweihundert unter insgesamt zwei-bis dreitausend Beamten, die zwecks besserer Unbestechlichkeit mit fünf Prozent, d. s. jährlich 50 bis 100000 Taler, an dem Mehrertrag des Steuereinganges beteiligt waren, für Preußen eine sehr ungewöhnliche Maßnahme, die sich negativ auswirken sollte.

Auf Edikt vom 9.4. trat am 14.7.1766 die Regie in Kraft, zugleich als IV. Departement des Generaldirektoriums unter Minister v. d. Horst verselbständigt. Mit einem Sechsjahres-Vertrag traten erst fünf, dann vier Regisseure an ihre Spitze zu je 15000 Taler Jahres-

Spottbild Daniel Chodowieckis von 1766 auf den Einzug der Franzosen zur Einrichtung der Regie — in Erinnerung an die hugenottischen Flüchtlinge ab 1685

gehalt, das Vierfache eines Ministers. An der Spitze der Generalverwaltung stand der Geheime Finanzrat Marcus Antonius Andreas de la Haye de Launay, Generaladministrator und Präsident der 'General-Akzise- und Zoll-Administration', Fachmann im besten Alter, sehr fleißig, ausdauernd und geschäftstüchtig. Ihm zur Seite stand de Crecy, hoch bei Alter, wegen seines Werkes 'Die Theorie der Steuer' in Paris hochangesehen, der aber wenige Monate nach seiner Ankunft in Berlin verstarb und dann durch Nicolas Constantin de Lattre ersetzt wurde. Durch seine Heirat in Berlin galt dieser bald als Preuße. Dazu kamen de Candie, arbeitsam und tüchtig, und Pernery, ein würdiger und rechtschaffener Beamter, sowie de Brière, lauter und wohltätig. Sie schufen bald wieder geordnete Zustände. 1777/78 bestand die Generalverwaltung unter dem seit 1774 zuständigen Minister v. Görne aus 39 Köpfen, davon 23 Preußen. Ihr unterstanden fünf Kommissionen für die mittleren und östlichen Provinzen — die Westprovinzen blieben verschont — zu je sieben Köpfen mit einem Direktor und Subdirektor, die je 1200 und 600 Taler Gehalt bezogen, und jeweils fünf Mitarbeitern. Dafür betrugen die Personalkosten im Jahr insgesamt 74 620 Taler. De Launay war mit dem König vertrauter als nur ein Minister sein kann, hieß es. Und Ende 1774 war der König mit dem Funktionieren der Regie 'allergnädigst wohl zufrieden', nachdem er sich am 12.4.1773 an Minister v. Zedlitz jegliche Einmischung der Justiz in die Regie als nichtzuständig verbeten hatte. Am 11.6.1772 war der Vertrag nach Reorganisation der Generalverwaltung unter Einrichtung des Ober-Akzise- und Zollgerichtes in Berlin nur mit de Launay und de Lattre verlängert worden. Nach Mirabeau brachte die Regie im letzten Jahre, ehe sie im Herbst 1786 aufgehoben wurde, angeblich 6,8 Millionen Taler ein; in Wahrheit waren es 2,3. Obwohl sie im Volke als französische, fremde Einrichtung galt, waren 1786 nur noch 157 Franzosen in ihrem Dienst. Die Regie beschäftigte als Visiteure, Kontrolleure, Plombeure und »Kellerratten« eine Menge von Unterbeamten und Hilfskräften, die der König 1783 und 1784 'einen Haufen von Kanaillen' und 'eine Spitzenbubenbande' nannte. Schon am 31.5.1782 hatte er die Marienwerder Kammer aufgefordert, »daß der Präsident oder der Direktor auf die Accise- und Zolldirektion und deren Unterbediente vigilieren und ein wachsames Auge haben soll auf alles, was da vorgehet, ob da Unrichtigkeiten und Schelmereien passieren oder Neuerungen vorgenommen, auch ob Veränderungen gemachet und die Leute gedrückt und, daß sie, wenn sie das geringste gewahr werden, daß was Unrechtes vorgehet, solches sogleich an S.K.M. melden sollen«. Das war deutlich genug.

Dem König blieben die Nachteile dieses Verfahrens bewußt: »Ein Monopolium wollte ich nicht gerne haben, denn das hat immer einen üblen Erfolg. Der Monopolist wendet keinen rechten Fleiß und Betriebsamkeit an auf die Sache, weil er niemanden neben sich hat, der ihm nacheifert. Daraus kommt denn, daß er seine Arbeit negligiert und schlechte Ware macht«. Vielleicht mag er bei der Steuerverwaltung einen Unterschied zur Wirtschaft gesehen haben. Da die Einrichtung der Regie mit einer allgemeinen Teuerung zusammentraf, waren die Steuererhöhungen im Volke äußerst unbeliebt, zumal die Preise auch für Fleisch,

Weizen und seine Produkte, selbst Bier stiegen. Den Dirigismus, die gehässigen, kleinlichen und oft auch schikanösen Maßregeln der Regie legte man den Franzosen zur Last, die nebenbei im Rufe standen, nicht immer ehrlich zu sein. Hatte das System anfangs die wirtschaftliche Entwicklung gefördert, wurde es später in seiner Verhärtung für den erstarkenden Handel und das Gewerbe eher zum Hemmnis ihrer Ausweitung. Der Steuerdruck führte auch zur Ausweitung von Schmuggel, Schleichhandel und Betrug, begünstigt von der Ausdehnung und der Unübersichtlichkeit der preußischen Grenzen, die ein Heer von Zollbeamten und Spitzeln erforderten, wo es mitunter zu richtigen Kämpfen kam. Die hohen Strafen wurden herabgesetzt, weil die Gefängnisse nicht mehr ausreichten. Der Ruf de Launays war schlecht, ob mit Recht, ist fraglich. Zum ersten Male gab es 'hauttiefe, aber aufrichtige und allgemeine Unzufriedenheit gegen den irregeleiteten Vater Fritz', wie Carlyle feststellte, während Johann Georg Hamann, seit 1767 zwanzig Jahre bei der Königsberger Akzise, am 18.1.1786 schrieb: »Und so hat der Staat seine eigenen Untertanen für unfähig erklärt, sein Finanzsystem zu handhaben und auf diese Weise sein Herz, d. h. die Börse seiner Untertanen, einer Gesellschaft fremder Schwindler anvertraut, die mit allen seinen Umständen unbekannt sind«. Es gab eine Entfremdung, hinter der der mehr als mißtrauische König ein Zusammenspiel zwischen Kaufleuten und Beamten witterte.

Nach der Verselbständigung der Post nach dem Vorbild der Regie 1766 und der Erneuerung der 'General-Tabakadministration' in demselben Jahr folgten 1772 die Erhöhung der Steuersätze und Zölle, 1781 die äußerst kritisierte Kaffee-Regie, die mehr als zweitausend Invaliden als 'Kaffee-Riecher' einsetzte, 1785 die Verteuerung der Rheinweine, zu denen 1765 Exportverbote für Getreide und 1771 für Kartoffeln getreten waren. Erst 1783 griff der König mit einer Milderung der Gebührensätze und drastischen Beschränkung des Personalbestandes der Regie ein. Als die Landstände gegen die erhöhten Abgaben für Kaffee und Wein Einsprüche erhoben, schrieb der König: »Die Consumtion war zu enorm, als daß ich solche Steuern länger aussetzen können«. Im Kabinettsschreiben vom 27.8.1779 an die hinterpommerschen Landstände hatte er allein für Kaffee den jährlichen Abfluß ins Ausland mit 600000 Talern beziffert, das sei mehr als der Verzehr von Bier und Biersuppe. Er sei mit Biersuppe aufgezogen wurden und befinde sich deswegen nicht schlechter als die Kaffeetrinker, die 'ihren Körper ruinieren und dabei auch das Land'. Die Gründe für diese einschneidendste Finanzmaßnahme des Königs, die die Befugnisse des Generaldirektoriums beschnitt, lag in der von Amsterdam und Hamburg ausgehenden Wirtschaftskrise des vom Siebenjährigen Krieg schwer erschöpften Staates, die sich in vielen Bankerotten und im Sinken der wichtigen Steuereinnahmen im Augenblick erhöhten Finanzbedarfes für Reorganisation und Wiederaufbau abzeichneten. Die Rücknahme der Münzverschlechterung zur Wiedergewinnung der Kreditfähigkeit tat noch ein übriges, die Finanz- und Wirtschaftsverhältnisse schwer zu stören. Der Gewinn bestand weniger in den Einnahmen als in dem schmerzhaften Abschluß nach außen und dem Zwang, sich endlich zu einem wirtschaftlichen Kerngebiet zu formen, an das Ostpreußen allerdings erst 1780 angeschlossen wurde. Erst in den Revolutionskriegen Ende des Jahrhunderts wurde die Schwäche des Systems sichtbar. »Ein Regime ist nur so lange von Bestand, wie es von seinen Institutionen und einem Gemeinsinn getragen wird«, merkt Pierre Gaxotte zu Recht an.

Industrie und Handel

Bei den schlechten Voraussetzungen Preußens für eine industrielle Entwicklung im modernen Sinne führte der erste Weg über die Förderung industrieller Manufakturen als Vorstufe einer Großindustrie, wie sie sich in den letzten Jahrzehnten des Königs im oberschlesischen Berg- und Hüttenwesen entfaltete, als Ergänzung und Gegengewicht zu dem sich entwickelnden Wirtschaftsgebiet zwischen Ruhr und Lippe im Westen. In den Kerngebieten hatte schon sein Vater die Woll- und Leinen-Erzeugung mit allen Mitteln gefördert und in Berlin das Kgl. Lagerhaus als Tuchfabrik für Heeres- und Zivilbedarf gegründet. Sie waren nach Meinung des Königs, »nur fernerhin zu ermutigen«. Die 1767 im V. Departement auf seinen Befehl eingerichtete 'Manufaktur- und Fabrikenkommission' sollte die Zahl der Betriebe vermehren, sie vergrößern, wo immer möglich, und sie technisch vervollkommnen. 1784 gab es allein in Berlin 160 Zeugfabrikanten mit mehr als 2000 Webern. Nicolai stellte fest: »Diese Unternehmer machen außer den ansehnlichen Geschäften in den Kgl. Ländern noch weit größere nach Frankreich, der Schweiz, Italien und Holland«, außerdem auf den Messen in Deutschland, vor allem in Frankfurt. Meist klagten die Unternehmer, daß sie nicht genug Spinner oder Weber hätten und deshalb jedes Jahr große Mengen Spinnwolle aus Sachsen bezögen. Um hier abzuhelfen, ließ der König immer wieder Weber und Spinner ins Land holen und in oder am Rande der Städte ansetzen, »mit einem Haus, kleinen Garten, genügend Wiese, um zwei Kühe zu halten«, wie es im Testament von 1752 heißt; »diese Zahl beläuft sich auf 60000 Seelen«. Die Industrialisierung stärkte zunächst die Städte, die ja auch Garnisonen geworden waren und durch ihre 'Freiwächter' den Handwerkern willkommene Arbeitskräfte zuführten. In beiden Testamenten hat der König den Mangel an Manufakturen beklagt und kritisiert. Immer wieder wandten sich die Handwerker wie Weber, Tuch- und Zeugmacher gegen die Fabrikinspektoren, die das gesamte Gewerbe einer Stadt beaufsichtigten. Sie sollten ihr »einziges Augenmerk darauf richten, daß die Manufakturen befördert und bei einer jeden gute und tüchtige Waren, besonders an ihrem innerlichen Wert und Ellenmaß an Länge und Breite verfertigt werden«. Dabei sollten sie »auf die Manufacturiers, es sei an Stoffen, Strümpfen, Hüten, baum- oder anderen wollenen, linnenen und seidenen Waren, ein wachsames Auge haben und sie encouragieren, die Arbeit nicht obenhin mit Beiseitesetzung Treue und Glaubens und nur zu ihrem gegenwärtigen Vorteil zu verrichten, sondern auch die Folgen dabei wahrzunehmen«. Sie hatten »die Fabriken fleißig und jede wenigstens einmal monatlich zu besuchen, sich nach denen Umständen, Nahrung, Wirtschaft und Conduite der Fabrikanten unter der Hand zu erkundigen«. Sie waren also eine Art Gewerbeaufsicht, Industrie-und Handelskammer und Produktionskontrolle zugleich und daher bei Handwerkern wie Unternehmern in gleicher Weise meist unbeliebt, dafür ein Steuerungsmittel des Königs mit großen Vollmachten, bis hin zur Belehrung und Anleitung der Fabrikanten selbst.

Bei der Anlage neuer Manufakturen stand für den König zunächst die Textil-Herstellung, hier vor allem die Tuchfabriken, zur Versorgung der Armee und der Bevölkerung im Vordergrund. Alles andere war Ergänzung und Weiterentwicklung. Der Bedarf wurde aus den Einfuhr-Listen des Zolls abgelesen, was »dem Lande am zuträglichsten und den mehrsten Absatz machen kann«. Es ging darum, das Inlandsangebot entsprechend der Nachfrage systematisch zu vergrößern und Einfuhren überflüssig zu machen. Notfalls versuchte er, die fremde Produktion ins eigene Land zu ziehen oder zu verpflanzen. 1774 schrieb er dem Geh. Etatsminister v. Görne, 'das Fundamental-Principium von allen Manufacturen zu observieren: wohlfeil leben, wohlfeil arbeiten und wohlfeile Preise'. Sie sollten bevorzugt in kleinen Städten angesetzt werden und möglichst nicht in Berlin, das auf dem Wege zur größten Textilstadt Deutschlands war. Orte an Wasserstraßen wurden bevorzugt, auch die Nähe der erforderlichen Ausgangs-Grundstoffe. Wenn ein Nachbarland mit versorgt werden konnte, kam auch ein Standort an der Grenze in Betracht. Am geeignetsten schienen Gegenden, wo das Leben für die Handwerker und Arbeiter 'am wohlfeilsten' war. Die erwünschten niedrigen Herstellungskosten waren durch Stücklohn statt durch einen Zeitlohn für den Arbeitstag anzustreben. Ja, sogar eine Begrenzung der Stundenzahl wurde erwogen, um die Arbeitseffektivität anzureizen. Die Löhne wurden niedrig gehalten. Der König legte dar, »daß so wohlfeil als möglich gearbeitet werde, weil davon Absatz, Gewinn, Aufnahme und Ausbreitung schlechterdings abhänget. Diese wohlfeile Fabrikation dreht sich nun 1. um die zu verarbeitende erste Materie, 2. um den Preis der Lebensmittel und 3. um die alten Gebräuche wie der blaue Montag und dergleichen Mißbräuche. Sollte der Arbeitslohn nicht herunterzubringen sein, so bleibt, um wohlfeilere Ware zu schaffen, noch ein Mittel übrig, daß die Arbeiter mehr Stunden des Tages und alle Tage der Woche zu arbeiten angehalten werden«. Mietfreie Wohnungen für die Arbeiter und Bereitstellung billigen Holzes sowie anderer Nebenbedürfnisse für die Arbeiter durch die Unternehmer konnten eine wohlfeilere Arbeit weiter unterstützen. »Je wohlfeiler die Preise, desto mehr können sie von den Waren absetzen (debitieren)«, verlangte der König. Hierzu dienten Qualitätsverbesserung und ein guter Standard der Waren, ständige Preisvergleiche, freie Märkte, Messen wie in Frankfurt/Oder und ein Verbot von Preisabsprachen der Großfabrikanten. Absatzverschlechterungen sollten sofort auf ihre Gründe untersucht und Mängel abgestellt werden. Hauptregulativ hatte der vergrößerte Konsum am Ort wie in der nächsten Umgebung zu sein. Wie beim staatlichen Getreidehandel waren Magazine für Wolle, Baumwolle und Seide Instrumente der Marktsteuerung. Die ab 1789 betriebene Einführung von Maschinen aus England für das große Weberhaus in Berlin half, mit dem technischen Fortschritt mitzuhalten sowie billiger und mehr zu produzieren. In seiner Kabinetts-Ordre vom 29.7.1786 an den Etatsminister v. Werder schrieb der König: »Da ich mir vorgenommen habe, künftiges Jahr noch eine gute Summe für die Manufaktur zu geben, so würde es sehr vieles zur Perfektionierung beitragen, wenn dabei die Maschinen eingeführt werden. Man müßte sich keineswegs auf Berlin einschränken, sondern gleiche Rücksicht auf die kleinen Städte, wo Fabriken vorhanden sind, nehmen und die Maschinen zu deren Verbesserung einführen«, fast eine visionäre Absicht angesichts des heraufziehenden Maschinen-Zeitalters, und das kurz vor seinem Tode.

Hans Ernst Dietrich v. Werder (1740-1803)
Geheimer Etatsminister und Generalpostmeister

Die Fabrikanten mußten nur dann der Kaufmanns-Gilde angehören, wenn sie selbst eigenständigen Handel nebenbei trieben. Seit 1769 wurden die Fabrikanten besteuert: in den Städten gab es Fabriken-Kassen, in den Landesresidenzen Haupt-Fabrikensteuerkassen. Am 4.6.1777 wies der König das Generaldirektorium an, daß von den vier Magistrats-Personen in den kleinen Städten 'der dritte ein solcher sein müsse, der das Fabrikwesen und das Commerce aus dem Grund verstehet und sich schlechterdings lediglich mit den Angelegenheiten seiner Stadt beschäftigt'. Vor Einrichtung einer Fabrik verlangte er eine eingehende Preiskalkulation vom Rohstoff bis zum Verkaufspreis. Sie dürfe vorhandenen Betrieben oder Werkstätten keinen Abbruch tun, also Verdrängung oder Konkurrenz vermeiden. Lücken sollten abgedeckt, das Angebot zielbewußt erweitert werden. Bei Neugründungen kamen die Arbeits- und Lehrkräfte als Zuzug stets von auswärts, oft auch aus dem Reich oder dem Ausland. Selbst Juden wurden ermutigt, wie der König am 21.11.1779 in seiner 'Instruktion für Steuerräte in Pommern', §26, forderte: »So müssen die Juden zu Beförderung des auswärtigen Absatzes auf alle Weise animiert und, wer sich zu Anlegung gewisser Manufakturen, Fabriken p.p. verbindlich gemacht hat, zur Erfüllung ihres Engagements mit allem Nachdruck angehalten werden«. Gefragte oder bewährte fremde Produkte wurden planmäßig nachgeahmt und nach Möglichkeit billiger ausgeführt. Lernwillige Männer wurden nicht nur wegen technischer Neuheiten in das westliche Ausland entsandt. Es ging darum, das Geld **im** Lande zu verdienen und immer mehr fremdes Geld hereinzuziehen, »main d'oeuvre zu gewinnen«.

Die 'General-Commercebalance' mußte stimmen: Lagen 1752 die Einfuhr bei 17 Millionen, die Ausfuhr bei 23 Millionen Taler, so gab es 1776 noch einen Exportüberschuß von 4,4 Millionen und 1795 53 Millionen Einfuhr und 52 Millionen Ausfuhr, d.h. die Bilanz war fast ausgeglichen, der Umsatz nahezu verdreifacht. Schon 1748 hatte der König vom Generaldirektorium verlangt: »Zwei Sachen gereichen zu des Landes Besten: 1. aus fremden Landen Geld einzuziehen, das ist das Commerzium, 2. zu verhindern, daß nicht unnötig Geld aus dem Lande gehe, dieses sind die Manufakturen. Regierungsgrundsatz: 1. Alle Jahre von den Provinzen Extrakte schicken zu lassen von Zöllen und Akzisen, was für fremde Waren eingekommen. 2. Auszug zu machen von allerhand Arten von Manufakturen, die fehlen. 3. prüfen, wo man solche ansetzen kann und wie stark solche Manufaktur werden kann nach dem inländischen Verbrauch. Die besten Manufakturen sind die, wo wir die erste Materie im Lande haben. Die zweite ist auch gut und muß wohl die rohe Materie kommen lassen und hier verarbeiten. Ich erlaube allen, neue Manufakturen, die wir noch nicht haben, sich in offenen Örtern, wo kein Akzise ist, anzusetzen, damit sie die Waren wohlfeil verkaufen können«. Die Ausfuhr war für den König vorrangig: »Drei Commerzien sind, das eine, schicket man Waren weg und kriegt Geld dafür, zweitens holet man fremde Waren und setzet sie woanders ab, Transit, drittens wechselt man seine Waren gegen andere, so man notwendig gebraucht. Diese sind alle drei gut. Das erste ist das beste, das zweite muß auf den polnischen Absatz stark reflektiert werden und das dritte genommen, wenn man es nicht besser kriegen kann. Unser Handel rouliert auf Korn, Holz und wollene Waren, dieses muß auf alle Weise protegiert werden. Das meiste Geld, was außer Landes geht, ist für Wein, Branntwein, Zucker und seidene Waren; Raffinerie von Zucker wird angelegt, und mit den seidenen Waren ist der Anfang gemacht. Nur schärfe ich vor allen Dingen dem Generaldirektorium ein, diese Niederlassungen zu unterstützen und diejenigen Kaufleute, so Großhandel anfangen, behilflich zu sein«. 1776 bestätigte er in seinem 'Politischen Testament' voll Genugtuung, wie günstig die Handelsbilanz immer noch sei, »so daß der Münzumlauf im Publikum jährlich noch um 2,4 Millionen Taler steigt. Indem ich viele Manufakturen errichtete und besonders mit Hilfe Schlesiens konnte ich die Bilanz auf diesen Stand bringen. Deshalb darf man die Manufakturen nicht aus dem Auge verlieren, durch sie kann diese Handelsbilanz sich bei unserem gegenwärtigen Besitzstand noch erhöhen«. 1774 hatte er gefordert, man müsse die National-Industrie emporbringen, wenn man das wahre Beste des Landes zur Absicht habe. Seine Wirtschaftspolitik folgte folgenden Grundsätzen: Autarkie durch Förderung der Eigenproduktion, Ausfuhrverbot für selbst benötigte Rohstoffe, Einfuhr ausländischer Rohstoffe zur Veredelung und Weiterverarbeitung, Einfuhrdrosselung ausländischer Fertigwaren, Ausfuhrförderung eigener Fertigwaren und Bezahlung ausländischer Rohstoffe mit eigenen Fertigwaren. Geschickt wurde mit Preisunterschieden und Mehrwert von staatswegen gewirtschaftet.

Wie zentral die Industrie-Entwicklung angesehen wurde, zeigte die Rund-Verfügung des General-Direktoriums v. 10.4.1777 an alle Kammern und Kammerdeputationen, in der es u.a. hieß: »Die Ansetzung von Fabrikanten und Professionisten in den Städten ist daher mit größtem Eifer zu betreiben; sie wird zugleich zur Empfehlung bei unseren höchsten Personen dienen«. Als de Launay dem König eine Lockerung der Einfuhrverbote und freieren Handel nahelegte, antwortete er: »Sie haben große Absichten, aber eilen der Zeit voraus. Die Industrie ist in der Tat die Nähramme des Landes und der Handel die lebendige Seele eines Staates. Allein dies gilt nur von Ländern, wo die Industrie die Grundfeste des Handels und der Handel der Geschäftsmann der Industrie ist. Alsdann ist der Wettbewerb das beste Mittel zur Vervollkommnung. Aber in meinen Ländern sind es diese Phrasen, die mich an den Bettelstab bringen würden. Die Industrie liegt hier noch in der Wiege, und der Handel ist nichts als der Handlanger fremden Handels. Es ist das einzige Mittel, daß meine Untertanen sich dasjenige selber machen, was sie von anderswoher nicht beziehen können. Im Anfang machen sie es schlecht; aber durch Zeit und Gewohnheit, zumal wenn das Interesse dazu kommt, es besser zu machen, wird alles vollkommner werden. Wir müssen Geduld haben. Ich habe viele Vorschüsse zu Etablissements gemacht, die sich auf eine Million Taler belaufen, und ich schätze mich glücklich, wenn ich sie aufrecht erhalten kann. Ich lasse sie nicht aus den Augen. Mein Volk muß arbeiten und würde faul werden, wenn die Industrie keinen sicheren Absatz hätte. Man muß das Geld nicht aus dem Lande lassen, wenn man wenig Mittel hat, es wieder herbeizuschaffen«. Es ist ganz unangemessen, den König an heutigen Erfahrungen und Bedingungen zu messen und abzutun, zumal aus der Sicht liberaler Wirtschaftspolitik. Seine Zeitgenossen wie Justi mit seiner 'Abhandlung von denen Manufakturen und Fabriken' haben bewiesen, daß er sich auf der Höhe der Wirtschafts-Theorie seiner Zeit befand. Wie aus der 'Kgl. Instruktion für das V. Departement des Generaldirektoriums' vom 30.7.1782 hervorgeht, fand er das Fabrik-Wesen in Schlesien vorbildlich: »Und weil in Schlesien alle Fabriken ordentlich und in gutem Stande sind, muß man danach sehen, daß die hiesigen Fabriken nicht nur in Berlin, sondern auch außerhalb ebenso ordentlich eingerichtet werden, damit alles so wird, wie es in Schlesien mit den Fabriken ist«. Und gleichzeitig betonte er, daß nichts den schlesischen Handel irgendwie beeinträchtigen dürfe. Der Schwerpunkt lag hier beim Leinen in den Dörfern der Gebirgskreise zwischen Iser-Gebirge und Patschkau, das nach 1763 durch Abschottung Böhmens durch die österreichische Regierung anfangs Umstellungsschwierigkeiten hatte. Die Ausfuhr von roher und weißer Leinwand sowie Schleiern brachte schon 1724 aus Hirschberg 1.436134 und jetzt mit Waldenburg 1783 und 1786 jährlich 4,6 bis 6,0 Millionen Taler ein und führte nach ganz Westeuropa bis Portugal, nach Amerika, Skandinavien, Rußland, Polen, Türkei, Balkan, Italien, Österreich, Schweiz und Sachsen. Der König nutzte vorhandene Industrien, förderte sie durch verbesserte Produktionsbedingungen und Regulierungen, um sie weiter auszubauen. In Schlesien mußte der bisher nach Süden orientierte Leinen-Export nach Nordwesten längs der Elbe Richtung Hamburg verlagert werden, zumal seit dem 27.3.1765 der Handelskrieg mit Sachsen Probleme brachte.

Bereisungen 1765/66 und 1768, das 'Spinnschul-Edikt' vom 7.7.1765, die neue 'Bleich-Ordnung' vom März 1766 und Maßregeln zur Förderung des Flachsanbaus und seiner Verarbeitung brachten dank der Fürsorge v. Schlabrendorffs die Leinen-Industrie zu neuer Blüte, die ja auch noch Creas, Barchent, Damast, Buntleinen erzeugte, von Barett- und Strumpfmacherei abgesehen. Der Breslauer Wollmarkt war berühmt. Schwerpunkte der Tuchmacherei waren Grünberg und die Grafschaft Glatz, dazu Oppeln und Tarnowitz. Von der Seiden-Produktion, die 1774 insgesamt 8000 Pfund betrug, wurden in Schlesien 827 Pfund, also ein Zehntel, geerntet. Ab 20.6.1763 hatte der König fast alle zwei bis drei Jahre Edikte, Reglements, Publicanden und Anordnungen für die Fabrikation von Seide und Samt erlassen, auf die »aller Fleiß und Ernst zu richten« sei. In Ergänzung der krisenfesten Töpferei-Betriebe in Naumburg, Bunzlau, Muskau und Liegnitz regte er 1763 den Grafen Leopold v. Proskau im Kreise Oppeln an, seine bedeutende Fayence-Fabrik einzurichten, die bis 1850 bestand. Der Umfang aller Initiativen des Königs ist kaum vollständig übersehbar. Erwähnt werden sollten noch die beiden Grafschafter Glashütten, dabei Friedrichsgrund, die den vorhandenen Quarz- und Holzreichtum ausnutzten und auf den Erfahrungen böhmischer Werkstätten fußten, die Entwicklung von neun Glashütten in Oberschlesien und der Glasschleiferei im Hirschberger Tal mit Christian Gottfried Schneider und die Erfindung des Hochschnittes durch Friedrich Winter auf der Burg Kynast. Oberschlesien war bis auf eine Strumpffabrik in Pleß weniger bedacht. Neugründungen veranlaßte der König in realistischer Einschätzung der jeweiligen Situation nur anhand vorhandener Rohstoffe und Fachleute. Schließlich ließ er sogar in Petersdorf neben der Glashütte von 1690 und in Crossen Spanschachteln herstellen, um die Nürnberger Konkurrenz abzulösen. Keine Einzelheit war ihm zu unwichtig. Schlesien hielt 45 % der Gesamtaus- und einfuhr und führte für mehr als 10 Millionen Taler aus.

Mit Ostpreußens industrieller Entwicklung war der König weniger zufrieden. Denn am 9.6.1784 sandte er dem Kammerpräsidenten v. d. Goltz eine Kabinettsordre, in der es u.a. hieß: »In Ansehung der Manufakturen fehlt es dorten noch sehr, besonders in Litthauen. Danach muß also exakt gesehen werden, wie es damit in jeder Art und an jedem Orte beschaffen ist, wie stark sie sind und wie deren Vermehrung und Verbesserung an convenablen Orten zu bewirken stehet. Sodann ist nachzusehen, welche Fabriken bereits vorhanden, welche noch fehlen und welche noch nicht hinlänglich sind, die denn noch angelegt oder nach Erfordern der Umstände vermehret werden müssen. Eben die Bewandnis hat es mit den Lohgerbereien: Wieviel sind deren? Und wie viele können noch angelegt werden, um alles rohe Leder im Lande selbst zu verarbeiten und solches dann gegerbt wieder außerhalb zu verkaufen«? Ja, es sollte Rohleder aus Polen eingeführt und dann gegerbt nach Sachsen weiter verkauft werden, um die Arbeitslöhne selbst zu verdienen, gezielte Veredelungswirtschaft. In Ostpreußen drängte er auf die Herstellung von Baumwoll-Fabrikaten und feinen Tüchern, Ofenkacheln, Ziegeln und Dachsteinen. Ebenso ließ er einige Glashütten einrichten. 1784 förderte er die Steingut- und Fayence-Manufaktur von Ehrenreich in Königsberg mit 8000 Talern, die aber drei Jahre später wieder einging. 1781 veranlaßte er bergmännische Abbauversuche in Palmnicken, um die Bernsteingewinnung zu vergrößern. Es dauerte bis 1875, bis das in wirklich großem Stile gelang. In Westpreußen ging es ihm um Ziegelbrennereien, Gerbereien, die Tuch-Manufakturen in Culm, und die 1774 in Bromberg eingerichtete Zuckersiederei. Für Pommern sorgte er sich um die Baumwollfabriken in Gartz und Köslin, den Mangel an Färbereien, das Gedeihen der Wollfabriken, die Leibbindenfabrik in Neustettin und die Vermehrung der Gerbereien; dazu ließ er in Stettin eine Fabrik für Franzbranntwein einrichten. Der Neumark wandte er sich in besonderem Maße zu, wo sich an der Warthe mit ihren Zuflüssen Mühlen und Holzflößerei anboten, dazu Lohgerbereien und Woll-Manufakturen. Leineweberei, Tuchmacherei, die Fabrikation feiner Tücher in Landsberg, Berlinchen, Königsberg, Driesen und Damm, von Glas und holländischen Tabakspfeifen kamen dazu. Die Einrichtung von acht Eisenhämmern und zwei Kupferhämmern, vor allem an der Warthe, diente unter anderem auch der bescheidenen Rüstungsindustrie.

Die Zentren der Manufakturen und Fabriken lagen von Potsdam über Berlin als Schwerpunkt mit einem Drittel des erzeugten Warenwertes 1786 bis Spandau zum Finow-Kanal nach Osten, was in dieser Ballung schon früh soziale und Wohnungsprobleme herbeiführte. In Potsdam wurde seit 1765 Samtmanchester produziert, außerdem Kamelot. In Berlin gab es allein vier Seidenfabriken, die Manufaktur für Seidentaft in Cöpenick, die die französische Qualität erreichen sollte, feine Tücher im Lagerhaus, Verarbeitung von Baumwolle und Herstellung von Halbfabrikaten, drei Zuckersiedereien, ab 1766 eine Uhrenfabrik und seit 1752 auch Porzellan. In Hohenfinow ließ der König eine Krapp-Mühle einrichten, erweiterte bei Freienwalde das Alaunwerk und schuf 1781 die Papierfabrik Spechthausen für feine Papiere mit einer Investition von 36800 Talern. In der Mark Brandenburg entstanden in Gardelegen, Rathenow, Stendal und Brandenburg Fabriken für feine Tücher, die sehr gefragt waren, in Zinna eine Baumwollfabrik, in Luckenwalde für 'Geraer Zeuge', das waren Wolltuche, Seiden, Teppiche und Läufer, und in der Niederlausitz in Friedrichsthal bei Kostebrau eine weitere Uhren-Produktion für insgesamt 141235 Taler sowie in Glienitz Krs. Dahlenburg eine Fayence-Manufaktur. In Magdeburg und Halberstadt ließ er ebenso feine Tücher herstellen. In Königsborn bei Unna wurde Salz gewonnen; hierfür erließ er am 17.12.1765 eine besondere 'Instruktion für Salzinspektoren und Salzfaktoren'. Dieses Regal wurde streng überwacht. Im Mindenschen ließ er eine weitere Zuckersiederei bauen, in Emden einen Tuchverlag einrichten, der nach Lütticher Muster arbeiten sollte. In Iserlohn, Lüdenscheid, Hagen, Schwelm, Wetter, Sprockhoevel, Enneperstraße Krs. Hagen und Altena arbeiteten Eisen- und Stahl-, Messing- und Draht-Werke, in Altena zusätzlich eine Nähnadelfabrik, die 1784 bereits Steinkohle verbrauchten. Auch in der Grafschaft Mark gab es ein Salzwerk. Diese Hinweise, noch ergänzt durch eine Reihe von Bandwirkereien und Färbereien, mögen als Eindruck der vielseitigen Bemühungen des Königs genügen.

Die Rüstungsindustrie, die immer mit der zivilen Versorgung eng verknüpft bleibt, spielte nicht die beherrschende Rolle, wie manche denken mögen, wenn man von Verpflegung, Bekleidung und Löhnung der Soldaten absieht. Die Uniformen lieferte meist das Berliner Lagerhaus. Nach Th. Schieder betrugen selbst in den Kriegsjahren 1756 bis 1760 die Kriegskosten einschließlich der gesamten Versorgung ganze 13 Prozent, nach modernen Maßstäben ein bescheidener Anteil. Erst die Preußen durch die Österreicher aufgezwungene fortwährende Verstärkung der Artillerie brachte Schwierigkeiten und eine wachsende Abhängigkeit von der Industrie, der es an Facharbeitern wie an Rohstoffen, in erster Linie Eisen mangelte, so daß der größte Teil an Rüstungsgütern aus dem Ausland beschafft werden mußte, im Widerspruch zur sonstigen Wirtschaftspolitik des Königs. Importeur und Kommissionär hierfür war die Firma Splittgerber und Daun, die dann sogar die Berliner Gewehrfabrik pachtete und sich als Unternehmer betätigte. Die vom König gleich zu Anfang in Breslau eingerichtete zweite Geschützgießerei war nicht so sehr erfolgreich. Der Verschleiß an Geschützen im Kriege war außerordentlich. Die eisernen Geschütze für die Festungen kamen aus Schweden, ihre Munition überwiegend aus den Niederlanden. Im damaligen Denken stand die Technik noch keineswegs im Mittelpunkt; das galt auch für Bewaffnung und Rüstung, die schon gar nicht der Motor technischer Perfektionierung war wie heute. In seinen Politischen Testamenten und Finanz-Berechnungen kommt sie gar nicht vor. Nur die Notwendigkeit der Steigerung der Produktion der Gewehrfabrik — der Jahresbedarf an Handwaffen betrug 20000 Gewehre, 10000 Degen und 4000 Säbel — der Vermehrung der Pulvermühlen, der Bomben- und Kugel-Gießereien und Salpeter-Manufakturen wird erwähnt, mehr nicht. Die industriellen Bemühungen des Königs konnten — von der Konzentration in und um Berlin abgesehen, das nicht nur Hauptstadt, sondern auch Industriestadt geworden war — bei der territorialen Zerrissenheit des Staatsgebietes nur einen generellen Anfang, wenn auch den entscheidenden, darstellen. Die Ergebnisse blieben sehr ungleichmäßig verteilt, zumal ein systematischer 'Generalplan' weder möglich war noch vorlag. Die künftigen schwerindustriellen Gebiete lagen im Westen und Südosten ganz abgesetzt am Rande Preußens. Gerade der Gegensatz zu der Situation in den Niederlanden, Frankreich und England, die es unverhältnismäßig leichter hatten, aber auch ihr Beispiel und ihre Erfahrungen waren es, die den König zu den größten Anstrengungen, die Entwicklung mit allen Mitteln weiterzutreiben, ermutigten und darin bestärkten, auf diesem Wege fortzufahren.

Die wichtigste, noch sehr ausbaufähige Industrie Preußens war der Bergbau, vor allem in Oberschlesien. Waren 1741 bereits 12 Hochöfen und 27 Eisenhämmer in der Provinz in Betrieb, so war ihre Zahl bis 1750 auf 14 Hochöfen, 40 Frisch- und 31 Luppen-Feuer gestiegen, dann aber während des Krieges gesunken, ohne ab 1763 wieder den früheren Stand zu erreichen. Ihre Gesamtproduktion belief sich auf ganze 1250 t Roheisen und 1600 t Stabeisen. Der Bergbau hatte in

Schlesien eine lange Vorgeschichte: Schon 1136 gab es in Beuthen und Tarnowitz ersten Erzbergbau von Blei und Silber, der sich im 14. und 15. Jhdt. gut entwickelte. Als Markgraf Georg der Fromme von Brandenburg-Ansbach von 1526 bis 1543 die Herrschaft übernahm, kam es 1528 durch Ansiedlung fränkischer Bergleute zu einem großen Aufschwung mit Hunderten von Blei-Gruben, so auch in Wieschowa im Landkreise. In demselben Jahr wurde eine 'Bergordnung' erlassen. 1561 gründete man für sie die Stadt Georgenberg, die 13 Jahre später 79 Schächte besaß. 1577 erließ die österreichische Regierung für das ganze Land eine 'Bergordnung' mit Schürfbelohnungen, Stollenhilfen, Zehntfreijahren und der Regelung der Pflichten der Grundherren als Unternehmer. Um 1580 erlosch das Bergbau-Fieber infolge des Eindringens der Edelmetalle aus Amerika und der technischen Probleme mit der Gruben-Entwässerung, den 'Roßkünsten' und Unsicherheiten des Bergrechtes. Der 30jährige Krieg führte zum Verfall, die Gegenreformation zur Abwanderung der evangelischen Bergleute. Bürger und Bauern, die inzwischen auch als Unternehmer auftraten, gerieten mehr und mehr in wirtschaftliche und rechtliche Abhängigkeit. 1754 war der Bleierzabbau völlig erloschen. 1273 entstand in Reichenstein der erste Arsenik-Abbau. 1480 belebte sich der Bergbau zur Gewinnung von Gold außerordentlich, an dem die Welser, Imhof, Thurzo und die Fugger mit der Hälfte beteiligt waren. 1529 gab es neben den Hütten allein 145 Schächte. Ab 1568 flaute die Konjunktur wieder ab; 1675 wurde die Gold-Gewinnung stillgelegt. Seit der Neuaufnahme des Bergbaues 1698 war Gold nur noch ein Nebenprodukt im Verhältnis von 1:4000 der Förderung. Waldenburg wird 1366 erstmalig mit seinem Bergbau erwähnt. Auch hier handelte es sich um grundherrschaftliche Unternehmen, denen sich bald bäuerliche Unternehmer anschlossen. Sie sind 1536 und 1594 bestätigt. Auf ihrem Höhepunkt um 1550 wurde Silber, z.T. Gold und Kupfer, außerdem bereits Steinkohle abgebaut, vornehmlich in Hermsdorf, Weißstein und Altwasser. Im 17. und 18. Jhdt. hatte sich ein bedeutendes Steinkohlen-Revier mit 5 Gruben entwickelt.

In Silberberg bauten seit 1370 angeworbene Meißen'sche und Reichensteiner Bergleute Silber ab, bis sie in den Hussitenkriegen 1419-1436 vertrieben wurden. An der Wiederaufnahme 1527 von Reichenstein aus beteiligten sich nicht nur Adel und Geistlichkeit, sondern auch 53 Breslauer Kaufleute. Ebenso ist aus Goldberg schon im 13. Jhdt. Goldabbau bezeugt, der 1506 in Kupfer-Gewinnung überging. In Neurode baute man seit dem 15. Jhdt. Steinkohle ab, seit dem 18. Jhdt. zusätzlich Erze und feuerfeste Tone. Entsprechend gab es natürlich auch Verhüttung: Ende des 14. Jhdts. arbeiteten in Ruda Krs. Schwientochlowitz mehrere Eisenhämmer, um 1400 eine Bleihütte und Anfang des 18. Jhdts. Hochöfen. Die seit 1670 bekannte Steinkohle wurde 1751 bei der Erz-Suche dort entdeckt. In Jägerndorf wurde um 1600 ein neuer Eisenhammer eingerichtet, in Rybnik ebenfalls, in Schmiedeberg arbeiten Eisenhämmer. Bei Beginn des 18. Jhdts. standen dort Frischfeuer und ein Hochofen. 1753 hatte Graf Wengerski einen Holzkohle-Hochofen anblasen lassen. In Zabrze brannte 1725 ein Frischfeuer; in Plawniowitz Krs. Gleiwitz wurde 1739 mit einem Hochofen und zwei Frischfeuern Eisen verhüttet. Daraus ergaben sich Ansatzpunkte zur Genüge, geschaffen von Grund- und Gutsherren vornehmlich an den Flüssen der Waldgebiete rechts der Oder wie Malapane, Klodnitz und Birawka wie z.B. für den Grafen Heinr. Jakob v. Flemming seit 1702 von Slawentzitz aus. Er schuf 1709 in Jakobswalde als Mittelpunkt seiner Unternehmen einen Messinghammer, dem eine Messing-, Draht- und Spiegelfabrik folgten, und richtete in der 1570 gegründeten Industriesiedlung Althammer Krs. Gleiwitz 1703 den ersten Hochofen mit Holzkohlen-Feuerung ein. In Halemba bei Ruda, wo der erste Hammer 1394 bestand, errichtete Graf Henckel von Donnersmarck 1718 einen Hochofen, der aber mit Einführung der Steinkohle erlosch. Als 1702 der Breslauer Tuchkaufmann Georg Giesche in Deutsch Piekar Krs. Tarnowitz, wo bisher Silber- und Bleierze gegraben wurden, Galmei (Kieselzinkerz und Zinkspat) entdeckte und sich 1704 das Allein-Privileg für ganz Oberschlesien geben ließ, war der Grundstein für ein Großunternehmen gelegt. Daß die einheimische Bevölkerung unter Anleitung meist auswärtiger Fachleute an dieser Ausgangslage ihren großen Anteil hatte, braucht kaum betont zu werden.

Es war das Verdienst des Provinzialministers v. Schlabrendorff, ab 1755 systematisch mit der Erfassung der Montanindustrie in Schlesien nach Leistung, Ausbaumöglichkeit und Wirtschaftlichkeit zu beginnen und damit den Staat und seine Verwaltung zentral in diesen Wirtschaftsbereich einzuschalten und seine Entwicklung gezielt zu forcieren. Am 19.2.1756 erließ er bereits den ersten Bergbau-Erlaß für Schlesien, der ausdrücklich die Steinkohle aus den zwölf Waldenburger Gruben mit in das Regal einbezog. Das war ein entscheidender Wandel, denn in Oberschlesien ging man sehr zögerlich an ihre Verwendung, zuerst in Ruda und Emanuelsegen bei Pleß, wo die Standesherren von Pleß 1754 mitten im Walde eine der ersten Kohlengruben in Oberschlesien niederbrachten, später als in Waldenburg, aber folgenreicher. Die Regierung wollte die Wälder schonen und fürchtete Holzmangel. Die Bevölkerung nutzte das billige Holz, zumal die nötigen Heizvorrichtungen für Steinkohle fehlten, zudem waren die Vorurteile stark. So verabfolgte man die Kohle umsonst oder schickte sie sogar ins Haus. Da sagte man, 'sie seien eine schädliche Feuerung ohne ökonomischen Vorteil, und der Rauch sei schmutzig und ungesund'. Wegen ihrer größeren Hitzeentwicklung brachte die Steinkohle der Industrie einen entscheidenden Schub. Erst die Erweiterung der Hüttenwerke in Oberschlesien und die Einführung der Eisenbahn brachten den großen Durchbruch. Nach 1763 mußte Schlabrendorff erneut mit dem mühsamen Aufbau beginnen. Die ersten Staatszuschüsse fielen einem Schwindler zum Opfer und der erste preußische Berghauptmann, der Kameralist Johann v. Justi, seit 1765 verantwortlich für die staatlichen Bergwerke, wurde vom König wegen Mängel in der Eisenhütte Vietz und im Stahlhammer Kutzdorf, beide in der Neumark, 1768 auf die Festung Küstrin geschickt.

Der König entschloß sich zu einer grundlegenden Verbesserung, indem er am 9.5.1768 das VII. Departement des Generaldirektoriums für Bergwerks- und Hütten-Angelegenheiten als Fachbehörde gründete und es seinem tüchtigsten Minister Ludwig Philipp Frhr. v. Hagen unterstellte, der das III. und IV. Departement geleitet hatte und sie auch noch behielt. Gleichzeitig befreite er das neue Departement aus dem Gesamtgeschäftsgang des Generaldirektoriums, so daß es seinen Schriftverkehr ohne kollegiale Beratung ohne Verzug direkt erledigen konnte. Hagen veranlaßte die Aufnahme von Bergrecht und Mineralogie in die Vorlesungspläne der preußischen Universitäten. Die von ihm im August 1768 vorgeschlagene 'Immediat-Kommission für die Untersuchung der schlesischen Gebirge' bereiste im Herbst ds. Js. Schlesien, vor allem Waldenburg, Neurode und die Grafschaft Glatz, wo sie 25 Gruben, in der Grafschaft 8 und in Oberschlesien 4 in Betrieb fand. Nach ihrem 1769 erstatteten Bericht betrug die Waldenburger Fördermenge insgesamt etwa 90000 Hektoliter. Man strebte in erster Linie die Ansiedlung von Stämmen tüchtiger Bergleute aus anderen Gegenden und dem Ausland an, die durch ein 'Privilegium' vom Militärdienst, Einquartierung, Gerichtsbarkeit der Grundherren, Erbuntertänigkeit und allen Kommunallasten befreit wurden und Freizügigkeit erhielten.
Mit Kabinettsordre vom 1.2.1769 unterstanden alle Bergwerksachen zentral dem VII. Departement, was den schlesischen Kammern gar nicht paßte. Am 5.7. ds. Js. erging die 'Revidierte Bergordnung für das souveräne Herzogtum Schlesien und die Grafschaft Glatz' nach dem Muster der cleveschen, die dann unter dem 7.12.1772 als Vorbild für die Bergordnung von Magdeburg, Halberstadt und Mansfeld diente. Sie gab das Schürfen von Mineralien, Erzen und Steinkohle frei; der Staat stellte den Schürfschein aus, so daß ihm auf seinem Grund die Erst-Rechte zukamen. Die Bergämter kontrollierten mit ihren Berggeschworenen sämtliche Betriebe in ihrer Betriebsführung, ernannten Schichtmeister und Steiger, setzten Preise und Abgaben fest und übten die Gerichtsbarkeit aus. Jeder Bergmann war bei der weitgehend selbstverwalteten Knappschaft registriert, die ihm bei Krankheit, Unfall, Arbeitslosigkeit, Tod geldliche Hilfe gewährte, Gnadengeld oder Begräbniskosten zahlte. Dazu kamen der Freikuxgelderfonds und die Bergbau-Hilfskasse. Der Bergwerks-Besitzer hatte dem Staat zahlreiche umfangreiche Abgaben abzuführen, was den Gewinn schmälerte. Um eine Abwanderung von Landarbeitern zum Bergbau zu vermeiden, wurde dafür eine schriftliche Freigabe durch die Grundherrschaft vorgeschrieben. Am 3.12. ds. Js. wurde in Reichenstein das schlesische Oberbergamt eingerichtet, das 1778 nach Reichenbach, 1779 nach Breslau, 1819 nach Brieg und 1850 wieder nach Breslau verlegt wurde.

Revidirte
Berg-Ordnung
vor das
Souveraine
Hertzogthum Schlesien
und vor die
Grafschaft Glatz.

De Dato Berlin, den 5. Junii 1769.

Gedruckt bey George Jacob Decker, Königl. Preuß. Hofbuchdrucker.

Die neue Berg-Ordnung schuf einheitliche Verhältnisse für eine moderne Industrie-Entwicklung.

Zur weiteren Förderung der einheimischen Kohle erfolgte 1772 ein Einfuhrverbot für Kohle aus England. Der Bau einer Kohlenstraße von Waldenburg zur Oder erleichterte den Vertrieb der Kohle erheblich. Inzwischen war 1771 Hagen an Überarbeitung gestorben; nach dreijähriger interimistischer Mitverwaltung durch Friedrich Wilhelm Frhr. v.d. Schulenburg-Kehnert erhielt im Juni 1774 der Minister Sigismund Frhr. Waitz von Eschen das VII. Departement. Mit ihm trat ein Fachmann an die Spitze des Ressorts, der trotz seines vorgeschrittenen Alters mit Entschlossenheit das Departement und die unterstellten Bergämter von unfähigen oder ungeeigneten Beamten säuberte und neue Fachleute gewann. Nach dem Tode von Waitz 1776 berief der König am 25.10.1777 mit dem Kursachsen Friedrich Anton Frhr. v. Heinitz (1725-1802) erneut einen nicht-preußischen, aber erstklassigen Fachmann an die Spitze des VII. Departements. Nach eingehenden Studien und praktischer Ausbildung leitete er zeitweise den gesamten braunschweigischen Harz-Bergbau und seit 1763 das Bergbauwesen in Sachsen. Am 13.11.1765 hatte er in Freiberg mit der Churfürstlichen Bergakademie die erste Montan-Hochschule der Welt gegründet. Kenntnisreich und sogar mit dem Bergwesen in Schweden, Ungarn und Frankreich vertraut, entwickelte er selbständig und in geschickter Organisation die reichen Erzlager Schlesiens zusammen mit dem Harz zu einer bedeutenden Montan-Industrie, so daß er bereits am 4.11.1779 mit dem 'Kgl. Publicandum wegen des gänzlichen Verbotes des schwedischen Eisens' Preußen in Menge und Qualität

Bergbau-Minister v. Heinitz, Schöpfer des Preußischen Bergbaues
(Deutsche Staatsbibliothek, Berlin)

unabhängig von dieser Einfuhr machen konnte. 1783/84 übernahm er zusätzlich noch das IV. und V. Departement nebenamtlich mit Zoll sowie Fabriken und Commerz.

Friedrich Wilhelm von der Schulenburg-Kehnert (1742-1815), 1771 bis 1774 Bergbau-Minister.
(Kupferstich von 1793)

Wegen seiner Kritik an der mangelnden Koordination der Wirtschafts- und Finanzpolitik, Handels- und Zollpolitik und Regie entließ ihn der König 1784 wieder daraus, ohne seine Vollmacht für das VII. Departement einzuschränken. Ab 17.9.1778 trat ihm in Friedrich Wilhelm Frhr. v. Reden (1752-1815) sein 27 Jahre jüngerer Neffe und Schüler zunächst als Oberbergrat im VII. Departement als Mitarbeiter zur Seite, nachdem auch er sich in Frankreich, England und an der Freiberger Akademie im Bergwesen ausgebildet hatte.

Friedrich Wilhelm Graf von Reden, Direktor des Breslauer Oberbergamtes, Motor des Bergwerks-Ausbaues in Schlesien.

In seiner Bestallung hieß es u.a.: »Dieser soll mit aller nur ersinnlichen Application auf die Verbesserung des Bergbaues und Hüttenwesens, auch die Vermehrung Unserer daher fließenden Revenuen und Einkünfte unablässig bedacht sein und sein ganzes Thun und Lassen auf diesen Endzweck richten, nicht weniger auf das sorgfältigste dahin sehen, daß von sothanen Einkünften nichts zurückbleibe und ausfalle. Für Ausfälle und andere Versehen wird er mit verantwortlich sein. In allen zur Deliberation gelangenden Sachen soll er sein Votum frei und ohne Ansehen der Person abgeben. Er soll darauf achten, daß von den Berg- und Hüttenämtern ihren Instruktionen nachgelebt, wogegen ihm Schutz und Protection in allen billigen Dingen und Genuß aller Rechte, Privilegien, Freiheiten und Prärogativen verheißen wird«. Ein Jahr später war er Direktor des Breslauer Oberbergamtes und baute die schlesische Berg-Industrie auf, indem er die Reviere einteilte und aufbaute, neue Betriebe einrichtete, die Steinkohlefeuerung mit staatlichen Zuschüs-

sen durchsetzte und 1787 die erste englische Dampfmaschine auf dem Festlande zum Abpumpen des Wassers der Friedrichsgrube bei Tarnowitz in Oberschlesien einsetzte.
Er war nicht nur energisch, sondern vereinigte scharfes, logisches Denken mit kühner Fantasie, praktischem Verstand, edler geschliffener Ausdrucksweise und gewinnender menschlicher Umgangsweise. Zahlreiche Betriebs- und Ortsnamen in Oberschlesien erinnerten an ihn.
Am 11.3.1795 wurde er auch noch Berghauptmann. Heinitz veranlaßte auch 1780 die Anstellung des dreiundzwanzigjährigen Reichsfreiherrn Carl vom und zum Stein in seinem Departement und setzte 1782 die Ernennung des Referendars zum Oberbergrat durch. Der König hatte kritisiert: »Gleich Oberbergrat zu werden, das ist doch ein bißchen viel. Was hat er denn getan, womit das Verdient? Um das zu werden, muß einer sich doch ein bißchen distinguiret haben.«
Heinitz beharrte darauf, denn er wollte den vierundzwanzigjährigen Referendar dem König und sich erhalten; es fehle ohnehin an tüchtigen Leuten. Der König gab nach, ermahnte Stein aber, unablässig für die Verbesserung des Bergwesens und die Vermehrung der staatlichen Einkünfte zu sorgen. Der König verlangte, daß er sich von Grund auf Spezialkenntnisse für die modernen Bergwissenschaften erwerbe: »Wenn man das nicht recht gründlich lernt, so ist es nichts!«
Neben den Kollegien-Sitzungen, Inspektionsreisen mit dem Minister hörte er an der 1770 vom König in Berlin gegründeten Bergakademie Mineralogie, Chemie, Physik, Mathematik und physikalische Geografie, nachdem er 1781 mit v. Reden Polen bereist hatte. Stein studierte gründlich die Lage des schlesischen Bergbaues und regte eine Reihe bedeutsamer Verbesserungen an, von der schärferen Überwachung der Verwaltungen, der Erhöhung der Produktion, dem Absatz von Kohle und Eisen über die Verbesserung der Technik und Arbeitsorganisation in den Gruben, die Einführung von Dampfmaschinen im Förderbetrieb bis zur Festsetzung staatliche genehmigter Mindestlöhne, besserer Berufsvorausbildung und Fortbildung der Bergleute und der Einrichtung von Bergbau-Hilfskassen für soziale Notfälle, zumal bei dem hohen Lebensrisiko dieser wichtigen Arbeitskräfte.
1783/84 studierte er noch in Freiberg, bis er 1784 Direktor der Westfälischen Bergämter wurde. Drei hochbegabte, fähige Beamte, die wirklich etwas erreichten.

Heinitz teilte unmittelbar nach seiner Amtsübernahme das gesamte Bergwesen Peußens in vier Hauptdistrikte ein, die später die Oberbergämter Berlin mit Kur- und Neumark, Ost- und Westpreußen, Halle mit Magdeburg, Halberstadt, Hohenstein und Mansfeld, Breslau mit Schlesien einschließlich der Grafschaft Glatz und Dortmund mit den westfälischen Gebieten wurden. Schlesien erhielt 1779 die Bergämter Reichenstein, Waldenburg (bis 1861), das schon seit 1778 eine eigene Bergdeputation besaß, Giehren Krs. Löwenberg und ab 1780 Tarnowitz, wo seit 1784 in großem Umfange Bleierz abgebaut wurde, mit Bergleuten aus dem Erzgebirge und dem Mansfeldischen. Die um Waldenburg geförderte Schieferkohle eignete sich besonders gut zum Verkoken, so daß schon 1789 in dem Steinkohlenrevier die ersten beiden Koks-Hochöfen auf dem europäischen Festlande in Betrieb genommen werden konnten. Anstelle des bis dahin üblichen Graben-Abbaues trat nun der Stollenbau.

Die 1756 eingerichtete Kreuzburger Hütte, die mit Holzkohle gearbeitet hatte, ging 1782 zur Eisenerzgewinnung mit Steinkohle über. Die Hütte »Königshuld« an der Malapane begann 1785 mit der ersten eigenen Stahlproduktion. Die schon seit vor 1748 bestehenden fünf Kohlegruben von Ruda, darunter die älteste von Oberschlesien, lieferten neben ihren drei Hochöfen und vier Frischfeuern genügend Nachschub. Ebenso veranlaßte Johann Christian Ruberg aus Ilsenburg/Harz, seit 1780 Steiger der Grube 'Emanuelsegen' bei Pleß, ab 1782 Betriebsleiter in Wessola, ab 1786 die Verwendung von Steinkohle für die Glasfabrikation. 1798/99 entdeckte er metallisches Zink aus Ofenbruch und leitete damit die Zinkindustrie in Oberschlesien ein. Es herrschte eine technische Aufbruchstimmung. Mit der Verwendung der Steinkohle verlagerte sich das Industrie-Revier schrittweise nach Südosten, ab 1792/1812 vom Ausbau der Klodnitz als Wasserweg zur Oder, wie schon 1752 geplant, begünstigt, und Oberschlesien wurde mehr und mehr zu einer Art 'Klein-Amerika'. Als die 1754 als Vorbild gegründete Kgl. Hütte Malapane, Ende 1775 durch einen Drahthammer vergrößert, im Januar 1778 abbrannte, wurde sie durch v. Reden neu errichtet mit einem Zain- und Zeughammer und später erweitert durch einen Stahl- und Reckhammer, so daß sie mit der englischen Hochofentechnik Schritt halten konnte. 1789 erreichte sie die Eisenschmelze mit Koks.

1784 setzte v. Reden in Tarnowitz die Niederbringung der 'Friedrichsgrube' durch, die Kohle förderte. Zwei Jahre später folgte 5 Kilometer nordwestlich davon die Gründung der 'Friedrichshütte' als staatliches und einziges Blei- und Silberwerk, dem 1800 durch Karsten die Zink-Produktion aus Galmei gelang. Zwei staatliche Steinkohlenbergwerke bei Zabrze neben dem Frischfeuer und Holzkohle-Hochofen von 1774 (seit 1811 die 'Königin Luise-Grube') und Chorzow (erst 'Carl von Hessen', dann 'Königsgrube') lieferten ab 1790 und 1796 die Kohlen für die nahe 'Kgl. Gleiwitzer Hütte' mit dem dritten Kokshochofen Schlesiens ab 1796 und die 'Königshütte' 1797-1802, von Reden und Wedding errichtet, ab 1809 die erste Zinkhütte Deutschlands. Die Gruben von Zabrze und Chorzow wurden die Keimzellen der Städte Hinden-

Die Maria-Hütte in Orzesche bei Nacht.

Karl Georg Heinrich Graf von Hoym, schlesischer Provinzialminister.
Deutsche Staatsbibliothek, Berlin

burg und Königshütte. Die technischen Fortschritte kamen auch den Glashütten zugute wie z.B. Myslowitz, Orzesche Krs. Pleß und Gr. Rauden. Heinitz und v. Reden führten praktische Verbesserungen auf wissenschaftlicher Grundlage ein und modernisierten von ihren schlesischen Erfahrungen her das gesamte Berg- und Hüttenwesen Preußens. Ihre Initiativen von staatswegen haben die grundherrschaftlichen und privaten keineswegs gelähmt oder verdrängt, sondern vielmehr durch das Aufbrechen der Rahmenbedingungen belebt und außerordentlich aktiviert. Schon 1781 führte Oberschlesien 24 verschiedene Montan-Produkte aus und 34.719 Zentner Nichteisen-Metalle. 2590 Arbeiter und 8776 Tagelöhner, Holzhauer, Köhler und Fuhrleute waren beschäftigt, insgesamt 11.366. Von dem jährlichen Gewinn Schlesiens von 4 Millionen Talern kam ein Fünftel aus der Eisenproduktion. In seiner Denkschrift von 1786 konnte Heinitz mit Recht feststellen, der Bergbau sei ebenso wichtig wie die beiden anderen Säulen der Staatswirtschaft: Landwirtschaft und Handel. Und die halbe Million Taler, die der König seit 1783 in die Neuanlage von Bergwerken hatte gehen lassen, war eine hervorragende Zukunfts-Investition.

Die erwünschte Verwendung von Koks entwickelte sich wegen der niedrigen Holzpreise nur langsam. Um 1800 gab es bei 45 Hochöfen Oberschlesiens nur 6 Koks-Hochöfen, dabei der von Rybnik 1795, bei einer Gesamtproduktion von Roh- und Schmiedeeisen von 4,8 Millionen Zentnern. Noch 1842 waren es 16 Kokshochöfen gegen 85 mit Holzkohle befeuerten. Die englischen Puddel-Öfen, dort schon 1766 patentiert, kamen erst in den dreißiger Jahren des 19. Jhdts. zur Einführung. Als ab 1843 der Eisenbahnbau in Gang kam und sich die Eiseneinfuhr plötzlich vervierfachte, entstanden binnen kurzem in Oberschlesien acht neue Eisenhütten und ein Drahtwalzwerk. Man ging zum Koksbetrieb über und war England gegenüber konkurrenzfähig. Die ersten Gruben hatten nämlich keine Backkohle geliefert, die sich allein zur Koksherstellung eignete, bis man bis 1810 bei Zabrze die drei mächtigen Flöze Heinitz, Reden und Pochhammer entdeckte, die die beste Backkohle enthielten. Schon am 3.9.1779 hatte der König dem Provinzialminister v. Hoym aufgegeben: »Da Mir sehr daran gelegen ist, die Leute in Schlesien mehr an die Feuerung mit Steinkohlen sowohl bei den Bleichen als beim Brauen, Kalkbrennen und Stubenheizen, auch wozu es sonst noch angeht, zu gewöhnen, zumal die Gruben die Steinkohlen in Menge und um solche billigen Preise liefern können, daß dabei 30,50 bis 100 Prozent nach der Lage der Gegenden gewonnen werden, so habe Ich Euch aufgeben wollen, mit dem Minister Frhr. v. Heinitz ausführliche Abrede zu nehmen, welche Mittel zur Aufbesserung der Kohlewege und zur Extendierung der Feuerung mit Steinkohlen am wirksamsten anzuwenden«. Dem König war klar, daß Hausbrand und Industriefeuerung zusammenhingen und eine erweiterte Steinkohlenförderung einen sicheren, weiten Markt brauchte. Die Einführung der Steinkohle und der Einsatz der Dampfmaschinen als Beginn maschineller Technik im Bergbau haben neben der Auswahl glänzender Fachleute den Weg ins technische Zeitalter bereitet. Am 25.5.1780 schrieb der König an Heinitz: »Der verstorbene Geheimrat Gansauge hat auf seine Kosten eine Feuermaschine bei seinem Kohlenbergwerke erbauen lassen, um das Wasser aus der Grube zu heben, welches mit bestem Effekt versucht worden. Nur ist solche noch nicht so ganz dauerhaft befunden worden: Wenn aber dieses annoch zu bewirken, so würde davon mit großem

Nutzen Gebrauch gemacht werden können, um das Wasser herauszuschaffen. Ich habe Euch beauftragen wollen, diese Feuermaschine durch jemand zu examinieren und zu sehen, was daran fehlt und wie die Maschine in die gehörige Ordnung zu bringen, daß solche bei allen Bergwerken gebraucht werden kann. Ihr werdet Euch dieser Sache gehörig unterziehen und suchen, diese in einen ordentlichen und dauerhaften Stand zu bringen, worüber Ich Euren Bericht erwarten will«. Sieben Jahre vor ihrem Einsatz wußte der König schon, in welcher Richtung sich die Dinge entwickelten. Sein Gespür, seine Zielsetzung und Richtungweisung waren auch für diese Entwicklung ausschlaggebend. Von seinen Beamten verlangte er auch auf wirtschaftlichem und technischem Neuland Leistung, Entschlossenheit zur Überwindung von Ungunst und Schwierigkeiten und Kraft, Probleme zu meistern. Nichts haßte er mehr als zaghafte Bedenken, Zögern und den Nachweis, was alles nicht gehen könnte. Heinitz schrieb am 2.6.1782 in sein Tagebuch: »Es ist Gottes Wille, dich geschäftig zu erhalten, und siehe solches als Gottesdienst an. Du hast darin in dem König ein Exempel. Er zieht seine Schuldigkeit aller Erholung vor. Er hat in seinem Stande nicht seinesgleichen«. Das an Erzen reichste Gebiet Europas, an Steinkohle eines der bedeutendsten der Welt wurde zum Ruhrgebiet des Ostens, dann Waffenschmiede gegen Napoleon I., das wie ein Magnet Menschenmassen anzog in das ursprünglich menschenarme Gebiet.

Als Handelswege bevorzugte der König wie die Niederländer große Flüsse und Kanäle. Im Westen hatte die Klever Kammer seit 1764 den Niederrhein reguliert; 1776 folgte die Schiffbarmachung der Ruhr für die innere Versorgung. Im Osten wurde die Oder als 'preußischer Strom' zur Achse seines Wasserstraßen-Systems, das er nach Osten weiter ergänzte. An der so wichtigen Elbe besaß Preußen in Magdeburg eine Sperrfunktion, die der König mit dem Stapelrecht 1747 noch einmal bekräftigt hatte. Dazu kam die Nutzung der Weichselmündung, deren Unterlauf er seit dem 5.8.1772 ab Schulitz (westlich Thorn) auf 160 Kilometer Länge mit dem Großen und Kleinen Werder beiderseits der Nogat, Elbing und dem Haff-Kanal bis zur Danziger Grenze in Besitz hatte. Die Binnenschiffahrt war einfach, billig und zum Transport von Massengütern am besten geeignet. Am 24.10.1773 schrieb der König u.a. an Voltaire: »Ich war in Preußen, um einen Kanal eröffnen zu lassen, der die Weichsel, die Netze, die Warthe, Oder und Elbe miteinander verbinden soll, Städte wieder aufzubauen, die seit 1709 wüst geblieben sind, Sümpfe von zwanzig Meilen auszutrocknen und einige Ordnung einzuführen, die man dort nicht einmal dem Namen nach kannte«.

Handelsstraßen ließ er vorwiegend lokal zum Handel zwischen Stadt und Land und regional begrenzt zum Austausch zwischen Fabriken und Konsumenten oder zum Zusammenwirken verschiedener Produkte wie z.B. Kohle und Eisen in Oberschlesien anlegen, wie er in demselben Brief anmerkte, er habe in Schlesien 'zur Beförderung des Handels Landstraßen durch die Gebirge anlegen lassen', also nur dort, wo Bedarf oder Notwendigkeit es verlangten, um den Binnen-Handel zu fördern. Je mehr aber wie in Schlesien Bergbau und Schwerindustrie sich entwickelten und schwere Massengüter den Handel beherrschten, desto weniger war diese ursprüngliche Einstellung durchzuhalten, desto eher wurden gute Straßen und der zielbewußte Ausbau der Oder erforderlich. Noch in der Kabinettsordre vom 18.10.1782 an den Etatsminister v. Bismarck hieß es: »Und weil die Leute in den kleinen Städten meist Ackerwirtschaft haben, so kann der Landmann nichts hereinbringen zum Verkauf, weil sie in der Stadt alles schon selbst haben. Wenn dagegen in einer solchen Stadt ein paar Handwerker befindlich sind, so gibt das gleich mehr Nahrung und hilft der Stadt auf, sowie auch der Landmann daselbst was verkaufen kann«, und: »Es bleibt noch immer was neues zu machen. Das läßt aber in den Sachen en gros nicht so sehen, aber in das detail muß man entrieren, dann findet man noch ein Haufen Dinge, woran man im Großen nicht gedacht hat«. Die Oder bot dagegen erhebliche Möglichkeiten für den Handelsverkehr mit dem Osten und den skandinavischen Nachbarn sowie für das Aufblühen des Stettiner Hafens. Nicht umsonst lenkte der König möglichst den Handelsverkehr von der Elbe weg zur Oder, um Hamburg Abbruch zu tun und den Handel auf eigenen Schiffen in eigene Häfen zu lenken. Verkürzung der Flußläufe wie bei der Oder und der unteren Havel sowie ein System sich anbietender Querverbindungen vereinfachten die Verbindung von Magdeburg nach Stettin, das als Hafen und Werftzentrum neuen Aufschwung nahm. Seine Ausfahrt durch das Haff führte 115 Kilometer über die Peene nach Westen durch das schwedische Vorpommern, von wo aus die Aus- und Einfahrten jederzeit kontrolliert und notfalls auch gesperrt werden konnten. Die Schiffbarmachung der Swine bis 1747 als mittlerer Mündungsarm verkürzte die Ausfahrt um 60 Kilometer auf weniger als die Hälfte und sicherte den Zugang durch die preußischen Inseln Wollin und Usedom. 1752/53 passierten 1100, 1755/56 bereits 2036 Schiffe. Das 1747 gegründete Swinemünde erhob der König 1765 zur Stadt. Einer Wiederherstellung der früheren Priorität der Oder vor der Elbe standen die Zölle und die Konkurrenz zwischen Frankfurt/Oder und Stettin im Wege. Nachdem der König 1752 die völlige Gleichsetzung der Elbe- und Oder-Zölle verfügt hatte, nahm der Schiffsverkehr auf der Oder erheblich zu. Pommersche Schiffe verdrängten die Hamburger. 1786 hatte sich der Stettiner Schiffsbestand verdoppelt bei sechsfacher Ladekapazität. Noch im März 1786 billigte der König de Launay's Vorschläge für die Swinemünder Zölle. Die erhoffte umfangreiche Verlagerung des Getreidehandels mit Polen von der Weichsel auf die Oder trat nicht ein, weil Danzig als Großhafen für Übersee überlegen blieb. Und Emden lag trotz seiner günstigen Lage zu weit von den preußischen Kernlanden entfernt.

Zur Anregung der Ausfuhr dienten dem König 'Handels-Compagnien' als reine Zweck-Gründungen, deren Träger fast ausschließlich bürgerliche Kaufleute waren, 'patriotische Kaufleute' wie Johann Ernst Gotzkowsky und David Splittgerber. Der Weg über Handel und Gewerbe war — neben Bildung und Beamtendienst — einer, der zur bürgerlichen Emanzipation führte, während der Adel am Landbesitz, Offiziers- und höheren Beamtendienst festhalten sollte. In einem Extrakt für den Kabinettsvortrag vom 18.6.1777 bestätigte der König: »Die Bürgerlichen sollen nicht adelige Güter haben, das Commerce ist ihre Sache«. Und in der Kabinettsordre vom 14.6.1785 an das Justizdepartement hieß es: »Die Kaufleute und Bürger können ihr Geld weit besser und mit mehr Nutzen im Handel und Commerce anlegen«. Der König traute ihnen mehr Unternehmungsgeist, Geschick und Erwerbssinn auf diesem Gebiete zu, von der Sonderung der Stände ganz abgesehen. Aber der Adel hatte zu dienen! Als die Auricher Kammer die Schiffahrt allgemein auf jede nur mögliche Weise zu beleben suchte, so z.B. durch die Einrichtung der »Levante-Kompanie« 1765/69, die Gründung einer Seefahrt-Schule, Verbesserung des Lotsen-Dienstes, Einrichtung der Seeversicherung, Bau von Leuchttürmen und Aussetzung von Seezeichen, trat auch der Heringsfang in den Bereich der Überlegungen, wofür ja der Hafen Emden besonders günstig lag. Diesen Erwerbszweig hatte der König zunächst von Pommern aus betreiben und fördern wollen und dafür den Bau von kleinen Heringsfang-Booten angeregt. Jetzt erging unter dem 4.8.1769 der »Octroy für eine in Emden zu errichtende Compagnie zum Herings-Fang« an die dortige Kaufmannschaft. Damit sollte der Wettbewerb mit den schwedischen, dänischen und niederländischen Fangflotten aufgenommen werden. Die Kompanie wurde für zunächst 15 Jahre gegründet, wobei der Stadt Emden erhebliche Erleichterungen an Akzise und Zöllen zugestanden wurden, um die notwendigen Voraussetzungen für den Flottenbau zu schaffen. Eine starke Besteuerung der Heringseinfuhr garantierte den Absatz.

Wenn das Emdener Aufkommen zur Versorgung aller Provinzen ausreichen würde, sollte die gesamte Einfuhr ausländischer Heringe verboten werden. Das zum Konservieren erforderliche Salz kam aus dem Ausland, weil die einheimischen Salinen diesen großen Bedarf nicht abdecken konnten. Der König verlangte den Bau von mindestens 84 Booten. Das war auch personell nicht so schnell zu erreichen, so daß die niederländische Konkurrenz mit pünktlicher Lieferung ausgesuchter Ware im Vorteil blieb. Die Kompanie begann mit 6 Schiffen, 1774 waren es erst 10, 1782 bereits 44 von insgesamt 400 Emdener Schiffen, mit denen auch hier die Versorgung mit einheimischen Fängen die ausländische Einfuhr zurückdrängen konnte. Auf die Dauer aber blieben die Anlandungs-Erträge zu unbedeutend, um das Unternehmen wirtschaftlich zu halten. Noch 1786 überlegte der König, ob er sich nicht mit 20 eigenen Fang-Booten an der Kompanie beteiligen sollte. Er wies noch auf den Walfang hin: »Warum sollen meine Untertanen nicht daran teilnehmen können? Fett, Tran, Fischbein wird so allgemein gebraucht, daß ein guter Handel damit gemacht werden kann. Ich kann das Urteil, daß wir den Walfang ebenso gut wie Fremde betreiben können, nicht aufgeben«. Der von Borkum aus unternommene Versuch endete mit dem Untergang von drei und Beschlagnahmung weiterer für die Niederlande arbeitender Schiffe durch englische Kaperer. Auch der Antrag der Herings-Kompanie mit den Ältesten der Emdener Kaufmannschaft vom 27.2.1775 auf Einrichtung eines Handelsgerichtes blieb ohne Ergebnis, weil Kammer und Regierung verschiedene Auffassungen vertraten. Dafür wurde die Flotte um ein Drittel verstärkt.

Die Handelsaufsicht in den Städten führte die Polizei. Die Absicht, schon 1765 Handels- und Ober-Handelsgerichte zu bilden, blieb unverwirklicht. Allerdings gab es im V. Departement seit 1765 einen General-Handelskommissar, dem verschiedene Handels-Kommissare unterstanden. Wie verbreitet die Einsicht in die Bedeutung des Handels war, zeigten die 'Vorschläge der Königsberger Kammer über die zum Besten des Landes gereichenden Gegenstände' vom 13.6.1777, die beginnen: »Die Wohlfahrt von Preußen hanget, wo nicht ganz, doch größtenteils von dem Commerzio ab; wann dieses floriert, so kommen beide, Städte und das platte Land, in Aufnahme, so wie solche in Verfall geraten, wenn das Commerzium abnimmt«. Nicht nur die Kaufmannschaft, auch die Verwaltungen zogen mit. Bei allen nur verständlichen Schwierigkeiten dieser unablässigen Bemühungen, Mißgriffen bei der Auswahl der Verantwortlichen oder sich immer wieder verzögernden Ergebnissen und Erfolgen konnte der König nicht nur ungeduldig, sondern auch recht scharf werden, wie sein Schreiben an den General-Handelskommissar Frhr. Dodo v. Knyphausen und den Präsidenten der Stettiner Kammer v.d. Horst vom 6.12.1766 nach Inhalt und Tonart zeigte: »Ich gebe Euch auf Euren Bericht vom 4. dieses in Antwort, wie das demselben beigefügte Protocoll und Declaration der Interessenten der Holz-Handlungs-Compagnie lauter windbeutelich Zeug und nichts Solides enthält.

Ihr werdet aber von selbst einsehen, daß, wenn nicht erfahrene Kaufleute, um den Handel zu dirigieren, an die Spitze der Compagnie gesetzt werden, am Ende niemals etwas anderes als Sottisen herauskommen kann. Die freie Einfuhr des Eisens kann Ich der Kompanie nicht akkordieren, weil solches nur Gelegenheit zu Defraudationen gibt, und ebenso wenig die Befreiung von Stempel-Papier bewilligen, weil solches dem Pächter desselben nur zu Beschwerden Anlaß geben würde«. Der König war gegen unnötige Bevorzugungen, persönliche Vorteile oder gar Monopole, sei es produktmäßig oder regional. »In Ansehung des Holz-Commerces auf der Oder will Ich ausdrücklich, daß solches nach wie vor ungestört gelassen und von demjenigen auf der Elbe schlechterdings separieret werde.

Jedoch muß letzteres, wie Ich hier nochmals wiederhole, von Kaufleuten, die den direkten Handel verstehen und einzurichten und zu betreiben wissen, dirigieret werden. Sonst kann unmöglich etwas Vernünftiges dabei herauskommen. Indessen wird Mir allezeit lieb sein, wenn die Handlungs-Kompanie sich auch des Schiffbaues in Stettin, und zwar in der Absicht, daß erforderliche Fabriken von den zum Schiffbau nötigen Geräteschaften, als Segeltücher, Tauen, Anker pp., in Pommern etablieret werden, annehmen und ihn zu befördern suchen will. Nur muß dieser den Stettinern, die jährlich 20 und mehr Schiffe bauen, nicht hinderlich sein. Übrigens kann Ich Euch unmöglich verbergen, wie Eure Äußerung, daß Ihr zu einem direkten Handel mit den Holländern durch den Juden Ephraim zu gelangen Hoffnung hättet, Mich annoch ungemein befremdet und Eure Ignoranz umsomehr verrät, da Euch vollkommen unwissend sein muß, daß die Stettiner direkten Handel mit Dänemark, Schweden, Holland, England, Frankreich und Spanien schon seit vielen Jahren wirklich treiben. Und sollet Ihr überhaupt, da Ich sehe, daß Ihr in Ansehung der Holz-Handlungs-Kompanie nichts Solides zu machen wisset, Euch billig von Sachen, die Ihr nicht verstehet, nicht melieren«. Das war deutlich. Zur Anknüpfung von Handelsverbindungen ins Ausland halfen oft auch die internationalen Verbindungen der Juden, wie in § 26 der 'Instruktion für Steuerräte in Pommern' vom 21.11.1779 zu lesen war: »So müssen die Juden zur Beförderung des auswärtigen Absatzes (Debits) auf alle Weise animiert und vornehmlich diejenigen, so sich gegen Ansetzung des zweiten Kindes zum Absatz einer Quantität inländischer Fabrik-Waren außerhalb des Landes verbindlich gemacht haben oder dazu noch verpflichtet werden, zur genauen Erfüllung ihres Engagements mit allem Nachdruck angehalten werden«. Zur Förderung des Handels war dem König jedes vertretbare Mittel recht.

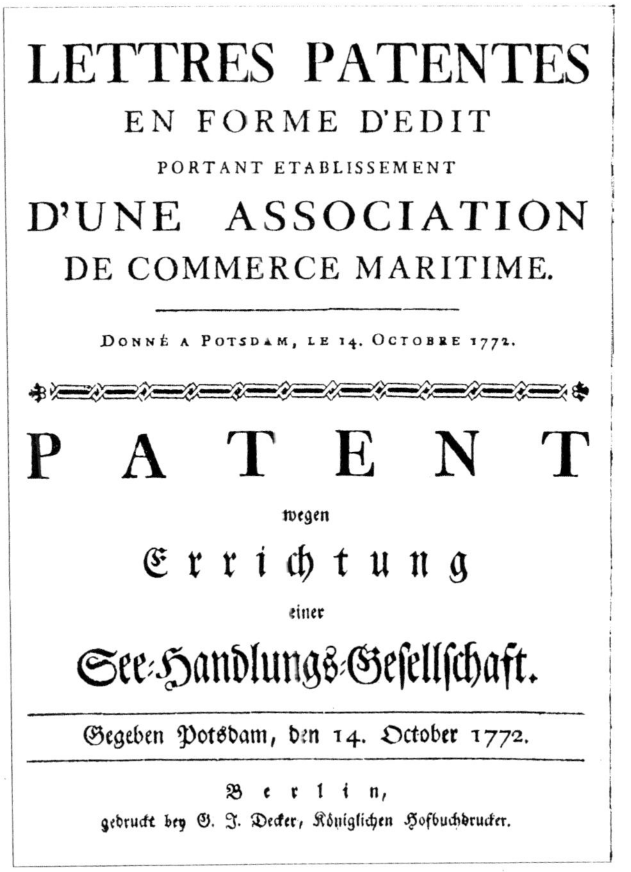

LETTRES PATENTES
EN FORME D'EDIT
PORTANT ETABLISSEMENT
D'UNE ASSOCIATION
DE COMMERCE MARITIME.

DONNÉ A POTSDAM, LE 14. OCTOBRE 1772.

PATENT
wegen
Errichtung
einer
See-Handlungs-Gesellschaft.

Gegeben Potsdam, den 14. October 1772.

Berlin,
gedruckt bey G. J. Decker, Königlichen Hofbuchdrucker.

Die feierliche Gründungsurkunde der »See-Handlung« als erste staatliche Bank-Aktiengesellschaft.

Als Preußen am 15.1.1772 vertraglich Westpreußen erhielt, sperrten Rußland und Österreich den Handel Polens mit ihren Ländern, während der König einen verstärkten Warenaustausch mit Polen anstrebte, um Salz und Wachs einzuführen und Holz und Getreide aus Polen mit Gewinn nach Spanien und Südamerika weiterzuverkaufen. Die Abwicklung war der am 14.10.1772 als staatliche Aktiengesellschaft gegründeten 'See-Handlungs-Gesellschaft' übertragen worden. Sie würde den unmittelbaren Handel über See mit eigenen oder gecharterten Schiffen beleben, der nicht mehr allein privaten Reedern und Kaufleuten vorbehalten sein sollte. In dem Patent des Königs hieß es zwar, sie werde 'für das Glück und den Wohlstand Unserer Untertanen sorgen', im Grunde ging es aber darum, den Staat am zwischenstaatlichen Handel zu beteiligen und den Handel mit Salz und Wachs als Staatsmonopol in eigene Regie zu überführen. Von den 2400 Aktien zu je 500 Reichstalern mit 10 % Dividende behielt der König 2100; 300 wurden dem Publikum angeboten. Ihre Käufer waren meist Adlige und nur wenige bürgerliche Kaufleute. Das vom König garantierte Gesamtkapital betrug also 1,2 Millionen Taler. Die Kaufmannschaft, vor allem in Ostpreußen, protestierte sofort gegen diesen Eingriff des Staates, zumal die Seehandlung in ihrer Verwaltung und den kaufmännischen Entscheidungen ihres General-Direktorium-Kollegiums aus Chef, zwei Direktoren, einem Kassierer mit dem Sitz in Berlin weder einem Departement noch einer Kommission oder Inspektion, sondern allein dem König unterstand. Die bisherige 'Preußische Salz-Kompanie' ging 1775 in der Gesellschaft auf. Das Patent galt für zwanzig Jahre, konnte aber verlängert werden. Das aus dem Ausland eingehende Salz und das für die Ausfuhr aufgekaufte Wachs ging allein durch die Hand der Gesellschaft, die in allen preußischen Häfen präsent war und an der Zollstelle bei Fordon an der Weichsel unweit Bromberg einen Stapelplatz für alle Waren aus Polen einrichtete.

Für den geplanten Seehandel wurden in Memel, Fordon, Bromberg, Neu-Fahrwasser Liegeplätze sowie die Anlage und der Ausbau von Werften verfügt. Der König tat alles, wie es in dem Patent hieß, »um ihre Schifffahrt durch sicheren Gewinn zu begünstigen und sie in den Stand zu setzen, ihre Fonds in neuen Handlungs-Unternehmungen, deren glücklicher Fortgang notwendig, dem allgemeinen Besten, dem Vertrieb und Fortkommen der Manufakturen, dem Verbrauch der Lebensmittel und der Nahrung einer großen Menge Menschen ersprießlich sein muß, gebrauchen zu können«. Gleichzeitig sollte sie den Absatz der schlesischen Leinenindustrie erweitern, deren Kompanie von 1768 sie übernahm und deren Niederlassung in Cadiz ihr dritter Direktor besetzte. Die als erste Präsidenten tätigen Minister v. d. Horst und v. Görne waren ihrer Aufgabe nicht gewachsen und hatten durch unseriöses Verhalten das Mißfallen des Königs gefunden und den Ruf der Gesellschaft beeinträchtigt. Erst Carl August Struensee brachte ab 1782 mit seiner Erfahrung und Organisationskraft eine positive Wende. Die ursprünglich vorgesehene Aufgabe eines Warenaustausches nach Übersee ließ sich nicht verwirklichen. Am 4.3.1794 wurde das Patent erneuert, das Kapital um weitere 3000 Aktien aufgestockt, die Dividende jedoch halbiert und die Gesellschaft in den Belastungen aus ihren kaufmännischen Geschäften den übrigen Kaufleuten gleichgestellt, aber erneut bestätigt, »im Lande und zum Transito en gros Handlung zu treiben, Wechselgeschäfte zu machen, Comptore in allen Unseren See- und Handlungsstädten, auch auswärts, zu unterhalten, mit Fremden und Einheimischen zu verkehren, zu kaufen und zu verkaufen, Schiffe zu bauen, Reederei zu treiben und alle kaufmännischen Geschäfte zu unternehmen.« Sie entwickelte sich neben der Salz-Administration zur Preußischen Staatsbank, die im 19. Jhdt. unter Christian Rother noch eine bedeutende Rolle spielte.

Ausbau der Residenzen

Am deutlichsten kamen Ausbau-Wille und Zeitprägung durch den König wohl in Potsdam zum Ausdruck, für das sein Vater sowohl städtebaulich wie architektonisch die Grundlagen geschaffen hatte. Typisch war, daß die seit 1661 zur Residenz erhobene und seit 1720 lebhaft entwickelte Stadt nicht wie in anderen Residenzen auf das Schloß des Herrschers ausgerichtet war. Zwischen 1722 und 1742 wurde das Stadtgebiet mehr als verdreifacht, die Zahl der Häuser verfünffacht, die Zahl der Einwohner fast verdreifacht und die stärkste Garnison eingerichtet mit rd. 9000 Soldaten. Neben der Bürgerschaft gaben Hofbeamte, Soldaten und Hugenotten den Ton an; atmosphärisch war ein holländischer Einfluß deutlich spürbar. Für den Ausbau seiner Residenz setzte der König ohne die Militär- und Wirtschaftsausgaben 11 Millionen Taler ein. Das Konzept war die bereits vom Großen Kurfürsten verfolgte Idee einer Verbindung von Schloß, Stadt, Garten und Landschaft. Der neue Glanz rechtfertigte den rigorosen Einsatz von Künstlern, Architekten, Kunsthandwerkern und Bauleuten, bei dem der Bau des Neuen Palais vom 11.6.1763 bis 1770 durch Büring, Manger und v. Gontard allein 2 Millionen verschlang. Man hat damals diesen aufwendigen Bau eines dritten Schlosses kaum verstanden, zumal Sanssouci nicht einmal eine halbe Stunde entfernt liegt und weder der König noch seine Nachfolger das Palais ständig bewohnten. Vermutlich war der Bau schon vor dem Siebenjährigen Kriege beschlossen. Die preußischen Baumeister, v. Knobelsdorff und J.A. Nahl an der Spitze, hatten Hochkonjunktur. Sie hatten bis 1756 die Stadt mit barocken Fassaden verschönt und das Waldgebiet westlich der Stadt in eine kunstvolle

Der von Knobelsdorff mit dem Rathaus und umgebautem Stadtschloß ausgebaute Alte Markt von Potsdam. Der Obelisk von 23 Metern Höhe wurde 1752 aufgerichtet.

Rokoko-Landschaft verwandelt, mit Gartenplastiken, Pavillons, Postamenten, für die der König eine eigene Hofbildhauer-Werkstatt einrichten ließ. Nach dem Bau von Sanssouci und der Orangerie baute Büring 1754 das Chinesische Teehaus, 1755-1763 die Bildergalerie, Gontard 1768 nach Plänen des Königs den Freundschaftstempel zum Andenken an seine Lieblingsschwester Wilhelmine und gleichzeitig den Antikentempel. 1770 entstand das Brandenburger Tor am Ausgang der Brandenburger Vorstadt zur Jäger-Vorstadt in Gestalt eines römischen Triumph-Bogens. 1770-1772 schuf Unger das Belvedere in der Nauener Vorstadt im Norden der Stadt. Das Kommen und Gehen von hohen Beamten, Generalen und Diplomaten, noch mehr aber der ständige Gesprächs-Kreis des Königs von Schriftstellern, Maler und Musikern, Architekten, Philosophen, Gelehrten und Freunden schufen in Potsdam neben dem politischen auch einen besonderen geistigen Mittelpunkt, von dem die Stadt natürlich profitierte. Wer Preußen erleben wollte, mußte nach Potsdam gehen! 1785 bestand die Hälfte der Einwohnerschaft aus Soldaten mit ihren Familien und Waisen, deren Unterbringung und Ausbildung die Könige übernommen hatten. Es war eine Residenz ganz eigener Prägung.

Für Berlin setzte ab 1763 eine Blütezeit ein, die von der Leistungskraft seiner Gewerbe, der wachsenden Zahl seiner Einwohner und ihres besonderen Charakters, dem Glanz seiner Bauten, der Vielfalt und Freiheit seiner Wissenschaft, der Regsamkeit seiner Künste und Geister begleitet war und es zu einer herausra-

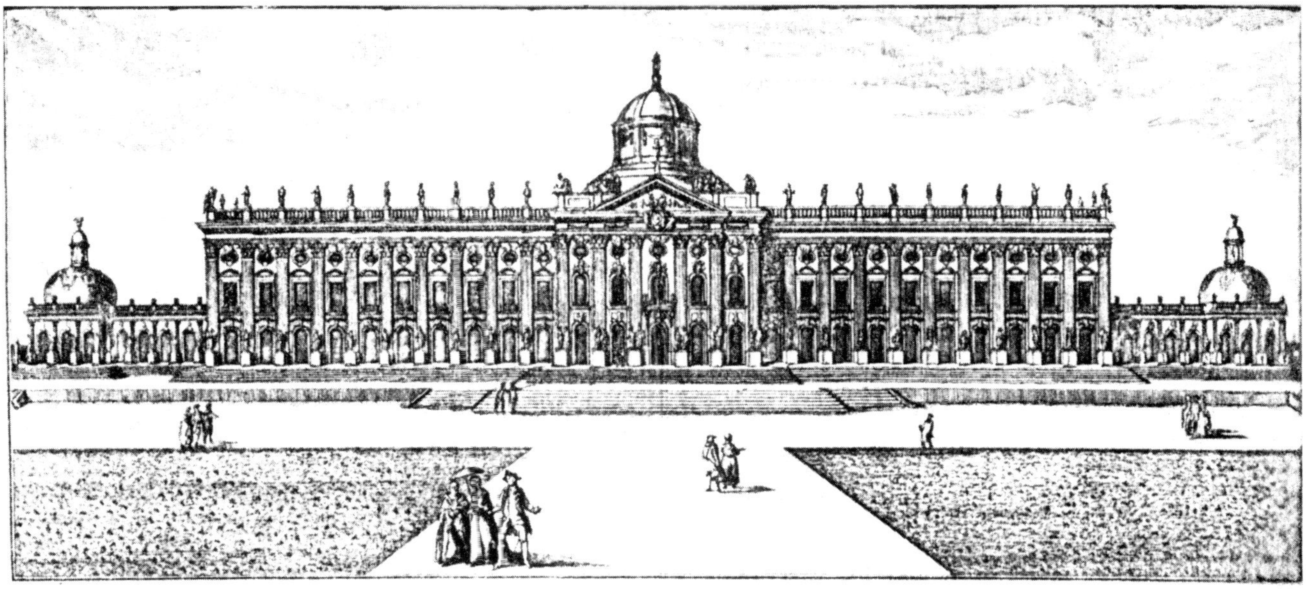

Das Neue Königliche Palais zu Potsdam, reiner Repräsentations- und Luxusbau des Königs.

genden Haupt- und Regierungsstadt Mitteleuropas machte, deren Einwohnerzahl sich bis 1786 gut verdoppelte. Der Vielfalt der unterschiedlichen Herkunft der Bevölkerung entsprach die Vielfalt ihrer Berufe und Gewerbe. Rund 40 % waren Zuwanderer aus den preußischen Ostprovinzen, dem übrigen Deutschland und jeder zwanzigste aus dem Ausland. Wer etwas werden wollte, ging nach Berlin, wobei der soziale Aufstieg oft genug über den Militärdienst führte. Der Glanz und die Funktion der königlichen Bauten wie das von 1743 bis 1780 weiter entwickelte Forum Fridericianum mit dem Opernhaus, der Hedwigs-Kirche, dem Palais Prinz Heinrich ab 1748 (heute: Humboldt-Universität) durch den älteren Boumann, der Alten Bibliothek von 1774 und dem Deutschen und Französischen Dom am Gendarmenmarkt ab 1780 durch Gontard und Boumann den Jüngeren bildeten nicht nur ein großstädtisches Zentrum, sondern hoben auch das Selbstbewußtsein der Berliner, die ohnehin trotz mancher Kritik auf ihren König stolz waren. Durch die Hinwendung des Königs zur französischen Aufklärung und die Förderung von Naturwissenschaften und Philosophie entstand in Berlin eine besondere Mischung aus französischer und preußisch-deutscher Aufklärung, die sich durchaus mit der Rolle Preußens als Militärstaat vereinen ließ, nur, daß hier im Gegensatz zu Frankreich König und Staat davon ergriffen waren. Die Werke Friedrich Nicolais, Lessings, von Moses Mendelssohn mit seinen Bibelübersetzungen, des Reformpädagogen v. Rochow, des Enzyklopädisten J.G. Krünitz bis zu Immanuel Kant waren ihr verpflichtet und wiesen über sie hinaus in die heraufziehende frühe Romantik. Zeitungen, Zeitschriften wie die 'Berliner Monatsschrift' seit 1783, die Ausgabe von Buchreihen wie die 'Allgemeine Deutsche Bibliothek' ab 1765 gehörten dazu. Kein Wunder, daß Berlin nach Leipzig zur wichtigsten deutschen Buchhandels-Stadt wurde und aufstrebende Männer aus den

Das Palais des Prinzen Heinrich in Berlin in zeitgenössischer Wiedergabe, davor ein Droschken-Unglück.

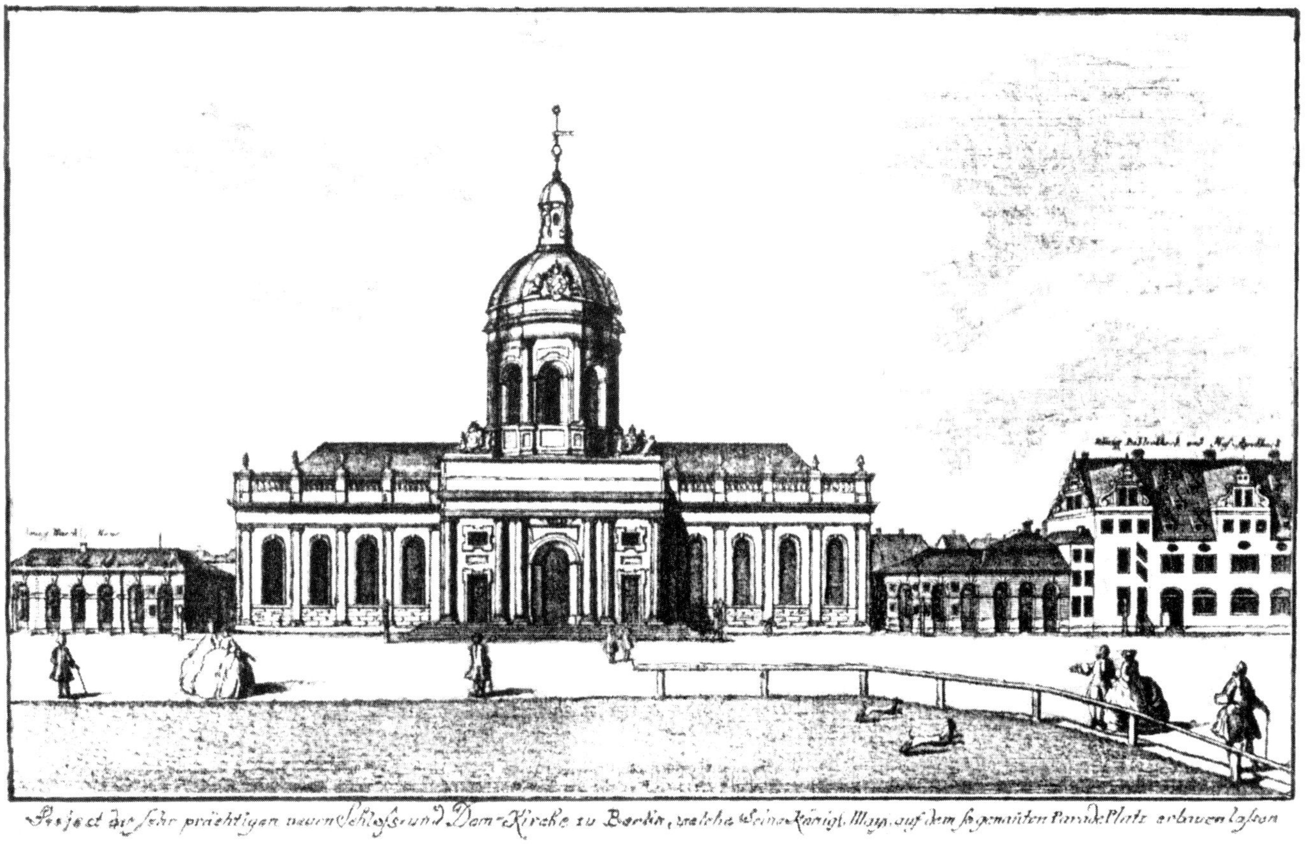

Der Königliche Dom in Berlin.

nichtpreußischen Kleinstaaten Deutschlands sich von 'der kühl-pragmatischen Kulturhauptstadt' angezogen fühlten und sich hier eine Karriere versprachen. Bald gab es eine Wechselwirkung zwischen Berlin und den übrigen preußischen Zentren, die die Entwicklung in Gang hielt. Die Freigabe des Tiergartens als Bürgerpark, die vielen Seen am Rande der Stadt, das umtriebige unkomplizierte Leben, ja, selbst die Eckkneipen trugen zu dem Bewußtsein bei: In Berlin läßt es sich leben!

Für die Wiederaufnahme des unvollendeten Baues der katholischen Hedwigs-Kirche inmitten der Hauptstadt genehmigte der König am 23.5.1765 für das Jahr 1766 eine erneute Lotterie und erließ auf Bitten der Berliner Katholiken am 10.6.1766 ein zweites 'Religions-Statut' als Bestätigung. Seine wichtigsten Sätze lauteten: »Wir tun kund und zu wissen, daß in Betrachtung der großen anwachsenden Anzahl der in Unserer Residenz-Stadt Berlin niedergelassenen Catholischen Glaubensverwandten wir vorlängst den Bau einer Catholischen Kirche nebst dem Gebrauch öffentlichen Geläutes gnädigst verwilliget, hingegen dessen gänzliche Vollendung durch die eingefallenen Hindernisse zu heben, wie wir den Glaubens-Verwandten, wo sie unter unserer Botmäßigkeit wohnen, Unsere Aequanimität (Geduld) empfinden lassen, der Gemeinde ein immerwährendes Denkmal zu verschaffen und allen Untertanen eine ungestörte Ausübung ihrer Religion zu versichern. Wir sagen ihnen zu ewigen Zeiten nochmals zu alle Sicherheit, Freiheiten und Privilegien, so die (zu) Potsdam, den 22.1.1746, ausgefertigte Konzession enthält. Wir erstrecken selbige dahin, daß in dieser Kirche ohne jemandes Eingriffe der öffentliche Gottesdienst ruhig gehalten werden soll, also auch innerhalb derselben Kirche die Prozessionen und Ministerial-Handlungen als Taufen und Trauungen zugelassen sein sollen, wie Wir auch die Beerdigung nach den Gebräuchen ihrer Kirche ausdrücklich verstatten. Wir befehlen allen Untertanen, die Gemeinde und Geistlichkeit in den Freiheiten und Befugnissen nicht zu beirren, und das Geistliche Departement soll erforderlichen Falls sie dabei schützen. Übrigens sind Wir zu der Catholischen Gemeinde gnädigsten Vertrauens, daß sie nunmehr den angefangenen Kirchenbau bald möglichst zu Ende bringen und die dargebotene Gelegenheit, Ruhm und Dank zu verdienen, sich nicht werden entgehen lassen«! Am 8.10.1773 bemerkte der König zu Abbé Bastiani in Breslau völlig zutreffend: »Weder in Bamberg, Würzburg noch in Salzburg wird eine lutherische oder Kalvinistische Kirche gebaut werden«! Die Schwierigkeiten zur Wiederaufnahme des restlichen Baues waren groß, obwohl Papst Clemens XIV. Geldsammlung und Bittgesuche an viele Prälaten und Klöster in aller Welt, besonders in Polen, unterstützte und der König 1772 nochmals 2000 Taler spendete. Fehlten am 1.1.1773 noch 30000 Taler zur Vollendung, so konnte doch im März 1773 der seit 18 Jahren unterbrochene Bau endlich wieder aufgenommen und so sehr gefördert werden, daß bis zum 1.11.ds.Js. die Konsekration der Kirche vorgesehen war. Wieder nahm sich der König dieses wichtigen Aktes — ein Jahr nach der Besitzergreifung des Ermlandes und Westpreußens — an und wandte sich an den seit 1767 amtierenden Bischof von Ermland in Frauenburg, Fürst Ignaz Krasicki (1735-1801), ab 1795 Erzbischof von Gnesen, Schriftsteller und Dichter, als Freund rationaler Aufklärung auch Tischgast in Sanssouci, mit seinem Kabinettsschreiben vom 27.9. ds. Js.: »Die katholische Kirche von Berlin ist so weit vollendet, daß ihr nur noch die Konsekration fehlt. Da diese Feierlichkeit für den 15. Oktober (Tag der Hl. Hedwig seit 1399) festgesetzt ist, möchten Sie dieselbe gütigst vornehmen und, um sich zu diesem Zweck nach Berlin zu begeben, mir sagen, wieviel Wechselpferde Ihnen nötig sind, damit ich sie Ihnen schicken und den Paß zusenden kann«.

Die Heilige Hedwig, Herzogin von Schlesien, geboren um 1174/78 auf Burg Andechs, wurde die Gemahlin von Herzog Heinrich I. von Schlesien, einem Piasten-Fürsten. Ihr Sohn Herzog Heinrich II. fiel 1241 in der Schlacht bei Liegnitz gegen die Mongolen. Bis zu ihrem Tode 1243 lebte sie in dem von ihr gestifteten Frauenkloster Trebnitz. Am 26.3.1267 sprach sie Papst Clemens IV. in Viterbo heilig; am 25.8.1267 waren ihre Gebeine in das Kloster Trebnitz überführt worden. Seither gilt die Heilige als Landesmutter Schlesiens, bis heute verehrt. Ahne vieler Königs- und Fürstenhäuser, zählen auch die Hohenzollern über Elisabeth von Meißen zu ihren Nachfahren. Der König konnte sich auf seine Abstammung von ihr berufen, als er sich um die Überlassung einer Reliquie von ihr für den Dom bemühte. Am 27.9.1773 schrieb er an den Abbé Bastiani, der später in Berlin Dompropst wurde: »Da die Konsekration auf den nächsten 15. Oktober festgesetzt ist und der Altar, wie Sie wissen, Reliquien verlangt, bitte ich Sie, mir solche von der Hl. Hedwig als Patronin dieser Kirche aus dem Kloster Trebnitz zu beschaffen und mir zukommen zu lassen«. Am 2.10. ds. Js. antwortete Bastiani mit einem Immediatschreiben: »Im Kloster Trebnitz gibt es nur den Schädel der Hl. Hedwig und einige zu Staub verfallene Überreste in dem Mamorgrabmal. Das Kapitel dieses Stiftes hat mehrere Reliquien dieser Heiligen. Da es den Wunsch E. M. gehört hat, wagt es, zwei davon anzubieten, die das Standbild, welches die Heilige darstellt, (eingeschlossen) in der Hand hält. Das Kapitel ist hocherfreut, dasselbe in die neue Kirche zu übertragen, die unter dem Schutze und durch die Wohltaten E. M. errichtet ist. Dieses Kapitel, wie dasjenige von Glogau, haben nach ihren Kräften zur Ausstattung des neuen Tempels beigetragen. Man läßt mich auch hoffen auf beträchtliche Zuschüsse von außerhalb. Die Nachricht von der bevorstehenden Konsekration hat den Eifer der Gläubigen wieder erweckt. Der Bischof von Ermland wird die für den Altar erforderlichen Reliquien mitbringen. Es ist kein Erfordernis, daß sie von der Heiligen sind, der man die Kirche weiht. Auf alle Fälle wird er solche aus dem Standbild entnehmen können. Ich füge bei das Zeugnis des Apostolischen Vikars, der die Richtigkeit der Reste dieser heiligen Fürstin bescheinigt«. Am 8.10. ds. Js. erwiderte der König den Brief Bastianis aus Potsdam: »Ich bin dem Kapitel der Kollegiatkirche in Breslau sehr dankbar für die Gefälligkeit, womit er Mir einige seiner Reliquien der Heiligen Hedwig abgetreten hat, und werde Sorge tragen, daß diese dem Bischof von Ermland bei der Einweihung der neuen Kirche in Berlin zugestellt werden. Sie werden dem Kapitel Meinen aufrichtigen Dank aussprechen und hinzufügen, daß Ich Mir vorbehalte, ihm seinerzeit Meine Erkenntlichkeit zu beweisen. In einigen Tagen soll die Kirche gesegnet, eingeweiht und der Mummenschanz gefeiert werden. Glauben die Leute jetzt noch nicht an Meine Toleranz, so sind sie schwierig. Ihr andern habt, wer Ihr auch immer sein möget, immer noch die Wut des hitzigen Fiebers des Fanatismus in Euch: Ihr seid nur halbe Menschen«.

An Allerheiligen am 1.11.1773 fand dann die Einweihung statt. In den 'Berlinischen Nachrichten von Staats- und gelehrten Sachen' Nr. 130 vom 30.10. ds. Js. stand folgende Notiz: »Da noch Billets wegen der auf den 1. November angesetzten Solennität der neuen Catholischen Kirche zu haben sind, so können selbige bey dessen Kirchenvorsteher, dem Materialist Rocca und dem Stuccateur Gigel, bekommen, wobei die versiegelten Büchsen befindlich sind, damit diejenigen, welche Billets abholen, ihre Milde gegen die bedürftige Kirche ausüben können«. Über die Feier hieß es dort: »Am 30. Oktober kam der Fürstbischof aus Potsdam, wo er sich einige Tage bei Sr. Majestät aufgehalten hatte, nach Berlin. Als bei der Tafel der König bezüglich des Fürstbischofs äußerte, er hoffe, unter seinem Mantel mit in den Himmel zu kommen, entgegnete der geistreiche Herr mit Anspielung auf die jüngst unternommene Säkularisation seines Fürstentums: »Ew. Majestät haben mir den Mantel derart beschneiden lassen, daß ich keine Kontrebande darunter zu bergen vermag«. In der nächsten Nummer des Blattes vom 2. November ds. Js. las man dann: »Da nunmehr der Bau der Catholischen Kirche zu St. Hedwig glücklich geendet worden, auch die Verzierungen mehrenteils zu Stande gebracht, so ist endlich gestern die feierliche Einweihung vorgenommen worden. Se. Majestät unser allergnädigster König hatten den Glaubensgenossen der Römisch-catholischen Religion schon im Jahre 1746 die Erlaubnis erteilt, eine Kirche allhier aufbauen zu dürfen. Der Platz ward ihnen in einer der angenehmsten Gegenden dieser Residenz angewiesen und der Boden selbst mildest geschenkt. Im 1747sten Jahre wurde der Grundstein gelegt und mit Erbauung desselben nach den Zeichnungen des Kgl. Ober-Baudirecotors Herrn Boumann der Anfang gemacht. Nach verschiedenen Hindernissen ist endlich diese Kirche mit vielen Kosten fertig geworden.

Sie wird von Kennern als ein Muster der schönen Baukunst bewundert und gefällt besonders in der Lage trefflicher Gebäude in dortiger Gegend allen Fremden und Einheimischen in gleichem Maße. Das innere Gewölbe der Kuppel ist von dem Hofmaler Sr. Sardinischen Majestät dem Herrn Cagliari mit Kunst und Geschmack ausgemalt worden und hat den Beifall aller Kunstsachverständigen erhalten. Die feierliche Einweihung ward dem Fürsten Krasicki, Bischof von Ermland, aufgetragen und die als Gehilfen erforderlichen Geistlichen wurden aus Schlesien und Westpreußen hierher berufen. Am 31. Oktober verfügten sich der Fürstbischof in Begleitung einiger Geistlicher gegen Abend nach der Kirche, bestiegen den Ort, an welchem die zwei Glocken sind, und verrichteten deren Weihung mit den üblichen Zeremonien. Der Abend ward mit Zubereitungen auf den folgenden Morgen hingebracht, daß die Herren Geistlichen die Vigilien hielten. Am Feste Allerheiligen ging die Weihung selbst vor sich. Se. Erlaucht der Fürstbischof verfügten sich im geistlichen Schmuck und in Begleitung der vornehmsten Geistlichen nach der Kirche und machten früh um 7 Uhr den Anfang der Zeremonie dadurch, daß sie außerhalb der Mauern rundum in Prozession gingen und dann an der verschlossenen Türe eingelassen zu werden verlangten, unter Beobachtung der von Papst Urban VIII. verordneten Zeremonien. Diese wurden innerhalb der Kirche fortgesetzt: zuerst ward der Hochaltar eingeweiht, die Reliquien an ihre Stelle gebracht, sodann an der Seite die 12 Kreuze geweiht und nach vielen Prozessionen und Ablesung aller Gebete nach 10 Uhr das Hochamt angefangen. Der Fürstbischof verrichtete solches in einem kostbaren Meßgewand und völligen Ornat in eigner Person, unterstützt in dieser Handlung von verschiedenen Diaconis. Während dieser Zeit führte die Königliche Kapelle eine von dem Kapellmeister zu Padua, Herrn Valotti, in Musik gesetzte vortreffliche Messe nebst einem von dem Compositeur Hn. Ditters gesetzten Mottet auf, dabei die Singestimmen von den Virtuosen der Kgl. Kapelle. Der berühmte Herr Joseph Benda von der Kgl. Kapelle ließ sich zugleich mit einem Violin-Konzert hören. Und die Mitglieder des Orchesters rechtfertigten den allgemeinen Ruf ihrer Talente zum durchgängigen Beifall der zahlreichen Versammlung«. Auf den Dank der Gemeinde antwortete der König am 4.11. ds. Js. folgendermaßen: »Se. Kgl. Majestät haben soeben das Danksagungsschreiben empfangen, welches der Prediger und Direktor nebst den Ältesten der Catholischen Kirche zu Berlin an Se. Majestät abgelassen haben, um sich im Namen aller in Berlin wohnenden Römisch-Catholischen für die Erlaubnis zu bedanken, vermöge welcher ihnen in der Hauptstadt eine eigne Kirche zugestanden worden. Se. Majestät haben bei dieser Gelegenheit Ihren Untertanen catholischer Religion mit Vergnügen die Wirkungen Hochdero toleranter Gesinnungen genießen lassen und sind nicht weniger gesonnen, gedachte Gesinnungen nebst Dero Kgl. Schutz und Gnade der Gemeinde ferner angedeihen zu lassen«. Am 30.5.1780 ließ der König in der Kirche im Namen der katholischen Akademiker der »Kgl. Akademie der Wissenschaften und Schönen Künste in Preußen« ein Requiem für Voltaire halten. Als der Fürstbischof am 14.3.1801 in Berlin starb, wurde er in der Hedwigskirche begraben und dann 1829 nach Gnesen überführt. Ihren endgültigen Bau-Abschluß fand die Kirche erst 110 Jahre später im Jahre 1883.

Das von Friedrich dem Großen geschaffene Breslauer Schloß.

Die dritte preußische Haupt- und Residenzstadt des Königs war weder Königsberg noch Stettin noch Magdeburg, sondern Breslau mit der erbittert erkämpften Provinz Schlesien, dessen 'ausstrahlende Mittelpunktskraft in Wechselwirkung das Land geformt hat'. Nur Prags Stellung in Böhmen sei damit vergleichbar. Als Brückenstadt zwischen Böhmen und Polen war die bedeutende Handelsstadt Mitglied der Hanse. Obwohl Bischofssitz, blieb sie Herzogs-Stadt, Sitz der Fürstentums-Versammlungen Schlesiens. Ihr Rat übte seit 1359 die Landeshauptmannsschaft aus, so daß sie eine Art Stadtrepublik darstellte. Ihre Blütezeit erlebte sie vom 14.-16. Jhdt. und dann wieder im 18. Der König kaufte 1750 von Frhr. Heinrich Gottfried v. Spätgen das Barock-Palais in der Karlstraße, das nach dem Wiener Belvedere von Johann Lucas v. Hildebrand gebaut war, und ließ es bis 1753 anbauen und nach seinem Geschmack einrichten. Im Siebenjährigen Kriege verbrachte er wiederholt die Winterzeit dort. 1763 erweiterte Johann Boumann d.Ä. das Schloß und stattete es im Rokoko-Stil Potsdams aus mit Lüstern aus den Schreiberhauer Hütten, einem Cembalo aus London und Porzellan der Kgl. Manufaktur, nachdem 1762 nach der Beschießung durch die Österreicher 1760 nur die Kriegsschäden ausgebessert worden waren. Der Schloß-Ausbau war natürlich auch ein Symbol der Besitzergreifung. Nach seinem Tode nahm Langhans d.Ä. 1796/97 weitere Ergänzungen vor. Schon bei seinem Einzug in die Stadt am 5.1.1741 war auf der Ehrenpforte am Ring der Adler Preußens über der Weltkugel mit den Städten Berlin, Königsberg und Breslau zu sehen gewesen. Der König ließ 1742 eine Reformierte Gemeinde gründen und 1747/49 durch Jonas Friedrich Arnold für sie die Hofkirche bauen, dann 1761 den 1345 aufgehobenen jüdischen Friedhof von Dyhernfurth zurückverlegen, so daß auch hier alle biblischen Bekenntnisse nebeneinander lebten, wie in Berlin. Ab 1771 erlaubte er das Erscheinen der ersten jüdischen Zeitung Deutschlands in hebräischer Schrift in Dyhernfurth. Die Breslauer Bürger waren überrascht, daß der König in der Elisabeth-Kirche den Gottesdienst besuchte und an anderen Sonntagen dem Hochamt des Fürstbischofs im Dom beiwohnte. Das von Christoph Hackner im Stile der italienischen Renaissance errichtete, aber 1760 stark beschädigte Palais Hatzfeld, sp. Oberpräsidium, in der Albrechtstraße ließ er 1765 bis 1776 durch den jungen Architekten Carl Gottlieb Langhans, geboren 1732 in Landeshut, aufgewachsen in Schweidnitz, gestorben 1808 in Breslau, wieder aufbauen. Ab 1775 bestimmte Langhans als Kriegs- und Oberbaurat bei der Breslauer und Glogauer Kammer die Bautätigkeit dieser Bezirke. Ebenfalls in der Albrechtstraße residierte General v. Tauentzien als Gouverneur von Breslau, dessen Sekretär von 1760 bis 1765 G.E. Lessing war und 1764 im Gartenhaus am Bürgerwerder die erste Fassung der 'Minna von Barnhelm' schuf. Langhans errichtete dort 1769 bis 1789 die Werder-Kaserne.

Das von Carl Gottlieb Langhans neugestaltete Palais Hatzfeld in der Breslauer Albrechtstraße mit seiner bereits klassizistischen Fassade.

Langhans erbaute in der Provinz fünf evangelische Kirchen und renovierte eine Reihe von Landschlössern, darunter Dyhernfurth für den Minister v. Hoym. 1785 führte er das Wallenbergische Haus Pachaly am Roßmarkt 10 auf, in dem 1790 Goethe zu Gast war, ehe er 1788 als Direktor des Ober-Hofbauamtes nach Berlin berufen wurde. Beeinflußt von Winckelmann, hatte durch ihn der 'Preußische Klassizismus', später sogar der 'Preußische Stil' genannt, in Breslau und Schlesien schon Gestalt gewonnen, um dann auf Berlin und die Mark — im Verein mit den Brüdern Gilly und Schadow — übertragen zu werden. Das symbolträchtige 'Brandenburger Tor' war der stärkste Ausdruck dafür. 1790 übernahm er für Gontard die Bauleitung des seit 1787 im Bau befindlichen Marmor-Palais in Potsdam. 1795 gestaltete er mit Schadow das denkwürdige Grabmal Tauentziens in Breslau vor dem Schweidnitzer Tor. Es war also kein Zufall, daß König Friedrich Wilhelm III. Ende Januar 1813 nicht nach Königsberg, sondern nach Breslau ging, um von dort alle Maßnahmen für den Freiheitskampf gegen Napoleon I. einzuleiten, dabei die Stiftung des 'Eisernen Kreuzes' am 10.3. ds. Js. und den 'Aufruf an Mein Volk' am 17.3.1813.

Eingliederung Westpreußens

Die Unterbrechung seines Staatsgebietes zwischen Schlochau und Marienwerder mußte den König den Gewinn der westpreußischen Landbrücke bei sich bietender Gelegenheit anstreben lassen, wenn er auf Dauer nicht Ostpreußen einbüßen wollte. Das hatten die Erfahrungen mit den Russen im letzten Kriege bewiesen. Schon 1752 hatte er in seinem 'Politischen Testament' geschrieben: »Ich halte es nicht für angebracht, diese Provinz mit Waffengewalt zu gewinnen. Erwerbungen mit der Feder sind solchen mit dem Schwerte allemal vorzuziehen«. Da Frankreich weiter mit Österreich verbündet blieb und England sich abgewandt hatte, schloß er am 11.4.1764, um einer Isolierung zu entgehen, ein Bündnis mit Kaiserin Katharina II. von Rußland, das seit 1758 Polen ständig als militärisches Operationsgebiet mit Magazinen und Winterquartieren benutzte und sich zu »der für Europa gefährlichsten Macht« entwickelt hatte. Gleichzeitig beanspruchte er Schutzrechte für die rechtlosen Protestanten, wie sie die Zarin für die Orthodoxen in Polen längst hatte. Sie hatte schon 1762 erste Fühler nach Preußen ausgestreckt. Das Einverständnis beider Nachbarn beendete nach dem Tode König August III. von Sachsen am 5.10.1763 die Verbindung Sachsens mit Polen, zumal der sächsische Kurfürst Friedrich Christian zwei Monate später auch starb. So kam es am 7.9.1764 zur Wahl des polnischen Magnaten Stanislaw August Poniatowski, wie im preußisch-russischen Vertrag vereinbart und bereits im August 1762 von Katharina ihrem Geliebten versprochen. In die Auseinandersetzungen der polnischen Adelsgruppen griffen russische Truppen bereits im Sommer 1764 massiv ein. Poniatowski versorgte seine Parteigänger und Angehörigen mit wichtigen Ämtern und versuchte politische Reformen, die bald auf Opposition stießen, wobei die Russen geschickt die nicht-katholischen Gruppen unterstützten. Bereits 1763 hatte Erzbischof Lubienski, Primas von Polen, zugleich stellvertretender Regierungs-Chef, geäußert: »Polen muß entweder ein Raub seiner Feinde oder — sich selbst überlassen — eine tatarische Wüste werden«, eine klarsichtige Warnung. Die russische Haltung entsprach der Einstellung des Königs, da auch er gegen eine intolerante Alleinherrschaft der katholischen Kirche war, obwohl die Orthodoxe Kirche weitaus weniger tolerant handelte. Beide Mächte unterstützten örtliche Konföderationen in Thorn und Sluzk, die sich im Juni 1767 in der Generalkonföderation der Opposition von Radom vereinigten.

Als der im Herbst 1767 einberufene Reichstag den russischen Wünschen nicht genug nachgab und der russische Gesandte den Krakauer Bischof mit drei repräsentativen Persönlichkeiten nach Rußland deportieren ließ, kam am 24.2.1768 das 'ewige Toleranztraktat' zu Stande, das unter Wahrung des Liberum veto und der Königswahl die Nicht-Katholiken grundsätzlich tolerierte und vom Reichstag angenommen wurde. Hiergegen erhob sich in Bar/Podolien eine Konföderation unter Krasinski und Pilaski, die die russische Vorherrschaft beseitigen und die Alleinherrschaft der Katholischen Kirche wiederherstellen wollten. Die eingreifenden russischen Truppen unter General Kretschetnikow drängten im Juni ds. Js. einen Teil der Konföderierten auf türkisches Gebiet ab und richteten unter dem polnischen Adel und den Juden bei Uman unter Begünstigung der Hajdamaken gräßliche Blutbäder an. Gleichzeitig brach in der Ukraine unter Zaliznjak ein Aufstand gegen die Russen aus. Während sich die Konföderation nach Klein- und Großpolen ausbreitete, wüteten vier Jahre lang wirre Bürgerkriegskämpfe und Partisanenzüge, die das Land in völliger Anarchie versinken ließen. Suworow verdiente sich hier seine Sporen. Am 6.10. ds. Js. erklärte die Türkei zugunsten der Konföderierten Rußland den Krieg, der ihnen aber erhebliche Niederlagen brachte. Polens Staatlichkeit war damit zusammengebrochen, zumal die Konföderierten im Oktober 1770 den eigenen König auch noch absetzten, das Interregnum erklärten, und am 3.11.1771 ihn sogar gefangen setzten, was ihnen im Lande wie im Ausland jede Sympathie kostete. Preußen fürchtete einen erneuten europäischen Krieg, den der König um jeden Preis vermeiden wollte. Wien und Berlin sahen Rußlands Erfolge an der unteren Donau und seine wachsende Vorherrschaft in Polen mit großer Sorge, wollten aber keinen Krieg. Maria Theresia schloß im Juli 1771 ein Geheimbündnis mit der Türkei zur Wahrung des Gleichgewichtes.

Die Restabilisierung Polens und der Ausgleich für entgangene Gebietsabtretungen an Rußland und Österreich oder Subsidien an Preußen waren am einfachsten von dem wehrlosen Polen zu bekommen: Österreich für die von der Türkei versprochene Kleine Walachei, Preußen das erhoffte Westpreußen; Rußland schwankte zwischen Annexion Ostpolens bis zur Düna und Dnjepr und indirekter Herrschaft über ganz Polen. Die inneren Zustände in Polen führten Katha-

Landkarten als Völkerschicksal: Katherina II. von Rußland verteilt unter Mithilfe von Kaiser Joseph II. wie eine Besitzerin die Randgebiete Polens, während Friedrich der Große als Bittsteller beiseite steht.
(Allegorischer Stich von J.E. Nilson, Augsburg 1773)

rina zur ersten Lösung, die auch Österreich und Preußens Wünschen entsprach. Polen war damals sechsmal so groß und bevölkerungsreich wie Preußen; es reichte von der Weichsel bis Smolensk, von der Ostsee bis zum Schwarzen Meer. Von 14 Millionen Polen trug fast jeder zehnte einen Adelsnamen. Dem Adel waren alle Ämter vorbehalten, er war von Steuern und Zöllen frei, hatte allein das Wahlrecht zum Reichstag und zur Königswahl und das Recht zur Verwaltung und Rechtsprechung. Er durfte kein Gewerbe betreiben und nicht verhaftet werden. Es gab dreißig Magnaten, 20000 wohlhabende Grundbesitzer und weit über eine Million bettelarmer Kleinadliger in ärmlichsten Umständen, darunter lebten verelendete leibeigene Bauern, die auf Reichstagsbeschluß keine Schule besuchen oder lesen lernen durften. Seit 1717 waren die Dissidenten entrechtet, seit 1733 vom öffentlichen Leben ausgeschlossen. Es gab keine Post, keine Apotheke und auf dem Lande keine Ärzte. Jeder Reichstagsbeschluß war ungültig, wenn ein einziger sein Veto einlegte. Zu Einstimmigkeit oder Veto konnte man Stimmen kaufen. Wenn der Reichstag jahrelang beschlußunfähig blieb, bildete man bewaffnete Adelsbünde ('Konföderationen'), die die Streitfragen mit der Waffe entschieden. Damit war die Verfassungs-Anarchie vollkommen. 1768 hatte der König den Legationsrat Benoit beauftragt, genau zu untersuchen, wie viele Jahre denn dieses Land brauchen werde, bevor man an die Einrichtung von Fabriken und Manufakturen werde denken können. Damals hielt er alle Überlegungen für 'schimärische Pläne und Träume'. Doch für alle Fälle ließ er seinen Gesandten in Petersburg das Abtretungs-Projekt des Grafen Lynar vorlegen. Den Anstoß zur 'Teilung' gab das am wenigsten daran interessierte Österreich, indem es im Sommer 1769 die seit 1412 von Ungarn an Polen verpfändeten 13 Städte der Zips ohne Entschädigung besetzte und ein Jahr später auch noch Teile des Karpaten-Vorlandes mit Neumark und Neu Sandez wegnahm, trotz des Protestes der Konföderierten. Preußen zog im Oktober 1770 eine dünne, in Westpreußen von Husaren unter General v. Belling überwachte, Absperr-Linie als 'cordon sanitaire' gegen die in Polen wütende Pest, den Bandenkrieg und zur Sicherung der Verkehrswege nach Danzig und Ostpreußen um Teschen, die schlesische Nordgrenze, Crossen bis Tuchel und Marienwerder zur Südgrenze Ostpreußens, ohne daraus weitergehende Ansprüche herzuleiten.

Mitte Oktober reiste Prinz Heinrich auf Einladung der Zarin nach einem Besuch in Schweden nach Petersburg. Hatte der König ihm noch am 3.1.1771 geschrieben: »Hörner sind mir am Kopfe gewachsen, als ich die Friedensvorschläge empfing, die die Russen anbieten. Niemals kann ich sie den Türken oder Österreichern übermitteln; sie sind nicht annehmbar. Ich bedaure sehr, daß die Sache diese Wendung nimmt. Es ist mit diesen Leuten nichts mehr zu machen«, so berichtete der Prinz am 8.1. ds. Js. seinem Bruder eine Überraschung: »Ich war abends bei der Kaiserin. Sie sagte scherzend, die Österreicher hätten zwei Starosteien in Polen besetzt. Dann fragte sie: »Warum sollten denn nicht alle anderen auch etwas nehmen!« Ich erwiderte, daß Sie, wenn Sie auch in Polen einen Truppenkordon gezogen hätten, doch nicht zwei Starosteien besetzt hielten. »Aber«, fuhr die Kaiserin lachend fort, »warum denn nicht sie besetzen?« Nachher trat Graf Tschernyschew heran und sagte: »Warum wollen Sie nicht das Bistum Ermland nehmen! Denn es muß doch jeder etwas haben.« Wenn diese Äußerungen auch nur im Scherz getan wurden, so ist doch sicher, daß etwas dahinter steckte, und ich halte es für sehr möglich, daß Sie daraus Nutzen ziehen können«. Der König antwortete ihm unter dem 23.1. mit der entscheidenden Nachschrift vom 24.1.1771, die sich mit dem vorigen Brief des Prinzen kreuzte: »Ich sehe Sie für einen Pythagoras oder Plato an, die zu den Skythen und wildesten Barbaren reisten, um die Geheimnisse der Natur zu ergründen und Kenntnisse zu sammeln. Die zahmsten Löwen lassen manchmal merken, daß der Instinkt ihrer Wildheit nicht zu bändigen ist, und mit den Russen ist es ebenso. Sie müssen sich darauf vorbereiten, sich ordentlich ausfragen zu lassen. Das ist ein Tribut, den jeder Reisende entrichten muß. Ich fürchte sehr, daß die Russen, wenn sie nicht von ihrem Plane, die Türken zu demütigen, zurückstehen, noch in diesem Jahre in Krieg mit Österreich geraten werden. Das wird mich in große Verlegenheit setzen. Ich werde mich genötigt sehen, bei diesem Wirrwarr neutral zu bleiben, da ein Krieg für mich verfrüht wäre. Der, den wir hinter uns haben, war zu verderblich und zu heftig, als daß wir bald einen neuen unternehmen können. Was man uns in Aussicht stellt, Ermland, lohnt nicht der Mühe, auch nur sechs Sous auszugeben, um es zu erwerben. Also werde ich abwarten, ob die Ereignisse eine solche Erwerbung begünstigen, oder ob ich besser in meiner jetzigen Lage bleibe. Indem wir zuwarten, werden wir jeden Augenblick, den der Friede fortdauert, neue Kräfte sammeln. Wenn Rußland und Österreich sich gegenseitig entkräften, glaube ich, daß mehr für die neutrale Macht zu gewinnen sein wird als für kriegführende Mächte. Zum mindesten werde ich meine Neutralität mit Ehren aufrechterhalten. Ich erwarte, von Ihrer Einsicht und dem, was Sie gesehen haben, Nutzen zu ziehen. Sie werden, wenn ich Sie über gewisse Umstände aufgeklärt habe, die ich der Auslandspost nicht anvertraue, vielleicht meine Meinung teilen. Denn ich würde einen politischen Fehler machen, wenn ich für die Vergrößerung einer Macht tätig wäre, die ein furchtbarer und schrecklicher Nachbar für ganz Europa werden könnte«. Des Königs Position war klar umrissen.

Nach Rückkehr des Prinzen Heinrich am 18.2.1771 begannen langwierige wechselvolle Verhandlungen zwischen den drei Mächten. Dem Vorschlag des Königs vom 14.6.1771, Randgebiete von Polen abzutrennen, stimmte Rußland zu; Österreich dagegen fürchtete den Machtzuwachs Rußlands und suchte Landerwerb lieber außerhalb Polens. Der König äußerte zu

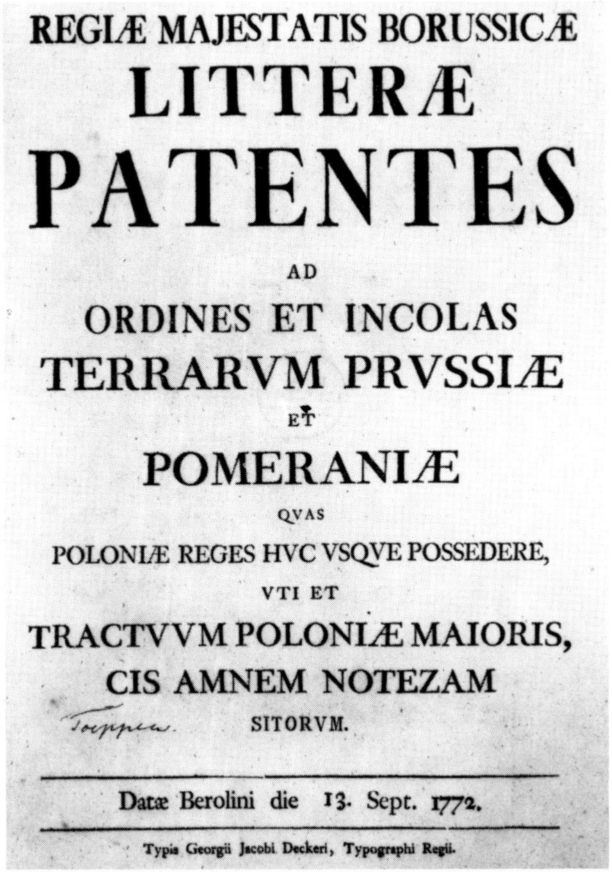
REGIÆ MAJESTATIS BORUSSICÆ
LITTERÆ
PATENTES
AD
ORDINES ET INCOLAS
TERRARVM PRVSSIÆ
ET
POMERANIÆ
QVAS
POLONIÆ REGES HVC VSQVE POSSEDERE,
VTI ET
TRACTVVM POLONIÆ MAIORIS,
CIS AMNEM NOTEZAM
SITORVM.

Datæ Berolini die 13. Sept. 1772.

Typis Georgii Jacobi Deckeri, Typographi Regii.

Die faktische Besitzergreifung fand am 13.9.1772 statt, öffentlich verlautbart durch einen »Patent-Brief« an Behörden und Einwohner der neuen Provinz.
(Geheimes Staatsarchiv, Preußischer Kulturbesitz, Berlin)

dem Gesandten Österreichs: »Es tut mir leid, daß mein Projekt nicht den Beifall Ihrer Kaiserl. Majestät gefunden hat. Es war eine Verständigungsidee. Ich werde noch nach zwanzig anderen Ideen suchen, wenn ich kann, und sie Ihnen vorschlagen«. Minister Kaunitz bot den Österreich zugedachten Teil Polens dem König an gegen Rückgabe eines Teiles von Schlesien. Darüber zu verhandeln lehnte der König ab; Kaiser Joseph II. habe die Endgültigkeit der Abtretung Schlesiens zugesichert. Als Kaunitz erkannte, daß die Abtretungen nicht mehr zu verhindern waren, verlangte Österreich ganz Galizien und erhebliche Teile südlich Warschaus; es mußte sich aber mit Galizien begnügen. Am 15.1.1772 sicherte sich der König in einer Vereinbarung mit Rußland die bisherigen Wojewodschaften Marienburg, Kulm, Pomerellen ohne Danzig, den Netzedistrikt sowie die Bistümer Kulm und Ermland, die seit 306 Jahren unter Fremdherrschaft gestanden hatten, mit rd. 36000 qkm und 500000 zu zwei Dritteln deutschen, sonst kaschubischen und polnischen Bewohnern. In der Konvention vom 17.2. ds. Js. mit Rußland wurde diese Entscheidung vertraglich bekräftigt und Österreich zur Beteiligung eingeladen, was es am 4.3. ds. Js. vollzog, bis es am 5.8. ds. Js. endlich zum gemeinsamen Vertrag aller drei Mächte kam. Am 1.9. ds. Js. sollte die jeweilige Besitzergreifung erfolgen. Preußen hatte den geringsten, aber wertvollsten Teil erhalten, ein Viertel bzw. ein Sechstel der anderen Partner, nach Schlesien die bedeutendste Erwerbung des Königs! Ohne einen Schuß waren ein drohender europäischer Krieg vermieden und Rußlands Vordringen nach Westen zunächst einmal gebremst. Polen konnte auch ohne diese Randgebiete — durchsetzt mit »Dessidenten« — weiterbestehen, die Polen konnten ohne Verlust ihrer Identität Preußen sein, und der König sah in dem Anschluß wirtschaftliche und rechtliche 'Wohltaten' bevorstehender preußischer Entwicklungshilfe.

Der Verlust Galiziens an Österreich traf dagegen die Substanz Polens am weitesten. Der polnische Reichstag griff diese angeblich so lebensbedrohende Frage überhaupt erst am 19.4.1773, also nach sieben Monaten, auf und brauchte weitere fünf Monate, um den Abtretungen zuzustimmen. Damit war die neue Grenze völkerrechtlich anerkannt. Kaiserin Maria Theresia hatte im Februar 1772 das ganze Vorgehen moralisch scharf mißbilligt, aber wenige Tage danach doch zugestimmt: »Weil ich allein bin, lasse ich die Sachen gehen, und weil so viele große und gelehrte Männer es wollen. Aber man wird erfahren, was aus dieser Verletzung von allem, was bisher heilig und gerecht war, hervorgehen wird«. Der letzte Satz findet sich allerdings auf keinem Dokument! Der König urteilte am 12.6.1772 gegenüber dem Prinzen Heinrich: »Ich habe dieses (West-)Preußen gesehen, das ich gewissermaßen aus Ihrer Hand empfangen habe. Es ist eine sehr vorteilhafte Erwerbung, was die politische Lage des Staates anlangt. Um jedoch weniger Eifersucht zu erregen, sage ich jedem, daß ich bei meiner Durchreise nur Sand, Tannen, Heide und Juden gesehen habe. Allerdings legt mir dieses Stück Land auch viel Arbeit auf. Denn ich glaube, Kanada ist ebenso zivilisiert wie Pomerellen: keine Ordnung, keine Einteilung. Die Städte sind in einem bejammernswerten Zustande«. Am 9.10.1773 bekannte er in seinem Brief an Voltaire: »Ich weiß, daß man in Europa allgemein glaubte, daß die Teilung Polens das Resultat politischer Kunstgriffe ist, welche mir zugeschrieben werden. Dennoch ist nichts weniger der Wahrheit gemäß. Nachdem umsonst verschiedene Auskunftsmittel in Vorschlag gebracht waren, blieb keine andere Alternative als diese Teilung oder der Ausbruch eines allgemeinen europäischen Krieges. Der Schein täuscht, und das Publikum urteilt nur nach ihm«. Polen hatte von seinem überdehnten Staatsgebiet ein Drittel eingebüßt. Der König hatte das geringere Übel in Kauf genommen, um ein größeres abzuwehren und der Entwicklung eine für Preußen günstige Wendung zu geben.

Bevor von Westpreußen Besitz ergriffen wurde, hatte der König vorbeugend am 1.4. und 7.6.1772 an den Oberpräsidenten v. Domhardt geschrieben, der von Ostpreußen aus auch die Verwaltung Westpreußens übernehmen sollte: »Übrigens glaube ich, daß die Einwohner, besonders in Pomerellen, meist polnischer Nation sind und die ihnen zugedachte Wohltat der aufgehobenen Leibeigenschaft nicht nach ihrem wahren Wert einsehen und erkennen werden. Das sicher-

Johann Friedrich v. Domhardt, Provinzialminister für Ostpreußen, zugleich anfangs für Westpreußen zuständig, der für das Land große Fortschritte brachte.

ste Mittel, diesen sklavischen Leuten bessere Begriffe und Sitte beizubringen, wird immer sein, solche mit der Zeit mit Deutschen zu melieren. Bei Administration der Ämter muß die Kammer dahin ernstlich sehen, daß die Administratoren mit den Untertanen nicht auf den harten polnischen Fuß umgehen, weil Se. Kgl. Majestät alle Sklaverei und Leibeigenschaft abgeschaffet und die Untertanen als freie Leute angesehen und behandelt wissen wollen. Schließlich muß unter den katholischen und evangelischen Untertanen nicht der allermindeste Unterschied gemachet werden, sondern selbige müssen ohne Rücksicht auf die Religion auf gleichen unparteiischen Fuß schlechterdings gehöret und auf alle Weise behandelt werden«. In Pomerellen war die Mehrheit katholisch; deswegen kam es noch mehr darauf an, daß die in Preußen gültigen Rechte ohne Abstriche übertragen und die Bevölkerung nicht wie in einem Besatzungsgebiet behandelt werden dürfte. Am 13.9.1772 erfolgte die Übernahme in den preußischen Staat, die Huldigung am 27.9 ds. Js. in Marienburg. Erst jetzt firmierte der König als 'König **von** Preußen'; mit dem 31.1.1773 wurden als Provinzbezeichnungen Ost- und Westpreußen mit dem Kammersitz in Marienwerder verfügt. In den Gebieten südlich der Netze mit den Städten Filehne, Czarnikau, Usch und Bartschin bat die Bevölkerung um Einbeziehung in das neue Territorium, dessen Inbesitznahme Ende Oktober ds. Js. abgeschlossen war. Wegen seiner Bedenken, diese Linie auf Dauer halten zu können, ließ der König alle Gebiete auf dem linken Ufer der Netze bis auf den unmittelbaren Uferbereich wieder räumen und im Grenzvertrag mit Polen vom 22.8.1776 ausdrücklich bestätigen. Unklare Punkte wurden nochmals am 28.7.1777 von Polen bestätigt. In diesem Bereich sollten alle Beamte auch polnisch sprechen, verlangte der König. Insgesamt wurden 246 Ortschaften wieder an Polen zurückgegeben, von denen einige schon seit fünf Jahren preußischer Herrschaft unterstanden hatten. Der König wollte hier nicht nur eindeutige, beiderseits anerkannte Rechtsverhältnisse, sondern auch nach seiner Erfahrung eine solide dauerhafte Ausgeglichenheit, also Frieden! Wenn etwas an Gütern des polnischen Landadels enteignet werden mußte, gab es hierfür Entschädigungen. Vertreibungen kurzerhand wie zuvor gehörten der Vergangenheit oder der späten Zukunft an.

Die verrotteten Zustände des Landes forderten den König besonders heraus. Westpreußen wurde wie bis dahin Schlesien 'sein Lieblingskind', wie Carlyle meinte, das er mit unendlicher Sorgfalt säuberte, neu einkleidete, zum Lernen und zur Ordnung zwang und immer im Auge behielt. Schon im Juni 1772 hatte er in Marienwerder eine neue Kriegs- und Domänenkammer einrichten lassen für Elbing, Marienburg, Kulmerland und Pomerellen, dazu die altpreußischen Ämter Marienwerder, Riesenburg, Schönberg und Deutsch Eylau, wofür die Königsberger Kammer das Ermland erhielt. In Bromberg wurde für den Netze-Distrikt eine Kammerdeputation gebildet, ab 1.6.1775. Die ersten Jahre unterstand die Provinz dem König direkt; ab 23.1.1774 unterstellte er sie dem Generaldirektorium, als er meinte, sie sei kein Notstandsgebiet mehr und könne den übrigen Provinzen gleichgestellt werden. Die Kreis- und Domäneneinteilung im Bromberger Bezirk war erst 1777 abgeschlossen. Der rasche Aufbau und die zügige Arbeit der neuen Verwaltung trugen erheblich zur Verbesserung des Landes bei. Die Inhaber der Starostei-Güter wurden mit Staatsrenten abgefunden, ihr Land in 79 Domänenämter umgewandelt. Obgleich die katholische Geistlichkeit betont schonender behandelt werden sollte, als es die österreichische Regierung tat, nahm der König die großen kirchlichen Liegenschaften nach Abgeltung der Geistlichen in staatliche Verwaltung. Trotz der sofortigen Aufhebung der persönlichen Leibeigenschaft blieb die Zuordnung der Bauern zum Grundherren oder den Domänen bis 1803 erhalten. Nach den Beamten kamen die Landmesser und Bodenschätzer, die für gleichmäßige Steuern sorgten. Die Einrichtung der Landkreise mit ihren Landräten brachten Gerichte mit den Grundsätzen preußischer Rechtspflege, eine binnen 10 Wochen gut funktionierende Post mit weitem Liniennetz, Polizei und Gesundheitsaufsicht. 187 neue Schulmeister schufen bescheidene, aber gleichmäßige Schulen eben auch für die einfache Landbevölkerung, die meist weder lesen noch schreiben konnte. Neue Kirchengemeinden entstanden, Kolonistendörfer wurden angelegt, Siedler herangeholt, deutsche Handwerker angeworben.

Überall begann ein Graben, Hämmern, Bauen, angeleitet, ermutigt und gefördert vom Staat. Belebend wirkte sicher auch der so rasch fertige Bromberger Kanal, der im Netze-Distrikt ganz neue Möglichkeiten erschloß. Vor allem ging es eben darum, die kaschubi-

Angliederung von Ermland, Westpreußen, Kulmerland und Netze-Distrikt an Preußen 1772, dazu die späteren Erwerbungen von 1793 und 1795.

sche und polnische Landbevölkerung möglichst auf den Stand der Deutschen zu heben. Bis 1786 sind insgesamt rd. 12000 deutsche Siedler neu ins Land gebracht worden, d. s. 2 % Gesamtbevölkerung. Der König sah sie aber als eine Art Sauerteig oder in Beispiel-Funktion. Von einer 'Germanisierung' zu sprechen, wie manche es tun, ist deshalb unwahr. Vielmehr lösten Rechtssicherheit, Ordnung, wirtschaftlicher Erfolg, Lebensverbesserung, Aufstiegschancen guten Willen und Mitarbeit aller Bevölkerungsteile aus, ohne Rücksicht auf volksmäßige Herkunft oder sprachliche Zugehörigkeit. Der Sog der Zivilisation arbeitete für Preußen, was alle Bemühungen und Regierungsmaßnahmen sehr erleichterte, die im Grunde die Kulturarbeit des einstigen Deutschen Ritterordens fortsetzten, wie viele es sahen. Die Provinz erreichte einen Zustand, wie er niemals unter polnischer Herrschaft gewesen war. So hatte die Bevölkerung keine Schwierigkeiten, auch gesinnungsmäßig in den Staat hineinzuwachsen und sich mit ihm zu identifizieren.

Es war wohl England aus Sorge um seinen Ostseehandel, das dafür gesorgt hatte, daß Danzig vorerst außerhalb des preußischen Staatsgebietes blieb, entgegen jeder wirtschaftlichen Vernunft und Volkszugehörigkeit. Preußen besaß die untere Weichsel, aber der Ausfuhrhafen lebte von seinen hohen Handelsabgaben mit. Deshalb ließ der König durch Flußregulierungen von Netze, Weichsel und Nogat die Wasserführung des Weichsel-Unterlaufes so verändern, daß die Nogat zum Hauptweg wurde und der Handel auf Bromberg und Elbing abgelenkt wurde, was zu einem erheblichen Teil gelang. Für die Sicherheit der neuen Provinz vor allem nach Süden hatte der König bereits am 6.10.1771 dem Oberpräsidenten die Bildung von fünf Kantonen zu je 24000 Kantonisten für vier Infanterie-Regimenter und vier Garnison-Bataillone sowie ein neues Artillerieregiment befohlen, zu denen noch die Aushebung von 800 Husaren treten sollte. Die Truppenaufstellung ging langsam vor sich, weil erst die Festlegung der Kantone, die Enrollierung der Kantonisten, das Serviswesen und auch der Bau von Kasernen erforderlich waren. Zum 1.10.1772 errichtete man sie als IV. Bataillone zunächst bei den Garnison-Regimentern 1, 2 und 11. Elbing, Neufahrwasser und Weichselmünde erhielten dadurch Garnisonen. Danach ließ der König zwischen dem 1.1.1773 und dem 23.2.1774 die Füsilier-Regimenter 51 bis 55 errichten — es waren seine letzten — in Marienburg, in Prß. Holland und Mühlhausen, in Braunsberg, in Graudenz und Kulm sowie in Mewe und Prß. Stargard. Ihre Standorte bzw. Kasernen lagen im Marienburger Hochmeisterschloß, Prß. Holland und Mühlhausen, Braunsberg und Heiligenbeil, Graudenz und Kulm sowie Prß. Stargard und Mewe, also fast ausschließlich an den Aufstellungsorten. Das 4. Feldartillerie-Regiment kam in den Raum von Berlin. Das Husarenregiment 10 kam ab 1.6.1773 auf den Etat, erhielt als einziges Husarenregiment einen eigenen Kanton um Bromberg zwischen Weichsel und Brahe und kam nach Soldau, Passenheim, Strasburg und Neumark/Westpreußen. Gleichzeitig war das Husarenregiment 7 in den Netzedistrikt verlegt worden. Vom 1776 bis 1786 ließ der König zusätzlich Graudenz als Festung ausbauen, die 1806/07 Courbière dann erfolgreich verteidigte. Der zehnjährige Bau trug zum Aufblühen des kleinen Städtchens wesentlich bei. Seit 1773 hielt der König jährlich mit Ausnahme des Bayerischen Erbfolgekrieges in Mockrau bei Graudenz Truppen-Besichtigungen ab, verbunden mit Vorträgen hoher Verwaltungsbeamter, die auch die Generale anzuhören hatten.

Die bisherigen Herren im Lande, Adel und Geistlichkeit, hatten jetzt ihre einflußreichen Rollen zugunsten der preußischen Verwaltung, die nunmehr einen regierenden Staat vertrat, eingebüßt, nicht zuletzt durch den 'Landerschließungsplan' vom 11.10.1774 für das gesamte Preußen, der auch Westpreußen einschloß. Landbesitz war ja die Grundlage ihrer bisherigen Machtposition gewesen; hier traf jetzt der Staat die Entscheidungen. Die Kirchengüter wurden staatlich verwaltet, aber nicht einfach säkularisiert. Und die Evangelischen waren angehalten, ihre bisherigen Gebühren weiter an den katholischen Pfarrer zu entrichten, und das, obwohl der König wie in Schlesien als Befreier von katholischem Herrschaftsanspruch begeistert empfangen worden war. Dadurch wurden natürlich die Neu-Bildung evangelischer Gemeinden und ihr Kirchenbau erheblich eingeengt. Die gezielte Heranziehung von bäuerlichen Siedlern aus Sachsen und Mecklenburg stärkten diese Gemeinde durch ihren Zuwachs. Eine Rückerstattung der von den katholischen Bischöfen enteigneten Kirchen lehnte der König auch hier ab, genehmigte aber wie in Schlesien den Bau von ganzen 12 evangelischen Kirchen in einfachster Bauart, dazu einige Patronatskirchen, gegenüber einer Zahl von 560 katholischen kaum eine Gleichberechtigung, obwohl der König immer wieder von Gleichbehandlung beider Konfessionen sprach. Verständlich, daß bei den Evangelischen Unmut darüber aufkam! Die Mennoniten blieben auch hier gegen Zahlungen von der Rekrutenaushebung befreit, durften aber ihren Grundbesitz nicht vergrößern. Der An- und Verkauf kirchlichen Bodens unterlag der Kammer in Marienwerder. Die Bistümer Ermland und Kulm lagen ganz im Gebiet der Kammer-Verwaltung; die vier benachbarten Gnesen, Posen, Kujawien und Plock besaßen Enklaven in Westpreußen, für die Offizialate zur Visitation und geistlichen Gerichtsbarkeit eingerichtet wurden. Die preußischen Behörden verhielten sich den kirchlichen Belangen gegenüber stets bewußt entgegenkommend, so daß sich die Einstellung des katholischen Klerus zum Staat positiv entwickelte, nicht zuletzt unter dem Einfluß des Grafen Karl von Hohenzollern, seit 1777 Koadjutor, 1785 Bischof von Kulm und Abt von Pelplin, später Fürstbischof von Ermland. Die richtige Stellenbesetzung durch Auswahl des Königs spielte auch hier eine wichtige Rolle. 1776 wurde für Westpreußen ein eigener Schulfonds begründet; gleichzeitig gab es einheitliche Unterrichts-Vorschriften. Die Geistlichen behielten die Schulaufsicht und hatten wöchentlich drei Muster-Lektionen zu erteilen, »damit der Schulmeister danach seinen eigenen Vortrag verbessern könne«. Zu den 194 vorhandenen Schulen traten 1773 bis 1776 187 neu eingerichtete mit Lehrern aus Halle, ein Viertel evangelisch, ein Viertel katholisch deutsch, die Hälfte katholisch polnisch. Im Netzedistrikt wurden zu den vorhandenen 19 katholischen und 13 evangelischen Lehrern bis 1778 weitere 58 katholische und 177 evangelische eingestellt, die wieder aus den Franckeschen Anstalten Halle und Sachsen kamen.

Die acht Jesuiten-Kollegien im Ermland und Westpreußen wurden zu Gymnasien umgeformt unter Weiterverwendung der meisten Lehrkräfte. In Kulm entstand 1776 eine weitere Kadetten-Anstalt für 60 Zöglinge. Das Gerichtswesen war sofort auf den Stand Preußens gebracht worden, als Voraussetzung für die Arbeit aller übrigen Behörden, sei es Besteuerung von Adel und Geistlichkeit, Domänenpachtung, Einrichtung von Siedlerstellen auf Domänen-Vorwerken. Unter Abzug aller Militärlasten erbrachte Westpreußen zuletzt 400000 Taler jährlichen Überschuß. Andrerseits hatte der König für neue Domänenämter und Güterkäufe 460000 Taler aufgewendet, vielen Städten zur Förderung des Handwerkes jährlich erst 22000, dann 18000 Taler zugeschossen und finanzschwachen Pächtern und Bauern Steuernachlässe gewährt. Die Lehrergehälter, ohnehin bescheiden, flossen aus dem Ertrag der für 200000 Taler gekauften Güter und Ämter, so daß die Kommunen entlastet waren. Als die bei Kr. Grabow unweit Marienwerder ab 1773-1775 angelegte Festung vom 24.-29.2.1776 im Wasser versunken war, ließ er sie ab 23.3. ds. Js. auf den Höhen von Graudenz errichten, wo sie sich bald bewährte. Seit 1785 wurde auch Elbing befestigt. Insgesamt hat der Staat von 1775 bis 1786 mehr als 6,7 Millionen Taler nach Westpreußen gegeben, damals eine sehr hohe Summe, von der Zuwendung des Königs, Kraft und großem Zeitaufwand abgesehen. Denn das Land sollte sich nicht nur möglichst selbst versorgen und seine Erzeugnisse, wie z.B. erstklassige Tuche, auch noch ausführen, sondern seine Einwohner zu 'Menschen und nützlichen Gliedern des Staates' erziehen, statt 'länger in der Barbarei jeglicher Art zu versumpfen'! Der bekannte Schriftsteller Egon Friedell, geboren in Wien, stellte in seiner 'Kulturgeschichte der Neuzeit' fest: »Eine der größten Taten, ebenbürtig der in drei Kriegen behaupteten Erwerbung Schlesiens und meist nicht genügend gewürdigt, war die u n b l u t i g e Eingliederung Westpreußens, durch die er sein Königreich erst zu einer wirklichen nordischen Großmacht erhob. Es war dies eine der bedeutsamsten 'Arrondierungen' der neueren europäischen Geschichte«. Ein gerechteres Urteil aus so einem Munde ist sonst kaum bekannt! Ich meine auch, daß in Westpreußen aus vielen Gründen das Zusammenwachsen der Provinz mit Gesamtpreußen einerseits wie der Deutschen mit der polnischen Minderheit andrerseits besser gewesen ist als später in Posen seit 1815. Und selbst der polnische Historiker Stanislaw Salmonowicz erklärt: »Friedrich II. war alles andere als ein deutscher Nationalist. Anlaß der Teilung waren die österreichischen Annexionen. Die preußischen Schritte waren weitgehend von der Zustimmung Rußlands abhängig. Nur in St. Petersburg lag der Schlüssel«. Ohne Zweifel hielt sich die Eingliederung Westpreußens im Rahmen der damaligen Kabinettspolitik, die auch in Frankreich, Österreich, Rußland und den Niederlanden nicht nach dem Willen der Bevölkerung fragte. Landbesitz galt als wichtiger Machtfaktor, der von Egoismus und Neid zwischen den Mächten umstritten war.

Staatsreform

Schule und Bildung

In seiner ‘Geschichte des Hauses Brandenburg’ hatte der König 1751 geschrieben: »Keine Sorge ist des Gesetzgebers würdiger als die um die Erziehung der Jugend. Die guten Bürger sind das beste Bollwerk des Staates. Verdienen die Fürsten unser Lob, daß sie ihre Völker mit Gerechtigkeit regieren, so gewinnen sie unsere Liebe, indem sie ihre Fürsorge auf die Nachkommenschaft ausdehnen«. Immer sind die Motive einer Kultur geistiger Art, im Tiefsten religiösen Ursprunges, wenn auch oft unbewußt. Die Aufklärung brachte Erziehung, Schule und Bildung ganz neue Möglichkeiten, indem sie dem Individuum den Weg bahnte: Der erziehbare Mensch sollte verfeinert werden. Bildung diente der Selbstvervollkommnung wie dem sozialen Aufstieg zu einem neuen ‘Stand’. Der Staat baute künftig auf den einsichtigen, vernünftigen Bürger. In seiner ‘Abhandlung über die Erziehung’ (Teil II seiner Werke) hieß es daher: »Ich finde Vergnügen, die aufwachsende Jugend zu betrachten. Sie ist eine künftige Generation und die wieder auflebende Stärke des Staates und wird, gehörig geleitet, seinen Glanz und Ruhm fortpflanzen. Ein weiser Fürst muß allen Fleiß darauf verwenden, nützliche und tugendhafte Bürger zu erziehen«. Trotz seines realistischen Menschenbildes und häufiger bitterer Sarkasmen glaubte er an Möglichkeiten und Bedeutung der Erziehung, wie aus unzähligen Äußerungen hervorgeht.

Nur durch Besserung der Menschen konnten der Staat und seine geistige Atmosphäre gehoben werden. Seinen eigentlichen Neigungen gemäß war er auch hierin ein ‘Friedensfürst im Geiste’. Neun pädagogische Schriften, dreizehn Schulreglements und einige zwanzig pädagogische Äußerungen belegen das. In seiner Lobrede auf seinen Erzieher Jordan bekannte er u.a.: »Man sage nicht, daß Wissenschaft und Künste die Menschen zu Geschäften untauglich machen. Der richtige Verstand kommt in allen Dingen, mit denen er sich beschäftigt, gleich gut voran. Die Wissenschaften verleihen jedem Beruf neuen Glanz. Was dazu dient, den Verstand zu erhellen, die Urteilskraft zu vervollkommnen, den Kreis der Kenntnisse zu erweitern, bildet Untertanen, die zu jeder Art Beruf geschickt sind. Sie sind sorgfältig gepflegte Pflanzen, deren Blüten und Früchte eine feinere Schönheit und ausgezeichneteren Geschmack besitzen als die Bäume, die sich selbst überlassen wachsen, wie es der Zufall will«. Er sah seine Aufgabe ganz im Sinne der Aufklärung und ihres klassischen Leitsatzes ‘sapere aude’ — ‘Wage es, dich der Vernunft zu bedienen’, aber mit der Zutat: »Tu alles, was den Geist erhebt!«: Bekämpfe Unwissenheit und Vorurteile, kläre die Köpfe auf, bilde Sitten und mache Menschen so glücklich, wie es ihre Natur zuläßt und die Mittel erlauben«! Wie er im Testament von 1768 äußerte, glaubte er, daß Beschäftigung die Menschen hindere, lasterhaft zu werden, und die Hauptfehler der meisten Menschen von ihrer kläglichen Erziehung in der Jugend stammten. Er sah dabei auch die Grenzen aller Bemühungen ganz nüchtern, wenn er feststellte: Erziehung kann Kenntnisse verschaffen und Scham über seine Fehler einflößen, aber niemals die Natur ändern. Der Mensch ist zum Irrtum geschaffen und hat ein wildes Tier in sich. In klarer Sicht und stetem Willen zu erfolgreichem Wirken auch auf diesem so wesentlichen Gebiet war er im Unterrichtswesen seiner Zeit ohne Frage führend.

An der Stelle von Belehrung und Unterrichtung trat in der Schule jetzt die Erziehung in den Vordergrund. Der Staat nahm sie der Elternschaft, den Ständen wie Gemeinden und Kirchen aus der Hand, auch den Pietisten, am wenigsten den Jesuiten. Schule wurde kostenfrei, war allgemein zugänglich, erst später als Pflicht durchgesetzt, und diente der Hebung der einfachsten und schwächsten Glieder des Volkes. Dazu bot der Staat eine wachsende Einheitlichkeit und zunehmende Flächenabdeckung, gerade auch auf dem Lande, wo es ja am nötigsten war. Der Staat begann auch, sich um die Lehrerbildung zu bemühen, und stellte, wenn auch sehr bescheiden, Gebäude, Einrichtungen, Lehrgegenstände zur Verfügung und sorgte bald für Schulbücher. Dadurch wurde die ständische Ausschließlichkeit erheblich gelockert, denn der Erziehungs- und Bildungs-Stand bestimmte künftig den Aufstieg, nicht mehr ausschließlich der Geburtsstand wie bisher. Wenn auch die Idee der ‘Volksbildung’ bis heute eine Utopie blieb, so hat sie doch ganz erheblich zur geistigen und beruflichen Entwicklung beigetragen und vielleicht sogar noch mehr zur Bildung zum Volke, eine oft übersehene Nebenwirkung. Dieser neue Aufschwung setzte erst nach dem Siebenjährigen Kriege ein und vollzog sich langsam, aber stetig. Die Schulen unterstanden der Inspektion der Pfarrer, die vom Oberkonsistorium und dem Geistlichen

Departement kontrolliert wurden. Für die Schuleinrichtungen hatten die Gutsherren zu sorgen. 1747 richtete Johann Julius Hecker (1707-1768), Francke-Schüler aus Halle, zunächst Waisenhaus-Lehrer, dann Prediger an der Berliner Dreifaltigkeitskirche, nachher Oberkonsistorialrat, zusammen mit seinem Mitarbeiter Johann Friedrich Hähn in Berlin die erste 'Ökonomisch-mathematische Realschule' ein für Schüler, die 'zwar keine Lateiner, aber auch keine bloßen Handwerker, Musketiers, Bauern und Tagelöhner werden sollen'. Damit war für den Mittelstand mit dem Ziel der 'Lebensklugheit und Aktivität' eine eigene Bildungseinrichtung geschaffen, deren Angebot Klassen für Sprachen, Kunst und Maschinen-Bau, Moral und Sitte, Rechts- und Polizeiwesen, Rede und Korrespondenz, Handel und Kommerzien, Ökonomie anbot.

Sie sollte 'Hof-, Civil-, Cameral- und Militär-, Handlungs- und Ökonomie-Bedienstete, nicht studierende Jugend erziehen', wie es hieß. Werkstättenbesuche mit Arbeitsanleitung, Instrumente- und Gerätekunde, Material- und Fertigungslehre ergänzten den Unterricht in Deutsch, Mathematik und Religion. Diese Schule war ungewöhnlich erfolgreich, breitete ihr Bildungskonzept in ganz Deutschland aus und besaß 1768 mit 1267 Schülern ihre größte Schülerzahl. Hähn richtete hier auch einen Kursus zur Ausbildung von Lehrkräften ein, die nach der Verordnung vom 25.9.1752 bevorzugt unterzubringen waren. Der Lehrgang wurde 1753 als 'Kurmärkisches Landschullehrerseminar' verstaatlicht, Hecker vom König als Gutachter und zu Prüfungen herangezogen. Die Verbindung von Realschule und Lehrerbildung hielt bis ins 20. Jhdt. vor. Hähn hatte verfeinerte, fortschrittliche Methoden entwickelt: Der Lehrer sollte die Kinder vertrauensvoll angehen und ihnen den Mund öffnen, ihnen schrittweise faßliche Stoffe anbieten, über die sie nach Verarbeitung Rechenschaft ablegen könnten und statt wörtlichem Rekapitulieren des Lehrervortrages frageweise vorgehen und am Lehrgespräch teilnehmen. Die Mindener Kammer unterbreitete 1753 dem König den Entwurf einer 'allgemeinen Schulordnung', den Hecker zur Überarbeitung im Einvernehmen mit dem Generaldirektorium bekam, das ihn mit Ergänzungen im April 1754 bestätigte. U.a. ging es um die Ganzjährigkeit des Unterrichtes, die Gleichbehandlung von Mädchen, das Erlernen von Lesen, Schreiben, Rechnen als Mindest-Ergebnis, Katechismus-Unterricht und die Verpflichtung der Patrone und Grundherren zur Förderung. Ebenso befaßte man sich mit der Erfassung der Schüler und der Schulpflicht, der Qualifikation der Lehrer und ihrem Lektions-Plan, Schulexamen und der Schulaufsicht.

Noch vor Ende des Siebenjährigen Krieges erklärte der König, neben dem Wiederaufbau des Landes seien jetzt die Kräfte des Staates auf die geistig-sittliche Hebung durch verbesserte Schulbildung zu richten. Seine Kabinettsorder vom 1.4.1763 an den Minister des Geistlichen Departements verlangte, »daß das Schulwesen auf dem Lande auf einen besseren Fuß als bisher gesetzt und verfaßt werden soll«. Hecker hatte ein Gesamtreglement auszuarbeiten, auch die städtischen und adligen Schulen wurden der Inspektion der Superintendenten unterstellt, die über alles zu berichten hatten. Anhand des Mindener Vorganges legte Hecker schon nach wenigen Wochen einen umfassenden Entwurf vor, der nach Beratung mit den zuständigen Behörden bereits unter dem 12.8. ds. Js. für alle Provinzen als 'General-Landschul-Reglement' in Kraft trat, für Kleve und Mark erst am 19.9. ds. Js. und 10.5.1782. Das katholische 'Schulreglement für Schlesien' unter Mitwirkung des Saganer Abtes v. Felbiger folgte am 3.11.1765. Lehrer durften nur nach Ausbildung und Prüfung an den Seminaren angestellt werden. 1764 wurden in Ober-Schlesien in Oppeln, Ratibor, Oberglogau, 1767 in Breslau katholische Seminare, 1765 evangelische in Bunzlau, 1768 in Breslau und 1765 174 neue katholische, 77 neue evangelische Schulen eingerichtet. Hier ging es auch um die Verbreitung der deutschen Sprache in Oberschlesien. Da es bald an guten Lehrern fehlte, zumal ihre Versorgung dürftig und ein Nebenberuf untersagt war, wurde ab 1771 der Nebenberuf des Schneiders wieder gestattet und trotz

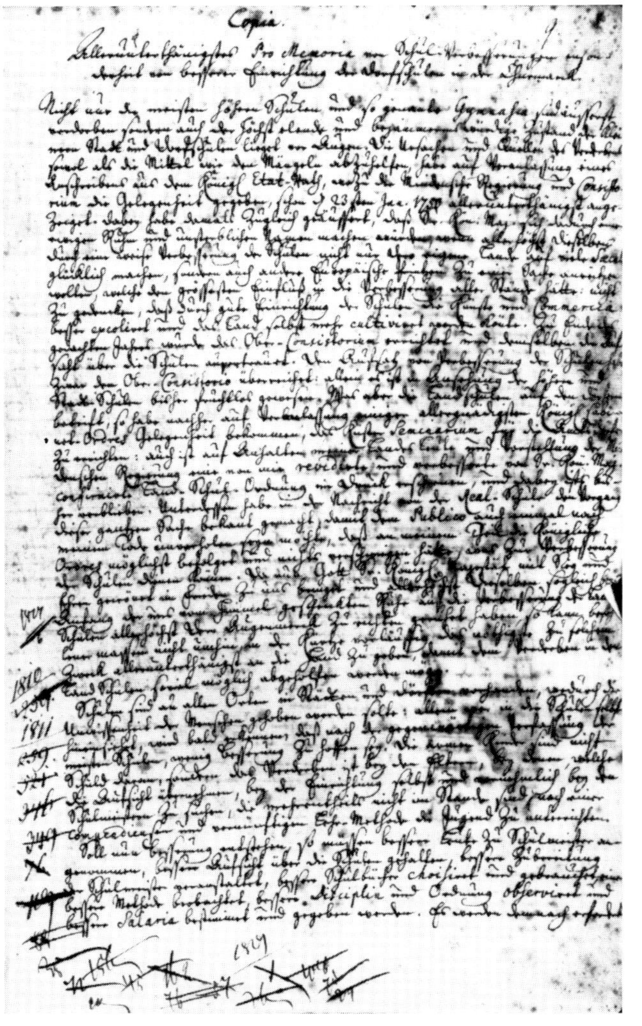

Heckers Denkschrift vom 29.03.1763 für das »Landschulreglement«
(Preußischer Kulturbesitz, Bildstelle)

des Verbotes vom 9.7.1758, Schulmeister- und Küster-Stellen mit Invaliden zu besetzen, ab 1779 die Einstellung von Invaliden 'zwecks Vermehrung der Schulen' wieder gestattet, wenn sie lesen, schreiben, rechnen konnten und geeignet waren. Allerdings waren es nur wenige, so z.B. am 16.9.1779 von 4258 unversorgten Invaliden ganze 79 für Preußen! Das Reglement faßte die bisherigen Verfügungen zusammen und bestimmte die Stundenzahl, den Unterrichtsstoff und für jedes Kind gleiche Lehrbücher, das Schulgeld und Strafen bei Schulversäumnis. Hähn hatte 1758-1761 ein dreiteiliges 'Neu eingerichtetes ABC-Buchstabier- und Lesebüchlein' veröffentlicht. Der Schulbetrag für die Armen war aus der Kollekte der Gemeinden zu erlegen. Im Sommer gab es täglich drei Schulstunden. Die Dörfer sollten Hirten anstellen, um die Hütekinder wenigstens drei Unterrichtstage je Woche freizustellen. Die schulpflichtigen Kinder gehörten jetzt mehr dem Staat als den Grundherren. Über die Lehrer führten die Geistlichen Konduiten-Listen. Ab 1.3. 1764 gab es jährlich Kirchen- und Schulvisitationen durch das Oberkonsistorium, die gleichzeitig den adligen Patronen galten, ob auch sie ihren Pflichten nachgekommen waren. Die Durchsetzung und Verwirklichung des Reglements brauchte Jahre: Die Schulkosten gingen unregelmäßig ein. Das Recht der Kinder auf Ausbildung setzte sich nur langsam gegen den ländlichen Besitzanspruch auf Kinderarbeit durch. Die Lehrer hatten ständig an ihrer eigenen Qualifizierung zu arbeiten. Trotz einfachster Versorgung waren die Lehrerstellen sehr begehrt, weil sie in den Dörfern sozial hochgeachtet waren. Es war also nicht nur ein Rahmen geschaffen, sondern dem Schulwesen im Staat der gebührende Platz zugewiesen.

Friedrich Eberhard von Rochow, Erbherr auf Reckahn, führender Reform-Pädagoge (1734-1805)
(Stich von Daniel Chodowicki)

Erstmalig bot das Reglement auch dem Kinde des gemeinen Mannes, den untersten Volksschichten, vorwiegend auf dem Lande, eine angepaßte Schulform mit angemessenen Bildungszielen, Methoden und Lehrmitteln. Das erste Schulbuch Hähns war noch nicht recht erfolgreich. Sulzers 'Vorübungen zur Erweckung der Aufmerksamkeit und des Nachdenkens' blieben zu abstrakt und praxisfern. Auch Steinbarts Anlauf, die 'Landkinder an verständliche Realkenntnisse heranzuführen', mißlang. Den Durchbruch brachte Friedrich Eberhard v. Rochow (1734-1805), invalider Offizier, seit September 1777 Landesdirektor der Mittelmark und Erbherr auf Reckahn bei Brandenburg, der mit seinem 'Kinderfreund' 1776 eine methodisch geschickte 'Anleitung zum richtigen Denken' schuf. Die Unterrichtspraxis wurde richtungsweisend für Mitteleuropa. Beispiele kindlicher Erfahrung sprachen die Schüler an und forderten durch induktives Denken eigenes Bemühen heraus. Frage und Antwort begünstigten das Weiterfragen und die Ergänzung und Ausschmückung der Texte. Bald in allen Schulen verbreitet, erlebte das Lesebuch Neuauflagen, zumal die 'Allgemeine Schulpflicht' 1777 noch einmal bekräftigt wurde, und viele Übersetzungen fast ein Jahrhundert lang. Rochow sah Verstandesbildung und Tugend als Ziel der Erziehung an und richtete auf seinem Gute eine Musterschule ein, die fast vom ersten Tage an von vielen Hospitanten besucht wurde, so allein im Jahre 1777 von sechs, 1778 sieben, 1779 dreizehn und 1780 elf angehenden Lehrern. Sie lernten die geschickte Anwendung subtiler Methoden statt eingepaukter Memorierstoffe kennen. Rochows pädagogische Schriften umfassen vier Bände. Gutsherren und Seelsorger waren also in Ergänzung der staatlichen Maßnahmen gerade auf dem Lande um die Einrichtung von Schulen und die Hebung des Bauernstandes bemüht. Publizisten und Literaten verbreiteten Ideen und Erfahrungen und halfen auch damit, sie durchzusetzen, so daß sich schrittweise die Qualität der Volksschulen verbesserte. Obwohl man bereits die Zusammenhänge zwischen der Schulerziehung und landwirtschaftlicher Ausbildung erkannt hatte, kamen im Gegensatz zu den Nachbarländern erst Mitte der achtziger Jahre die Industrie-Schulen zur Geltung, wobei mit 'Industrie' zunächst »die Neigung eines Volkes zum Fleiß« gemeint war, dann aber freies, lebendiges, wechselndes Angebot manueller Tätigkeiten, 'Erfindsamkeit' bis zu musischer Betätigung von 'Wetteifer kleiner Künste, freiem Spielen, Ballschlagen, Drachen steigen, Schwimmen, starken Leibesübungen' verstanden wurde. Sie waren eher allgemeinbildende, musisch bestimmte Schulen als Vorläufer von späteren Berufsschulen mit ihrer 'Erziehung zur Arbeit durch Arbeit' oder Werkschulen im Sinne Kerschensteiners. 1775 wurden in der Kurmark die ersten beiden als 'Ländliche Industrie-Anstalten' im Sinne von Versuchs- und Musterschulen eingerichtet. Unbeschadet ihrer zukunftsweisenden Ideen, hatten sie gegenüber Rochows Beispiel damals keine Chance. Bei der fast uneingeschränkten Herrschaft der adligen Grundherren auf dem Lande ermutigte Rochows Engagement viele seiner Standesgenossen, es ihm nach zu tun, zumal die neuen Erziehungs-Gedanken gerade unter dem Landadel weiten Eingang gefunden hatten, so Philipp Genge in Kl. Dexen Krs. Prß. Eylau und C.G. Struensee in Halberstadt. Der Staat war auf ihre ergänzende Mithilfe angewiesen.

In seiner Schrift »Über die Erziehung« hatte der König unter dem 15.12.1769 das Königlich Joachimsthalsche Gymnasium Berlin, das Gymnasium in Brandenburg und das Gymnasium Kloster Berge bei Magdeburg als Unterrichtsstätten für die Kinder des gehobenen Bürgertums genannt, die ihren Ruf durch befähigte Lehrkräfte und aus ihnen hervorgegangene Persönlichkeiten begründeten. Auch bei ihnen sah er noch Mängel in der Urteilsfähigkeit der Schüler und der Gewöhnung an selbständiges Denken. Später fügte er Gymnasien in Königsberg, Stettin, Magdeburg und Breslau dazu. Seine Abhandlung gab der König dem Minister v. Münchhausen als Anweisung für das ganze Erziehungssystem einschließlich der Mädchenbildung, »weil einige Reflectiones nicht ohne Nutzen sein dürften«. Rhetorik und Logik, Latein und Griechisch sowie Religion seien erforderlich, dazu Philosophie, aber nicht von Geistlichen zu lehren. Ideal wären Internate. Der Unterricht sei auf die künftigen Berufe zuzuschneiden, so daß die Schüler 'lernen, was zu ihrem Wissen notwendig ist'. 1771 betraute der König

Carl Abraham Freiherr von Zedlitz (1731-1793), Reformer des Schul- und Bildungswesens.
(Stich von Daniel Berger)

Karl Abraham Frhr. v. Zedlitz, (1731-1793), geboren in Schwarzwaldau bei Landeshut, seit 1755 im preußischen Justizdienst, 1764 Regierungspräsident in Brieg und seit einem Jahr Justizminister, mit dem Departement für Kirchen- und Schulsachen, das er bis 1788 neben vielen anderen Aufgaben behielt. Wie kein anderer nahm er sich der Reform des höheren Schulwesens in Preußen an, vor allem durch die Förderung von Modellschulen. Am 6.10.1772 schrieb der König an d'Alembert: »Je mehr man im Alter vorrückt, desto mehr gewahrt man den Schaden, den der Gesellschaft die Vernachlässigung der Jugend zufügt. Ich fasse die Sache auf alle mögliche Art an, um diesen Mißstand zu verbessern. Ich reformiere die Mittelschulen, die Universitäten und gehe bis zu den Dorfschulen.

Aber es sind dreißig Jahre vonnöten, um die Früchte zu sehen. Ich werde mich damit trösten, meinem Vaterlande diesen Vorteil, dessen es bisher entbehrt hat, zu vermitteln«. Als Papst Clemens XIV. am 21.7.1773 den Jesuiten-Orden aufhob, verbot er am 5.9. ds. Js. jede Bekanntgabe in Preußen: »Ich habe nie bessere Priester als die Jesuiten gefunden. Da ich in die Klasse der Ketzer gehöre, der Hl. Vater mich ebensowenig von den Obliegenheiten, mein Wort zu halten als von den Pflichten eines ehrlichen Mannes und Königs dispensieren könne«. Er machte die Patres zu Mitgliedern des 'Königlichen Schul-Instituts' bis 9.10.1787 unter eigener Behörde, ließ sie weiter unterrichten und ihre Gymnasien in Glatz, Neisse, Oppeln, Sagan, Liegnitz, Glogau und Schweidnitz, aber auch Bromberg, Deutsch Krone bestehen, ebenso die Leopoldina in Breslau. Nach seiner Inspektionsreise im Herbst 1773 schrieb der König am 24.10. ds. Js. an Voltaire: »Ich habe in Schlesien die armen Ignatianer getröstet, neue Kräfte gegeben und sie verteilt. So erhalte ich sie dem Staate, da ich ihre Schulen zum Unterricht der Jugend angewandt wissen will, dem sie sich nun ganz widmen werden«. Am 11.12.1774 wurde durch Reglement ihre Duldung festgelegt. 1776 wurde die Bulle gegen die Jesuiten im schlesischen Schuldienst aufgehoben. Zedlitz gelang es 1771, das Joachimsthaler Gymnasium in Berlin zu reformieren und die konfessionsfreie Ritterakademie Liegnitz zu einer Elite-Anstalt zu machen. Im Sinne des Königs ging es ihm besonders um die moralische und geistige Hebung des Lehrerstandes zu Pflichttreue und Diensteifer sowie Selbstbildung und Verantwortungsbewußtsein, zumal sich die Lehrerschaft ja erst aus der jahrhundertelangen Bevormundung der Geistlichen lösen und aus ihrer Unterordnung heraustreten mußte. 1778 rief man ihn zur Reform des Gymnasiums Hamm, wo er gegen die Verlotterung einschritt, die Qualität des Unterrichtes hob, eine 'Konversationsstube' mit Lehrern einrichtete und die Körperpflege nach Basedows Richtlinien verbesserte. Es war eher eine Reform am konkreten Einzelfall mit der Auswahl hochqualifizierter Direktoren wie Sulzer, Büsching, Gedicke und Meierotto in Berlin, Lieberkühn in Breslau, Resewitz in Klosterbergen, allesamt von Rochow herangezogen, einer gezielten Personalpolitik mit Lehrkräften, also einem wesentlich verbesserten Angebot bei gleichzeitiger Erziehungseinwirkung auf die Schüler zu 'wohlerzogenen, sittsamen und gelehrigen Menschen'. Das ging langsamer, war aber solider als bloße Vewaltungsmaßnahmen durch lebendige Beispiele. 1779 folgte das Marien-Gymnasium Stettin, dann Königsberg, Breslau, Berlin und Magdeburg.

Berlin bekam eine besondere pädagogische Anziehungskraft, das preußische Schulwesen einen wachsenden Ruf. Halles Bedeutung verblaßte. Im 1775/76 angelegten 'Taschenbuch' des Königs findet sich der 'Generaletat' aller Gymnasien, Lateinschulen über fünf Klassen und Universitäten Königsberg, Frankfurt/Oder, Halle, Duisburg, Kulm und die Breslauer Leopoldina, dazu die Berliner Akademie der Wissenschaften, deren Unterhalt der Staat trug, ein Zeichen, wie ihn in den letzten Lebensjahren die Schul- und Bildungs-Reform beschäftigte. Innerhalb der Gymnasien, die nicht mehr wie die früheren 'Gelehrtenschulen' reine Vorschulen der Universität waren, änderte sich vieles: Der Direktor unterrichtete wie die anderen Lehrer ein Hauptfach durch alle Klassen. Jedes Fach erhielt ein eigenes Lehrbuch. Der Fachlehrer hatte sich sorgfältig vorzubereiten und den Kontakt mit den Eltern zu halten. Wöchentlich gab es eine 'Lehrstunde über die politischen Zeitungen (Nachrichten)'. Der Direktor strebte für sein Gymnasium eine besondere Prägung und Zuschnitt an. Der Lehrer-Vortrag sollte den Unterrichtsgegenstand kurz anreißen und dann in Gesprächsformen Vergleiche,

Johann Georg Sulzer (1702-1779), geborener Schweizer, Philosoph und Reform-Pädagoge in Berlin, Professor für die schönen Künste und Ästhetik.
(Stich von Pfenniger und Graff)

Vorstellungen, Zweifel, Urteile, Folgerungen bei den Schülern auslösen: »Es ist daher jedem Schüler bei uns erlaubt, den Vortrag des Lehrers zu unterbrechen, sobald ihm etwas nicht klar ist oder in einiger Rücksicht zweifelhaft ist. Jedem ist es erlaubt, zu fragen, zu zweifeln, Einwürfe zu machen, die gewöhnlich nur dann vom Lehrer behoben werden, wenn sie keiner der anderen Schüler zu heben vermag«, schrieb Gedicke.

Die vornehmste Bemühung des Lehrers galt aber nicht nur dem Verstand der Schüler, sondern auch ihrem Geschmack und Herzen, 'damit sie das Tugendhafte und Sinnlichschöne empfinden und vereinigen lernen, um ohne Ermüdung in unverrückter Aufmerksamkeit zum Selbstdenken sich zu gewöhnen und als rechtschaffene Menschen zu bilden'. Dazu gehörte natürlich auch Treue zum Staat. Am 5.9.1779 sandte der König an Zedlitz folgende Allgem. Kabinettsorder, in der es u.a. hieß: »Da ich gewahr geworden, daß bei den Schulanstalten noch viele Fehler sind und in den kleinen Schulen die Rhetorik und Logik nur schlecht oder gar nicht gelehrt wird, dieses aber eine höchst notwendige Sache ist, die jeder Mensch in jedem Stande wissen muß — denn wer am besten räsonniert, wird weiter kommen als einer, der falsche Konsequenzen ziehet — so habe ich Euch hierdurch Meine Willensmeinung dahin bekanntmachen wollen. Wegen der Rhetorik muß in allen Schulen informiert werden, daß sie die Sache recht begreifen. Wenn sie nachher auf Universitäten sind, so lernen sie darin nichts, wenn sie es aus der Schule nicht schon mitbringen. Lateinisch müssen die jungen Leute absolut lernen, davon gehe ich nicht ab, auf die leichteste und beste Methode. Wenn sie auch sich was anderem widmen, so ist ihnen das allezeit nützlich, und kommt schon eine Zeit, wo sie es verwenden können. Eine gute deutsche Grammatik, die die beste ist, muß auch bei den Schulen gebraucht werden. Von großem Nutzen würde es sein, wenn die jungen Leute in einem Schulhaus beständig beisammen wären. So würden sie weit mehr lernen, als wenn sie zu Hause sind. Für junge Leute, die beim Commerce gehen, sind so ein Haufen gute Bücher, woraus sie das der ganzen Welt kennen lernen können. Für Leute, die Offiziere werden, ist die Historie nötig, anfänglich bei den alten Zeiten nicht zu lange, doch so, daß sie eine Kenntnis der alten Geschichte kriegen. In den neuen Zeiten muß man schon etwas genauer gehn, damit die Leute solche gründlich lernen. Die Philosophie muß von keinem Geistlichen gelehrt werden, sondern von Weltlichen. Von der Metaphysik müssen sie auch was durchgehn. Aber vom Griechischen und Latein gehe ich durchaus nicht ab. Und die Logik ist das allervernünftigste; wenn ein jedes richtig dächte, das wäre sehr gut. Daß die Schulmeister auf dem Lande die Religion lehren, ist recht gut, und müssen sie davon nicht abgehn, damit die Leute bei ihrer Religion bleiben und nicht zur katholischen übergehen. Darum müssen sie sich Mühe geben, daß die Leute Attachement zur Religion behalten. Ihr werdet sehen, wie das zu machen steht. Man muß auf dem Lande den Unterricht so einrichten, daß sie das Notwendige lernen, aber in der Art, daß die Leute nicht aus den Dörfern weglaufen, sondern hübsch da bleiben . . .« Die Schule diente den Menschen und dem Staat.

Schule ist eben weniger durch Erlasse und Verordnungen als durch Menschen, ihr Handeln und lebendige Beispiele zu reformieren. Zedlitz erreichte nach dem Tode des Königs zwei wichtige Erfolge, die im Laufe der Jahre herangereift waren: Am 24.2.1787 schuf er mit den Oberschul-Kollegien bei den Provinzialbehörden, die dem Geistlichen Departement unterstellt waren, ein zentrales Kontrollorgan für ein einheitliches Schulwesen in Preußen. Für die reformierten Schulen war das Evgl. reform. Kirchen-Direktorium, für die katholischen eine eigene Abteilung zuständig. Der Staat hatte jetzt das Schulwesen fest im Griff. Die Anregung Meierottos vom Joachimsthaler Gymnasium, das Gymnasium mit einer Reifeprüfung abzuschließen, wurde von Gedicke, Friedrichswerder Gymnasium, aufgenommen und mit dem 23.12.1788 durch Edikt für ganz Preußen eingeführt. Es dauerte aber noch bis 1812, bis sie Vorbedingung zur Immatrikulation bei den Universitäten wurde. Noch am 24.3. 1780 hatte der König dem künftigen Justizminister für Schlesien Frhr. v. Danckelman in seiner Instruction u.a. anbefohlen: »So muß derselbe auf die gehörige Beobachtung der Schul-Reglements vom 11.12.1774 und der Instruction vom 26.8.1776 (beide für die katholischen und Jesuiten-Schulen und deren Sicherung) durchgehends halten und dahin sehen, daß auf den niedern so wohl als höhern Schulen die Jugend nicht mit Pedanterien und Spitzfindigkeiten aufgehalten, vielmehr zu den gelehrten Sprachen, Lesung und Kenntnis der alten und soliden und wirklich gemeinnützigen Wissenschaften angeführt, ihr gute moralische Grundsätze eingeprägt und sie besonders zur Treue und Attachement für den Staat gehörig angeleitet werde«. Das galt natürlich grundsätzlich, wenn auch in anderer Form, nicht weniger für die Universitäten, deren 'Ober-Kuratorium für die protestantischen Universitäten' v. Zedlitz leitete. Nachdem die ursprüngliche Absicht des Königs einer Reform unterblieben war, erwartete er jetzt angesichts ihrer erheblichen Autonomie eine Regeneration aus eigenen Kräften. Aber noch waren die Professoren von der Geistlichkeit nicht wirklich unabhängig. Erst 1771 wurden die Universitäten als eigenes Departement Zedlitz ausdrücklich unterstellt. Tiefgreifende Einwirkungen gingen vom Staat nicht aus. Die Lehrfreiheit war in Preußen größer als anderswo. Dafür waren aber die Fonds kaum halb so groß wie bei den kleineren Nachbarn. Über das Berufungsverfahren der Professoren, unter denen es durchaus auch Mängel gab, suchte Zedlitz, das Niveau zu heben. Von 1750 bis 1771 sowie 1784 ergingen mehrfach Reglements wegen Zucht, Stil, Ordnung der Studenten, so für Halle, Frankfurt/Oder; am 25.12.1775 erging für Königsberg ein Reskript über Lehrmethoden, Lehrbücher, Lehrzwecke, Durchsetzung von Examinatorien und deren Revision. Sie sollten Selbständigkeit, Fleiß, Urteilskraft beweisen. Die bisherige Beliebtheit des Jura-Studiums ging zurück. 1768 forderte der König die Einbeziehung der 'practischen Ausarbeitungs- und Übungscollegien' in den Unterricht und Übungen in gerichtlicher und außergerichtlicher Praxis, Referierkunst, Staats- und Kanzleipraxis sowie Vertragsrecht. Streitsucht und Ungenauigkeit der Bestimmungen wurden verpönt.

Am beliebtesten war Theologie; mehr als die Hälfte bis zwei Drittel der Studenten wählten sie. Sie bot gute Aufstiegschancen, hatte sich von der Kirche eher kritisch distanziert, den sprachlichen Quellen, der Bibelexegese und der Kirchengeschichte zugewandt. Der König bewies kritisches Interesse, je mehr jedes Gezänk und konfessioneller Haß schwanden. Der Versuch, Lehrstühle für Pädagogik einzurichten, blieb erfolglos. Die Geschichte sollte auf Chronologie und Genealogie verzichten, sondern fakten- und umständegetreu Verständnis für die Abläufe und Lehren für das Handeln vermitteln, oft durch eingeschobene Reflexionen des Verfassers nach dem Vorbilde Voltaires. Durch fünf eigene Werke war ihr der König eng verbunden. Auch sie war auf dem Wege zu einer selbständigen Wissenschaft. Zur Mathematik und ihrem besten Vertreter Leonhard Euler hatte der König kaum eine Beziehung. Er lobte sie, weil sie 'keine Sekten erzeuge'. Dagegen bevorzugte er die Philosophie und Philologie, denen er 'unbefangenes Denken, unbeschränkte Wahrheitsliebe und Staatsraison' zu verdanken glaubte, also Aufklärung, Menschenrecht und Pflicht, deren Favoriten Immanuel Kant er 1770 mit 400 Talern Gehalt in Königsberg zum Professor machte, wo 1781 seine 'Kritik der reinen Vernunft' erschien. Auch der Breslauer Christian Garve stand ihm nahe. Die Physik beschäftigte sich vorwiegend mit der Elektrizität, zu der Algarotti und Voltaire aus der Umgebung des Königs und der Pommer Georg Ewald v. Kleist Beiträge leisteten. In der Medizin herrschte die Chirurgie vor. 1752 ließ der König an der Charité eine Hebammenanstalt gründen, der 1770 eine in Königsberg folgte. Die Chemie, die beste Ansätze einer kommenden Wissenschaft zeigte und noch der Medizin verbunden war, entwickelte solide, für die Praxis erfolgversprechende Experimente, die z.B. mit Andreas Sigismund Marggraf und Franz Carl Achard von der Feststellung des Rübenzuckers 1786 zur Zuckergewinnung führten. Theodor Eller, Johann Heinrich Pott, Carl Abraham, Gerhard und Martin Heinrich Klaproth waren ihre namhaften Vertreter, aber in seinen Augen waren sie eben keine 'Hommes de lettre'. Von 1775 stieg die Gesamtzahl der Studenten bis 1786 von 977 auf 1156. 1770 gliederte er der Kgl. Bergakademie Berlin noch eine 'Hochschule für Berg- und Hütten-Beamte' an für die mittlere Führungsebene im Bergbau. Die 'Akademie der Wissenschaften' in Berlin hat dem König stets am Herzen gelegen und durch ihn wieder hohes Ansehen gewonnen. Nicht umsonst war er seit 1764 bis zu seinem Tode ihr Präsident, wenn auch seine Vorliebe bevorzugt französischen Wissenschaftlern galt, die damals sicher auf der Höhe der Zeit standen. In seiner Präsidentschaft galten 25 Fragen der insgesamt 45 Preisarbeiten philologisch-literarischen Themen, 20 physikalisch-mathematischen. Die Kühnheit der Fragestellungen war inzwischen berühmt. Die Schul- und Bildungspolitik des Königs hat keine umwerfenden Reformen erbracht, aber, auf feste Vorstellungen und fleißige Bemühungen gegründet, mit dem Aufstieg Preußens und der Zeitentwicklung gut Schritt gehalten. Dem König war die Notwendigkeit einer geistigen und menschlichen Ausfüllung des wachsenden Staatsgefüges durchaus bewußt.

Rechtswesen

Sein Leben lang hat sich der König um Verbesserung der Rechtsbestimmungen und der Rechtspraxis bemüht, verbrieft in zahllosen Edikten, Kabinettsorders, Briefen und Randbemerkungen, bestätigt durch einen Kranz von Anekdoten und Geschichten. Dabei ging es ihm immer um Rechtsschutz des Schwächeren gegenüber Mächtigen, auch Behörden und Staatsmacht. Es mag sein, daß unbewußt seine Erfahrungen im Falle Katte hier noch nachgewirkt haben, auf jeden Fall aber die Machtausübung seines Vaters. Sein inneres Engagement und seine Sensibilität für alle Rechtsfragen hingen sicher damit zusammen, auch sein 'Anti-Machiavell'. Schon nach den beiden Schlesischen Kriegen hatte der König am 31.5.1746 durch das Privilegium 'De non appellando', das die preußischen Provinzen von der Bindung an das Reichsrecht befreite, den Weg für eine eigenständige Rechtspflege eröffnet, das Land rechtlich unabhängig gemacht und den Staat auf diesem Gebiete souverän. Damit entfielen die umständlichen und zeitraubenden Akten-Versendungen auch außerhalb Preußens. Jetzt hatten die Gerichte selbständig ihre Entscheidung zu fällen und zu vertreten. Da die Justiz auf dem Wege zu einem eigenen Ressort-Departement war, konnte nun auch an eine durchgreifende Justiz-Reform gedacht werden.

Mit der Kabinettsorder vom 27.9. ds. Js. leitete der König die Reform-Maßnahmen ein unter Verantwortung des Justizministers Samuel Frhr. v. Cocceji, dem er 1747 durch Ernennung zum Großkanzler und Verleihung des Schwarzen-Adler-Ordens den Vorrang unter den Justizministern für Schlesien, des Geistlichen und Auswärtigen Departements sowie dem Präsidenten des Oberappellations-Gerichtes gab. Damals bestand noch keine feste Behördenorganisation und Ressort-Einteilung, sondern bei jedem Ministerwechsel wurde neu verhandelt und zugeteilt. Das erste Ziel mußte also sein, die Justizbehörden und Gerichte zu vereinheitlichen und staatlicher Aufsicht zu unterstellen, um zu einer einheitlichen Rechtspflege in ganz Preußen zu kommen, von der Beschleunigung der Verfahren, ihrer Straffung, Instanzen-Begrenzung

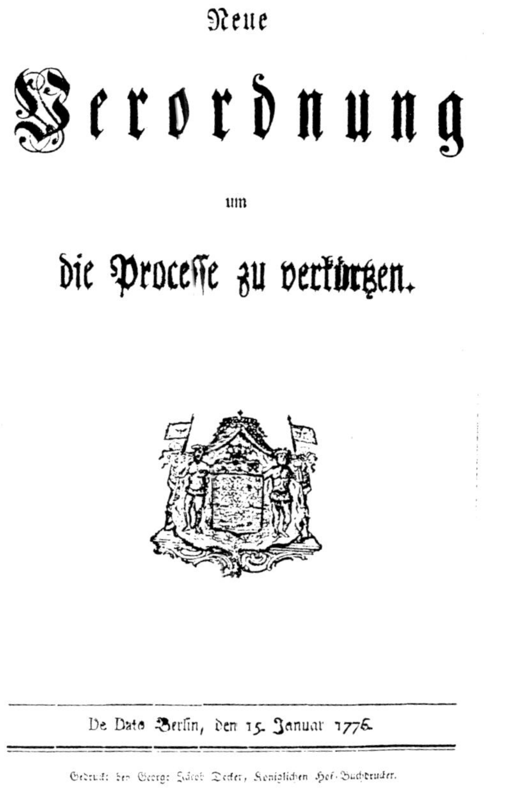
Neue

Verordnung

um

die Processe zu verkürzen.

De Dato Berlin, den 15. Januar 1776.

Gedruckt bey George Jacob Decker, Königlichen Hof-Buchdrucker.

Immer wieder war es notwendig, den alten Schlendrian langwieriger Prozesse anzugehen und zu beseitigen.

ganz abgesehen. Fachleute hatten allein Zugang zur Ausübung der Rechtspflege; ständische Rechtsprechung des Adels und der Grundherren zog der Staat weitgehend an sich; genaue Dienstanweisungen regelten Vorgehen und Verfahren im einzelnen. Mit seiner Reform-Kommission war Cocceji durch alle Landesteile gereist, um vor Ort das Werk in Angriff zu nehmen und die riesige Flut der unerledigten Prozesse in kurzer Zeit abzuschließen. Der Erfolg der Modernisierung und Reorganisierung war groß, binnen fünf Jahren die Grundlage für das neue preußische Rechtswesen geschaffen. Dennoch war die volle Einheitlichkeit noch nicht überall durchgesetzt, vor allem in Ostpreußen und hinsichtlich der Rechtsprechung der Kriegs- und Domänenkammern in den Provinzen, die von Berlin aus schwer zu kontrollieren waren. Die Kammern erledigten gemäß der Besonderheiten ihrer Provinzen vorwiegend Domänensachen, zivile Streitigkeiten, Vergehen gegen Militär-, Polizei- und Steuerverordnungen bis zu Disziplinarsachen gegen Beamte. 1747 bis 1749 setzte Cocceji eine verbindliche Prozeßordnung. 1748 hatte der König die drei obersten Gerichte zum Berliner Kammergericht vereinigt. Die Visitationsordnung für die Justizkollegien vom 20.4.1754 brachte einen gewissen Abschluß; die geplante Strafrechtsreform blieb 1754 wegen des Todes Coccejis stecken. Der Siebenjährige Krieg unterbrach alle Planungen, die praktisch erst 1772 wieder aufgenommen wurden.

Bei der Eingliederung Westpreußens hatte Großkanzler v. Fürst sehr rasch für die Einrichtung der Justiz gesorgt und dabei am 28.9.1772 entschieden, daß Verwaltungsentscheidungen nicht die Bedeutung richterlicher Urteile besäßen. Der König mißtraute der Justiz und reagierte in Einzelfällen immer gereizter. 1774 ließ er das Generaldirektorium ein Rundschreiben an die Kammern richten, wonach der Rechtsschutz der Untertanen gegenüber der Verwaltung unzulänglich sei, weil diese nicht angehört, dagegen den Beamten immer rechtgegeben würde. Die Vorwürfe des Königs, der schon seit 1776 einen Wechsel im Justiz-Departement vorhatte, steigerten sich bis Ende des Jahres 1779, als der Fall des Wassermüllers Christian Arnold aus Pommerzig, Kreis Züllichau, wegen Beeinträchtigung der Wassernutzung zu einem massiven Eingreifen in die Rechtsprechung führte, obwohl er sonst königliche Machtsprüche ablehnte, wie z.B. im Testament von 1752. Das Nachbar- und Bodenrecht waren

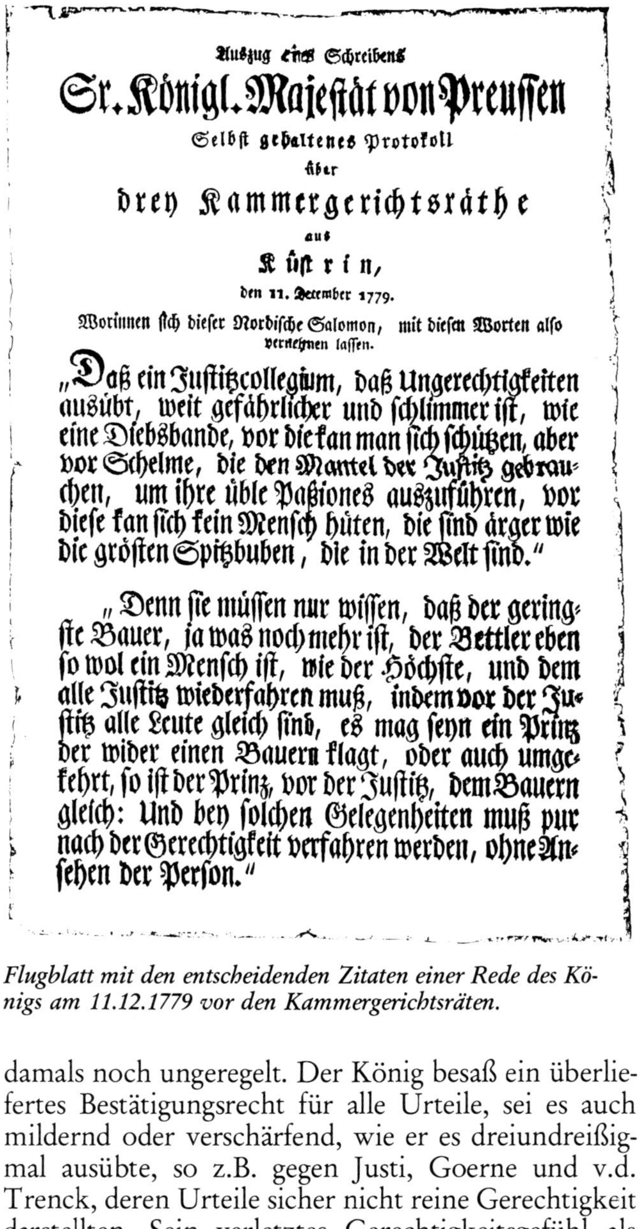
Auszug eines Schreibens
Sr. Königl. Majestät von Preussen
Selbst gehaltenes Protokoll
über
drey Kammergerichtsräthe
aus
Küstrin,
den 11. December 1779.
Worinnen sich dieser Nordische Salomon, mit diesen Worten also vernehmen lassen.

„Daß ein Justitzcollegium, daß Ungerechtigkeiten ausübt, weit gefährlicher und schlimmer ist, wie eine Diebsbande, vor die kan man sich schützen, aber vor Schelme, die den Mantel der Justitz gebrauchen, um ihre üble Paßiones auszuführen, vor diese kan sich kein Mensch hüten, die sind ärger wie die grösten Spitzbuben, die in der Welt sind."

„Denn sie müssen nur wissen, daß der geringste Bauer, ja was noch mehr ist, der Bettler eben so wol ein Mensch ist, wie der Höchste, und dem alle Justitz wiederfahren muß, indem vor der Justitz alle Leute gleich sind, es mag seyn ein Printz der wider einen Bauern klagt, oder auch umgekehrt, so ist der Prinz, vor der Justitz, dem Bauern gleich: Und bey solchen Gelegenheiten muß pur nach der Gerechtigkeit verfahren werden, ohne Ansehen der Person."

Flugblatt mit den entscheidenden Zitaten einer Rede des Königs am 11.12.1779 vor den Kammergerichtsräten.

damals noch ungeregelt. Der König besaß ein überliefertes Bestätigungsrecht für alle Urteile, sei es auch mildernd oder verschärfend, wie er es dreiunddreißigmal ausübte, so z.B. gegen Justi, Goerne und v.d. Trenck, deren Urteile sicher nicht reine Gerechtigkeit darstellten. Sein verletztes Gerechtigkeitsgefühl als Herrscher wog für ihn in diesem Falle schwerer als die Prinzipien der Gewaltenteilung und der Unabhängigkeit der Richter, gegen die er mißtrauisch voreingenommen war, wenn er sagte, einem Offizier von Ehre traue er mehr als ihnen. Die vermeintliche Rechtsbeugung durch Beamte zu Lasten der Untertanen forderte ihn derart heraus, daß er maßlos wie einst sein Vater reagierte und einen Skandal inszenierte, der eigentlich gar keiner war: Am 11.12.1779 entließ er Großkanzler v. Fürst, dann den Kammerpräsidenten in Küstrin und den gewählten Landrat v. Gersdorff. Schließlich ließ er gegen den Einspruch des Justizministers v. Zedlitz sechs Räte des Kammergerichtes und der neumärkischen Kammer zu zwölf Monaten Festung verurteilen, obwohl er zugab, daß 'acht Tage zu einer Korrektion genug' seien. Er wollte dem Recht Geltung verschaffen, indem er Unrecht tat. Am 28.12. ds. Js. schrieb er Zedlitz: »Ein Justitiarius, der schikanieren tut, muß härter als ein Straßenräuber bestraft werden. Denn man vertraut sich ersterem, und vor letzterem kann man sich hüten«. Es war sein letzter Eingriff in Strafprozesse oder Urteile. Bürger und Bauern jubelten ihm zu; Beamte solidarisierten sich mit dem Minister. Die Richter erfuhren erst nach seinem Tode Genugtuung. Großkanzler wurde jetzt Johann Heinrich Kasimir Graf von Carmer (1721-1801), aus Rheinpfälzer Familie, der sich seit seinem Eintritt in die preußische Verwaltung als einer der fähigsten Mitarbeiter Coccejis erwiesen hatte, 1763 Präsident des Breslauer Obergerichtes war und seit 1768 als schlesischer Justizminister eine Reihe selbständiger Entwürfe für eine weitere Justizreform eingebracht hatte. Die Grenze jeder Reform lag für den König dort, wo die monarchische Staatsform beeinträchtigt oder in Frage gestellt würde. Er sagte: »Die Decoration des Gebäudes wird eine andere sein, aber die Fundamente und Mauern bleiben unversehrt«. Ohne Frage hat er den möglichsten Reform-Spielraum im Strafrecht ausgenützt, in völligem Gegensatz zu den deutschen Nachbarstaaten, wofür es unzählige positive Belege gibt.

Durch Carmer kam es zu einer grundlegenden Umgestaltung des Rechtswesens mit Hauptfortschritten im Bereich des Zivil-Rechtes. Kaum ein Vierteljahr nach seinem Amtsantritt unterbreitete er praktikable Vorschläge für die Einrichtung zuverlässiger Justizkollegien bei den Kammern, für mündliche Verhandlungen bei den Prozessen und die Abfassung eines allgemeinen Gesetzbuches für ganz Preußen unter Verwendung der vor mehr als zwei Jahrzehnten von Cocceji erarbeiteten Teile des 'Codex Fridericianus Marchianus' von 1749 bis 1751 als wichtigste Vorarbeiten. Am 6. und 14.4.1780 erhielt Carmer durch Kabinettsorder den Auftrag, in der der König sein Programm entwarf für die Justizverwaltung, Gerichtsverfassung, Juristenausbildung, Zivil-Prozeßrecht wie die Kodifikation eines allgemeinen preußischen Landrechtes unter Einarbeitung der Provinzialrechte. Auf der Grundlage des Römischen Rechtes, des Naturrechtes und des einheimischen Rechtes sollte ein vollständiges und genaues Gesetzbuch in der Landessprache in einer für den einfachen Mann verständlichen Ausdrucksweise geschaffen werden, damit es anschließend in allen Bürgern zugänglicher Weise publiziert werden könne. Der König erwartete, daß dabei »alles Unnütze weggelassen,

Carmer begann ab 1779 als Großkanzler mit der umfassenden Justizreform Preußens, die ab 1781 Entwürfe erbrachte und endlich 1794 in Kraft trat.

das ganze Corps der bisherigen Advocaten unnütze werde und man an ihrer Stelle desto mehr geschickte Kaufleute, Fabricanten und Künstler gewärtigen könne, von denen sich der Staat mehr Nutzen zu versprechen hat«. Carmer hatte eine Gesetzes-Kommission zu bilden, »wie nun die Ausführung einer so wichtigen Sache nicht das Werk eines Mannes ist«.

Sie wurde mit Patent vom 29.5.1781 etabliert und bestand aus der Justizdeputation mit bewährten Juristen und der Finanzdeputation mit Sachverständigen aus Polizei, Wirtschaft, Forstwesen, Handel und Bergbau- und Hüttenwesen. Die juristischen Einzelarbeiten lagen vornehmlich in den Händen von Carmers engsten Mitarbeitern Carl Gottlieb Svarez, eigentlich Schwarz, geboren 1746 in Schweidnitz und Carmer seit seiner Breslauer Zeit unentbehrlich als bewährter Gestalter des Landschaftlichen Kreditsystems, Reorganisator des Höheren Schulwesens und Entwerfer der Prozeß-Reform, und Ernst Ferdinand Klein, beide Schüler ihres Landsmannes Christian Wolff. Svarez-Biograf Stölzel würdigte ihn: »Mancher andere Jurist hat Tüchtiges auf dem Gebiete der Gesetzgebung geleistet, mancher seine Kräfte und sich selbst dem Beruf geopfert wie Svarez, mancher mag ihm an Streben und Charakter, vielleicht an Befähigung nicht nachstehen. Keiner aber hat fast ein Menschenalter zur Seite desselben lenkenden Staatsmannes alle Fäden einer tief eingreifenden und umfassenden Justizreform mit solchem Wissen und solcher Gestaltungskraft vereinigt, keiner auf diesem Gebiete nur annähernd mit solchem Erfolg gearbeitet als er«. Ein treffendes Lob für den Schöpfer des Gesetzbuches! Der Entwurf der Prozeßordnung erschien bereits 1781 als 'Corpus iuris Friedericianum' Buch I, mit dem auch der Vorbereitungsdienst für Auskultatoren und Referendare gemäß Coccejis Anregung von 1748 verpflichtend wurde, um 'zur Justizpflege qualificiren und die Praxis erlernen' zu können. Der erste Entwurf des Gesetzbuches wurde nach und nach 1784 bis 1788 veröffentlicht und zur Diskussion gestellt. Der Tod des Königs beeinträchtigte die Arbeiten nicht, dem die fertigen Entwürfe jeweils vorgelegen hatten, so am 24.3.1784 das Personenrecht. Carmer schrieb: »Die Sache betrifft eine der wichtigsten Angelegenheiten des Publikums. Es ist also billig, daß man die Stimmen dessen darüber vernehme. Überdies gibt es in- und außerhalb des Landes Männer von Verdiensten um Gesetzgebung, an die ich mich nicht wenden konnte und deren Einsichten ich zu benutzen wünschte«. Für die Mitarbeit mit Kritik, Stellungnahmen und Vorschlägen wurden Prämien ausgesetzt. Bis 1.12.1784 gingen aus dem In- und Auslande 52 Gutachten und 62 Ausarbeitungen ein.

Mit dem künftigen Landrecht erhielt Preußen die lang ersehnte Kodifikation des Privatrechtes mit ausgewogenen Rechten und Freiheiten. Obwohl Jahrzehnte in seiner Bedeutung unterschätzt, ist man heute der Ansicht, daß das 'Landrecht' den Weg 'in die staatsbürgerliche Eigentümer-Gesellschaft' geöffnet hat. Vom Grundrecht privaten Wohlbefindens sind alle weiteren Rechte abgeleitet wie 'der Schutz von Person und Leben, für gleiche Ausgangschancen, freie Verfügung über eigene Kräfte, moralische Freiheit und geistige Selbstbestimmung nach Einsichten der eigenen Vernunft, Freiheit des Gewissens und der Religionsausübung, freien Meinungsäußerung, Gleichheit vor dem Gesetz, Unabhängigkeit der Justiz und auf Eigentumsschutz, verbunden mit Entschädigungspflicht des Staates und Einklagbarkeit solcher Forderungen an die Verwaltung'. Das Privatrecht war gegründet auf 'natürliche Freyheit, sein eigenes Wohl, ohne Kränkung der Rechte eines andern, suchen und befördern zu können' (§83); gleichzeitig hatte der Staat aber dafür zu sorgen, daß der natürlichen Freiheit Grenzen an der 'Sicherheit des gemeinen Wesens' (§ 73) gezogen wurden und im Konfliktfalle ihm sogar zu weichen habe. Exzessive, zerstörerische Freiheit des einzelnen sollte es in Preußen nicht geben. Die bürgerliche Gesellschaft ging so weit im Staate auf, als der Staat die natürlichen Grundrechte im Interesse aller verwirklichte. Neben dem Privatrecht enthielt es Strafrecht, Kirchenrecht, Lehnsrecht, Ständerecht und Staatsrecht, klärte in seiner Einleitung allgemeingültige Normen und behandelte in rd. 19000 Paragraphen Familie, Gemeinde, Stände, Kirche und Staat, wobei die vom König geforderten und praktizierten Grundsätze deutlich sichtbar blieben. Nicht umsonst hatte er in seiner Kabinettsorder vom 7.5.1784 an den westpreußischen Präsidenten v. Schroetter u.a. erklärt:

»Ich bin der erste Justitiarius im Lande und diesem schuldig, daß eine unparteiische Justiz administrieret werde, um einem jeden eine unparteiische und prompte Justiz angedeihen zu lassen, niemand weder zu Liebe noch zu Leide etwas zu veranlassen, vielmehr durchgehends mit einer strengen Unparteilichkeit zu Werke zu gehen. Denn die Justiz muß Fuß vor Fuß ohne alle Nebenabsichten befolget werden«. Der erste Teil regelte die Rechte der Person als Teil der bürgerlichen Gesellschaft und als Eigentümer am Markt mit allen Freiheiten der Handlung, der Verträge, des Eigentums und Erwerbs einschließlich des freien Vererbungsrechtes 'von Todes wegen und nach Gutfinden'. Dabei blieb es beim Ständestaat, der Bevorrechtung des Adels, sofern der König die Befähigung einzelner Mitglieder für bestimmte Ämter anerkannte. Den Freiheiten entsprach aber die volle Verantwortlichkeit für alle nachteiligen Handlungsweisen, ohne daß jemand für Zufälle verantwortlich gemacht werden konnte. Und nur verschuldete Irrtümer führten zu Schadensersatz. In schwerwiegenden Fällen 'unvorhergesehener Veränderungen' wie z.B. beim Rückgang der Erträge bei Erbpächtern gab es den Anspruch auf Vertragsänderungen. Die Preise waren frei, die Zinsen dagegen streng mit Höchstsätzen festgelegt: 5 % normal, für Kaufleute 6 %, für Juden 8 %. Zinseszinsen blieben verboten. Das Eigentum durfte der Staat nur gegen Entschädigung einschränken. Andrerseits war das Eigentum mit einem Mißbrauchs-Verbot belastet. Neu waren Regeln zur Nutzung öffentlicher und privater Gewässer sowie zum Schutze der Nachbarn. Im ganzen war das Privatrecht so abgefaßt, daß bei Wahrung größtmöglicher Freiheit und Gerechtigkeit der Staat im öffentlichen Interesse die Einhaltung des Rechtes durch den Bürger gut kontrollieren konnte.

Die Reform des Zivilprozesses schloß sich an; sie war schon 1714 durch Thomasius geplant. Auf der Grundlage der Prozeßordnung von 1781 wurden die Verpflichtung, daß der Kläger vorweg alle Klagegründe und ebenso alle Entkräftungen des Gegners dagegen vorzutragen hatte, und die Möglichkeit, gegen jeden einzelnen Beweispunkt Berufung einzulegen, was zu ständigen Verschleppungsmanövern führen mußte, aufgehoben, während die Schriftlichkeit des Verfahrens erhalten blieb. Damit waren die Verschleppungstaktik und Preistreiberei vieler Anwälte beseitigt. Jetzt hatte der Richter unabhängig von den Vorträgen beider Parteien selbst die vollständige Wahrheit zu ergründen, ohne an formale Regeln seines Vorgehens gebunden zu sein. Zum Schutze der Parteien und zur Kontrolle der Richter wurden staatliche Assistenzräte als Beisitzer dem Gericht zugeordnet. Svarez hielt diese Prinzipien für 'von der aufgeklärten Vernunft als richtig erkannt und gebilligt'. Wenn auch der Staat jetzt stärker im Verfahren mitwirkte, waren die Beschleunigung der Prozesse und die Ermittlung der Wahrheit echte Fortschritte. Die Reform der Gerichtsorganisation bildete den Schlußstein der großen Umgestaltung des Zivil-Rechtswesens. Der Wirrwarr der vielen Gerichte wurde schrittweise aufgehoben, der Instanzenzug geklärt, dazu die adligen Laien-Richter durch beamtete Juristen ersetzt, so daß die Gerichtsverfassung vereinfacht und allmählich vereinheitlicht werden konnte. Um unfähige Richter auszuschließen, richtete Cocceji 1755 die Justiz-Prüfungskommission ein, durch die das juristische Staatsexamen verbindlich wurde anstelle der bisher ausschließlichen Universitäts-Prüfungen, gegen die der König mißtrauisch blieb.

Die Gerichtsbarkeit der Grundherren kam unter staatliche Aufsicht und durfte nur noch ausgeübt werden, wenn der Grundherr selbst oder sein eingesetzter Gerichtshalter durch eine Prüfung seine Befähigung zum Richteramt nachgewiesen hatte. Die Richterschaft entwickelte sich dann zu einer pflichtbewußten, wenn auch standesbewußten Auslese, die rechtsstaatlich die Unabhängigkeit der Justiz gegenüber der Verwaltung und dem König vertrat und damit auch die Freiheit des Bürgers mit garantierte. Der grundsätzliche Verzicht des Königs auf Machteingriffe in Gerichtsverfahren folgte aus der bewußten Unterordnung des absoluten Herrschers unter die erlassenen Gesetze, weniger aus dem Bewußtsein der Gewaltenteilung oder dem Respekt vor der unabhängigen Rechtsprechung. Als erstes Gesetzbuch wurde am 26.4.1781 die Gerichts- und Prozeßordnung unter dem Titel 'Corpus iuris Fridericianum I' in Kraft gesetzt. Am 10.8.1783 wurde für die Weiterarbeit an der Kodifikation noch eine Revisions-Deputation zur besseren Kontrolle und Ergänzung gebildet, der u.a. Heinrich Dietrich v. Grolman als Präsident des Geheimen Obertribunals in Berlin später angehörte, während Carmer fast gleichzeitig seine fortschrittliche Hypotheken-Ordnung erscheinen ließ. Dank der Arbeit von Svarez war die erste Fassung bald niedergeschrieben und 1784 im I. Teil gedruckt. Als der König 1785 den II. Teil empfing, seufzte er trotz aller Freude über das zügige Ergebnis: »Es ist aber sehr dick, und Gesetze müssen kurz und nicht weitschweifig sein«! Die Vollendung des Werkes ragte über seinen Tod hinaus: Am 20.3.1791 unterschrieb sein Neffe das Gesetzbuch, am 1.6. ds. Js. wurde es verkündet, aber erst 1.6.1794 nach erheblichen Widerständen in Kraft gesetzt. Der berühmte Reichs-Jurist Stephan Ludwig Pütter schrieb 1784 in den 'Göttingischen Gelehrten Anzeigen': »Wird nicht jeder Patriot wünschen, daß daraus ein ähnliches Gesetzbuch für jeden anderen deutschen Staat erwachsen möge, warum nicht für ganz Deutschland«? Auf keinen Fall darf man die zeitliche Nähe der ersten Verfassung der USA vom 4.3.1789 und die auffällige Gleichzeitigkeit der ersten Verfassung in Polen vom 3.5.1791 und in Frankreich vom 3.9.1791 übersehen. Das 'Preußische Landrecht' war der typisch preußische Beitrag zu dieser Epoche.

In seinen Vorträgen für den Kronprinzen Friedrich Wilhelm III. hatte Svarez das Ziel der Rechtsreform so gekennzeichnet: »Die regelmäßigste Ordnung in der Staatsverfassung, die strengste Aufsicht auf die promp-

Erstausgabe des ersten umfassenden preußischen Gesetzbuches, dessen endgültige Fertigstellung den König überdauerte.

te und unparteiische Rechtspflege, die stets wachsame Vorsorge, daß nicht ein Stand, eine Klasse der Nation die Rechte der anderen schmälere, daß der ärmere von seinen reichen Mitbürgern nicht unterdrückt werde, die unverminderte Sorgfalt für Gründung und Unterstützung gemeinnütziger Anstalten, die Achtung für die bürgerliche Freiheit, für Rechte und Eigentum der Untertanen, endlich die vollkommenste Religions- und Gewissensfreiheit — dies sind Grundsäulen der Preußischen Staatsverwaltung«. Der Rechtsgelehrte Hermann Conrad nannte diese mit unerschöpflicher Energie des Königs, seinem ständigen Drängen auf Verständlichkeit und praktischen Nutzen und umfassendster Sorgfalt der Verfasser geschaffene größte deutsche Gesetzeskodifikation das »Grundgesetz des friderizianischen Staates«! Es hat zur Bildung des preußischen Gesamtstaates, zur Integration seiner unterschiedlichen Bevölkerungen und zur Ausbildung des Rechtsstaates entscheidend beigetragen, der Freiheiten garantierte, sie aber mit gegenseitigen Pflichten verband und die Fürsorge für die Schwächeren und Abhängigen einschloß. Reinhart Koselleck hat in seiner eingehenden Untersuchung des 'Allgemeinen Landrechtes' u.a. folgendes festgestellt: Das Landrecht währte als Grundlage der preußischen Sozialverfassung mindestens bis zum Jahre 1900, in Teilen darüber hinaus. Seine Rechtsverfassung unterstellte theoretisch den Gesellschaftsvertrag aller mit allen und stellte einen Kompromiß dar zwischen überkommenem Zustand und zukunftsgerichteter Absicht. Svarez betonte: »Ein Regent muß die Freiheit nur so weit einschränken als unumgänglich notwendig für die Sicherheit und Freiheit aller. Denn die bürgerliche Gesellschaft geht so weit im Staate auf, als das Naturrecht im Staatsrecht aufgeht. Der Staat kann jeden zu einer Handlung gegen seine Überzeugung zwingen, aber nicht, etwas anderes zu w o l l e n als er für gut und vernünftig anerkennt. Jede Erziehung der Untertanen zu Bürgern setzt ihre Freiheit, mindest ihre moralische, bereits voraus«. Der Monarch wird zum 'Oberhaupt im Staat', der eine Anstalt der bürgerlichen Gesellschaft ist, eine nicht voll erfüllte Soll-Forderung. Durch die Umwandlung des bisherigen königlichen Eigentums-Anspruches über die Untertanen, der jetzt als »Amt für das Gemeinwohl« bewertet wurde, griff das Staatsrecht durch das Ständerecht hindurch. Daher hat das Landrecht für die spätere Reform des 19. Jhdt. enorme Vorarbeit geleistet. Die Ri-

Carl Gottlieb Svarez, unermüdlich fleißiger und hochbegabter systematischer Ausarbeiter des »Preußischen Landrechtes« (Büste von M. v. Strassen, Berliner Staatsbibliothek)

siken waren Svarez klar: »Jede Neuerung ist gefährlich. Sie kann nie erfolgen, ohne daß der Staat oder gewisse Klassen seiner Mitbürger eine Art von Erschütterung erleiden«. Das Gesetzbuch enthielt also auch potentielles Recht als Vorgriff auf die Zukunft, so im Stadtrecht Ansätze zur Stärkung der Bürgergemeinde, ein neu geschaffenes Handelsrecht und staatlich garantierten Raum für kommende Vereinigungsformen, unabhängig von den Standesrechten. Svarez verstand vieles als 'Wink für die Zukunft'. Es war die Spannung zwischen den lokalen ständischen Rechten und dem generellen Landrecht, die die Zukunft rascher in Bewegung setzte.

Kirchen und Konfessionen

Hatten der Übertritt des brandenburgischen Kurfürsten Johann Sigismund am 25.12.1613 zum Calvinismus und das Einströmen der Hugenotten ab 1685 eine reformierte Minderheit unter lauter Lutheranern ergeben, so brachte der Erste Schlesische Krieg mit Oberschlesien, der Grafschaft Glatz und Teilen Mittelschlesiens erstmalig eine relativ große und geschlossene katholische Minderheit von 47 % dieser Bevölkerung in den preußischen Staat, die sich aus der massiven Unterstützung des Habsburger Staates seit 1526 und vor allem in der Gegenreformation von 1621 und 1631 und von 1653 bis 1740 auf Kosten der Evangelischen entwickelt hatte. Die ständige Vergewaltigung der Gewissen in der entscheidenden Lebensfrage der Menschen hatte tiefe Spuren hinterlassen. Der Anschluß Westpreußens und des Ermlandes ließ mit 65 % dieser Bevölkerung den Anteil der Katholiken auf das Achtfache steigen.Abgesehen von ihrer persönlichen Überzeugung, hatten die Hohenzollern nicht nur Erfahrung im Umgang mit anderen Konfessionen, sondern machten ihr Land zu einem der bedeutendsten Zufluchtsländer für Glaubensflüchtlinge in Europa, gerade als Sachsen diese Rolle einbüßte. Rigorose Konfessionspolitik hätte den Integrationsprozeß, gerade in den östlichen Provinzen, erschwert, wenn nicht unmöglich gemacht. Glaubensfreiheit war also nicht nur ein Kennzeichen des Staates, sondern auch ein lebensnotwendiges Bindemittel, da die Staatsgrenzen eben keine Konfessionsgrenzen wie anderswo bildeten. Der König respektierte alle bisherigen Rechte der katholischen Kirche in Schlesien, zumal das Bistum Breslau der Erzdiözese Gnesen, Glatz dem Erzbistum Prag und der Kreis Leobschütz-Ratibor der Erzdiözese Olmütz unterstanden, so daß es hier auch noch andere Verbindungen nach Schlesien gab. Über die Behauptung seiner Souveränität im Inneren gegenüber der katholischen Kirche hinaus konnte der König nicht auch noch an Schwierigkeiten mit dem Vatikan interessiert sein. Im Gegenteil lag ihm sehr daran, mit dem Papst wohlwollende Beziehungen zu erhalten. Die Bestellung eines General-Vikars für ganz Preußen gelang ihm nicht. Wie er das Nominationsrecht bei der Auswahl eines Bischofs beanspruchte, so ließ er durch die Verwaltung oft auf Pfarrstellenbesetzungen Einfluß nehmen, weil er den Klerus der Verbindung mit Österreich verdächtigte, oft genug mit Recht. Im Interesse des Staates mußte er politische Einflüsse durch Österreich über kirchliche Verbindungen möglichst verhindern. Der Vorschlag, nur Einheimische mit kirchlichen Ämtern zu betrauen, scheiterte am internationalen Charakter der katholischen Kirche und an geeigneten Bewerbern. Bei Kirchenvisitationen ausländischer Kirchenfürsten 1756, 1764, 1775 und 1777 wurden ihnen Staatskommissare beigegeben. Die neu eingeführte Besteuerung des Klerus, der Einzug eingegangener Klöster durch den Staat, die absolute Begrenzung des Landbesitzes der Kirche und die vorsichtige Beschränkung der zahlreichen kirchlichen Feiertage hatten das bislang freie Wirken der kirchlichen Hierarchie beschnitten und zu einer untergründigen Spannung geführt, die zu Vorbehalten gegenüber König und Staat Anlaß gaben und die der König immer wieder zu entkrampfen suchte, da es ihm ausschließlich um den Staat ging. Warum sollte er von anderen weniger verlangen als von sich selbst!

Der König sorgte für die Aufhebung aller Einschränkungen der Evangelischen und Reformierten, konnte aber eine Rückerstattung aller in der Vergangenheit enteigneten Kirchen nicht zulassen, weil er Stabilität wollte, nicht jedoch eine massive Verschiebung der Konfessionslage, eine Wiederherstellung der Verhältnisse vor der Gegenreformation vor 150 Jahren. Beide Bevölkerungsgruppen mußten lernen, gleichberechtigt nebeneinander zu leben. Das mußte auch ebenso zwischen den evangelischen Konfessionen untereinander gelten. Die Lutheraner erhielten erst 1748 freie Religionsausübung in Ostfriesland und Emden sogar erst 1774 seine lutherische Kirche. Im Gegenzug bekam die reformierte Minderheit in Aurich die Garnisonkirche zur Verfügung. Auch die Mennoniten-Gemeinden in Leer und Norden sowie am Niederrhein von Emmerich, Goch, Cleve über Krefeld bis Gladbach, Neuwied bis zu denen am Unterlauf der Weichsel und in der Danziger Niederung bis Elbing fanden Anerkennung und volle Niederlassungsfreiheit. Verketzerung, Fanatismus und Kontrovers-Predigt wurden unterbunden. Der preußische Staat beanspruchte nur eine schiedsrichterliche, oberhoheitliche Stellung gegenüber den Kirchen und der Vielfalt der Konfessionen, ohne sie gängeln oder dominieren zu wollen und nur im Notfalle zu mäßigen, begrenzen und regulieren.

Eine Trennung zwischen Staat und Kirche gab es deswegen noch lange nicht. Die Kirchen erhielten Amtscharakter, für die katholische in Preußen und die evangelische in Schlesien erstmalig, deren Stellenbesetzung dem König als Landesherr zukam, und zwar im Kassenwesen, Führung der Kirchenbücher, Verwaltung von Gütern und Dörfern in geistlichem Besitz, äußerer und innerer Instandhaltung der Kirchen,

Pfarr- und Schulgebäude, die neben kirchlichen Visitationen von den Kammern oder Ministerial-Kommissionen überprüft wurden. Als 1775 die Gemeinde Ragnit die Ablösung des Pfarrlandes und der Naturalbezüge durch feste gleichmäßige Gehälter vorschlug, griff der König die Anregung auf, um sie allgemein prüfen zu lassen, zumal er in den Geistlichen eine Art staatlicher Beamte sah, da er die Kirchen endgültig zu Einrichtungen des Staates gemacht hatte. Damit verschob sich das Verhältnis der evangelischen Gemeinde zu ihren Pastoren und dem Gottesdienst: Der Prediger verstand sich als Lehrer, das Predigtamt als 'wahre, allgemeine Schule der Menschheit'. Er verkündete Gott als 'liebenden Vater, der in Jesu Lehre Menschenfreundschaft und Befreiung von den Nöten des Lebens gebracht' habe. Neben der Erbauung des Glaubens und der Ermunterung des Gemütes dienten die Predigten oft genug der Schärfung des Verstandes, der Belehrung der Vernunft und dem Hinweis auf neue praktische Erkenntnisse, so aus Ackerbau, Vieh- und Bienenzucht, Obsternte, manchmal auch auf staatliche Pflichten. Verständlichkeit und Abwechslung gingen vor theologischen Erörterungen. Die Pfarrer waren oft wirkliche Volkserzieher, die gerade auf dem Lande zur Hebung der Bildung viel beitrugen. Die Mehrheit der Familien gingen nur noch an hohen Festtagen zur Kirche, sonst vertrat ein Mitglied die übrigen. Taufe, Hochzeit und Beerdigung wurden vielfach ins Haus verlegt. So bildete sich die 'neuprotestantische bürgerliche Familien-Religion'.

Bald wurde das evangelische Pfarrhaus im Sinne Luthers zum Vorbild der bildungsbürgerlichen Familie, die gute Erziehung und vielfache Unterrichtung ihrer Kinder als Haupt-Aufgabe ansah. Die Erziehung der Christengemeinde durch den Pastor und das lebendige Beispiel seiner Familie sollten sich gegenseitig ergänzen. Der Unterricht der Kinder im Pfarrhaus begann sehr früh mit drei oder vier Jahren, zwei Jahre später mit alten Sprachen. So war es kein Wunder, daß von hier eine erstaunlich große Zahl von Juristen und höheren Beamten, Pädagogen und Gelehrten, Schriftstellern und Dichtern hervorging. Der Staat nahm die Pfarrer auch für die Statistik in Anspruch — ihr Hauptförderer war der Berliner Propst Johann Peter Süßmilch — die zur Grundlage der Wirtschaftsplanung gehörte, und für die Seidengewinnung. Ausbildung und Bildung und Dienstauffassung wurden zum Allgemeingut des Pfarrerstandes, so daß deren soziale Unterschiede schwanden. Andrerseits hatten Geistliche weder Aussicht auf staatliche Führungspositionen noch Einfluß auf Angelegenheiten des Staates. Gesellschaftlich rechneten sie zur Oberschicht des Mittelstandes, waren aber immer noch den Lehrern übergeordnet. Durch die lange Abhängigkeit von der Bewirtschaftung oder Verpachtung des landwirtschaftlichen Pfarrbesitzes und den Naturalabgaben behielten sie enge Fühlung zu den Bauern und Ackerbürgern in den Städten. In der Regel gehörten 30 bis 60 Hektar zu einer Pfarre, die oft genug die Pfarrfrau bewirtschaften mußte. Durch seine Regierung und Gesetzgebung hatte der König die Erziehungsrolle der Pfarrer gestärkt und sie zu realitäts- und gemeindebezogenen Predigten gedrängt. Die Liturgie-Reform des Königs und die Einführung eines neuen Gesangbuches 1770 haben dies unterstützt. Die Haltung des Königs hat die evangelische Pfarrerschaft zu einer geschlossenen sozialen Gruppe werden lassen und in die bürgerliche Gesellschaft eingegliedert. Sie hielt sich bis 1918 grundsätzlich von jeglicher politischer Tagesdiskussion und allen Aktivitäten fern und entwickelte dafür eine positive Einstellung zum Vaterland und Königshaus, die ab 1813 den Dienst als Reservist und später als Reserveoffizier zuließ, ab 1870 nahezu zur Pflicht machte und im nationalen Überschwang des Kaiserreiches zur später kritisierten Bindung von 'Thron und Altar' führte. Gleichzeitig wandten sich die Pastoren sehr früh Bildungsaufgaben und vor allem sozialen Notständen zu, als der Staat dafür nur geringe Notwendigkeiten sah, so z.B. die vielen Waisenhäuser, bei denen sich Bildungs- und Sozialaufgabe durchdrangen, Auffassungen, die Mitte des 19. Jhdt. voll zum Durchbruch kamen. Das evangelische Christentum wurde in Preußen zur bürgerlichen 'Religion der Innerlichkeit', die Stärke und Schwäche zugleich ist. Solange der Staat die innere religiöse Freiheit sicherte, war das Verhältnis positiv. Nicht umsonst hatte der König in den Entwurf des 'Preußischen Landrechtes' schreiben lassen: »Die Geistlichen müssen sich aller zudringlichen Einmischungen in Privat- und Familienangelegenheiten (ihrer Gemeindemitglieder) enthalten.« Nur, wenn der Staat diese innere Freiheit durch Eingriffe oder Gesetze verletzte wie durch das 'Wöllner'sche Religions-Edikt' v. 9.7.1788, setzten sich Pfarrer dagegen zur Wehr. Der Einfluß des Königs hatte die Evangelische Kirche in Preußen zu besonderer Staatsnähe geführt.

Im Zuge der Ressort-Reform 1749 hatte Justizminister v. Cocceji bereits am 4.10.1750 als Vorstufe zu einem Kirchenministerium das lutherische Ober-Konsistorium gebildet mit zwei Präsidenten und sieben Oberkonsistorialräten, von denen der Erste Präsident und drei Räte reformiert waren. Dieser Zentralbehörde unterstanden alle Provinzialkonsistorien. Es war also der Staat, der der Lutherischen und Reformierten Kirche in Preußen den fehlenden organisatorischen Überbau schuf, und zwar als oberste Verwaltungsbehörde ohne irgendeine geistliche Entscheidungs- und Lehrbefugnis wie in der Katholischen Kirche. Es bildete einen Teil des Geheimen Staatsrates und befaßte sich mit Prüfung der Theologie-Kandidaten, Anstellung und disziplinarischer Kontrolle der Prediger, Gutachten bei Professoren-Berufungen auf Lehrstühle und Aufsichten über geistliche Stiftungen, also Personalverwaltung und Fach-Kompetenz vornehmlich. Mit ähnlichen Aufgaben eingegliedert waren das Reformierte Kirchendirektorium und das Französische Oberkonsistorium. Mit dem 16.5.1760 standen ihm begrenzte Disziplinarstrafen wieder zu, während alle Rechtsakte über dreimonatige Amtsenthebung und 30 Taler Buße seit 10.5.1749 bei den ordentlichen Gerichten lagen. Mit dem 15.7.1764 trennte der König das Geistliche Departement völlig von der Justiz, vereinigte alle Kirchen- und Schulsachen in einem Ressort und ordnete folgende Arbeitsteilung an: Erster Minister wurde E.F. Frhr. v. Münchhausen, zugleich Präsident des Ober-Konsistoriums, dazu zahlreiche weitere Ämter. Minister des Geistlichen Departements wurde Dorville, der die reformierten Kirchen und Schulen bearbeitete; zugleich war er Präsident des reformierten Kirchen-Direktoriums. Diese personelle und sachliche Zweiteilung zugunsten der Reformierten überdauerte alle Änderungen bis 1788, vermutlich vom König stillschweigend geduldet. Trotz der Aufhebung der Immediat-Stellung der Provinzial-Konsistorien blieben restliche regionale Unterschiede, die eine vollständige Zentralisierung verhinderten, zumal die kirchliche Selbstverwaltung ja seit 1752 beendet war. Ein einheitliches Gesangbuch für Preußen war nicht zu erreichen. Bei der Übernahme Westpreußens gab es dort 68 evangelische Gemeinden mit 70 Kirchen. Lt. Artikel 8 des preußisch-polnischen Vertrages vom 18.9.1773, der den Besitzstand der Katholiken von 1772 garantierte, war es unmöglich, ihre Zahl zu vergrößern. So fanden sich noch Jahrzehnte später in rein evangelischen Dörfern leere katholische Kirchen, die nicht gebraucht wurden, aber von den Evangelischen nicht benutzt werden durften. Das Neben- und Miteinander der Konfessionen war nicht mehr aufzuhalten. Gewöhnung, Kennenlernen und Diffamierung jeder Intoleranz glichen die Gegensätzlichkeiten aus, zumal jede Störung von Gottesdiensten scharf unterbunden wurde. Erst die bald eintretende Frage der 'Mischehen' sorgte im kommenden Jahrhundert für neuen Konfliktstoff zwischen den Konfessionen.

1740 waren 7 % der Bevölkerung Preußens katholisch; Mehrheiten besaßen sie nur im Westen in Geldern, Lingen und Kleve. In allen anderen Provinzen lag ihr Anteil unter 5 %, in Pommern und Brandenburg sogar unter 1 %. Bald verschoben sich diese Zahlen-Verhältnisse zugunsten der Katholiken, und der erste katholische Bischof wurde preußischer Untertan als Fürstbischof von Breslau, dem 1772 zwei weitere mit Ermland und Kulm folgten. Im Hinblick auf diese sich langfristig abzeichnende Entwicklung hat der König alle Rechte der katholischen Kirche in den neu erworbenen Gebieten unangetastet gelassen und diese Zusage 1742 im Frieden zu Breslau und 1745 im Frieden zu Dresden vertraglich verbrieft. Trotz aller Bitten der evangelischen Bevölkerung hat er sich davon keinen Deut abbringen lassen. Als dagegen 1773 die Verträge mit Warschau wegen Westpreußen in Aussicht standen, ließ er kurz entschlossen Kirchenbesitz in staatliche Domänen umwandeln und schuf damit Tatsachen, die dann in den Verträgen zu erheblichen Formulierungs- und Interpretationskünsten führten.

Die Katholiken verdankten dem König ihre freie, allgemeine und öffentliche Religionsausübung in ganz Preußen, d. h. in einigen Landesteilen erstmalig, so in den Grafschaften Tecklenburg und Honstein/Harz. Da der Klerus ja an Hierarchie, Jurisdiktion, Lehrzucht u.a. in seiner Kirche gebunden bleiben mußte, ergab sich natürlich sehr rasch das Problem der königlichen Souveränität, über die der König genau und eifersüchtig wachte, bis hin zur Besetzung von Bischofsstühlen, Kanonikaten und Abteien, ja, sogar auch mitunter Pfarrstellen. Wenn es das Interesse des Staates zu erfordern schien, scheute er sich nicht, auch in innere Angelegenheiten der Kirche einzugreifen, z. B. bei Auslandsreisen zu den zuständigen Bischöfen, von Ordensgeistlichen oder Wallfahrern. In der Mischehen-Frage stellte er sich sogar gegen den Klerus. Beim Papst setzte er für Schlesien und dann 1772/1776 auch für Westpreußen die Abschaffung von siebzehn minderen kirchlichen Feiertagen als öffentliche Festtage durch, ebenso den staatlichen Treu-Eid für schlesische Pfarrer, gegen deren Widerspruch. Kammergerichtspräsident v. Fürst beschrieb am 31.1.1758 des Königs Haltung so: »Obwohl der König in keiner Weise gewillt ist, die freie Ausübung der katholischen Religion zu beeinträchtigen, behält derselbe sich dennoch die Souveränitätsrechte ohne irgendeine Ausnahme oder Beschränkung vor«. Wie empfindlich er über seinen Rechten wachte, zeigte seine Bemerkung in einem Schreiben an Minister v. Podewils: »In Sachen, so keine Glaubensartikel angehen, bin Ich summus episcopus im Lande und erkenne keine päpstliche noch andere autorité. Der Kardinal (v. Sinzendorf in Breslau) muß wissen, daß er unter einem Souverän steht, der die Mittel hat, seine autorité zu kontenieren (wahren)«. Die erstrebte Anpassung der Kirchengrenzen an die politischen des Staates hat er allerdings nicht erreicht, auch nicht die Vereinigung auswärtiger Bistümer in Westpreußen oder die Einrichtung einer einheitlichen Behörde für ganz Preußen mit Jurisdiktion. Der Papst ernannte nur Generalvikare für die preußischen Anteile der auswärtigen Diözesen. Dem König waren die Besonderheiten des katholischen Klerus mit der tiefen Kluft zwischen niederen und höheren Klerikern, dem Zölibat und der unauflöslichen Bindung an Rom wie auswärtige Kirchenbehörden durchaus bewußt. Deshalb hatte er in Schlesien, Ermland und Westpreußen dem hohen, meist adligen Klerus die Hälfte seines einträglichen Grundbesitzes zugunsten des Staates abgenommen. Ab 1778 verlangte der König sogar bei Reisen von Klerikern aus einer Provinz in die andere eine Genehmigung. Insgesamt hat die katholische Kirche in Preußen aber durch den König profitiert und durch ihn Vorteile gewonnen. Selbst die Entmachtung der Adelskirche hat ihr genützt.

Die Armee erzwang und förderte das Zusammenleben der christlichen Bekenntnisse, wobei sie nur eine Minderheit von 10000 Katholiken aufwies. Allerdings waren die Soldaten mit ihren Angehörigen zu Militärgemeinden unter ihren Feldpredigern zusammengefaßt, die dem Kriegskonsistorium unter dem Generalauditeur als Chef der Militär-Justiz unterstanden und mit der Amtskirche keinerlei Verbindung hatten. Den Feldpredigern war jede Werbung zu einem Konfessions-Übertritt grundsätzlich verboten gemäß dem »Renovierten Militär-Konsistorial-Reglement und Kirchenordnung« vom 3.8.1750, die bis 1811 galt. Jedes Regiment besaß einen vom Regimentschef ausgewählten und vom Feldpropst examinierten und ordinierten Feldprediger, der ihm jährlich einen Amtsbericht über Militärgemeinde und Garnisonschule sowie eine Predigt vorzulegen hatte. Im Frieden gehörten zur lutherischen Militärgemeinde grundsätzlich alle Soldaten; die katholischen Militär-Kapläne durften keine bilden. Dadurch wuchs der innere Zusammenhalt der Truppe erheblich. Bis 1774 waren alle Amtshandlungen den lutherischen Feldpredigern vorbehalten. Dann waren die Gebühren an sie zu zahlen. Den Soldaten blieb die Teilnahme am Kirchgang freigestellt, und niemand wurde gezwungen, den evangelischen Gottesdienst zu besuchen. Dennoch waren die Militär-Gemeinden keineswegs indifferent. Im Felde intensivierte sich die geistliche Zucht: zweimal täglich Andacht, jede zweite Woche Abendmahl, morgens vor dem Abrücken und auch auf dem Marsch eifriges Choral-Singen. In keiner der damaligen Armeen gab es eine derart freie Religionsausübung im Felde. Deshalb war der abendliche Dank-Choral von Leuthen keine so besondere Ausnahme, wie sie heute eingeschätzt wird. Andrerseits war die überkonfessionelle Militär-Gemeinde mit begrenzten formalen Zugeständnissen an die Minderheits-Konfession ganz ungewöhnlich und eine unerhörte Ausnahme im Vergleich zu den übrigen europäischen Armeen. Immer wieder betonte der König, wie sehr es ihm »auf die Beibehaltung einer durchgehend gleichen Einrichtung bei der königlichen Armee« ankomme. Denn er stellte die Kirche als Institution niemals in Frage, im Gegenteil. Als sie in der zweiten Hälfte des 18. Jhdt. schwere Krisen durchmachte und durch Verflachung wie Substanzverlust an den Rand des Ruins geriet, hat der Staat ihr durch Stützung, Stabilisierung und Festigung der äußeren Kirchenverfassung über die schwersten Einbußen hinweg geholfen, bis sie wieder aus eigener Kraft ihre Botschaft treffender verkündigen konnte.

Kabinettsregierung

Das Königliche Kabinett mit der persönlichen Regierung des Königs vom Schreibtisch aus in schriftlicher Form statt aus Minister-Sitzungen mit kollegialen Beratungen stammte als Sinnbild autoritärer Selbstregierung bereits vom Vater des Königs, wurde aber in seinen Altersjahren zunehmend zum Stil seiner Regierung. Typisch dafür waren die knappen, unzeremoniellen Briefe als 'Kabinetts-Orders' mit ihrer klassischen präzisen Befehlssprache. Es handelte sich einerseits um den möglichst beweglichen kleinen Führungsstab der obersten Staatsverwaltung, dessen Erlasse und Entscheidungen durch Kabinettssekretäre zur sofortigen Ausführung ausgefertigt wurden, gegenüber dem Kabinettsministerium andererseits, das mit den kollegialisch verfaßten Generaldirektorium und Justizministerium vor allem die Aufgabe des Auswärtigen Departements wahrnahm. Bei der zeitlichen und instanzenmäßigen Abkürzung des sonst langen Verwaltungsablaufes eines Dekretes von der Initiative des Königs über das Kabinett und die Behörde, mit allem möglichen Für und Wider belastet, spielten die Fähigkeiten der Kabinettssekretäre eine entscheidende Rolle, wenn das Arbeitstempo beschleunigt, die Leistung verbessert und der Wille des Königs einheitlicher durchgesetzt werden sollte. Die aus dem Kabinett seines Vaters übernommenen Sekretäre Creutz, Marschall und Boden stiegen zu Ministern auf. Als ihre Gehilfen waren 1728 Elias Schumacher und 1730 August Friedrich Eichel eingetreten, der dann ab 1740 bis zu seinem Tode 1768 an der Seite des Königs blieb.

Die Forderung des Königs nach zähem Fleiß, absoluter Diskretion und völliger Selbstverleugnung erfüllte Eichel in vorbildlicher Weise. Ihm gegenüber traten die Sekretäre Schumacher und Lautensack völlig in den Schatten, da Eichel über eine immense Arbeitskraft verfügte, immer zur Stelle, aber ganz unauffällig war und mit fast niemandem sprach. Er gönnte sich kaum eine halbe Stunde Unterbrechung. Seine Domäne waren die auswärtige Politik und die geheimsten Staatsangelegenheiten bis hin zur Spionage. Vor allen Fachministern kannte er die sich anbahnenden Entschlüsse, ihre Entwicklung und den jeweiligen Stand der Verhandlungen. Seine unbegrenzte Geschäftskenntnis, geistige Wendigkeit und völlige Vertrauenswürdigkeit machten ihn dem zum Mißtrauen neigenden König ganz unentbehrlich. Manches Mal mag Eichel vor den riskanten Entschlüssen seines Herren gebangt und um ihren Erfolg heimlich gezittert haben. Dazu muß man bedenken, daß der gesamte Schriftverkehr ja handschriftlich abgewickelt wurde. Keiner seiner Nachfolger kam ihm gleich, weder Goeper, Laspeyres, Müller noch Galster, den der König nach elfjähriger Tätigkeit absetzte und auf Festung bringen ließ, am ehesten noch Anastasius Ludwig Mencken, Großvater Bismarcks, der erst 1782 bei dem König eintrat, aber der einzige Kabinetts-Beamte war, der in näherer persönlicher Beziehung zum König stand. Nach dem Tode des Königs stiegen seine Sekretäre, die angesichts seiner Persönlichkeit eher Schreiber gewesen waren, bei seinen schwächeren und weniger sachkundigen Nachfolgern zu größerer Bedeutung auf und gewannen steigenden Einfluß auf die Entschlüsse der Monarchen. Carl Hinrichs urteilte hierüber: »An die Stelle der Regierung des Königs a u s dem Kabinett trat die Regierung d u r c h die Kabinetts-Beamten, der später der Ansturm der Reformer unter dem Frhrn. vom Stein galt«.

Die Grundsätze der Kabinettsregierung hatte der König in seinem 'Politischen Testament von 1768' u.a. so formuliert: »Ein Fürst, der seine Staatsgeschäfte versteht, zusammenfaßt und richtig kalkuliert, kommt allein viel weiter als alle Staatsräte. Er handelt mit Nachdruck, Energie und Verschwiegenheit, was niemals sein kann, wenn sieben oder acht Personen zusammenkommen müssen, um derselben Ansicht zu sein. Niemals kommt irgendetwas Großes oder Nützliches in einem Staate zustande, in dem der Herrscher nicht selbst regiert, weil es e i n e s Kopfes bedarf, um einen Plan zu entwerfen und die äußere Politik, das Heerwesen und das Finanzwesen so zusammenzufassen, daß sie alle demselben Zeck dienen. Ich verlange, daß der Herrscher auf alle Einzelheiten der Staatsverwaltung eingeht, um auch wirklich selbst regieren zu können, daß er nicht die augenblickliche Laune mit der Festigkeit verwechselt, sondern die guten und triftigen Gründe über Vorurteile und leidenschaftliche Wünsche den Sieg davontragen«. In seinem 'Abriß der preußischen Regierung und der Grundsätze, auf denen sie beruht' hieß es: »Es erhellt aus alledem, was ich gesagt habe, daß die äußere Politik, das Heerwesen und die Finanzverwaltung so eng verbundene Zweige sind, daß sie sich gar nicht trennen lassen. Man muß sie in e i n e m Gespann vorwärts führen, und aus ihrer Vereinigung nach den Regeln einer guten Politik erwachsen die größten Vorteile für den Staat«. In seiner Denkschrift vom Oktober 1797 bestätigte Kabinettsrat Mencken, daß die preußischen Staaten diesen Grundsätzen 'größtenteils ihren Flor verdanken': »Keiner ist hierin weiter gegangen als Friedrich II., der allein und ohne Ratgeber aus seinem Kabinette nicht nur das Ganze oder den allgemeinen Kreislauf der Staatsmaschine, sondern auch fast jedes Detail dirigierte. Man sieht, wie ungeheuer der Umfang seiner Arbeit sein mußte; nur durch die ausgezeichneten Eigenschaften seines Geistes und durch unwandelbare Ordnung war es ihm möglich, die Last zu tragen, die er sich aufgebürdet hatte. Ein Mittel zur Bestreitung seiner Arbeit lag in der unglaublichen Tyrannei, die sein Geist über seinen Körper ausübte. Der Mensch ward ganz vom König unterdrückt. Empfänglich für jeden Genuß, wozu ein reizbarer Körper, eine gefühlvolle Seele, ein höchst verfeinerter Geist, eine blühende Einbildungskraft ihn aufforderten, wußte er allem Genuß zu entsagen und seinen Körper in eine Geschäftsordnung zu zwingen, die schlechterdings bis zur Kleinheit und Pedanterie getrieben werden mußte (die seinem Geist so sehr zuwider war), wenn sie das wirken sollte, was er dadurch wirken wollte und wirkte«.

Er skizzierte darin auch den Geschäftsgang: »Seine Kabinettsarbeit begann am frühen Morgen. Sein erstes Geschäft waren die auswärtigen Sachen. Er hatte die dechriffierten Depeschen der Gesandten von allen auswärtigen Höfen bereits gelesen und diktierte dem Kabinettssekretär die Antwort, wichtige oder unwichtige, vom ersten Buchstaben an bis auf den letzten ganz in extenso (in voller Länge), zuweilen mehrere Bogen zu einer Antwort. Hierauf diktierte er einem anderen Sekretär die Antworten auf die inländischen eingelaufenen Sachen, Berichte der Kollegien, Finanz-, Rechnungssachen und dergleichen, deren er auch wohl einige bereits eigenhändig durch Marginalien dekretiert hatte. Während dieser Zeit war von einem dritten Sekretär ein kurzer Extrakt von kleineren unwichtigeren Briefen, Gnadengesuchen und dergleichen angefertigt worden. Dieser ward ihm noch vorgelesen und sogleich jede darauf befindliche Sache mit ein paar Worten dekretiert. Hiermit war die Arbeit geendigt, die Sekretäre fertigten zu Hause die erforderlichen Expeditionen genau nach den Dekreten. Diese wurden von ihm an demselben Nachmittage unterzeichnet und von den Sekretären versiegelt und abgeschickt. Er erbrach alle einlaufenden Briefe selbst und wandte viele Behutsamkeit an, um sie fremden Augen vorzuenthalten. Dieser Geschäftsgang erneuerte sich alle Tage und blieb derselbe vom ersten bis zum letzten Tage des Jahres. Bei einer so unwandelbaren Ordnung können sehr viele Geschäfte bestritten werden; allein es ist schwer zu begreifen, wie er seinen großen Geist so ausdauernd an diese Ordnung zu fesseln vermochte«. Alle einkommenden Sachen wurden am selben Tage 'abgemacht und fortgeschafft'. Es wird deutlich, wie wenig dieser Arbeitsstil unter einem Nachfolger funktionieren konnte.

Die auf kleinen Quartbogen geschriebenen Kabinettsordres bedurften keiner Gegenzeichnung, begründeten nichts und enthielten nur das Ergebnis der Überlegungen des Königs und die daraus folgende Anordnung. Hubatsch gibt an, daß es nach 1763 täglich bis zu zwölf, manchmal auch mehr gewesen seien. Ihre Gesamtzahl soll sich nach Schätzungen auf 2 bis 300000 Stück belaufen. Abschriften wurden seit 1741 im Geheimen Staatsarchiv gesammelt. Empfänger waren nicht nur die direkt unterstellten Zentralbehörden, sondern jedermann, den der König unmittelbar erreichen wollte. In den siebziger Jahren erhielten die Präsidenten der Kriegs- und Domänenkammern jährlich im Durchschnitt 170 Kabinettsordres. Marginal-Entscheidungen des Königs erforderten eine Umformung in ein Behörden-Dekret oder eine Kabinettsordre, um sie rechtsgültig zu machen. Manche impulsive Härte wurde dabei gemildert. Die Erledigung von Verwaltungsentscheiden wie der Akten-Umlauf binnen vierundzwanzig Stunden waren damals unerreicht. Knapp gehaltene, aber effektive Behörden, Fleiß und eine durchrationalisierte Geschäftsordnung, dazu der 'königliche Lapidarstil' mit Beschränkung auf das Wesentliche haben das ermöglicht. Im Aktenstudium war der König fleißig und ausdauernd, wobei er rasch den entscheidenden Punkt herausfand, Gewinn seiner Küstriner Kammer-Ausbildung, und jedem Ein- und Ausgang einen deutlichen Betreff-Vermerk neben der Unterschrift zuordnete. Erst mit dem 20.6.1764 wurde für alle Provinzen ein Formular für den Kanzleistil eingeführt, das den bis dahin verbreiteten Schwulst beendete. Geburtsstand und Titel verloren gegenüber der Dienststellung erheblich an Bedeutung. Da überall der Name des Königs voranstand oder im Namen des Königs gehandelt und geschrieben wurde, verstärkte sich das Bewußtsein seiner Allgegenwart und ständigen Einflußnahme. Verstöße gegen die Wahrung der internen Vertraulichkeit mußte der König öfters rügen, besonders scharf am 13.5.1768 gegen den Minister v. Hagen, wonach Kabinettsordres, Randnotizen zu Berichten und Finanzordnungen »oft denselben Abend durch die ganze Stadt bekannt und Abschriften allenfalls zu haben wären, ja, sogar verschickt würden«. Also auch das gab es. Ob die undichte Stelle allerdings im Generaldirektorium lag, blieb fraglich.

Seinem Nachfolger legte er die Kabinettssekretäre ans Herz: »Sie besitzen Geschäftskenntnis und können ihn beraten in vielen Dingen, über die sie Bescheid wissen und die selbst Ministern unbekannt sind«. Ab Februar 1768 nach Eichels Tod verdoppelte der König die Zahl seiner Sekretäre und ordnete eine Geschäftsverteilung an. Während des großen Wiederaufbaues war der König von den vielen gleichzeitigen Aufgaben zeitweise so überfordert, daß er anstelle einer schwierigen Umbildung der Ministerien einfach sein Kabinett als Arbeitsstab erweiterte. Die jährliche Minister-Revue hörte 1775 auf; der König empfing nur noch jeweils zwei Departement-Chefs. Da sich das Generaldirektorium nach vier Jahrzehnten fast verdreifacht hatte, war das Gesamtgefüge des Staates nur noch vom Kabinett aus zu übersehen. Wegen der Übersichtlichkeit und Kontrolle erfolgte die Führung grundsätzlich auf schriftlichem Wege. Daneben machte der König von der Beauftragung von Sonderbevollmächtigten außerhalb der Behörde Gebrauch, nachdem er mit Brenckenhoff im Prinzip hervorragende Erfahrungen gemacht hatte. Sie blieben an bestimmte, örtlich begrenzte Aufgaben gebunden, die meist auch zeitlich begrenzt waren, sich aber bei langwierigen Prozessen auch über Jahrzehnte hinziehen konnten, ohne daß die Ausnahme zur Dauerregelung wurde oder gar Bestandteil der Behörden-Organisation. Dazu gehörten auch überraschende Revisionen von Behörden durch jüngere Beamte, die anschließend genauestens Bericht zu erstatten hatten. Ebenso trat der König Aufgaben der Personal-Bewirtschaftung, der Justiz und Militär-Gerichtsbarkeit ab. Dafür beschnitt er den Einfluß seiner Beauftragten auf die Entscheidungen des Kabinetts, wie z.B. beim Generalauditeur.

Im Grunde bevorzugte der König persönlich — seinem Wesen und seiner Zeit entsprechend — die direkte Einzelentscheidung, die der konkreten Situation und dem Wahlspruch Preußens 'suum cuique' am besten entsprach. Aber das war natürlich angesichts der Herausbildung einer moderneren Staatsverwaltung weder zu verwirklichen noch irgendwie durchzuhalten, zumal schon König Friedrich Wilhelm I. sich eben nicht als ungebundener Herrscher begriff, sondern als Personifizierung der obersten Hoheitsrechte im Dienste des Staates mit begrenzter Gewalt, im Dienste der Allgemeinheit und bestimmt von der Staatsräson. Wer als »erster Diener des Staates« solche Pflichten hat, könnte gar nicht ständig über den Kopf seiner Gesetzgebung und Behörden hinweg entscheiden, weil er sich selbst ent-legitimieren würde. So blieben seine Einzel-Entscheidungen wichtige Ausnahmefälle und Ergänzungen des behördlichen Verwaltungsablaufes. Die schriftliche Kabinettsorder wurde ergänzt durch die 'Revue', das heißt durch die Besichtigung und Musterung mit Augenschein an Ort und Stelle, die stets eine ganze Gruppe von Beamten der Provinzialverwaltungen, der Wirtschaft oder Truppenteile versammelte. Es ging darum, sich durch eigene Nachprüfung und Beurteilung von der Verwirklichung durch die Exekutive und der Verläßlichkeit der Mitarbeiter zu überzeugen und durch den König zur Kenntnis zu nehmen, nachdem die Kabinettsentscheidung durch rationale und fachmännische Überlegungen getroffen worden waren! 'Revuen' waren nicht nur das Spiegelbild der Kabinettsordres und die Bestätigung ihres Vollzuges, sondern für den König selbst auch eine innere Korrektur-Möglichkeit, also ein stiller Lernvorgang. Denn die praktizierte Art der Kabinettsregierung führte allzuleicht zur Isolierung von der Wirklichkeit. Zweifellos hat der König in seinen letzten Jahren nicht mehr alles erfahren, was er hätte wissen sollen. Sein wachsendes Mißtrauen war daher

MEMOIRES
POUR SERVIR
A L'HISTOIRE
DE
BRANDEBOURG,
AVEC QUELQUES AUTRES PIECES
INTÉRESSANTES.
PREMIERE PARTIE.

1751.

Titelblatt des ersten Bandes »Brandenburgische Geschichte«, eines der zahlreichen Werke des Königs — typisch die Verwendung des Engels als Bote von Licht und Gerechtigkeit, wie der König im Grunde seine Rolle verstand.

nicht völlig unbegründet und nicht nur alters- oder charakterbedingt. Gründe dafür gab es viele, zum Teil natürlich Furcht, wachsendes Selbstbewußtsein der Minister und Mitarbeiter, mangelndes Verständnis und wohl auch Eigenwilligkeit. Die Konzentration der Regierungsarbeit erforderte jahrzehntelange Überanstrengung und persönliche Selbstaufgabe aller Verantwortlichen. Die ständige Überforderung, die vom König selbst ausging, mußte zu Erschöpfung, Nachlassen der Anspannung, Bequemlichkeit, ja, auch zu einem gewissen inneren Widerstand führen. Je mehr es der König spürte, desto mehr wuchs sein Zorn, seine Verbitterung, der er durch vermehrte Anstrengung beikommen wollte. Seine Einsamkeit wuchs, wie auch die Tafelrunde von Sanssouci deutlich verriet. Heinitz durchschaute die ganze Tragik, indem er in seinem Tagebuch den König einerseits als 'Rute und Geißel' bezeichnete, andrerseits bewundernd feststellte, daß er 'durch Erfahrungen sich stark genug glaubt, ohne Rat selbst zu regieren und seinem sich gemachten Plan allein zu folgen, solchem getreu bleibt und dadurch Ordnung und Strenge erhält'. Bei aller Bewunderung für die persönliche und politische Leistung des Königs wird hier deutlich, wie wenig sein System und Stil übertragbar waren.

Ursprünglich hatte das 'Kabinetts-Ministerium' aus der Geheimen Kanzlei und dem Kabinett eigentlich der Erledigung der 'Auswärtigen Affairen' gedient. Von den drei Kabinettsministern von 1740 blieb nur Podewils, der, vorsichtig, zuverlässig und bedachtsam, dem König bis 1760 nach besten Kräften zur Seite stand. Ihm folgte Graf Karl Wilhelm v. Finckenstein, des Königs Jugendfreund, bis 1763 alleiniger Kabinettsminister, dessen reiche Auslandserfahrungen äußerst nützlich waren und der Außenpolitik Kontinuität und hohes Ansehen verschafften, besonders in der Krise des Bayerischen Erbfolgekrieges. Ab 1763 wurde er von Ewald Friedrich v. Hertzberg unterstützt, Absolvent der Hallenser staatsrechtlichen Schule, der seinen ersten Erfolg im Abschluß des Friedens von Hubertusburg erreichte. Sein Fleiß, Arbeitskraft und Kenntnis der historischen Zusammenhänge machten ihn zu einem wichtigen Mitgestalter der späten friderizianischen Außenpolitik. Spannungen traten erst auf, als Hertzberg 1785 den Plan des 'Deutschen Fürsten-Bundes' des Königs ablehnte. Da Kaiser Joseph II. einen Tausch Bayerns gegen die österreichischen Niederlande mit Unterstützung Rußlands und Einwilligung von Kurfürst Kalr Theodor anstrebte, trat der König beiden Staaten und Frankreich mit entschiedenem Protest entgegen, weil sie Garanten des 'Teschener Friedens' waren. Denn es handelte sich um den dritten Versuch Österreichs, sich innerhalb des Deutschen Reiches eine verstärkte Machtposition katholischer Länder zu schaffen. In seinem eigenhändigen Entwurf des Vertrages vom 24.10.1784 berief sich der König ausdrücklich auf den 'Schmalkaldischen Bund' der protestantischen Reichsfürsten vom 27.2.1531, wenn es sich auch jetzt um die Erhaltung der Reichsverfassung und nicht mehr um konfessionelle Gegensätze handelte. Der König beabsichtigte ein Bündnis

Besuch des Königs mit Prinz Heinrich in seinem achtspännigen »Phaeton«-Reisewagen vor dem Lagerhaus am Lustgarten und der Sophien-Kirche rechts
(Stich von Joh.-Michael Probst)

aller Reichsfürsten. Hannover drängte ihn aber zu einem engeren Bund der norddeutschen Kurfürsten Preußen, Sachsen und Hannover, der am 23.7.1785 geschlossen wurde. Alle negativen Veränderungen des Reiches sollten verhindert werden. Bis 1787 schlossen sich noch vierzehn weitere Reichsfürsten an. Der König brauchte den Rückhalt der deutschen Staaten gegen die Übermacht des Kaisers und Österreichs im Reich. Ihr Machtzuwachs konnte verhindert werden. Die Chance einer Reichsreform wurde durch den Tod Kaiser Josephs II. und die Annährung Preußens an Österreich 1790 hinfällig, so daß weitere reale Auswirkungen nicht mehr eintraten. Der König hatte sich der Verführung zu irgendeiner Expansion entzogen und die Sicherheit des Reiches durch sein Eintreten bewahrt. Darin lag seine Leistung. Durch strenge Auswahl fähiger Mitarbeiter als Geheime Kabinettsräte gelang es dem König, dieses allein ihm unterstehende Departement in Organisation, Personal und Effektivität zu einer sehr leistungsfähigen Behörde zu machen, verstärkt durch sorgfältig ausgebildete Diplomaten, die im Ausland hohes Ansehen bewahrten. Scharfe Kontrolle und Gegenprüfung durch unabhängige Agenten-Berichte erbrachten dem König ein zuverlässiges Bild der politischen Situation im Auslande. 'So hat sich im Auswärtigen Departement' die Form der Kabinettsregierung am reinsten entfaltet', urteilt Hubatsch.

Literatur-Verzeichnis

Ausstellungs-Katalog »Friedrich der Große« Geheimes Staatsarchiv (F. Benninghofen/H. Börsch-Supan/I. Gundermann) Nicolai'sche Vlg.Buchhdlg. Berlin 1986

Thomas Carlyle »Geschichte Friedrichs II. von Preußen« Kgl. Geh. Ober-Hofbuchdruckerei (R.v. Decker) Berlin 1863/1869

Hauke-Degner »Geschichte der Kartografie in Brandenburg-Preußen« Vlg. Engelhorn Stuttgart 1935

Carl Hinrichs »Der allgegenwärtige König« Vlg. v. Decker/Schenck Berlin 1940

Hist.Kommission Berlin »Acta Borussica« Denkmäler Preuß. Staatsverwaltung im 18. Jhdt. Vlg. Paul Parey Hamburg-Berlin

Walther Hubatsch »Friedrich der Große und die preußische Verwaltung« Grote'sche Vlg.Buchhdlg. Berlin 1973

B.v. Knobelsdorff-Brenkenhoff »Eine Provinz im Frieden erobert« Grote'sche Vlg.Buchhdlg. Berlin 1984

Reinhart Koselleck »Preußen zwischen Reform und Revolution« Vlg. Klett-Cotta Stuttgart 1981

Gustav Mendelssohn-Bartholdy »Der König Friedrich der Große« in seinen Briefen und Erlassen, Wilhelm Langewiesche-Brandt Ebenhausen v. München 1912

Ingrid Mittenzwei/Erika Herzfeld »Brandenburg-Preußen 1648-1789« Vlg. Pahl-Rugenstein Köln 1987

Theodor Schieder »Friedrich der Große« Königstum der Widersprüche Vlg. Propyläen Frankfurt-Berlin 1983

Herbert Schlenger »Friderizianische Siedlungen rechts der Oder bis 1800« Vlg. Jan Thorbeke Sigmaringen 1985

Max Weber »Die protestantische Ethik und der Geist des Kapitalismus« Vlg. J.C.B. Mohr Tübingen 1922

Seew Wolffsohn »Wirtschaftliche und soziale Entwicklung in Brandenburg, Preußen, Schlesien und Oberschlesien Vlg. Peter Lang Frankfurt/Main 1985

Alfred Zimmermann »Blüte und Verfall des Leinengewerbes in Schlesien« Vlg. Wilhelm Gottlieb Korn Breslau 1885

Jürgen Ziechmann (Hsgb.) »Panorama der Friderizianischen Zeit« Handbuch Edition Ziechmann Bremen 1985

Archive: Geheimes Staatsarchiv Berlin, Zentrales Staatsarchiv Merseburg, Niedersächsisches Staatsarchiv Aurich, Staatsbibliothek Berlin

Rückblick

Äußerlich betrachtet, hat Preußen unter König Friedrich II. allein an Staatsgebiet um 64 Prozent auf 195000 qkm, an Einwohnerzahl um 144,5 Prozent auf 5,43 Millionen zugewonnen, während die Stärke der Armee, von ihrer öffentlichen Dominanz abgesehen, um 130 Prozent auf 195000 Mann erhöht worden war. Gleichzeitig waren die Steuereinnahmen um rd. 200 Prozent auf 11 Millionen Taler und die Domänen-Einnahmen um rd. 110 Prozent auf 7 Millionen Taler gestiegen. Schon dadurch war es zur führenden Konkurrenz-Macht Österreichs im Deutschen Reich bestimmt. Der Erwerb der drei neuen Provinzen erfolgte nur für Schlesien in drei Kriegen auf blutige Weise, wobei der dritte eher ein Kampf um die Selbstbehauptung Preußens im ganzen war, natürlich eine Konsequenz des Ausgriffes auf Schlesien. In Schreiben an Voltaire bezeichnete der König den Krieg als die »schlimmste aller Landplagen«, im Band II seiner Werke als »Abgrund des Jammers, der Unbill und Gewalttaten«. Am 24.10.1773 schrieb er an Voltaire: »Man muß den Frieden so lange zu erhalten suchen, wie man es ohne Gefahr tun kann, aber sich denn doch bei dem allen in eine solche Verfassung setzen, daß man nicht von einem Räuberhauptmann, der eine gedungene Bande anführt, unvorbereitet überrascht werden kann«. Er kannte den Krieg und wußte, wovon er sprach, selbst wenn der Krieg noch mehr als 150 Jahre nach seinem Tode als Mittel der Machtpolitik Geltung hatte. Nachdem schwere Kriegsnöte die 'Völker Preußens' im Selbstbehauptungskampf zusammengeschweißt und die Grundlagen für den aufstrebenden Staat geschaffen hatten, regten, vor allem in den dreiundzwanzig Friedensjahren nach dem Siebenjährigen Kriege, die engagierten Maßnahmen des Königs in der Bevölkerungspolitik und Wirtschaft, die Verbesserung von Gesetzlichkeit und Rechtssicherheit, die Praktizierung vernünftiger Religions- und Geistesfreiheit die fortschrittlichen Entwicklungstendenzen so an, daß diese einmalige Verbindung von diszipliniertem Staatsbewußtsein und aufklärerischer Reform-Politik über die Grenzen Preußens und Deutschlands ausstrahlte. Wäre Preußen wirklich die Karikatur einer finsteren Militärmaschine gewesen, wie so oft behauptet, wäre es niemals zur Einigung Deutschlands fähig gewesen, bei allen Mängeln, die es natürlich hatte. Wenn man die nahezu mittelalterlichen Zustände um 1740 vor Augen hat, findet man die stillen und angeblich so undramatischen großen Friedensleistungen des Königs, die nur wenige wahrhaben wollen, keineswegs unbeachtlich oder selbstverständlich, ganz abgesehen von seiner menschlichen Größe des äußersten Verzichtes, die in dem Satz gipfelt: »Es ist nicht nötig, daß ich lebe, wohl aber, daß ich meine Pflicht tue«!

Über sein Wesen aus Anlagen, Neigungen, Erziehung, Erfahrungen und Selbsterziehung ist oft genug gerätselt worden. Er war nicht nur Doppel-Natur oder voller Widersprüche, sondern ein seltenes Universal-Genie mit kaum glaublichen Facetten und Möglichkeiten, zusammengehalten von äußerster Willenskraft gegen sich selbst: Dichter, Philosoph, Historiker, Weltmann, Gesellschafter für Gelehrte, schöne Geister und Künstler, gewiegter Geschäftsmann, Staatsökonom, Soldat, Feldherr, geschickter Diplomat, alles miteinander, ohne daß eines dem anderen schadete oder quer kam, in eigentümlichster und vollkommener Weise. Christian Garve sah ihn so: »Sein Charakter war so mannigfaltig und aus Zügen zusammengesetzt, die sich zu widersprechen schienen. In dem Ganzen seines Lebens herrschte ein großer Plan, den er mit unerschütterlicher Standhaftigkeit verfolgte. Aber in seinem Benehmen gegen einzelne Personen war er oft launisch, mit sich selbst uneins, unerklärlich und schien sogar die Absicht zu haben, die Erwartung zu täuschen. Und diese so vielfachen Seiten seines Geistes und Charakters hatte Friedrich Gelegenheit, in einem langen Leben, in der Staatsverwaltung eines großen Reiches, während einer sehr unruhigen und tatenreichen Regierung, in langen Feldzügen und in einer ebenso langen philosophischen Muße zu zeigen. Hier mußte jedes seiner Talente den Gegenstand finden, für welchen er gemacht war, jeder Zug in seinem moralischen Charakter in dasjenige Verhältnis mit den äußeren Anlässen zum Handeln kommen, in welchem er sich entwickeln und andern bekannt werden konnte«. Selten hat es einen Monarchen oder Politiker von so vielfältiger Begabung gegeben. Daß Preußen ihn in dieser Phase hatte, blieb ein einmaliger Glücksfall, trotz manchen Seufzers in Bevölkerung und Beamtenschaft. Erst der erzwungene Übergang zum Nationalstaat — im Gegensatz zu Österreich — verbunden mit der Westverschiebung an den Rhein ab 1815 unter Verlust östlicher Gebiete, sowie das Verblassen der religiösen Motivation nach knapp zwei Jahrhunderten beendeten das 'alte Preußen' der ersten drei königlichen Friedriche.